Baedeker
Allianz Reiseführer
Motorradtouren
in Italien

Städte in aller Welt

Amsterdam
Athen
Bangkok
Barcelona
Berlin
Brüssel
Budapest
Dresden
Düsseldorf
Florenz
Frankfurt
  am Main

Hamburg
Hongkong
Istanbul
Jerusalem
Köln
Kopenhagen
Lissabon
London
Madrid
Moskau
München
New York

Paris
Potsdam
Prag
Rom
San
  Francisco
St. Petersburg
Singapur
Stuttgart
Tokio
Venedig
Wien

Reiseländer · Großräume

Ägypten
Asien
Belgien
Dänemark
Deutschland
Deutschland · Ost
Deutschland · West
Frankreich
Griechenland
Großbritannien
Irland
Israel

Italien
Italien
  (Motorradtouren)
Japan
Jugoslawien
Kanada
Karibik
Luxemburg
Marokko
Mexiko
Mittelmeer
Niederlande

Österreich
Polen
Portugal
Schweiz
Skandinavien
  (N · S · SF)
Spanien
Thailand
Tschechische Republik ·
  Slowakische Republik
Tunesien
USA

Regionen · Inseln · Flüsse

Andalusien
Bodensee
Burgund
Costa Brava
Deutsche
  Weinstraße
Elbe
Florida
Gran Canaria
Griechische Inseln
Harz

Hawaii
Ibiza
Ischia
Kalifornien
Korsika
Loire
Mallorca
Malta
Provence ·
  Côte d'Azur
Rhein

Ruhrgebiet
Sardinien
Schwäbische Alb
Seychellen
Sizilien
Südtirol
Teneriffa
Tessin
Toskana
Türkische Küsten
Zypern

Städte in Deutschland und der Schweiz

Augsburg
Bamberg
Basel
Berlin (gr. + kl.)
Bonn
Bremen ·
  Bremerhaven

Darmstadt
Freiburg
Hannover
Heidelberg
Konstanz
Leipzig
Lübeck

Mainz
Mannheim
Nürnberg
Regensburg
Trier
Wiesbaden ·
  Rheingau

Motorradtouren in Italien

VERLAG KARL BAEDEKER

Impressum

Ausstattung:
104 Abbildungen (Bildnachweis am Ende des Buches)
45 Routenkarten, 1 große Reisekarte

Originaltitel: "Scoprire L'Italia in Moto" aus der Reihe 'Guide De Agostini' (Istituto Geografico De Agostini, Novara)

Italienischer Text: Giovanni Carlo Nuzzo in Zusammenarbeit mit Dario Ballardini, Claudio Corsetti, Giuseppe Gelmini, Emiliano Laurenzi, Giuseppe Massa, Ugo Passerini, Rossellla Santucci

Übersetzung ins Deutsche: Rolf Conrad

Bearbeitung: Baedeker-Redaktion

Kartographie: Istituto Geografico De Agostini, Novara; Franz Kaiser, Sindelfingen

Gesamtleitung: Dr. Peter H. Baumgarten, Baedeker Stuttgart

1. Auflage 1993

Urheberschaft: Karl Baedeker GmbH, Ostfildern-Kemnat bei Stuttgart
Nutzungsrecht: Mairs Geographischer Verlag GmbH & Co., Ostfildern-Kemnat bei Stuttgart

Satz (Typotext): Baedeker-Redaktion
Textfilme: Fotosatz J. Kranzbühler, Albstadt-Lautlingen
Druck: Franz Spiegel Buch GmbH, Ulm
Buchbinderische Verarbeitung: Sigloch GmbH & Co. KG, Leonberg-Ramtel

Gedruckt auf 100% chlorfreiem Papier

Inhalt

Hinweise zur Benutzung dieses Reiseführers

Im Anschluß an die jeweilige Beschreibung des Routenverlaufs sind die Fremdenverkehrsämter der Region aufgeführt. Hierbei werden folgende Abkürzungen verwendet: 'EPT' (Ente Provinciale per il Turismo) bezeichnet die Fremdenverkehrsämter der Provinzen; in den größeren Ortschaften bestehen eigene Fremdenverkehrsverwaltungen, abgekürzt 'AA' (Aziende Autonome di Soggiorno e Turismo); viele kleinere Orte haben ihren lokalen Verkehrsverein (Pro Loco).

Da die Angaben eines solchen Reiseführers in der heute so schnellebigen Zeit fast ständig Veränderungen unterworfen sind, kann der Verlag weder Gewähr für die absolute Richtigkeit leisten noch die Haftung oder Verantwortung für eventuelle inhaltliche Fehler übernehmen. Auch lehrt die Erfahrung, daß sich Irrtümer kaum gänzlich vermeiden lassen.

Liebe Leserin, lieber Leser,

Baedeker ist ständig bemüht, die Qualität seiner Reiseführer noch zu steigern und ihren Inhalt weiter zu vervollkommnen. Hierbei können ganz besonders die Erfahrungen und Urteile aus dem Benutzerkreis als wertvolle Hilfe gar nicht hoch genug eingeschätzt werden. Vor allem **Ihre Kritik, Berichtigungen und Verbesserungsvorschläge sind uns stets willkommen.** Sie helfen damit, die nächste Auflage noch aktueller zu gestalten.
Bitte schreiben Sie in jedem Falle an die

> Baedeker-Redaktion
> Karl Baedeker GmbH
> Marco-Polo-Zentrum
> Postfach 31 62
> D(W)-7302 Ostfildern 4 (Kemnat).

Der Verlag dankt Ihnen im voraus bestens für Ihre Mitteilungen. Jede Einsenderin und jeder Einsender nimmt an einer zum Jahresende unter Ausschluß des Rechtsweges stattfindenden Verlosung von drei JRO-LEUCHT-GLOBEN teil. Falls Sie gewonnen haben, werden Sie benachrichtigt. Ihre Zuschrift sollte also neben der Angabe des Buchtitels und der Auflage, auf welche Sie sich beziehen, auch Ihren Namen und Ihre Anschrift enthalten. Die Informationen werden selbstredend vertraulich behandelt und die persönlichen Daten nicht gespeichert.

Vorwort

Dieser Reiseführer gehört zur neuen Baedeker-Generation.

In Zusammenarbeit mit der Allianz Versicherungs-AG erscheinen bei Baedeker durchgehend farbig illustrierte Reiseführer in handlichem Format. Die Gestaltung entspricht den Gewohnheiten modernen Reisens: Nützliche Hinweise werden in der Randspalte neben den Beschreibungen herausgestellt. Diese Anordnung gestattet eine einfache und rasche Handhabung.

Der vorliegende Band, der dank der Kooperation mit der Fachzeitschrift "MOTORRAD" realisiert werden konnte, beschreibt 45 außerordentlich lohnende Motorradtouren in Italien abseits der großen Durchgangsstraßen. An die allgemeinen Informationen zur Landschaft, durch die die jeweilige Route führt, schließt eine genaue Streckenbeschreibung mit Hinweisen auf die bedeutendsten Sehenswürdigkeiten. Es folgen die Adressen der Fremdenverkehrsämter, Veranstaltungshinweise und ein Überblick der regionalen kulinarischen Spezialitäten.

Baedeker Allianz Reiseführer zeichnen sich durch Konzentration auf das Wesentliche sowie Benutzerfreundlichkeit aus. Sie enthalten eine Vielzahl eigens entwickelter Pläne und zahlreiche farbige Abbildungen. Zu diesem Reiseführer gehört als integrierender Bestandteil eine ausführliche Reisekarte, auf der der Routenverlauf nachvollzogen werden kann.

Wir wünschen Ihnen mit dem Baedeker Allianz Reiseführer viel Freude und einen lohnenden Aufenthalt in Italien!

Verlag Karl Baedeker

Tour 1: Am Fuße der höchsten Alpengipfel

Im Dreiländereck zwischen Mont-Blanc, Großem St. Bernhard und Gran Paradiso

Aosta-Tal und Piemont; Savoyen (Frankreich) und Wallis (Schweiz)   Regionen

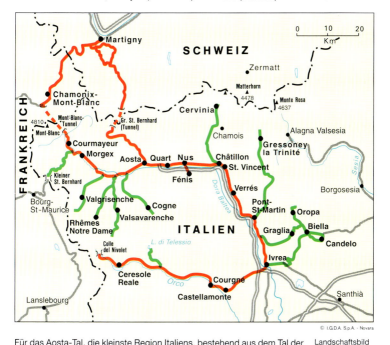

© I.G.D.A. S.p.A - Novara

Für das Aosta-Tal, die kleinste Region Italiens, bestehend aus dem Tal der   Landschaftsbild
Dora Baltea mit der Stadt Aosta als Zentrum sowie einer Reihe von Neben-
tälern, trifft die Bezeichnung 'entroalpina' (dt. = innerhalb der Alpen) zweifellos mehr zu, als für jede andere Region, denn man bewegt sich hier zwischen den höchsten Berggipfeln Europas. Dies darf allerdings nicht darüber hinwegtäuschen, daß dieser außerordentlich schöne Landstrich aufgrund seiner Pässe und – in neuerer Zeit – Tunnels schon seit uralten Zeiten zu den meistbenutzten Durchgangswegen der Alpen gehört. Im Haupttal konzentrieren sich demzufolge Bevölkerung, Wirtschaft und Verkehr,
während die engen Seitentäler, die sich in die hochaufragenden Bergmassive hineinschneiden, recht dünn besiedelt sind.
Während der Fahrt durch das eigentliche Aosta-Tal stößt man immer wieder auf wuchtige Festungen, die sich auf den felsigen Talwänden erheben,
und auf elegante ehemalige Feudalresidenzen, die sich harmonisch in die
grünen Wiesenflächen einfügen. Die wichtigste 'Sehenswürdigkeit' ist freilich die Natur selbst, die imposante Bergwelt.

Die geographischen Gegebenheiten bringen es mit sich, daß man ständig   Streckenmerkmale
von der Hauptachse der Route abzweigen muß, um anschließend zum

◀ *Fahrgenuß auf dem Motorrad in den italienischen Alpen*

Tour 1

Ausgangspunkt zurückzukehren. Die Strecke verläuft überwiegend am Fuße der Berge. Wo die Straße allerdings hinaufklettert, ist gebührende Vorsicht geboten, denn die Fahrspuren sind, insbesondere im Bereich der Paßhöhen, schmal und sehr kurvenreich. Auch die Alternativstrecke im Raum Biella ist fahrerisch anspruchsvoll, jedoch sind die Straßen durchweg asphaltiert. Die Höhe schwankt zwischen 300 bis 600 m im Haupttal und 2612 m auf dem Colle del Nivolet. Innerhalb des Gran-Paradiso-Nationalparks und in den anderen geschützten Orten der Region müssen unbedingt die geltenden Vorschriften beachtet werden.

Den Ausgangspunkt Aosta erreicht man von Turin über die A 5 sowie von Mailand über die A 4. Für den Streckenabschnitt in der Schweiz sollte man die Ausweispapiere und die grüne Versicherungskarte für das Motorrad nicht vergessen.

Streckenbeschreibung

Aosta: km 0

Die Stadt **Aosta** (37 000 Einw.), die in der Römerzeit den Namen "Augusta Praetoria" trug, liegt im gleichnamigen Tal am Fluß Dora Baltea. Sie ist eine der charmantesten Regionshauptstädte Italiens.

Sehenswert sind vor allem der Augustusbogen, die Porta Praetoria und das romanische Collegiata-Kloster. Interessant ist auch das Teatro Romano, dessen Fassade in einem Abschnitt die stolze Höhe von 22 m erreicht.

Man verläßt die Stadt auf der SS 26 in Richtung Courmayeur und kommt kurz darauf am Schloß Sarre vorbei.

Nebenstrecke 1

Der Weg führt nun das Cogne-Tal hinauf. An den Berghängen auf der linken Seite beginnt der einzigartige Naturpark Gran Paradiso, mit rund 70 000 ha Fläche das größte und älteste (1922) Naturschutzgebiet Italiens.

Cogne: km 26,5

Das Dorf **Cogne** (1500 Einw.) ist ein bekannter Ferienort, sehr hübsch am oberen Beginn des Tales gelegen. Unbedingt sollte man sich Lillaz und seine faszinierenden Wasserfälle ansehen.

Nebenstrecke 2

Kaum ist man ins Aosta-Tal und auf die SS 26 zurückgelangt, verläßt man – nach dem Schloß Sarriod – die Straße schon wieder, um ins nächste Seitental, das Savarenche-Tal (Valsavarenche) abzubiegen. Diese Strecke führt mitten in den Gran-Paradiso-Nationalpark hinein. Dieser Landschaftsraum ist eine einzige Oase unberührter Natur mit einer Fläche von 560 Quadratkilometern. ein wahres 'Paradies' für Steinböcke, Schneehasen, Gemsen, Murmeltiere und Adler.

**Valsavarenche:
km 75,2**

Auf halber Wegstrecke in diesem Tal liegt der kleine, als Urlauberdomizil geschätzte Ort **Valsavarenche** (200 Einw.) zu Füßen der Bergmassive Gran Paradiso (4061 m ü.d.M.) und Grivola (3396 m ü.d.M.). Von hier aus ist die Straße weiter talaufwärts nicht mehr befestigt.

Auf dem Rückweg biegt man an der Kreuzung bei Introd links ab und fährt ins Rhêmes-Tal (Val di Rhemes), eine landschaftlich sehr reizvolle Gebirgsmulde, an deren oberem Ende man zu den wenigen altehrwürdigen Häusern des Dörfchens **Rhêmes-Notre-Dame** (90 Einw.) gelangt, das in einer Verebnung am Fuße des Grande-Rousse-Massivs (3607 m ü.d.M.) liegt.

**Rhêmes-Notre-
Dame: km 102,4**

Nebenstrecke 3

Der nächste Abstecher von der SS 26 führt ins Grisenche-Tal (Valgrisenche). Am Taleingang liegt Liverogne, ein kleiner Ort, der schon im Jahre 1368 in einer alten Schrift als Erholungsstätte erwähnt ist.

**Valgrisenche:
km 139,5**

Der Weg talaufwärts führt in den kleinen Urlauberort **Valgrisenche** (200 Einw.), unterhalb der Staumauer des Lago di Beauregard und zu Füßen des Grande Sassière (3751 m ü.d.M.) gelegen.

**Nebenstrecke 4
La Thuile:
km 178,9**

Die Ortschaft **La Thuile** (700 Einw.) im gleichnamigen Tal, das als nächstes durchfahren wird, liegt in waldreicher Umgebung und ist als Wintersportdestination bekannt.

Das Schloß Fénis, der berühmteste Herrschaftssitz der Region

Nebenstrecke 4 (Fortsetzung)

Der Ausflug auf den Kleinen St. Bernhard (Piccolo San Bernardo; 2688 m ü.d.M.) ist ein besonderes Vergnügen für Motorradfahrer.
Nach Rückkehr auf die SS 26 präsentiert sich bei **Pré-Saint-Didier** (850 Einw.), einem Ferien- und Kurort, unvermittelt das Panorama des Mont-Blanc (Monte Bianco; 4810 m). Die italienische Seite des höchsten Berges Europas steigt erheblich steiler an als die französische, und sie weist zahlreiche Gletscher auf, darunter den Brenva-Gletscher.

Es geht nun zügig auf den Mont-Blanc-Tunnel zu, wobei die Staatsstraße zunehmend breiter wird und besser ausgebaut ist. Der berühmte Wintersportort **Courmayeur** (2700 Einw.) ist in eine Talweitung eingebettet. Es empfiehlt sich ein Besuch des Museums 'Duca degli Abruzzi', in dem an berühmte Alpenexpeditionen erinnert wird. Kurz hinter Courmayeur beginnt der Mont-Blanc-Tunnel (mautpflichtig). Die 12 km lange Röhre führt unter dem 'Dach Europas' hindurch. Die Geschwindigkeitsbegrenzung ist strikt einzuhalten. Man beachte, daß es auch im Sommer im Berg recht kalt ist!

Courmayeur: km 220,5

Auf der französischen Seite des Tunnels begrüßt uns bald **Chamonix** (8500 Einw.), einer der berühmtesten Wintersportorte nördlich des Alpenhauptkammes. Der weitere Weg durch das Tal von Chamonix bringt uns zunächst nach **Argentière** und dann an die Schweizer Grenze.

Chamonix: km 254,5

Das Städtchen **Martigny** (10000 Einw.) liegt an einer markanten Biegung der Rhône im unteren Wallis. Von hier aus sind die höchsten Gletscher Europas leicht zu erreichen. Von Martigny aus führt die Route über Champex und durch das Val d'Entremont in Richtung Großer St. Bernhard.

Martigny: km 296

Hauptroute
(Fortsetzung)

Sehr reizvoll ist es, nach **Champex** auf einer schmalen Straße zu fahren, die an einer Bergkante entlangführt.

Dieser Weg, der an der Kreuzung von Les Vallettes beginnt, empfiehlt sich allerdings nur für Enduro-Maschinen oder leichtere Motorräder.

Zum St-Bernhard-Paß hinauf, den angeblich schon Hannibal und Napoleon benutzten, fährt man auf der alten, 'Serpentello' genannten Paßstraße. Auf der Paßhöhe (2473 m ü.d.M.) angelangt, sollte man sich einen Besuch des 'Hospiz' nicht entgehen lassen, in dem Benediktinermönche die weltberühmten Bernhardiner-Rettungshunde aufziehen.

Auf der Weiterfahrt nach Aosta kommt man durch die beiden lebhaften Touristenorte **Etroubles** (500 Einw.) und **Gignod** (900 Einw.). Nach Aosta folgt man dem Tal der Dora Baltea flußabwärts. An der Strecke reihen sich einige interessante Herrschaftssitze aneinander: Zunächst das mittelalterliche Castello di Quart, dann das Schloß Pilato, gefolgt von Nus und schließlich von Schloß Fénis im gleichnamigen 1400-Seelen-Ort. Letzteres ist ein richtiges Märchenschloß mit Türmchen, Winkeln und Zinnen. Die sich auf einem fünfeckigen Grundriß erhebende Anlage ist von einer zweifachen Mauer eingefaßt. Sehr schön sind die freskenverzierten Säle. Im Schloß Fénis ist das regionalhistorische Museum des Aosta-Tales mit Mobiliar aus dem 15. bis 17. Jh. untergebracht.

Châtillon:
km 408,2

Fährt man weiter entlang der Dora, so erreicht man **Châtillon** (4600 Einw.), einen malerischen kleinen Ort, der von einer alten Pfarrkirche beherrscht wird. Außerdem stößt man hier auf die Reste des Castello di Ussel, das im 14. Jh. als Feudalsitz angelegt worden ist.

Nebenstrecke 5

Die Fahrt durch das Valtournenche bringt uns in das alte Dorf **Antey-Saint-André** (500 Einw.), einen malerischen kleinen Sommerferienort, sowie nach **Chamois** (1812 m ü.d.M.; 130 Einw.), dem höchstgelegenen Dorf in der Aosta-Region, das nur per Seilbahn erreichbar ist. Es folgt **Valtournenche** (2000 Einw.), ein sympathischer Skiort zu Füßen des Massivs Château des Dames (3488 m ü.d.M.).

Breuil-Cervinia
km 435,2

Schließlich gelangt man nach **Breuil-Cervinia** (700 Einw.), den weltbekannten Wintersportort mit grandiosem Blick auf das 4478 m hohe Matterhorn (ital. Cervino). In früheren Zeiten trug der Berg die Bezeichnung 'Tor', und die Legende erzählt von diesem markanten Alpengipfel als dem Wohnort übernatürlicher Wesen.

Die Hochfläche von Breuil birgt aber noch weitere Kleinodien, nämlich den Lac Bleu, den man nur zu Fuß erreichen kann, und die Marmitte dei Giganti, eine Felsschlucht, die der Gebirgsbach Marmore gegraben hat.

Saint-Vincent:
km 465,4

Rückfahrt zur SS 26. Kurz nach der Abzweigung ins Valtournenche erreicht man **Saint-Vincent** (4700 Einw.), einen gut besuchten Erholungsort.

Weiter geht es entlang der Dora Baltea, und man kommt nach **Verrès** (2650 Einw.), einer Ortschaft, die von einer auf hohem Fels erbauten mittelalterlichen Burg beherrscht wird. Diese zwischen 1360 und 1390 erbaute Feste ist die best erhaltene der 130 Residenzen in der ganzen Region.

In der Nähe das Schloß von **Issogne** (1480), das sich das Geschlecht der Challant im gotischen Stil hat erbauen lassen.

Nachdem man Arnad, ein typisches Dörfchen der Aosta-Region, hinter sich gelassen hat, trifft man auf die Siedlung **Bard** (150 Einw.) mit einer imposanten Festung, die mitten im Tal auf einem felsigen Bergsporn errichtet worden ist.

Pont-Saint-Martin: km 494,8

In **Pont-Saint-Martin** (4000 Einw.) ist noch eine Brücke aus der Römerzeit über den Wildbach Lys erhalten. Unmittelbar bevor man in den Ort kommt, kann man noch einen Abschnitt der alten römischen Straßentrasse erkennen. Unweit erhebt sich das im neugotischen Stil erbaute Castello di Baraing (19. Jh.), daran angrenzend die Ruinen einer Festung aus dem 12. Jahrhundert.

Nebenstrecke 6

Ein weiterer Abstecher führt in das landschaftlich höchst reizvolle Tal von Gressoney. Dort leben noch einige Nachkommen der Walser. Sehr eindrucksvoll sind deren in traditioneller Bauweise errichtete Häuser.

Als nächstes gelangt man in die Ortschaft **Issime** (400 Einw.), die sich auf einer weiten grünen Hochfläche ausbreitet und auch als Fremdenverkehrsort geschätzt wird. Sehenswert ist die Kirche San Giacomo Maggiore. Nach weiteren 13,5 km erreicht man **Gressoney-Saint-Jean**, das als Wintersportplatz sehr geschätzt ist. Beachtenswert hier die Kirche San Giovanni Battista aus dem 16. Jahrhundert. In der Nähe liegt das Castello dei Savoia, ein Schloß, das im späten 19. Jh. erbaut worden ist.
Am Talende liegt der Wintersportort **Gressoney-La-Trinité** (280 Einw.), der von hohen Bergen förmlich umschlossen ist und der vom Monte-Rosa-Massiv (4633 m ü.d.M.) beherrscht wird.

Auf die SS 26 zurückgekehrt, biegt man bei **Settimo Vittone** in Richtung **Graglia** (bedeutende barocke Wallfahrtskirche) ab. Kurz danach kommt **Pollone** (2250 Einw.), wo man sich im Parco della Burcina herrlich ausruhen kann. Zwischen Bäumen und kleinen Seen blühen Rhododendren,

Nebenstrecke 6
(Fortsetzung)

Gressoney-
La-Trinité
km 528

**Alternativstrecke:
Settimo Vittone –
Ivrea (106 km)**

Das Locana-Tal mit den Zwillingsseen Agnel und Serrù

Alternativstrecke
(Fortsetzung)

Narzissen, Magnolien, japanische Kirschbäume, Azaleen und asiatische Lilien.

Am Ende der Straße Nr. 144 lädt die Wallfahrtsstätte Santuario di Oropa (linke Seite) zu einem Besuch ein. Dieser barocke Gebäudekomplex strahlt eine besondere Atmosphäre aus.

Von hier aus windet sich eine abwechslungsreiche Straße vor die Tore der Stadt **Biella** (54 000 Einw.). Man sollte dort unbedingt durch Piazzo spazieren, den alten Siedlungskern mit etlichen schönen Palästen und Baudenkmälern (Porta d'Andorno, Pozzo della Cisterna, S. Anna, S. Rocco). Sehenswert sind der Dom, das romanische Baptisterium und der 53 m hohe, ziemlich schlanke Campanile der (heute nicht mehr vorhandenen) Kirche S. Stefano.

Ein weiterer bemerkenswerter Ort ist **Candelo,** wo der noch am besten erhaltene 'Ricetto' (dt. = Fliehburg) des Piemont zu besichtigen ist. Derartige Befestigungen dienten in der Vergangenheit den Bewohnern der Umgebung als Schutz vor Räuberbanden oder sonstigen Feinden. Über zahlreiche Haarnadelkurven führt die SS 338 nach Ivrea.

Ivrea:
km 580

Schmuckstück von **Ivrea** (27 000 Einw.) ist ein prächtiges Schloß aus dem 19. Jh. mit zahlreichen Türmchen. Beachtenswert sind auch der Dom, der auf das 4. Jh. zurückgeht, und das römische Amphitheater. Eine weitere Attraktion von Ivrea ist das Centro Olivetti, eine Art 'utopische Stadt', die nach dem Zweiten Weltkrieg entstanden ist. Die Ideen für diesen Gebäudekomplex stammen von Adriano Olivetti, dem Vertreter eines radikalen Sozialismus. In dieser Anlage sind die Funktionen 'Wohnen', 'Arbeiten' und 'Kommunizieren' zusammengefaßt.

Castellamonte:
km 597,5

Noch einmal führt die Route ins Gebirge hinein. Über die SS 565 gelangt man nach **Castellamonte** (9000 Einw.), einem Zentrum des Töpferhand-

Im Val di Rhêmes

werks. Lohnend ist ein Spaziergang zur Piazza della Libertà, einem hübschen Platz, der von Resten der alten Stadtmauer umgeben ist.

Das Städtchen **Cuorgnè** (10 500 Einw.) ist das Tor zum grandiosen Locana-Tal. Ein kurzer Blick auf S. Dalmazzo und die gotische Casa di re Arduino, und wieder geht es in die phantastische Landschaft des Gran Paradiso, diesmal von Süden her.

Bei Rosone machen wir einen Abstecher nach rechts und fahren zum Lago del Teleccio, einem kleinen See, der von den majestätischen Gipfeln des Blanc Guir (3222 m ü.d.M.), Roccia Viva (3650 m ü.d.M.) und San Pietro (3692 m ü.d.M.) umrahmt wird.

Auf die SS 460, die Straße durch das Locano-Tal, zurückgekehrt, fährt man weiter in den Ferienort **Ceresole Reale** (200 Einw.), dessen Häuser sich im gleichnamigen See spiegeln. Hier beginnt die traumhaft schöne Schlußetappe dieser Route: der Anstieg auf den Colle del Nivolet. Oben angelangt, bietet sich ein wahrhaft atemberaubendes Panorama der umliegenden Bergwelt. Kleine Schmuckstücke, die dieses einmalige Bild noch bereichern, sind die beiden Gebirgsseen Agnel und Serrù.

Hauptroute (Fortsetzung)
Cuorgnè: km 603,5
Ceresole Reale: km 672,7

Praktische Informationen

Fremdenverkehrsämter

AOSTA: AA, v. E. Chanoux 8, Tel. (0165) 40526. – COURMAYEUR: AA, p.le Monte Bianco, Tel. (0165) 842060. – LA THUILE: AA, beim Municipio, v. Capoluogo, Tel. (0165) 884179. – RHEMES-NOTRE-DAME: beim Municipio, v. Capoluogo, Tel. (0165) 96114. – VALSAVARENCHE: beim Municipio, v. Capoluogo, Tel. (0165) 95703. – COGNE: AA, p.le Chanoux, Tel. (0165) 74040. – CHATILLON: v. E. Chanoux 125, Tel. (0166) 62141. – ANTEY-ST-ANDRE: AA, Grand Moulin 16, Tel. (0166) 48266. – CHAMOIS: AA, Media Valle del Cervino, Grand Moulin 16, Antey-St-André, Tel. (0166) 48266. – VALTOURNENCHE: AA, v. Roma, Tel. (0166) 92029. – BREUIL-CERVINIA: AA, v. Carrel 29, Tel. (0166) 949086. – VERRES: v. Caduti della Libertà 20, Tel. (0125) 92550. – POLLONE: Tel. (015) 61191. – BIELLA: v. Battistero 4, Tel. (015) 3507334. – IVREA: AA, cs. Vercelli 1, Tel. (0125) 49687. – CASTELLAMONTE: p. G. Marconi 1, Tel. (0124) 585100. – CUORGNE: v. Garibaldi, Tel. (0124) 667548. – CERESOLE REALE: v. Capoluogo 11, Tel. (0124) 85121.

Veranstaltungen

AOSTA: Fest des San Orso (Januar, August). – ETROUBLES: Fontina-Käse-Fest (September). – COURMAYEUR: Fest der Bergführer (August). – COGNE: Serate di Veillà ('lebende Geschichte', Juli); Bataille des Reines (September). – BREUIL-CERVINIA: Fest der Bergführer (August). – VERRES: Historischer Karneval, mit Darstellungen von Gegebenheiten in der Geschichte der Familie Challant (La Châtelaine). – PONT-SAINT-MARTIN: Historischer Karneval (Februar/März). – GRESSONEY-LA-TRINITE: Fest der Bergführer (August). – BIELLA: Fagiolata (Großes Bohnenessen, Rosenmontag). – IVREA: Karneval (mit 'Kampf der Orangen', Umzug in historischen Kostümen). – CASTELLAMONTE: Töpferfest (Sommer).

Küche

Wesentlicher Bestandteil zahlreicher Gerichte der Region ist der 'Fontana', ein fetter Käse, der im Sommer in den hochgelegenen Sennereien hergestellt wird. Die berühmte 'Soupe à la Valpellinentze' besteht aus abwechselnd geschichteten Scheiben von Brot, Kohl und Fontana, die mit kochender Fleischbrühe übergossen werden. Hervorragend schmecken auch die Milchsuppe und die Kastaniensuppe. Zur 'Polenta' gibt es in der Regel Milch, Butter oder Käse. Berühmt sind 'Carbonade' und 'Bistecca' nach Art des Aosta-Tales.

Auch Wildgerichte erfreuen sich großer Beliebtheit, so z.B. 'Mocetta', bei dem die enthäutete Keule mit Rosmarin, Knoblauch, Salbei und anderen aromatischen Kräutern in einer Lake eingelegt wird.

Probieren sollte man auch eine spezielle Art von Omelette mit Hopfenkeimen ('Frittata con Germogli di Luppolo').

Tour 2: Fließender Übergang in die Schweiz

Der Lago Maggiore und die angrenzenden Alpentäler des Piemont

Regionen   Piemont und Lombardei; Tessin (Schweiz)

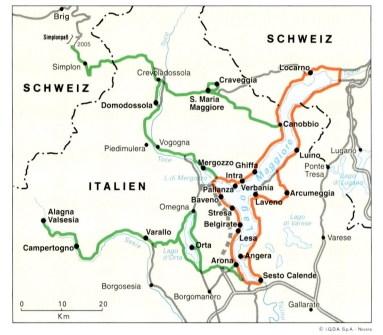

© I.G.D.A. S.p.A. - Novara

Landschaftsbild

Der Lago Maggiore liegt in einer nord-südlich gerichteten tektonischen Störungszone am Südrand der Alpen, die vom Ticino durchflossen wird. Der See selbst ist nach dem Abschmelzen der eiszeitlichen Gletscher entstanden. Das Landschaftsbild ist von einem ganz eigenen Reiz: Der südliche Teil des Sees und das östliche (lombardische) Ufer, das nicht umsonst den Beinamen 'sponda magra' (dt. = karges Ufer) trägt, wirken eher streng. Der Teil nördlich der Engstelle von Cannobio ist dagegen ausgesprochen lieblich.

Das winters wie sommers milde Klima sorgt für eine üppige Vegetation mediterraner Prägung und läßt sogar exotische Pflanzen prächtig gedeihen. Dieser natürliche Gunstraum hat seit eh und je Erholungssuchende in seinen Bann gezogen, worauf nicht zuletzt die vielen prächtigen Villen und Gärten an den Gestaden des Lago Maggiore hinweisen.

Der wesentlich kleinere Nachbarsee Lago d'Orta steht seinem 'großen Bruder' in puncto Anziehungskraft kaum nach.

Im Sesia-Tal prägen dichte Wälder das Landschaftsbild, bis man unterhalb des majestätischen Monte Rosa mit seinem gletscherbedeckten Gipfel anlangt.

Ein ähnlich geheimnisvoll anmutendes Landschaftsbild kennzeichnet auch die engen und tiefen Talschaften von Ossola und Vigezzo, nur sporadisch von einigen grauen Tupfern, den Häusern der Bewohner, unterbrochen.

Entlang des Lago Maggiore sind die Straßen eben und gut ausgebaut, mit sanft geschwungenen Kurven und häufigen Ortsdurchfahrten. Etwas unruhiger ist da schon die Rundfahrt um den Lago d'Orta. Das vom Fahrer am meisten fordernde Stück ist der steile, mit engen und scharfen Kurven gespickte Anstieg zum Aussichtspunkt auf dem Berg Mottarone. Das Sesia-Tal dagegen ist eine vergleichsweise komfortable Strecke, und auch die SS 33, die nach dem Grenzübergang bei Paglino vor gemäßigt zum Simplon-Paß (2005 m ü.d.M.), dem höchsten Punkt der Route, ansteigt, ist eine Etappe, die ein entspanntes, vergnügliches Fahren ermöglicht. Um den Lago Maggiore herum schwanken die Höhen zwischen 200 und 250 m über dem Meeresspiegel. Die Ausgangspunkte Sesto Calende bzw. Arona erreicht man von Deutschland aus am besten über die schweizerische Gotthard-Autobahn oder via Bodensee – Chur – San Bernardino.

Streckenbeschreibung

Bevor man vom Ausgangspunkt **Sesto Calende** (10 000 Einw.) aus startet, bietet sich ein Besuch des dortigen archäologischen Museums an, das Fundstücke aus dem nahegelegenen Golasecca beherbergt.

Nach Überqueren des Ticino kommt man nach **Arona** (17 000 Einw.), dem Geburtsort des hl. Karl Borromäus, dem der Künstler Carlone ein Denkmal (20 m hohe Kupfer-Kolossal-Statue) gesetzt hat. Die Uferpromenade bietet sich für einen romantischen Spaziergang an. Beachtenswerte Sehenswürdigkeiten sind die Casa del Podestà (Bürgermeisterei; 15. Jh.) und die Kirche Madonna di Piazza.

Bei Arona verläßt man den See und fährt in Richtung Borgomanero, biegt dann nach Paruzzaro und Gozzano ab. Von dort aus fährt man am bergigen Westufer des Lago d'Orta entlang, bis die Abzweigung nach links in Richtung Varallo und Valsesia (Sesia-Tal) kommt. Hier beginnt ein reichlich gewundener Streckenabschnitt.

In **Varallo** (8000 Einw.) ist die Kirche San Gaudenzio (18. Jh.) beachtenswert. Die Wallfahrtsstätte Sacro Monte, das Musterbeispiel eines piemontesischen Bergheiligtums, ist im 16. und 17. Jh. auf einem hohen Sporn über dem Städtchen angelegt worden.

Anschließend führt der Weg im engen Sesia-Tal aufwärts. In den hübschen kleinen Ortschaften Piode, Campertogno und Riva Valdobbia kann man noch einige typische Holzhäuser der Walser sehen, die dieses Gebiet geprägt haben. Am Talende erreicht man **Alagna Valsesia** (450 Einw.). Der freistehende Campanile (Glockenturm) der Pfarrkirche stammt aus dem 16. Jahrhundert. Die gesamte Ortsanlage ist ausgesprochen interessant. Auf dem Rückweg hält man sich bei Erreichen des Lago d'Orta links, fährt also im Uhrzeigersinn um den See herum.

Von **Orta San Giulio** (1200 Einw.) aus ist ein Bootsausflug zur kleinen Insel San Giulio ein besonderes Erlebnis. Anschließend sollte man den Palazzo della Comunità und den hiesigen Sacro Monte (Wallfahrtsstätte) besuchen. Nun geht es zurück nach Arona zum Lago Maggiore.

Fährt man die SS 33 weiter gen Norden, so tauchen eindrucksvolle Villen auf, deren Silhouetten sich im See spiegeln. Wir sind in **Lesa** (2500 Einw.), einem besonders hübschen Ort am Verbano, wie der Lago Maggiore auch genannt wird. Gleich danach erreicht man **Belgirate** (500 Einw.), ein elegantes Ferienziel mit vielen altehrwürdigen Bauten.

Einer der bekanntesten Urlaubsorte am Lago Maggiore ist **Stresa** (5000 Einw.). Sehr hübsch ist die Seepromenade, an der sich Villen und üppig blühende Gärten aneinanderreihen. Dem Städtchen vorgelagert sind die Inseln Isole Borromee, zu denen Ausflugsboote verkehren.

Wie im Prachtbildband bietet sich die **Isola dei Pescatori** (Insel der Fischer) dar. Hauptattraktion der **Isola Bella** sind die Rokoko-Gärten um den eindrucksvollen Palazzo Borromeo herum, die zu den schönsten ihrer

Hauptroute (Fortsetzung)	Art in ganz Italien gehören. Auf der **Isola Madre** schließlich, der größten der drei Inseln, ist ein schöner botanischer Garten angelegt.
Nebenstrecke 2	Ein Muß ist der Abstecher auf den Mottarone mit Aussichtsplattform in 1421 m Höhe. An klaren Tagen bietet sich ein phantastischer Rundblick über Alpen, Apennin und fast die gesamte Poebene. Wer Lust hat, kann den Mottarone auf der anderen Seite, über Armeno, hinunterfahren, um erneut einen Blick auf den Lago d'Orta zu werfen oder, wenn man die Nebenstrecke 1 ausgelassen hat, einen Teil jener Strecke zu fahren.
Baveno: km 246	Fährt man von Stresa aus weiter die Uferstraße entlang, kommt man nach **Baveno** (5000 Einw.). Auch hier trifft man auf prächtige Villen und Patrizierhäuser. Wenn man das Mündungsgebiet des Flusses Toce durchfahren hat, zweigt links eine weitere Nebenstrecke der Hauptroute ab.
Nebenstrecke 3 Domodossola: km 283,5	Nach dem kleinen See von Mergozzo kommt man zuerst nach **Vogogna**, einer mittelalterlichen Ortschaft mit herzöglichem Schloß, und dann nach **Domodossola** (20 000 Einw.). Hier lohnen zwei interessante Museen einen Besuch: Das naturgeschichtliche Museum im Palazzo di San Francesco und das Museum römischer und etruskischer Kunst im Palazzo Silva. Die Piazza del Mercato (Marktplatz) wird von stattlichen Bauten aus dem 15. und 16. Jh. umrahmt.

Um nach Domodossola zu kommen, können die Liebhaber kurvenreicher Landstraßen unter zwei Varianten auswählen oder gar beide befahren: Die erste Strecke führt über die Schweizer Grenze zum Simplon-Paß (2005 m ü.d.M.), die andere durch das Vigezzo-Tal direkt zum oberen Teil des Lago Maggiore. Wenn man sich für letzteren Teilabschnitt der Route entscheidet, sollte man aber anschließend den See entlang zum Ausgangspunkt dieses Abstechers zurückkehren, um nicht einen sehr schönen Uferabschnitt zu versäumen.

Im Vigezzo-Tal, entlang der SS 337, kommt man durch Santa Maria Maggiore, Buttogno und Albongo, allesamt charmante kleine Ortschaften, deren Häuser hübsch verzierte Steinfassaden aufweisen. Auch ein kurzer Abstecher nach **Craveggia** lohnt sich. Um die nüchtern gestaltete Pfarrkirche herum gruppieren sich Häuschen im typischen Baustil der Gegend. Man

Cannobio: km 417,6	kommt schließlich bei **Cannobio** (5500 Einw.) an den Lago Maggiore zurück. Sehenswert sind der Palazzo della Ragione (13. Jh.) und, gleich daneben, der Stadtturm. Interessant ist auch die etwa 3 km entfernt gelegene Schlucht Orrido di Sant'Anna.
Verbania: km 447,3	Die Hauptroute führt weiter nach **Verbania** (33 000 Einw.). Im Stadtteil Pallanza sollte man sich die prachtvollen Gärten der Villa Taranto ansehen. Wer von Cannobio zurückgefahren ist, macht hier kehrt, um die Route in nördlicher Richtung fortzusetzen. Im Stadtteil Intra gefällt die Kirche San Vittore, außerdem lohnt sich ein Verweilen an der herrlichen Seepromenade mit ihren langen Bootsstegen. Bei dem Ferienort Ghiffa (2000 Einw.) beginnt der breitere Abschnitt des oberen Sees. Nordöstlich von **Cannero Riviera** (1300 Einw.) fallen zwei winzige Inseln mit Burgruinen ins Auge. Etwa 5 km nach Cannobio erreicht man die Schweizer Grenze. Im schweizerischen Abschnitt der Seerundfahrt sind Ascona und
Locarno: km 481,8	**Locarno** jeweils eine Pause wert. Am 'kargen' Seeufer, der 'sponda magra', entlang geht es zurück nach Italien.
Luino: km 518,8	Die Straße schlängelt sich nach **Luino** (16 000 Einw.) weiter, einem bekannten Urlaubsort, der an besonderen Sehenswürdigkeiten die Kirchen San Pietro und Madonna del Carmine aufzuweisen hat. Entlang der Seepromenade lohnt sich ein Spaziergang.

Der Küstenstraße folgt man bis nach Porto Valtravaglia (2500 Einw.), wo ein Sträßchen landeinwärts abzweigt. Steil und kurvenreich geht es auf den Monte Nudo (1235 m ü.d.M.). Dort liegt **Arcumeggia,** die lombardische Kapitale der 'Murales' (Wandmalereien).

Abb. S. 18/19: Blick auf den Lago Maggiore mit der Isola Bella

Insel San Giulio im Lago d'Orta

Man umfährt den Monte Nudo und begibt sich anschließend wieder zum Seeufer hinunter nach **Laveno** (9000 Einw.). Hier lohnt ein Ausflug mit der Kabinenbahn auf den 1062 m hohen Sasso del Ferro.

Hauptroute (Fortsetzung)
Laveno: km 550,5

Am Ostufer des Lago Maggiore geht es danach bis **Angera** (5300 Einw.), das in einer kleinen Bucht liegt. Die berühmte Burg von Angera ist eine der stärksten Festungsanlagen der ganzen Region; der älteste Teil stammt aus dem 13. Jahrhundert. Die Räume sind wunderschön ausgemalt.

Durch weite Felder gelangt man nach **Sesto Calende,** womit sich der Kreis um den Lago Maggiore schließt.

Sesto Calende:
km 580,5

Praktische Informationen

SESTO CALENDE: Pro Sesto, v.le Italia 3, Tel. (0331) 923329. – ARONA: AA, cs. della Repubblica, Tel. (0322) 3601. – ORTA SAN GIULIO: AA, p. Motta 26, Tel. (0322) 90355. – VARALLO: AA, cs. Roma 38, Tel. (0163) 51280. – ALAGNA VALSESIA: Pro Loco, p. della Chiesa, Tel. (0163) 91118. – LESA: v. Pretorio 10, Tel. (0322) 76421. – STRESA: AA, p.le Europa 3, Tel. (0323) 30150. – BELGIRATE: Pro Belgirate, v. Sempione 53, Tel. (0322) 7494. – BAVENO: AA, p. Municipio, Tel. (0323) 24632. – DOMODOSSOLA: p. Mellerio 6, Tel. (0324) 43701. – SANTA MARIA MAGGIORE: AA, v. Domodossola 3/5, Tel. (0324) 9091. – VERBANIA: AA di Pallanza, cs. Zanitello, Tel. (0323) 42976. – GHIFFA: cs. Belvedere, Tel. (0323) 59428. – CANNERO RIVIERA: v. Municipio 14, Tel. (0323) 788091. – CANNOBIO: Pro Loco, v. V. Veneto 4, Tel. (0323) 71212. – LUINO: AA, v.le Dante Alighieri 6, Tel. (0332) 530019. – PORTO VALTRAVAGLIA:

Fremdenverkehrs-ämter

Tour 2

Fremdenverkehrs- ämter (Forts.)	p. Imbarcadero, Tel. (03 32) 54 70 03. – LAVENO: Pro Loco, v. Labiena 2, Tel. (03 32) 66 80 10. – ANGERA: Pro Loco, p. Garibaldi 14, Tel. (03 31) 93 01 68.
Fähren	Auto- und Motorradfähren verkehren regelmäßig zwischen Intra (Verbania) und Laveno. Personenfähren bzw. Ausflugsschiffe verbinden alle anderen Orte des Lago Maggiore untereinander.
Veranstaltungen	SESTO CALENDE: Karneval. – ARONA: Fiera del Lago Maggiore (Ende Mai). – VARALLO: Internationaler Musikwettbewerb "Viotti-Valsesia" (September) – ALAGNA VALSESIA: Brauchtum der Walser. – ORTA SAN GIULIO: Festival alter Musik (zweite Junihälfte). – STRESA: Musikwochen (August/September). – VERBANIA: Lunga Notte (Lange Nacht, 14. August) in Pallanza. – LOCARNO: Filmfestspiele (Juni/Juli). – LUINO: Fiera del Libro (Büchertage, August); historische Wettkämpfe (September) – PORTO VALTRAVAGLIA: Bergfest auf der Alp San Michele (August). – LAVENO: Nächtliche Regatta (Juli); Ferragosto (Mariä Himmelfahrt, 15. August) mit Feuerwerk und Lichterkorso auf dem See; beleuchtete Weihnachtskrippe im See (Dezember). – ANGERA: Tage der Musik (September) auf der Burg.
Küche	Ein 'Rundgang' durch die Küche der Region beginnt bei Barschfilet und führt über Forellen aus dem Sesia-Tal, Karpfen oder junge gebratene Forellen mit Spargel aus dem Ossola-Tal bis hin zur Leber-Mortadella und zur Blutwurst. Sehr lecker sind auch 'Uberlecche' (gekochtes Fleisch), 'Mascioute' (Ochsenfleisch) und 'Bergue' (Schafschinken) aus dem Sesia-Tal. Spezialitäten aus den Bergen, die man unbedingt probieren sollte, sind die 'Bargulle' (gegarte Kastanien, mit Milch, Sahne oder Weißwein serviert), Gnocchi und Schnecken nach Ossolaner Art, Hammel, 'Civet' (Wildgericht) oder auch der Honig vom Monte Rosa. 'Margheritine' sind typische Süßigkeiten aus Stresa. Zu allem trinkt man die Weine aus Angera, Boca sowie aus dem Raum Novara (Ghemme, Sizzano, Fara).

▼ *Kirche auf dem Monte Calvario bei Domodossola*

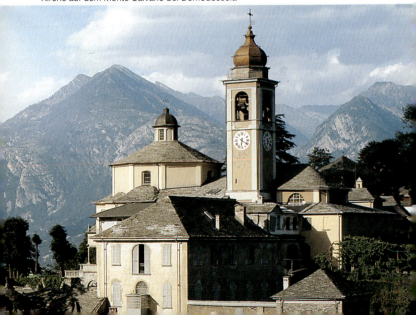

Tour 3: Eine Landschaft wie gemalt

Rundfahrt um den Comer See und den Luganer See mit Abstecher zum Splügenpaß

Lombardei; Kanton Tessin (Schweiz)   Regionen

Es gibt wohl kaum einen See, der so reich an landschaftlicher Schönheit   Landschaftsbild
ist, der so viel besungen, so viel gemalt wurde, über den es so viele
Gedichte gibt und um den sich so viele Geschichten ranken wie um den
Comer See. Aber auch für den passionierten Motorradfahrer ist der See
eine Freude und ein echtes Erlebnis. Vielleicht ist es kein Zufall, daß die
berühmte Motorradfabrik Moto Guzzi ihren Sitz am Comer See hat. Das
Klima ist mild, die Vegetation bietet sich in geradezu verschwenderischer
Pracht dar. Die Konturen der umgebenden hohen Berge heben sich scharf
vom gleichförmigen blauen Wasserspiegel ab und geben so der idyllischen
Szenerie einen reizvollen Rahmen. Die Romantik des Seeufers ist kaum zu
übertreffen: stilvolle alte Villen, dazwischen eingestreut Azaleen, Seerosen
und Rhododendren.
Der Comer und vor allem der Luganer See liegen darüber hinaus an wichtigen Verkehrsadern, die Italien mit Zentral- und Nordeuropa verbinden.

Die Fahrt entlang dieser Route ist ein genußvolles Gleiten. Die Straßen sind   Streckenmerkmale
gut ausgebaut, die Höhenunterschiede gering (fast durchweg nur 200 bis
230 m). Nur die steilen Serpentinen im Bereich der Grigna-Gruppe und der
Anstieg zum Splügen-Paß unterbrechen die Gleichförmigkeit. Die Strecke
nach Lugano und um die Südspitze des Luganer Sees herum verläuft
dagegen wieder im Tal, beiderseits begrenzt von hohen Bergen. Vorsicht
ist geboten beim Durchfahren der zahlreichen und mitunter sehr belebten
Ortschaften.
Den Streckenstart Lecco erreicht man von Deutschland aus am schnellsten via Gotthard oder Chur – San Bernardino – Como.

Streckenbeschreibung (Karte s. S. 25)

Von Lecco aus fährt man auf der SS 36 am Ufer des östlichen Seearmes   Lecco:
entlang. Der erste größere Ort ist **Mandello del Lario** (10000 Einw.), Luft-   km 0
kurort und Sitz des Moto-Guzzi-Werkes. Wer die Fabrik besuchen oder
das angegliederte technische Museum besichtigen will, muß sich zuvor
anmelden.
Nach etwa 12 km langer Kurvenfahrt und einigen Tunnels kommt man in
den Ort **Varenna** (800 Einw.), der sanft ausgestreckt auf einer Landzunge   Varenna:
in Sichtweite von Menaggio (Westufer) und Bellagio (Landspitze zwischen   km 21,2
den beiden südlichen Seearmen) liegt. Sehenswert sind hier die Pfarrkirche San Giorgio aus dem 14. Jh. und die Villa Monastero mit ihrem schönen botanischen Garten.

Fährt man von Varenna ins Landesinnere, kommt man zur Burg Vegio, von   Nebenstrecke 1
der allerdings nur noch ein Turm und ein Teil des Mauerrings übrig sind.
Nun geht es auf einem Sträßchen weiter bergan in den südlichen Teil der
Grigna-Gruppe.
Man erreicht den 910 m hoch gelegenen Ferienort **Esino Lario**. Von hier   Esino Lario:
aus kann man mit dem Motorrad zur Alpe Cainallo (1270 m ü.d.M.; diverse   km 33,7
Wintersporteinrichtungen) am Fuße des Grigna-Gipfels hinauffahren. Als
Alternative bzw. Ergänzung bietet sich die recht kurvenreiche Straße an,
die ins Sassina-Tal nach Cortenova und Taceno hinabsteigt. Unterwegs
kann man herrliche Ausblicke genießen.
Bei Bellano gelangt man wieder zurück auf die SS 36 bzw. auf die Hauptroute.

Der Comer See am Ausgang des Adda-Tals

Hauptroute (Fortsetzung)
Bellano: km 80,3

Ab Varenna führt die Küstenstraße abschüssig weiter bis nach **Bellano** (4000 Einw.), einer Ortschaft am Ausgang des Sassina-Tales. Nicht weit von hier lohnt die wildromantische Schlucht des Wildbaches Piovena eine Fahrtunterbrechung. Nach weiteren 4 km in nördlicher Richtung erreicht man das Dorf **Dervio**, wo ein frühchristliches Baptisterium erhalten ist. Im weiteren Verlauf steigt die Küstenstraße wieder leicht an. Die unbewohnte Halbinsel **Piona** ist nunmehr zu sehen. An deren äußerster Spitze trifft man auf ein ehemaliges Kloster (11. Jh.) von Mönchen des Kluniazenserordens.

Colico: km 94,8

Das Städtchen **Colico** (6000 Einw.) ist ein wichtiger Verkehrsknotenpunkt. Es liegt am Eingang zur Talschaft des Veltlin (Valtellina). Man fährt anschließend durch die trockengelegte Mündungsebene des Flusses Adda, die 'Spanische Ebene' (Piano di Spagna), überquert einen schmalen Wasserlauf, der den nördlichen Seeausläufer mit dem Hauptgewässer verbindet, und erreicht somit das westliche Seeufer.

Nebenstrecke 2
Chiavenna: km 121,8

Nach der Brücke über die Adda führt die SS 36 weiter nach **Chiavenna** (8000 Einw.). Sehr malerisch stehen die Häuser am Ufer des Flusses Mera auf den Resten der im 15. Jh. errichteten Stadtmauer. Bei **Campodolcino** (1300 Einw.), einem beliebten Wintersportort, hat man immerhin schon eine Höhe von 1000 m erreicht. Weiter bergauf geht es in den eleganten Ort **Madesimo,** in dessen Nähe man den grandiosen Wasserfall (160 m) des Wildbaches Scaloggia bestaunen kann. Am Ende dieses Abstechers kommt man nach **Montespluga**, einem aus einzelnen Häuschen bestehenden Dörflein, das von ausgedehnten Weiden umrahmt ist.

Splügenpaß: km 156,3

Schließlich erklimmt man den Splügenpaß (Passo dello Spluga; 2115 m ü.d.M.), einen schon seit langem benutzten Übergang in die Schweiz.

Gravedona: km 218,8

Die Ortschaft **Gravedona** (3000 Einw.) wird von einigen Sakralbauten geprägt, insbesondere von der romanischen Kirche Santa Maria del Tiglio und der Santa Maria delle Grazie (15. Jh.). Am Seeufer liegt der wuchtige Palazzo Gallio. Man durchmißt nun eine hügelige Uferzone mit Weinbergen und Anbauflächen, wobei man durch die Orte Dongo, Musso und **Pianello del Lario** fährt.

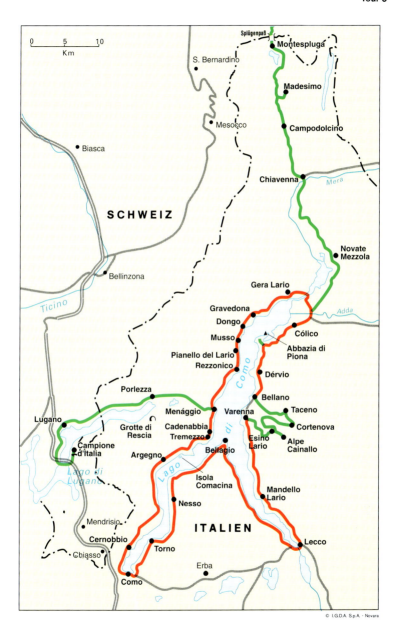

Unweit von hier, im Dorf Calozzo, befindet sich ein Museum, in dem Boote ausgestellt sind, die in früheren Zeiten auf dem Comer See verkehrten. Um nach Rezzonico zu gelangen, hat man den überhängenden Berggrat von Bregagno zu umfahren. Nach 7 km Kurven und Tunnels wird **Menaggio** (3000 Einw.) am Ausgang des gleichnamigen Tales erreicht. Von dem zauberhaft gelegenen Städtchen hat man einen schönen Blick auf die gegenüberliegende Grigna-Gruppe.

Hauptroute (Fortsetzung)

Menaggio: km 246,4

Man verläßt in Menaggio den Comer See in westlicher Richtung, um zum benachbarten Luganer See überzuwechseln. Die SS 340 führt über die Hochebene von Menaggio an den Lago Ceresio (= italien. Bezeichnung für den Luganer See). An dessen östlichster Spitze liegt die Ortschaft **Porlezza** (4000 Einw.). In der 4¹/₂ km südlich gelegenen Grotte di Rescia kann man wundervolle Tropfsteinbildungen und einen Wasserfall bestaunen.
Auf der Weiterfahrt entlang des Luganer Sees überschreitet man die Schweizer Grenze und berührt den schweizerischen Kanton Tessin (Ticino). Unbedingt lohnend ist eine Visite der schweizerischen Stadt **Lugano** mit ihrer hübschen Altstadt und ihrer schönen Seepromenade.
Man verläßt Lugano in südlicher Richtung, überquert den See und erreicht die italienische Exklave **Campione d'Italia** (2200 Einw.) am gegenüberliegenden Seeufer. Bedeutende Kunstwerke und einige Bauten aus dem 14. Jh., so das Oratorio di San Pietro sowie die Kirchen S. Zenone und S. Maria dei Ghirli, locken ebenso Besucher an wie das hiesige Spielkasino.

Nebenstrecke 3

Porlezza: km 258,9

Campione d'Italia: km 290,9

Etwa 5 km hinter **Cadenabbia** (800 Einw.), das als Urlaubsort des früheren deutschen Bundeskanzlers Adenauer bekannt geworden ist, sollte man sich die Villa Carlotta ansehen, einen der schönsten alten Herrensitze am Comer See. Er wurde Mitte des 18. Jh.s erbaut und ist von einem wunderschönen Park mit vielerlei außergewöhnlichen Pflanzen und Blumen umgeben. Wenig später erreicht man **Tremezzo** (1300 Einw.), einen der bekanntesten Ferienorte in dieser Gegend. Villen, Parks und Gärten mit vielen exotischen Pflanzen reihen sich hier aneinander. – Hinter **Lenno** (1600 Einw.) sieht man schon die Insel Comacina, auf der einige interessante Reste romanischer Sakralbauten zu finden sind.
In **Cernobbio** (8000 Einw.) sollte man einen Blick auf die Villa d'Este (16. Jh.) werfen, die mitten in einem ausgedehnten und prachtvollen Park liegt. Das Anwesen wird heute von einem Hotelbetrieb genutzt.
Die Besichtigung von **Como** (100000 Einw.) kann sich auf den im Stil der Renaissance errichteten Dom und auf den 'Broletto' genannten, bereits im Jahre 1215 erbauten Sitz der Stadtherrschaft beschränken. Sehr schön sind auch die Seepromenade und die Piazza Cavour. Von Como geht es auf der SS 583 an der Ostküste entlang in nördlicher Richtung nach **Torno** (1100 Einw.), wo die Villa Pliniana Beachtung verdient. Einige Kilometer weiter, nahe Nesso, kommt man zu einem – von der Straße sichtbaren – imposanten Wasserfall, der in eine Felsschlucht stürzt. Nächster weithin bekannter Ort ist **Bellagio** (3000 Einw.) an der Landspitze, die den südlichen Comer See teilt. Der Besuch der Villen Melzi, Giulia und Serbelloni hinterläßt unvergeßliche Eindrücke.
Weiter geht es am Ostarm des Sees entlang bis zum Ausfluß der Adda und hinüber nach **Lecco** (50000 Einw.) zurück. Hier ist ein Museum zum Gedenken an den italienischen Widerstandskampf eingerichtet. Ferner lohnt ein Besuch der Villa Manzoni (18. Jh.), in der der berühmte italienische Schriftsteller lange Zeit lebte.

Cernobbio: km 356,5

Como: km 361,9

Lecco: km 414,4

Praktische Informationen

LECCO: AA, v. Sauro 6, Tel. (0341) 362360. – VARENNA: Piazza S. Girgio 4, Tel. (0341) 830367. – BELLANO: v. Manzoni 1, Tel. (0341) 820044. –

Fremdenverkehrsämter

◀ *Kapelle bei Sala Comacina*

Blick auf den Luganer See in Richtung des Nordarmes

Tour 3, Fremdenverkehrs-ämter (Fortsetzung)

COLICO: p. del Municipio 1, Tel (0341) 9401 13. – CHIAVENNA: p. Caduti della Libertà, Tel. (0343) 3 34 42. – CAMPODOLCINO: p. del Comune, Tel. (0343) 50137. – MADESIMO: AA, v. G. Carducci 15, Tel. (0343) 53015. – GRAVEDONA: p. S. Rocco, Tel. (0344) 85306. – MENAGGIO : AA, p. Garibaldi 8, Tel. (0344) 323334. – PORLEZZA: v. Garibaldi 70, Tel. (0344) 61459. – CAMPIONE D'ITALIA: AA, v. Volta 16, Tel. (00419 1) 685051. – CADENABBIA: AA, v. Regina 1, Tel. (0344) 40393. – TREMEZZO: v. U. Ricci 1, Tel. (0344) 40412. – LENNO: Tel. (0344) 55073. – CERNOBBIO: AA, v. Regina 33 b, Tel. (031) 510198. – COMO: EPT, p. Cavour 17, Tel. (031) 262091. – BELLAGIO: AA, lg. lago Manzoni, Tel. (031) 950204.

Bootsverkehr

Zwischen Varenna, Bellagio und Cadenabbia verkehren regelmäßig Autofähren. Tragflügelboote verbinden darüber hinaus Como mit Argegno, Lenno, Tremezzo, Bellagio, Menaggio und Colico sowie Lenno und Tremezzo mit Bellagio und Bellano. Im übrigen verkehren Ausflugsboote zwischen allen bedeutenden Ferienorten an den beiden Seeseiten.

Veranstaltungen

LECCO: Festa del Lago (Seefest; letzter Junisonntag). – VARENNA: Vorbeizug der Heiligen Drei Könige (5. Januar). – COLICO: Giochi sul Lago ('Spiele auf dem See'; 15. August). – CHIAVENNA: Fest der Crotti (September). – MENAGGIO: Carnevale (Karneval mit Umzug und Themen-Wagen). – CAMPIONE D'ITALIA: Palio della Contrade (Kostümfest; Ende Juni). – TREMEZZO: Fiera di Santa Lucia (Luzia-Fest; Dezember). – LENNO: Tira Fo el Genroon (31. Januar); Notte Brava ('Kurze Nacht', Vorabend des 15. August); Festa di San Giovanni (Johannisfest, Nacht vom 23. auf den 24. Juni; Lichtermeer und Feuerwerk auf dem See).

Küche

Die Küche der Region basiert im wesentlichen auf der Polenta und den Fischen aus dem See. Man ißt Barsch, Forellen, aber auch spezielle Sorten wie Agoni, Alborelle oder Missoltini, und zwar gebraten bzw. vom Grill, in Sauce, in Fischsuppe, geräuchert oder in verschiedenen anderen Zubereitungsvariationen. Eine Spezialität ist das Risotto mit Barschfilet. Bekannt ist auch der Aal von Tremezzo. Zu den regionalen Besonderheiten gehören Waldpilze, Wildbret, Leber-Mortadella und – auf der Insel Comacina – die berühmten Schnecken ('Lumache alla Comacina'). Im Raum Chiavenna serviert man 'Violini' (Ziegenschinken) sowie 'Bresaole' (Pökelfleisch) von Rind und Gemse. Zu den Vorspeisen gehören 'Pizzocheri', 'Polenta Taragna' (oder 'Uncia') sowie die dunklen 'Gnocchi' aus der Gegend von Como.

Tour 4: Pässe, Täler und Naturparks

Vom Veltlin über Livigno, das Engadin und das Stilfser Joch bis in die Trentiner Alpen

Lombardei und Trentino/Südtirol; außerdem das Unterengadin (in der Schweiz)   Regionen

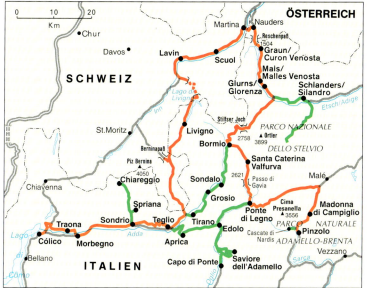

© I.G.D.A. S.p.A. · Novara

Zwei Talschaften prägen diese Route: das Veltlin und der Vinschgau. Da-   Landschaftsbild
zwischen erstreckt sich eine ganze Reihe von waldreichen Seitentälern,
die sich mit kühnen Paßstraßen zwischen die steil aufragenden Berg-
wände schneiden. Es ist eine Fahrt durch eine grandiose Gebirgslandschaft mit Straßen, deren Namen allein schon die Herzen aller begeisterten
Motorradfahrer höher schlagen lassen. Diese Route bringt das selten
gewordene Erlebnis, das gewissermaßen den Konturen der Landschaft
anzupassen. Vielerorts taucht man in eine vergleichsweise unberührte
Natur ein. Das Rauschen der Bäche, die Stille der Weiden, die intakte Welt
des Naturparks um das Stilfser Joch – all dies sind Eindrücke, die sich tief
einprägen.

Es handelt sich um eine reine Bergstrecke. Solange man in der Talsohle   Streckenmerkmale
fährt, sind die Pisten meist breit und geradlinig. Sobald der Weg jedoch nur
ein bißchen ansteigt, wird die Strecke gleich schmal und ausgesprochen
kurvenreich.
Berühmt unter Motorradfahrern ist die eindrucksvolle Serpentinenstraße
des Stilfser Jochs, genauso wie der Anstieg zum Gavia-Paß. Die zu über-
windenden Höhen reichen von rund 200 m bei Colico am Comer See bis
2758 m auf dem höchsten Punkt des Stilfser Jochs. – Durchschnittlich
bewegt man sich auf etwa 1000 m Meereshöhe. Eine Autobahnanbindung
besteht nicht.

Streckenbeschreibung

Colico: km 0	Hinter Colico biegt man nach rechts auf die SS 402 ab und kommt bald nach **Traona** (1600 Einw.), wo einige alte Palastbauten und eine Kirche mit mächtigem Campanile stehen. Die Route führt über die Adda hinüber nach **Morbegno** (10 000 Einw.). Sehenswert sind die Wallfahrtskirche dell' Assunta, die Kirche San Antonio aus dem 14. Jh. und die Barockkirche San Giovanni Battista. – Ab Morbegno steigt die SS 28 leicht an.
Sondrio: km 43	Die Provinzhauptstadt **Sondrio** (23 000 Einw.) wird von zwei imposanten Kastellen namens Masegra und Grumello beherrscht. Beachtenswert ist das Museum für Veltliner Geschichte und Kunst im Palazzo Quadrio.
Nebenstrecke 1	Man fährt das Malenco-Tal aufwärts und biegt rechts ab nach **Scilironi,** einen Ortsteil von Spriana. Das einstmals auf den Geröllen eines Erdrutsches erbaute Dörfchen ist besonders malerisch. Fährt man von Spriana weiter bergauf, so erreicht man das in einer Bergmulde gelegene kleine Dorf Marveggia. Enge Gäßchen winden sich zwischen Steinhäusern mit originellen Holzbalustraden.
Chiesa in val Malenco: km 58	In das Tal zurückgekehrt, kommt man nach **Chiesa in val Malenco** (3000 Einw.), einen bekannten Skiort zu Füßen des Bernina-Massivs. Im Ortsmuseum erfährt man Interessantes zur Naturgeschichte und Volkskunde des Tales. Passionierte Bergsteiger können an Klettertouren in der Disgrazia-Gruppe (3678 m ü.d.M.) teilnehmen. Nun geht es durch das von der
Ponte Valtellina: km 84	Adda durchflossene Veltlin weiter nach **Ponte Valtellina** (2400 Einw.), ein freundliches Bauerndorf, in dem es noch steinerne Waschtröge gibt. Es folgt **Teglio** (5500 Einw.), wo die nüchterne Kirche San Pietro und der Renaissance-Palazzo Besta von architektonischem Interesse sind.
Alternativstrecke: Teglio – Ponte di Legno (88 km)	Diese Querspange kürzt die Hauptroute erheblich ab. Man steigt auf der SS 39 zwischen Nadelbäumen zunächst nach **Aprica** (1500 Einw.) hinauf, dessen langgestreckte Häuserreihe wie auf einem Balkon über dem Veltlin und über dem Camonica-Tal liegt. Diese schöne Lage hat Aprica zu einem vielbesuchten touristischen Ziel gemacht. Durch eine wilde Felsschlucht des Corteno-Tales geht es weiter nach **Edolo** (5000 Einw.). Nach 15 km Fahrt in südlicher Richtung auf der SS 42 zweigt man nach links ab in das Gebiet des Naturparkes Parco dell' Adamello. Die Straße führt ein Stück in das von unberührter Naturschönheit gekennzeichnete Bergmassiv hinauf und endet bei **Saviore dell' Adamello,** einem kleinen Ort, der in eine Mulde eingebettet liegt. Nachdem man wieder ins Tal hinuntergefahren ist, folgt man der SS 42 noch etwas weiter in südlicher Richtung bis nach **Capo di Ponte** (2500 Einw.). Dort lohnt der Parco Nazionale delle Incisioni Rupestri einen Besuch. In diesem unter Denkmalschutz stehenden Areal kann man zahlreiche Felszeichnungen bewundern, die von der Jungsteinzeit bis in die Römerzeit datieren. Besonders hervorzuheben ist der Fels Roccia di Naquane mit 879 figürlichen Darstellungen aus der Eisenzeit. Zurück geht es nach Edolo und von dort entlang des Flüßchens Oglio nach Ponte di Legno, wo man wieder die Hauptstrecke erreicht.
Madonna di Tirano: km 114,1	Kurz nach **Madonna di Tirano** gabelt sich die SS 38 erneut. Man kann hier eine Abkürzung wählen.
Alternativstrecke: Tirano – Bormio (39 km)	Dieser Weg führt weiter durch das breite Tal der Adda. In **Tirano** (9000 Einw.) steht die berühmte Wallfahrtskirche della Madonna, die im Jahre 1504 im Renaissancestil erbaut worden ist. Nun kommt man an Weinterrassen vorbei mit so klangvollen Lagebezeichnungen wie: Sassella, Grumello, Valgella und Inferno. In **Grosio** (5000 Einw.) sind die Überreste der mittelalterlichen Burg Visconti Venosta bemerkenswert. Unweit von hier sind einige prähistorische Felszeichnungen zu bestaunen. Wahrzeichen des Luftkurortes **Sondalo** (5500 Einw.) ist der Kampanile der Kirche Santa

Marta del Mille. Ab hier fließt die Adda in einem hohlwegähnlichen Bett. Nach der Talenge von Serravalle erkennt man die Spuren der Verwüstung, die der große Erdrutsch von 1987 angerichtet hat. Damals wurden die Ortschaften Morignone, Sant'Antonio und Aquilone zerstört. Schließlich kommt man in Bormio wieder auf die Hauptroute.

Alternativstrecke (Fortsetzung)

Kaum ist man auf die Straße SS 38/A eingebogen, befindet man sich schon auf Schweizer Boden. Die Strecke führt im Poschiavo-Tal aufwärts, vorbei am herrlich gelegenen gleichnamigen See. 3 km vor dem Bernina-Paß (2323 m ü.d.M.) biegt man in Richtung Livigno rechts ab. Die Paßstraße Forcola di Livigno (2315 m ü.d.M.) führt auf italienisches Territorium zurück. **Livigno** (3500 Einw.) ist ein bekanntes Wintersportzentrum und außerdem Zollfreigebiet. Das Ortsbild ist heute noch geprägt von Holzhäusern, die sich um die Pfarrkirche herum gruppieren.

Livigno: km 162,1

Man fährt dann am Ufer des Lago di Livigno entlang und überschreitet bei Ponte del Gallo erneut die italienisch-schweizerische Grenze. Auf der Schweizer Seite geht es durch das Spol-Tal weiter nach Zernez. Von hier ab folgen wir dem Lauf des jungen Inn durch das Unterengadin. Stationen entlang der Strecke des Flusses sind Lavin, Ardez und **Scuol.** Bei Tarasp sollte man es nicht versäumen, einen Blick auf das wie aus dem Märchenbuch erscheinende weiße Schloß zu werfen. Bei Martina überquert man den Inn, und eine kurvenreiche Strecke führt auf österreichisches Gebiet. Nach kurzer Zeit gelangt man über den Reschenpaß (Passo di Resia, 1504 m ü.d.M.) wieder nach Italien zurück.

Scuol: km 217,5

Jetzt geht es durch das Quellgebiet der Etsch (Adige) und den oberen Vinschgau (Valle di Venosta). Nach dem Reschen-Stausee (Lago di Resia) erreicht man den Ferienort **Graun** (Curon Venosta). Hier wurde 1948 eine Staumauer gebaut. Aus zwei vorher schon vorhandenen kleineren Seen entstand so ein wesentlich größerer Stausee. Dabei wurde der alte Ort Graun überflutet. Nur der Kirchturm des früheren Dorfes ragt noch aus dem Wasser. Nach einem kurvenreichen Straßenabschnitt erscheint die

Graun (Curon Venosta): km 252,5

Castello dei Visconti Venosta bei Grosio

31

Tour 4

Hauptroute
(Fortsetzung)

Silhouette von **Mals** (Malles Venosta) (4500 Einw.), wo reger Touristenbetrieb herrscht. Unweit von hier steht die Benediktinerabtei Marienberg (Santa Maria), mit einer der höchstgelegenen Klosterkirchen Europas.

Glurns (Glorenza):
km 272,5

Das 3 km entfernte **Glurns** (Glorenza; 800 Einw.) hat sich seinen mittelalterlichen Wehrcharakter bis heute bewahren können.

Nebenstrecke 2
Schlanders:
km 291,5

Auf der Weiterfahrt durch den Vinschgau kommt man nach **Schlanders** (Silandro, 5000 Einw.) mit der gleichnamigen Burg. Zinnenbesetzte Einzelbauten und schlanke Türme erinnern an die lombardische Renaissance. Unterhalb von Schlanders mündet das Martell-Tal, durch das man in den Naturpark Stilfs (Parco dello Stelvio) gelangt. Die Straße endet beim kleinen Zufrittsee (Lago di Gioveretto) mit schönem Blick auf die Ortler-Gruppe. Rückfahrt nach Spondinig (Spondigna).

Die Hauptroute biegt unterhalb von Glurns südwestwärts in Richtung Stilfser Joch ab und verläßt damit den Vinschgau. Über 48 enge Serpentinen geht es hinauf zum Stilfser Joch (Passo dello Stelvio), dessen 2758 m ü.d.M. gelegener Scheitel einen der höchsten Alpenpässe markiert. Von der Paßhöhe zwischen dem Veltlin und dem Vinschgau bietet sich ein überwältigendes Alpenpanorama. Auf der Westseite des Joches steigt die

Bormio: km 399,4

Paßstraße mit 34 Haarnadelkurven nach **Bormio** (4000 Einw.) hinunter. Zentrum dieses bekannten Wintersportplatzes und Thermalkurortes ist die von mittelalterlichen und Renaissance-Bauten umrahmte Piazza Cavour. Durch das enge Valfurva-Tal geht es auf der SS 300 weiter in Richtung Gavia-Paß. Eingebettet in die wilde und rauhe Naturlandschaft des Stilfser-Joch-Nationalparkes, den man hier erneut streift, liegt der Ort **Santa**

Santa Caterina
Valfurva: km 412

Caterina Valfurva am Fuße des Pizzo Tresero (3594 m ü.d.M.). Erneut steigt die Straße an und windet sich in zahlreichen Serpentinen auf den Gavia-Paß (Passo Gavia, 2621 m ü.d.M.) hinauf. Noch kurvenreicher und höchst spektakulär ist die Abfahrt. Zwischendurch kann man immer wieder einen Blick auf das beeindruckende Adamello-Massiv werfen.

Ponte di Legno:
km 441,7

Der fahrerisch besonders anspruchsvolle Teil der Route endet in **Ponte di Legno** (2200 Einw.), einem gern besuchten Wintersportort. Jetzt hält man

Lago Bianco auf dem Gavia-Paß

sich links und fährt auf der SS 42 über den Tonale-Paß (Passo del Tonale, 1883 m ü.d.M.). Anschließend durchquert man das Vermiglio-Tal mit den Ortschaften **Pellizzano** (1000 Einw.; Bergkirche aus dem 15. Jh.) und **Mezzana** (900 Einw.), das als Ferienort beliebt ist. An der Kreuzung mit der SS 239 biegt man rechts ins Meledrio-Tal ab. Der Ort **Folgarida** (3000 Einw.) erstreckt sich über einen pinienbestandenen Bergrücken. Schließlich erreicht man **Madonna di Campiglio** (800 Einw.), einen der berühmtesten italienischen Wintersportplätze in den Alpen. – Die Route endet in **Pinzolo** im oberen Rendena-Tal. Von hier empfehlen sich Ausflüge zur Kapelle San Vigilio (wundervoller Ausblick) und zu den grandiosen Wasserfällen von Nardis mit einer Sprunghöhe von mehr als 100 Metern.

Hauptroute (Fortsetzung)

Madonna di Campiglio: km 497,2

Praktische Informationen

COLICO: AA, p. Zanardelli, Tel. (030) 92 73 30. – SONDRIO: EPT, p. Garibaldi 28, Tel. (0342) 21 44 63. – CHIESA IN VALMALENCO: AA, p. Ss. Giacomo e Filippo 1, Tel. (0342) 45 11 50. – TEGLIO: Pro Loco, v. Morelli, Tel. (0342) 78 00 38. – APRICA: AA, cs. Roma 53, Tel. (0342) 74 61 13. – EDOLO: AA, p. Martiri de la Libertà, Tel. (0364) 7 10 65. – TEMU: Pro Loco, v. Roma 36, Tel. (0364) 9 41 52. – CAPO DI PONTE: Pro Loco, v. Briscioli, Tel. (0364) 4 20 80. – TIRANO: Pro Loco, p. Basilica 25, Tel. (0342) 70 11 81. – GROSIO: v. Roma 34, Tel. (0342) 84 51 23. – SONDALO: AA, v. Vanoni 32, Tel. (0342) 80 11 27. – LIVIGNO: AA, plaza del Comun, Tel. (0342) 99 73 69. – RESCHEN (RESIA): AA, v. Valle Lunga, Tel. (0473) 8 32 33. – MALS (MALLES VENOSTA): p. Gluck, Tel. (0473) 8 11 90. – SCHLANDERS (SILANDRO): v. Cappussini 10, Tel. (0473) 7 01 55. – BORMIO: AA, v. Stelvio 10, Tel. (0342) 90 33 00. – SANTA CATERINA VALFURVA: Pro Valfurva, Condominio ai Portici, Tel. (0342) 93 55 98. – PONTE DI LEGNO: AA, cs. Milano 41, Tel. (0364) 9 19 49. – PELLIZZANO: v. Nazionale, Tel. (0463) 7 11 83. – MEZZANA: AA, v. RomaTel. (0463) 7 71 34. – FOLGARIA: AA, via Roma 15, Tel. (0464) 7 11 33. – MADONNA DI CAMPIGLIO: AA, Centro Rainalter, Tel. (0465) 4 10 26. – PINZOLO: AA, cs. Trento, Tel. (0465) 5 10 07.

Fremdenverkehrsämter

TRAONA: Festa del Santo Patrono (26. August). – MORBEGNO: Silvester. – SONDRIO: Karneval. – CHIESA IN VALMALENCO: Palio delle Contrade (Kostümfest; Dezember). – APRICA: Sunà de Mars ('Frühlingswecken' an den letzten drei Februartagen). – EDOLO: Festa di Mu (August). – TEMU: Festa degli Alpini (Fest der Gebirgsjäger) in Vezza d'Oglio. – TIRANO: Cuore di Tirano ('Herz von Tirano'; Weihnachtszeit). – GROSIO: Festa della Montagna (Bergfest am 15. August). – LIVIGNO: Ski-Fackellauf zum Jahreswechsel. – BORMIO: Palio delle Contrade (Kostümfest; Januar/Februar); Sfilata dei Pasquali (Osterumzug mit religiösen Darstellungen am Ostersonntag). – PONTE DI LEGNO: Festival dei Film della Montagna (Internationales Bergfilm-Festival; Juli/August). – FOLGARIA: Marcia delle Nazioni ('Marsch der Nationen'; Sommer). – MADONNA DI CAMPIGLIO: '3-Tre' (Internationaler Riesenslalom-Wettbewerb; Dezember). – PINZOLO: '24 Ore' (Internationaler Skilanglauf-Wettbewerb; Februar).

Veranstaltungen

Berühmt sind die 'Pizzocheri' aus dem Veltlin, dicke Bandnudeln aus Roggenmehl, die in Knoblauchbutter geschwenkt oder in der Pfanne mit Gemüse und geriebenem Käse angebraten werden. Sehr gut schmeckt auch die 'Polenta Taragna', die aus dunklem Weizenmehl zubereitet und mit Butter bzw. kleinen Käsewürfeln serviert wird. 'Sciott' heißen kleine Käsepfannkuchen, die in Schmalz ausgebacken werden. Im Trentiner Teil der Route ißt man 'Canederli' (Knödel). Bekannte Fleischspeisen sind 'Violini' (Ziegenschinken) und 'Bresaole' (Pökelfleisch) von Rind und auch Gemse. Traditionelle Spezialitäten sind weiterhin 'Parusc' (Bergspinat) und die 'Cicc', süße Pfannkuchen, die nach einem Rezept aus Caspoggio zubereitet werden. Erwähnen muß man schließlich die Pilze aus dem Masino-Tal, den Honig aus Bormio und die Forellen aus dem Wildbach Spol.

Küche

Tour 5: Wo die Alpen nach den Sternen greifen

Über die Etsch und durch die Dolomiten

Regionen   Trentino / Alto Adige (Südtirol) und Venezien

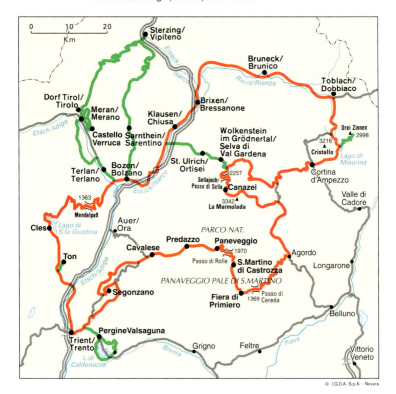

© I.G.D.A. S.p.A · Novara

Landschaftsbild   Die Dolomiten sind eine besonders eindrucksvolle Hochgebirgslandschaft in den Alpen. Schroffe und teilweise recht bizarre Kalksteinwände, die bei tiefstehender Sonne in bezaubernden Farben leuchten, zahlreiche Naturparks, Bergseen, dunkle Wälder und grüne Matten prägen das Bild. In diese schöne Landschaft fügen sich freundliche Dörfer und mächtige Burgen ebenso ein wie malerische alte Städtchen und zahlreiche kunsthistorische Kleinodien.

Streckenmerkmale   Die Hauptstrecke ist ausgesprochen abwechslungsreich und anspruchsvoll. Man hat recht viele Kurven und Serpentinen zu meistern. Eine Ausnahme bildet lediglich die SS 12 Trient – Bozen, die breit ausgebaut ist. Die durchschnittliche Höhe liegt bei 1200 m ü.d.M., örtlich jedoch deutlich darüber. Am höchsten kommt man bei der Auronzo-Hütte am Fuße der Drei Zinnen, die 2346 m ü.d.M. liegt. Schattige Straßenabschnitte können unter Umständen wegen unvermuteter Eisglätte gefährlich sein. Für den Einstieg in die Route bietet sich die A 22 (Brenner-Autobahn) an.

Streckenbeschreibung

Die Dolomiten-Rundfahrt beginnt in **Trento (Trient)** , von wo aus man auf der SS 47 ostwärts fährt. Bereits nach 6 km zweigt man in Richtung Baselga di Pinè und Cavalese ab.

Trento (Trient):
km 0

Fährt man auf der Staatsstraße weiter, so kommt man nach **Pergine Valsugana** (14000 Einw.), wo man noch etliche Spätrenaissance-Bauten bewundern kann, die Elemente der trentinischen und venezianischen Baukunst in sich vereinen. Beachtenswert ist das Castel Pergine, dessen Anfänge wohl auf die Langobarden zurückgehen. Nach diesem Städtchen fährt man auf der rechten Seite um den Lago di Caldonazzo und erreicht **Levico Terme** (6000 Einw.). Über Vetriolo Terme und Vignola geht es zurück zum Ausgangspunkt dieser Nebenstrecke.

Nebenstrecke 1

Wenige Kilometer abseits von **Baselga di Pinè** erstreckt sich das Naturschutzgebiet von Laghestél. Im Sommer ist das Wasser des Lago di Serraia rot gefärbt, was auf chemische Prozesse zurückzuführen ist, die von verschiedenen Mikroorganismen verursacht werden. Man folgt von hier den touristischen Hinweisschildern nach **Segonzano** und gelangt zum Riserva degli Omeni, einem weiteren Naturdenkmal: Pyramidenförmig türmt sich Erosionsmaterial auf mächtigen Porphyrplatten.

Baselga di Pinè:
km 58,9

Nun fährt man am Fluß Avisio entlang nordwärts nach **Cavalese** (3500 Einw.). In diesem Ferienort gibt es noch einen Palazzo aus dem 14. Jahrhundert. Die SS 48 führt weiter nach **Predazzo** (4000 Einw.), einem bedeutenden Fremdenverkehrsort, in dem die Route rechts nach Panevéggio abzweigt. Man befindet sich hier am Tor zum gleichnamigen Naturpark, der das größte noch zusammenhängende Waldgebiet der Alpen umfaßt.

Cavalese:
km 111,9

Man folgt nun der Straße über den Rolle-Paß (Passo di Rolle; 1970 m ü.d.M.) nach **San Martino di Castrozza** (500 Einw.), einem bekannten Wintersportort mit grandiosem Blick auf die Pala-Gruppe. Weiter bergab führt der Weg nach Fiera di Primiero (650 Einw.), wo Luigi Negrelli, der 'Vater des Suez-Kanal-Projektes', geboren wurde.

San Martino
di Castrozza:
km 155,8

Man biegt links auf die SS 347 ab. Die Straße steigt wieder an und führt über den Passo di Cereda (1369 m ü.d.M.) nach **Agordo** (4500 Einw.), einem traditionsreichen Ferienort. Von hier kommt man über die SS 203 nach **Alleghe** (1600 Einw.) am gleichnamigen See. Dies ist die älteste Siedlung der ganzen Gegend. Bei Rocca Pietore folgen wir der Abzweigung nach links ins Gebiet der Marmolada-Gruppe. Die Straße führt über den Fedaia-Paß (2057 m ü.d.M.) und am Fedaia-See entlang sowie am Fuße des mächtigen Bergmassivs (3343 m ü.d.M.) vorbei und mündet bei Canazei ins Fassa-Tal.

Von **Canazei** (2000 Einw.) aus fahren wir ein kurzes Stück auf der SS 48, der Großen Dolomitenstraße, nordwärts, biegen dann aber gleich wieder nach links ab, auf die SS 242, um das **Sella-Joch** (Passo di Sella, 2216 m ü.d.M.) unmittelbar unterhalb der gewaltigen Felswände der Sella-Gruppe anzusteuern. An der nächsten Straßengabelung folgt man der SS 243 nach rechts, die zum **Grödner-Joch** (Passo di Gardena, 2121 m ü.d.M.) hinaufführt. Man genießt von dort oben, im Herzen der Dolomiten eine herrliche Aussicht auf die umliegenden, senkrecht abfallenden Felswände. An Matten und Almen vorbei geht es weiter und anschließend über den Passo di Campolongo (1875 m ü.d.M.) zurück zur SS 48.

Canazei: km 256

Nachdem der Falzarego-Paß (Passo del Falzarego, 2105 m ü.d.M.) überwunden ist, erreicht man **Cortina d'Ampezzo** (8500 Einw.), einen der traditionsreichsten und bekanntesten Urlaubsorte des gesamten Alpenraumes. Weiter geht es auf der SS 48 bis zum Misurina-See (Lago di Misurina), von dem aus man die magischen Drei Zinnen (Tre Cime di Lavaredo) unmittelbar vor sich aufragen sieht. Ein Abstecher von 9,3 km Länge (letzte 4 km mautpflichtig!) führt noch näher an diese Felsdome heran.

Cortina
d'Ampezzo:
km 336,1

Die SS 51 führt über die italienisch-deutsche Sprachgrenze hinweg ins Höhlensteintal (Val di Landro) und zum Dürrensee (Lago di Landro), an

Tour 5

Hauptroute
(Fortsetzung)

dessen Ufern noch Reste von Pfahlbauten aus der Bronzezeit erhalten sind. Das Tal öffnet sich und geht in ein breites Becken über, das nach dem zentralen Ort **Toblach** (Dobbiaco; 3000 Einw.) als 'Toblacher Feld' bezeichnet wird. Durch das Pustertal (Val Pusteria) verläuft die Straße nach

Bruneck: km 409

Bruneck (Brunico, 12 000 Einw.). Über dem von Wäldern umgebenen Städtchen liegt das Schloß der Bischöfe von Brixen. In der Hauptstraße kann man typische Südtiroler Bauten mit bemalten Fassaden, hübschen Fensterbögen, kleinen Balkonen und Holzschnitzereien bewundern.

Brixen:
km 443,3

Weiter geht es, am Eisack (Issarco) entlang nach **Brixen** (Bressanone; 17 000 Einw.), dessen Wahrzeichen der imposante Dom ist. Sehenswert ist auch die exzellent restaurierte fürstbischöfliche Hofburg. Das Tal wird nun von der Brenner-Autobahn bestimmt. Bei **Klausen** (Chiusa, 5000 Einw.) thront das Kloster Säben auf einem steilen Dioritkegel.

Nebenstrecke 2

Von Klausen aus lohnt sich ein Abstecher ins Grödner-Tal (Val Gardena), wo die ethnisch eigenständige Volksgruppe der Ladiner noch relativ zahl-

St. Ulrich:
km 480,1

reich vertreten ist. In **St. Ulrich** (Ortisei; 5000 Einw.), dem Hauptort des Tales, lädt ein regionalhistorisch orientiertes Museum zum Besuch ein. Ein Schwerpunkt der Ausstellung befaßt sich mit der seit mehreren hundert Jahren hier etablierten Holzschnitzkunst. In **St. Christina** (Santa Cristina Val Gardena; 1500 Einw.) und **Wolkenstein** (Selva di Val Gardena; 2500 Einw.) kann man noch einige Bauernhöfe sehen, die in der charakteristischen Bauweise der Ladiner errichtet sind. Am Ende dieser Nebenstrecke erreicht man wieder die Sella-Gruppe.

Bozen: km 540,5

Die Südtiroler Hauptstadt **Bozen** (Bolzano; 106 000 Einw.) liegt an der verkehrsreichen Einmündung des Eisack- und des Sarntales in das Etschtal. Einen kurzen Besuch lohnt die auf dem Mündungstrichter der Talfer gelegene Altstadt. Sehr hübsch sind die alte Pfarrkirche, die Laubengänge und der von stattlichen alten Gebäuden gesäumte Obstmarkt mit barockem Neptunbrunnen. Beachtenswert sind auch die Burg Maretsch (Castello Mareccio) mit ihrer türmchenbewehrten Mauer und das Stadtmuseum.

Nebenstrecke 3

Auf der SS 509 fährt man durch das Sarntal (Val Sarentina). Gleich nach dem Taleingang passiert man die Burg Runkelstein, die wohl zu den interessantesten Festungsbauten der Region gehört. Danach geht es durch eine enge, von der Talfer gegrabene Schlucht. Nach einer Straßengabelung weitet sich das Sarntal, und man kommt nach **Sarnthein** (Sarentino). Von hier aufwärts ins Penser Tal, an dessen Ende die Straße kurvenreich das Penser Joch (Passo di Pennes, 2214 m ü.d.M.) erklimmt.

Sterzing (Vipiteno):
608,5 km

Der Abstieg ins Eisacktal endet in **Sterzing** (Vipiteno, 6000 Einw.), einem uralten Siedlungsplatz, der die Grenze zwischen dem germanischen und dem romanischen Kulturraum markiert. Sehenswert sind die Neustadt mit ihren reich verzierten Häuserfassaden, die Heilig-Geist-Kirche und die Deutschordenskommende. Von Sterzing geht es auf der SS 44 in südwestlicher Richtung bergan. Über den Jaufenpaß (Passo di Monte Giovo, 2094 m ü.d.M.) gelangt man ins Passeiertal, an dessen Einmündung ins Etschtal

Meran: km 666,5

die Kurstadt **Meran** (34 000 Einw.) liegt. Man sollte sich unbedingt die gotische Pfarrkirche St. Nikolaus, das Kurhaus und die Laubengasse ansehen. Sehr reizvoll sind außerdem die schön angelegten Spazier- und Wanderwege wie z.B. der Tappeinerweg oder die Gilfpromenade.
Man überquert dann die Etsch und folgt anschließend der SS 38, einer Straße, die den Fluß auf halber Höhe auf seinem weiteren Lauf begleitet. Das Tal wird von zahlreichen Burgen und Burgruinen bewacht.

Bozen (Bolzano)
km 695

Man passiert den weinberühmten Ort Terlan (Terlano) und erreicht bei Bozen wieder die Hauptroute.

Beim Schloß Sigmundskron biegt man rechts auf die SS 42 ab, die das Überetsch mit seinen Weinorten durchmißt und in vielen Windungen zum Mendelpaß (Passo di Mendola; 1363 m ü.d.M.) aufsteigt. Von der Paßhöhe

Vor dem Sella-Joch ▶

Tour 5

Hauptroute (Fortsetzung) lohnt ein Abstecher auf den 1742 m hohen Aussichtsberg Penegal. Am Mendelpaß wird die Grenze zum italienischen Sprachraum überschritten. Nach der Paßabfahrt erreicht man eine Kreuzung, an der man links in das Nonstal (Val di Non) einbiegt, wo sich Apfelbaumkulturen ausbreiten. Bei dem am Westufer des künstlich angelegten Lago di Santa Giustina erbau-

Cles: km 746,7 ten Städtchen **Cles** (6000 Einw.) thront das Schloß Cles (12. u. 16. Jh.) auf einem Bergkegel. Wenige Kilometer weiter folgt das Castel Brugherio. Bevor man das Talende erreicht und wieder auf die SS 12 einschwenkt, lohnt sich ein Abstecher (ca. 5 km) zum Castello di Thun bei Vigo Anaunia.

Trient (Trento) Von San Michele aus erreicht man auf der SS 12 schnell den Zielpunkt
km 798,7 **Trient** (Trento) (100 000 Einw.). Ein Besuch der Stadt sollte die Burg Buonconsiglio und den Dom (12./13, Jh.) mit dem zugehörigen Platz einschließen, den einige mittelalterliche Bauten (u.a. Palazzo Pretorio) säumen.

Praktische Informationen

Fremdenverkehrs-
ämter
PERGINE VALSUGANA: AA, p. Garibaldi, Tel. (0461) 53 12 58. – LEVICO TERME: AA, v. Dante 6, Tel. (0461) 70 61 01. – CAVALESE: AA, v. Fratelli Bronzetti 2, Tel. (0462) 3 02 98. – PREDAZZO: AA, p. Ss Filippo e Giacomo, Tel. (0462) 5 12 37. – SAN MARTINO DI CASTROZZA: AA, v. Passo Rolle 15, Tel. (0439) 6 81 09. – FIERA DI PRIMIERO: AA, Palazzo Comunale, v. Fiume 10, Tel. (0439) 6 20 47. – AGORDO: AA, p. Libertà, Tel. (0437) 6 12 05. – ALLEGHE: AA, v. Roma, Tel. (0437) 72 33 33. – CANAZEI: AA, v. Roma 24, Tel. (0462) 6 11 13. – CORTINA D'AMPEZZO: AA, p. S. Francesco 8, Tel. (0436) 27 11. – MISURINA: v. Montepiana 1, Tel. (0436) 3 90 16. – TOBLACH (DOBBIACO): v. Roma 21, Tel. (0474) 7 21 31. – BRUNECK (BRUNICO): AA, v. Europa, Tel. (0474) 8 57 22. – BRIXEN (BRESSANONE): AA, v.le Stazione 4, Tel. (0472) 2 24 01. – KLAUSEN (CHIUSA): AA, p. Tinne 40, Tel. (0472) 4 74 24. – ST. ULRICH (ORTISEI): AA, v. Rezia 1, Tel. (0471) 7 30 46. – ST. CHRISTINA IM GRÖDNERTAL (SANTA CRISTINA IN VAL GARDENA): AA, Palazzo Comunale, Tel. (0471) 7 30 46. – WOLKENSTEIN IM GRÖDNERTAL (SELVA DI VAL GARDENA): AA, pal. Cassa Rurale, Tel. (0471) 7 51 22. – BOZEN (BOLZANO): EPT, p. Parrocchia 11, Tel. (0471) 99 38 08. – STERZING (VIPITENO): AA, p. Città 3, Tel. (0472) 6 53 25. – MERAN (MERANO): AA, cs. Libertà 45, Tel. (0473) 3 52 23. – CLES: v. Dante 30, Tel. (0463) 2 13 76. – TRIENT (TRENTO): APT, cs. III Novembre 134, Tel. (0461) 98 00 00.

Veranstaltungen
TRIENT: Trofeo Topolino (internationale Kinder-Skirennen; Februar); Festival des Bergfilms und Salone dell'Alpinista (Messe für Bergsteiger- und Wanderausrüstung; April); Autunno Trentino (Trentiner Herbst; Ausstellungen, Konzerte und Folklore-Aufführungen; September/Oktober). – CAVALESE und CANAZEI: Marcialonga (Skilanglauf; letzter Sonntag im Januar). – ST. ULRICH (ORTISEI): Trachtenfest des Grödnertales (August). – BOZEN: Bozner Weinkost (Weinprämierung; März/April). – ST. LEONHARD IM PASSEIERTAL: Schützenfest (Juli). – MERAN: Pferderennen (Ostermontag); Großer Preis von Meran (Pferderennen; letzter Sonntag im September). – EPPAN: Sommersonnwend (Prozessionen, Feuerwerk).

Küche
Die Küche ist typisch für eine Gebirgslandschaft, wobei man Gerichte sowohl norditalienischer als auch Tiroler Prägung vorfindet. Berühmt sind Knödel, Suppen auf Mehlbasis, 'Gnocchi Verdi', 'Strangolapreti' ('Pfaffenwürger'), mit Marmelade gefüllte Ravioli, Weinsuppe, Polenta mit Käse, 'Stufato' (Schmorbraten), 'Spalla' (Schulter) mit Apfelsoße, Hasenbraten auf Trentiner Art, Gamsbraten am Spieß, Hirschbraten; 'Carne Salada' (Pökelfleisch), 'Baccalà alla Trentina' (Dorsch), Kartoffelaufläufe, 'Zelten' (Weihnachtsgebäck), 'Crostate di Mirtilli' (Heidelbeerschnitten) und der Strudel. Vielseitig ist auch die Weinkarte. Bekannte Namen sind 'Pinot Nero' und 'Grigio', 'Cabernet', 'S. Giustina', 'Kalterer See' ('Caldaro'), 'Terlaner' ('Terlano'), 'Traminer' ('Termeno') und 'Savignon'.

Tour 6: Das Rauschen der Piave

Carnia (Karnische Alpen), Cadore (Südöstliches Dolomiten-Vorland, Oberes Piavebecken), Cansiglio

Veneto, Friaul, Julisch-Venetien · Regionen

© I.G.D.A. S.p.A. - Novara

Diese Route führt durch drei recht unterschiedliche Landschaften. Das 'Cansiglio' ist eine Gebirgsrandzone mit Weiden und sehr alten Wäldern. 'Cadore' heißt ein sehr reizvoller Landstrich, der das südöstliche Dolomiten-Vorland und das Obere Piavebecken umfaßt. Im 'Carnia' genannten italienischen Teil der Karnischen Alpen prägen nordische Einflüsse sehr deutlich das Landschaftsbild.
Gemeinsam ist allen drei Streckenabschnitten der Charakter einer ausgewogenen und doch abwechslungsreichen, viel Fahrvergnügen bietenden Gegend mit eher spärlich besiedelten Bergen, netten kleinen Ortschaften und tiefgrünen Wäldern. Und über allem klingt immer noch verhalten das Echo der Schlachten des Ersten Weltkrieges nach.

Landschaftsbild

39

Das Kastell von Spilimbergo

<table>
<tr><td>Streckenmerkmale</td><td>Von den gut ausgebauten Staats- und Provinzstraßen der Ebene bei Poderone führt diese Route in ein Gebiet mit vielen kleinen Sträßchen im nördlichen Cansiglio und in der Carnia, wo die Fahrbahnbeschaffenheit zwar generell auch gut ist, aber dennoch ein gewisses Maß an Vorsicht angebracht ist. Die angebotene Alternativstrecke führt auch über unbefestigte und in schlechtem Zustand befindliche Straßenabschnitte.</td></tr>
</table>

Im Südosten des beschriebenen Raumes bewegt man sich in Höhen zwischen 100 und 200 m ü.d.M., wobei man meist durch ebenes oder leicht hügeliges Gelände fährt. Dagegen klettert man im nordwestlichen gebirgigen Teil auf 700 bis 1200 m ü.d.M., wobei die Calvi-Hütte (2160 m ü.d.M.) den höchstgelegenen Punkt der Fahrtroute markiert.

Über verschiedene Autobahntrassen hat man Anschluß an die großen Fernverkehrsstraßen. Von Deutschland aus ist das Gebiet am schnellsten zu erreichen via München – Kufstein – Felbertauernstraße – Lienz – Gailbergsattel bzw. via München – Salzburg – Katschbergtunnel – Spittal an der Drau – Gailbergsattel.

Streckenbeschreibung

Vittorio Veneto:
km 0

In **Vittorio Veneto** (30000 Einw.) ist vor allem der alte Stadtteil Serravalle beachtenswert mit seinen malerischen Bauten und Plätzen aus dem 15. und 16. Jahrhundert. Im Palazzo Comunale (16. Jh.) ist ein Weltkriegsmuseum untergebracht, in dem an das Schlachtgetümmel des Jahres 1918 erinnert wird, bei dem sich österreichisch-ungarische und italienische Truppen erbitterte Gefechte lieferten.

Pordenone:
km 29,3

Nach Verlassen der Stadt kommt man zügig nach **Sacile** und **Pordenone** (53000 Einw.), einer aufstrebenden Provinzhauptstadt. Sehenswert sind der Corso Vittorio Emanuele, die Hauptachse des Altstadtkerns mit Bauten, die Stilelemente der Gotik und der Renaissance vereinen, der Dom mit dem Kampanile und das Stadtmuseum.

Abb. S. 40/41: Romantischer Winkel im Landstrich Cansiglio

42

Vor Erreichen des Flusses Tagliamento biegt man links in Richtung Spilimbergo ab. Danach kommt man nach **Valvasone,** einem gut erhaltenen mittelalterlichen Städtchen mit einer alten Burg und einem Gewirr kleiner Gäßchen. Danach erreicht man **Spilimbergo** (11 000 Einw.), Sitz einer bekannten Mosaik-Kunstschule. In der Altstadt, über der eine Burg (13. Jh.) thront,
gefallen Bauten mit schönen Wandmalereien und verzierten Fenstern.
Weiter geht es im breiten, kieserfüllten Tal des Tagliamento bis zur Talenge
bei Pinzano al Tagliamento. Die Felsklamm, durch die der Wildbach Cosa
fließt, führt zu den grünen Grotten des Orrido di Pradis. Weiter geht es
anschließend bergauf zum verlassenen Städtchen **Pozzis,** einer Ansammlung teilweise verfallener, teilweise noch erhaltener Häuser.

Hauptroute
(Fortsetzung)

Nach Überqueren des Sella Chianzutan (954 m ü.d.M.) öffnet sich das
Panorama der Karnischen Alpen, einer Hochgebirgslandschaft, die im
wesentlichen das obere Tagliamento-Tal und dessen Seitentäler umfaßt.
Hauptort dieses Raumes ist seit eh und je **Tolmezzo** (11 000 Einw.). Recht
interessant ist ein Besuch des dortigen Heimatmuseums.
Weiter geht es auf der SS 52 bis nach Zulgo und in den Kurort Arta Terme
(2500 Einw.). Dann hält man sich links und fährt auf der SS 465 nach **Cerci-
vento,** in dessen Umgebung noch etliche recht alte karnische Holz- und
Steinbauten zu sehen sind. Beim Tunnel von Comeglians biegt man auf die
SS 355 ab.

Tolmezzo:
km 105,1

Comeglians:
km 134,9

Bei der Straßengabelung von Ravascletto beginnt ein unbefestigtes Bergsträßchen, das auf den Piz di Mede (2094 m ü.d.M.) und dann auf den
Monte Crostis (2261 m ü.d.M.) hinaufklettert. Dieser Teil der Strecke empfiehlt sich nur für geländegängige Motorräder. Nach dem Abstieg geht es
erneut auf der SS 465 weiter. Man gelangt zunächst nach **Pesariis,** einem
kleinen Ort mit etlichen gut erhaltenen, landschaftstypischen Häusern.
Am Ortsende beginnt der Anstieg zum Höhenzug Lavardet, der bis auf
1760 m (Sella di Rozzo) hinaufführt. Bergab geht es dann nach **Sauris,**
einem deutschsprachigen Dorf an einem kleinen See. Man hält sich jetzt
links, durchfährt eine Reihe von Tunnels und erreicht die Schlucht von
Lumei.
Bei **Ampezzo** kommt man wieder auf eine breitere Staatsstraße, die durch
das Tagliamento-Tal führt. Man berührt die Wintersportgemeinde **Forni di
Sopra** (1500 Einw.) und steigt dann über den Mauria-Paß (Passo di Mauria;
1295 m ü.d.M.) ins Piavetal hinab, wo man wiederum die Hauptroute
erreicht.

**Alternativstrecke:
Ravascletto –
Piave-Tal
(116 km)**

Über Forni Avoltri (1000 Einw.) fährt man weiter nach **Sappada** (Bladen;
1400 Einw.), das sehr eindrucksvoll umringt von kahlen Berggipfeln liegt.
Bevor man in den Ort kommt, lohnt ein kurzer Abstecher nach rechts von
der Straße weg ins Piave-Quellgebiet am Monte Peralba (Hochweißstein;
2693 m ü.d.M.). Nach der Ortschaft Sappada folgen Santo Stefano di
Cadore (3000 Einw.) und Auronzo di Cadore.
Nun fährt man an der Piave entlang südwärts. Nächstes Ziel ist **Pieve di
Cadore** (4500 Einw.), ein bekannter Ferienort, der an einem großen Stau-
see liegt. Einen Besuch lohnen das Geburtshaus des Malers Tizian sowie
das regionalhistorische Museum des Cadore-Gebietes.
Rasch geht es dann talabwärts nach **Belluno** (36 000 Einw.). Wichtigste
Stationen eines kurzen Stadtrundgangs sind der Domplatz, der Palazzo
dei Rettori (15. Jh.) und die Piazza delle Erbe. Das letzte Stück dieser
Rundfahrt führt über die Hochebene des Cansiglio. Diese Schlußetappe,
die ein sportliches Fahren mit dem Motorrad zuläßt, beginnt an der
Abzweigung unmittelbar vor Ponte nelle Alpi, wo man sich in Richtung
Pieve d'Alpago hält. Eine abschüssige Straße führt von dort zum Lago di
Santa Croce. Erneut biegt man links ab in Richtung Valdenogher, und
man fährt durch das Waldgebiet Bosco del Cansiglio.
Hinter Crosetta führt ein Sträßchen nach Fregona, wo die Grotten bzw.
Höhlen von Piai einen Besuch lohnen. Nur noch wenige Kilometer sind es
von hier zum Ausgangs- und Zielpunkt Vittorio Veneto.

Sappada:
km 159,3

Pieve di Cadore:
km 223,1

Belluno:
km 263,1

Vittorio Veneto:
km 325,5

Praktische Informationen

Fremdenverkehrs-
ämter

VITTORIO VENETO: AA, p. del Popolo, Tel. (0438) 5 72 43. – PORDENONE: EPT, v. Mazzini 12 B, Tel. (0434) 2 79 77. – SPILIMBERGO: Pro Spilim-bergo, v. Piave 2, Tel. (0427) 22 74. – ARTA TERME: AA, v. Roma 22/24, Tel. (0433) 9 20 02. – RAVASCLETTO: AA, v. Monte Zoncolan 84, Tel. (0433) 66 035. – SAPPADA: AA, bg. Bach 16, Tel. (0435) 6 91 31. – SANTO STE-FANO DI CADORE: v. Venezia, Tel. (0435) 6 22 30. – AURONZO DI CADORE: v. Roma 10, Tel. (0435) 94 26. – VIGO DI CADORE: AA, v. Cardi-nal Piazza 14, Tel. (0435) 7 70 58. – LORENZAGO DI CADORE: AA, v. Fau-reana, Tel. (0435) 7 50 42. – FORNI DI SOPRA: AA, v. Cadore 1, Tel. (0433) 88 024. – PIEVE DI CADORE: AA, v. XX Settembre 18, Tel. (0435) 3 16 44. – BELLUNO: EPT, v. R. Psaro 21, Tel. (0437) 2 20 43.

Veranstaltungen

VITTORIO VENETO: Violinen- und Cello-Wettbewerb (Oktober); Chorwett-bewerb (November); Krippenspiel in der Weihnachtszeit. – SACILE: Sagra degli Osei (Sonntag nach Mariä Himmelfahrt). – PORDENONE: Fiera Cam-pionaria (Messe; September). – ARTA TERME: Prozession 'Bacio delle Croci' (Himmelfahrtstag). – SANTO STEFANO DI CADORE: Ländliches Fest (August, Mariä Himmelfahrt). – BELLUNO: Internationale Konzert-wochen sowie Festwochen der Lyrik und Prosa (Frühling bzw. Herbst); internationaler Wettbewerb im Bogenschießen (Juli/August).

Küche

Spezialitäten sind 'Gnocchi', z.B. 'alla Cadorina' oder 'alla Zucca Santa', 'Casonzei' (gefüllte Ravioli), 'Patora' (Eintopf mit Kartoffeln, Bohnen, Hirse und Gerste), 'Baldozia' (eine Suppe auf der Grundlage von Milch und Ei-gelb) oder 'Patugoli' mit Würstchen. Typisch für die Region sind Wildge-richte, z.B. Rehbraten (mit Polenta als Beilage) oder Hasenbraten. Beliebt sind auch die Wurstwaren und Besonderheiten wie 'Soppressa' und 'Ossocollo del Casada'. Vorzüglich schmecken Speck, Schinken in Brot-teig, Hühnchen 'alla Bellunese', Pilze aus den Landschaften Cadore und Cansiglio. Herausragende Käsesorten sind 'Montasio' aus Tolmezzo sowie 'Casatello' (in der Pfanne gebackener Käse). Großer Beliebtheit er-freuen sich auch die Erdbeeren und Himbeeren aus den Wäldern des Can-siglio und nicht zuletzt der Aal aus dem Lago S. Croce. An Weinen sind zu nennen: Teraldego, Pinot, Riesling, Cabernet, Tocai und Merlot.

Der See von Pieve di Cadore

Tour 7: Polenta und Wein

Zwischen Tagliamento und Isonzo

Friaul, Julisch-Venetien; außerdem Istrien und Nordwest-Slowenien Regionen

© I.G.D.A. S.p.A. · Novara

Viele Völker unterschiedlicher Kulturkreise haben sich in dieser Gegend Landschaftsbild
aufgehalten: Illyrer, Römer, Kelten, Goten und Langobarden, Hunnen, By-
zantiner, Osmanen und Slowenen. Das Gebiet dieser Route erstreckt sich
von den schmalen Sandbänken der Lagune von Marano über die eigenwil-
lig geformten Höhenzüge des Carso im Hinterland des Golfes von Triest bis
hinauf in die bewaldete Bergregion zwischen dem Fluß Resia und dem
Städtchen Tarvisio, das im äußersten Nordostzipfel Italiens im Bereich der
Julischen Alpen liegt. Diese Landschaft bietet sich so harmonisch dar, und
doch war sie bis in die jüngste Zeit immer wieder hart umkämpft.

Streckenmerkmale

Die Fahrtroute ist recht abwechslungsreich, fordert den Motorrad-Piloten, bereitet aber auch durchaus einiges an Fahrvergnügen. Aufzupassen gilt es im Hinblick auf den Straßenzustand vor allem entlang des Flusses Isonzo auf slowenischem Territorium. Die ebenen Abschnitte lassen sich entspannt befahren. Höchster Punkt der Route ist der Predil-Paß (Passo del Predil; 1156 m ü.d.M) Zwei Autobahnen durchziehen die Region Friaul (Friuli): die A 4 von West nach Ost und die A 23 von Nord nach Süd. Um zum Startpunkt zu kommen, wählt man am besten die Ausfahrt 'Udine Sud' der A 23.

Streckenbeschreibung

Udine: km 0

Von Udine aus fährt man zunächst nordostwärts nach **Cividale del Friuli** (12 000 Einw.). Die interessantesten Bauten stammen aus dem 14. bzw. 15. Jh. und umrahmen die Piazza del Duomo. Über den Ponte del Diavolo (dt. = Teufelsbrücke) überquert man den Fluß Natisone. Jetzt geht es südwärts in Richtung Adria. Die Straße führt durch sanftes Hügelland in die fruchtbare Ebene hinab. Die Ortschaft **Nogaredo** ist für ihren Spargelanbau berühmt.

Palmanova:
km 45

Das Städtchen **Palmanova** (6000 Einw.) ist das Musterbeispiel einer konsequent geplanten befestigten Siedlung. Das sternförmige, von einem neunzackigen Vorwerk umrahmte Bollwerk haben die Venezianer als Feste im Kampf gegen die Österreicher anlegen lassen. Fährt man weiter gen Süden, so zeigt sich die Küstenebene als großer, ausgedehnter Obst- und Gemüsegarten.

Aquileia: km 62

In **Aquileia** (3500 Einw.) sollte man sich auf jeden Fall die bedeutsamen Ausgrabungen der großen ehemaligen römischen Siedlung (u. a. Forum, Zirkus, Amphitheater, Hafenanlage) ansehen. Lohnend ist auch ein Besuch des Archäologischen Mueums und des Frühchristlichen Museums (im Vorbau der Basilika). Die Hauptroute führt nun weiter zur Lagune von Marana. Über eine lange Dammstraße erreicht man die Insel Grado.

Grado: km 72,5

Ein beliebter Erholungsort ist das Städtchen **Grado** (10 000 Einw.). Im alten Kern sind die Kirchen Santa Eufemia mit Baptisterium und Santa Maria delle Grazie sowie die Überreste einer frühchristlichen Basilika sehenswert. Der Weg aufs Festland zurück führt durch die reizvolle Lagunenlandschaft mit unzähligen Wasserläufen, Inselchen, Brackwasserzonen und Dünenstreifen, wo sich verschiedene Wasservögel und hiesige Fischer ein Stelldichein geben.

Monfalcone:
km 96,5

Man überquert den geschichtsträchtigen Fluß Isonzo und kommt bald nach **Monfalcone** (30 000 Einw.). Von hier ab verläuft die SS 14, auf der man die Weiterfahrt fortsetzt, unmittelbar am Golf von Triest entlang. Gleich hinter der Küste steigt der verkarstete Höhenzug Carso auf. Hinter einem zu umfahrenden Felsen gerät das aussichtsreiche Castello Nuovo von **Duino** (8500 Einw.) ins Blickfeld. Danach steigt die Straße leicht an und bald erreicht man die kleine Bucht von **Grignano** (350 Einw.). Auf einem Bergsporn thront das Schloß Miramare als weithin sichtbare Landmarke.

Triest: km 124,4

Bald danach kommt man in die Hafenstadt **Triest** (253 000 Einw.). Besondere Sehenswürdigkeiten sind die Kirche San Giusto, die Burg und das ozeanographische Museum.

Nebenstrecke 1

Von Triest aus kann man an der Küste entlang noch ein Stückchen weiterfahren. Es geht an Hügeln vorbei in das Städtchen **Muggia** (14 000 Einw.). Dom und Burgruine beherrschen die Szenerie. Nach einem kurzen Abstecher über die Grenze nach **Capo d'Istria** kehren wir nach Triest zurück.

Man verläßt Triest auf einer ansteigenden Straße in Richtung Villa Opicina. Kurz vor der slowenischen Grenze erreicht man **Monrupino**, ein mittel-

Fahrtpause in der Gegend von Tarvisio ▶

Die Villa Manin in Passariano

Hauptroute
(Fortsetzung)

Redipuglia:
km 212,9

Gorizia (Görz):
km 240

alterlich wirkendes Dorf mit ortsbildbeherrschender Wehrkirche. Auf dem Weg von hier nach Prosecco kommt man zur Grotta Gigante (dt. = 'Riesen-höhle'), der größten natürlichen Höhle Italiens. Der Weg führt weiter über verkarstete Heide bei Pietraviva nach Sistiana und auf die Autobahn.

Bei der zweiten Ausfahrt der Ortschaft **Redipuglia** verläßt man die Auto-bahn wieder. Auf dem dortigen Soldatenfriedhof sind mehr als 100 000 Gefallene des Ersten Weltkrieges bestattet. In einer mächtigen Erinne-rungsstätte wird der Opfer der blutigen Schlachten am Isonzo gedacht. Nicht weit entfernt liegt **Gradisca d'Isonzo,** eine ehemalige venezianische Zitadelle mit wehrhaften Mauern und starken Türmen.

Mitten durch die Stadt **Gorizia** (Görz; 42 000 Einw.) verläuft die Grenze zu Slowenien. Von dem Hügel, zu dessen Füßen sich die moderne Stadt aus-breitet, grüßt das alte Kastell der Grafen von Görz.

Der Streckenabschnitt auf slowenischem Gebiet verläuft entlang des Flus-ses Isonzo und damit zugleich entlang einer Hauptkampflinie des Ersten Weltkrieges.

Etwa auf halber Strecke liegt der Ort **Caporetto** (Kobarid), Stätte einer vernichtenden Niederlage der italienischen Truppen.

Danach führt der Weg bergauf in die Wälder des Triglav-Nationalparks. Der Predilpaß (Passo del Predil; 1158 m ü.d.M.) ist zugleich Grenzübergang nach Italien.

Auf italienischer Seite setzt sich dieses Naturschutzgebiet in der Riserva del Tarvisio fort. Man erreicht jetzt **Tarvisio** (6000 Einw.) im Val Canale, das als wichtige Verkehrsader zwischen der Adria und Kärnten fungiert. Durch dieses Tal geht es weiter bis nach **Pontebba** (2500 Einw.), einem lebhaften Fremdenverkehrsort am Rande der Karnischen Alpen.

Man verläßt hier die SS 13 und fährt auf einer kleineren Straße durch das Tal von Aupa. An dessen Ende erreicht man wieder die SS 13, der man bis Venzone im Tal des Tagliamento folgt.

Wenig später erreicht man das Städtchen **Gemona del Friuli** (11 000 Einw.), das ebenso wie der Nachbarort Venzone von dem starken Erdbeben des Jahres 1976 in Mitleidenschaft gezogen worden ist. Die SS 463 führt weiter nach **San Daniele del Friuli** (7000 Einw.), das für seine Schinken berühmt ist. Von hier aus bietet sich noch einmal ein schöner Blick auf die Vorberge der Karnischen Alpen.

Unweit von **Codroipo**, in der Ortschaft **Passariano** (270 Einw.), steht die Villa Manin (16. Jh.), Residenz des letzten Dogen von Venedig, die im Stile eines Palladio errichtet ist.

Über die SS 13 kommt man schließlich wieder nach **Udine** (102 000 Einw.) zurück. Besonders eindrucksvoll sind hier die Piazza della Libertà mit dem wunderbaren Palazzo del Comune, der Dom, das bischöfliche Palais mit seinen Tiepolo-Fresken und das Museum für Moderne Kunst. Das Kastell wird derzeit renoviert.

Hauptroute (Fortsetzung)
Caporetto: 293,2 km

Tarvisio: km 345,9

Gemona del Friuli: km 414,3

Codroipo: km 460,8

Udine: km 488,6

Praktische Informationen

UDINE: EPT, v. Venerio 4, Tel. (0432) 20 42 05. – CIVIDALE DEL FRIULI: AA, lg. Boiani 4, Tel. (0432) 73 13 98. – AQUILEIA: Ufficio Turistico, p. Capitolo 4, Tel. (0431) 9 10 87. – GRADO: AA, v.le Dante 68, Tel. (0431) 8 02 77. – MONFALCONE: v. Mazzini 1, Tel. (0481) 7 45 25. – DUINO: AA, Autostrada Duino Sud, Tel. (040) 20 82 81. – SISTIANA: AA, v. Sistiana 56 B, Tel. (040) 79 58 63. – TRIESTE: APT, v. Rossini 6, Tel. (040) 6 28 12. – MUGGIA: AA, cs. Puccini 6, Tel. (040) 27 32 59. – GORIZIA: EPT, v. Mazzini 20, Tel. (0481) 83 127. – TARVISIO: AA, v. Roma 10, Tel. (0428) 21 35. – PONTEBBA: p. Garibaldi, Tel. (0428) 9 01 62. – PASSARIANO: Villa Manin, Tel. (0432) 90 47 21.

Fremdenverkehrsämter

UDINE: Biennale d'Arte Antica (Ausstellung antiker Kunst, alle zwei Jahre im Sommer); Elektronik-Messe (Oktober). CIVIDALE DEL FRIULI: Messa dello Spadone ('Schwertmesse'; im Mittelpunkt der sakralen Handlungen steht das Schwert des Patriarchen Marquard, der von 1368 bis 1381 im Amt war) im Dom (6. Januar); Internationaler Weinmarkt (Ende Mai). – GRADO: Festa del Perdon (traditionelle Bootsprozession mit religiösen Darstellungen zur Wallfahrtskirche Santa Maria di Barbana; 1. Sonntag im Juli). – GRIGNANO: Licht- und Klangdarbietungen auf der Burg Miramare (Juli/August); Fiera Campionaria (Messe; Juni); Fiera d'Autunno (Herbstmesse); Überseetransportmesse (Oktober). – TARVISIO: Ski Tour 3 (internationaler Skilanglauf am letzten Sonntag im Februar). – SAN DANIELE DI FRIULI: Folkest (internationales Folklore- und Volksmusik-Festival, August).

Veranstaltungen

Von der 'Polenta' einmal abgesehen, sind Spezialitäten der Küche des Friaul die 'Minestrone' mit Gerstenmehl, 'Cialzon', 'Jota' (Eintopf aus Bohnen, Kohl und Schweinefleisch), 'Brovada' (saure Rüben), 'Muset' (eine grobe Bauernwurst), Ente mit Rüben und natürlich der Schinken aus San Daniele (der – mindestens – auf gleicher Stufe mit dem Parmaschinken

Küche

Weinanbau im Hügelland Collio

Küche
(Fortsetzung)
steht). Rund um den Golf von Triest ißt man guten Fisch und Meeresfrüchte. Eine Spezialität ist 'Grancevole', das mit viel Petersilie und Knoblauch zubereitet wird.

Wenn es um die Süßspeisen geht, taucht erneut die Polenta auf, und zwar in Form des 'Zuf' (vermengt mit Milch, Pinienkernen und Ei). Hervorragend schmecken auch der 'Struccolo', die Krapfen, 'Presnitz' (Mandelblätterteig) und 'Gubana' (Dörrobst mit Schokolade). All diese süßen Leckereien stammen aus dem benachbarten Ausland.

Vorzüglich sind die Weine der Gegend, wobei vor allem 'Tocai', 'Sauvignon', 'Pinot Bianco' und 'Grigio', sowie 'Riesling', 'Merlot' und 'Cabernet' zu nennen sind.

Schließlich sei noch der 'Grappa' erwähnt, das ureigenste Produkt des Friaul (Candolini, Nonino, Ribolla).

Tour 8: Französische Erbschaft

Alpen pur – Tour über die imposantesten Alpenpässe Savoyens und Piemonts

Piemont; Savoyen (Frankreich)   Regionen

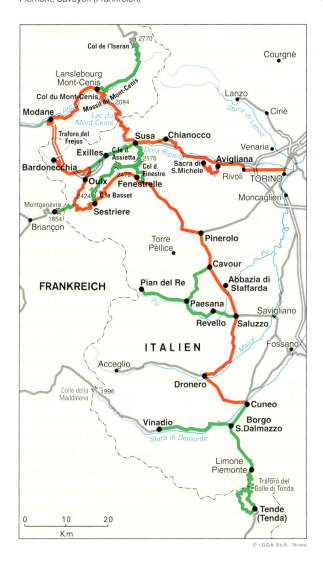

© I.G.D.A. S.p.A. · Novara

Der Weg beginnt in Tälern, die Gletscherströme in den letzten Eiszeiten ausgegraben haben. Anschließend geht es hinauf auf die höchstgelegenen Straßen und Pässe Europas. Man bewegt sich im italienisch-französischen Grenzraum. Faszinierende Fahrerlebnisse hat man in einer großartigen Naturlandschaft mit vornehmen, aber dennoch freundlich-sympathischen Ortschaften. *Landschaftsbild*

Breit und gut ausgebaut sind die Straßen in der Ebene, sanft geschwungen und abwechslungsreich im Hügelland sowie in den Bergen mittlerer Höhe, rauh und gespickt mit engen Kurven bzw. Serpentinen im Bereich der hochalpinen Pässe. Auf einigen Abschnitten (Finestre, Salbertrand, Sommeiller) sind die Straßen unbefestigt. Es empfiehlt sich daher, vor Fahrtantritt Informationen über den jeweiligen Straßenzustand einzuholen. Die Höhenrekorde erreicht die Route auf dem Col de l'Iseran (2770 m ü.d.M.) und auf dem Colle del Sommeiller (2991 m ü.d.M.). Bei der Anfahrt verläßt man die Autobahn bei Avigliana. *Streckenmerkmale*

Streckenbeschreibung

Von Turin aus fährt man auf der SS 25 in Richtung Rivoli und Susa. Hinter Rivoli geht es von der Hauptstraße links ab, der Beschilderung folgend, nach **Avigliana** (10 000 Einw.), einem hübschen Ort am Fuße eines felsigen Bergsporns, auf dem die Ruine des Castello del Mille thront. Nach weiteren 2 km erreicht man den Naturpark von Avigliana, der auch zwei Seen umfaßt. Wieder zur SS 25 zurückgekehrt führt die Strecke in Richtung Susa weiter bis zur Abzweigung nach Bruzolo, wo man sich rechts hält, um hinter diesem Ort die Chianocco-Schlucht zu besuchen. Nach Bussoleno kommt man auf die SS 25 zurück und erreicht kurz danach Susa.
Die Stadt **Susa** (20 000 Einw.), einstmals ein bedeutender keltischer Siedlungsplatz, hat dem ganzen Tal seinen Namen gegeben. Besonders beachtenswert sind der Augustusbogen, die Graziano-Thermen, das römische Amphitheater, die Burg und die Kathedrale. *Turin (Torino): km 0*

Susa: km 90,9

Wer diese Streckenvariante wählt, fährt auf der SS 24 weiter durch das Susa-Tal. Nach 15 km kommt man an den Festungsanlagen von Exilles vorbei. Bei Oulx stößt man wieder auf die Hauptstrecke zurück. **Alternativstrecke: Susa – Oulx (25 km)**

Dieser Weg enthält ausgesprochen schwierige Passagen auf kleinen unbefestigten Sträßchen. Von Susa aus fährt man zunächst nach Meana, und zwar erst auf der Straße Nr. 24 und dann auf einer bergauf führenden kleinen Nebenstraße, die zur Bahnstation Meana di Susa führt. Von dort geht es auf den Colletto di Meana hinauf, und anschließend folgt der steile Anstieg zum Colle delle Finestre (2176 m ü.d.M.). Bergab durchquert man das Naturschutzgebiet Orsiera und kommt nach weiteren 7 km kurvenreicher Fahrt bei Fenestrelle wieder auf die asphaltierte Straße SS 23, auf der man nach Sestriere fährt, um von dort aus die Hauptroute fortzusetzen. **Alternativstrecke: Susa – Sestriere (62 km)**

Nur für Enduro-Motorräder zu empfehlen ist die dritte Variante. Von Susa aus, zunächst auf der zuvor beschriebenen Alternativstrecke identisch, 2$^1/_2$ km nach dem Colle delle Finestre biegt man dann aber auf die Militärstraße zum Colle dell'Assiette (2472 m ü.d.M.) ab. Die Strecke führt auf der Kammlinie zwischen den Tälern Val Chisone und Val di Susa weiter, wobei man längs des Naturschutzgebietes Gran Bosco di Salbertrand fährt. Es ist noch der Colle Basset (2424 m ü.d.M.) zu überwinden, bevor es weiter bergab geht und man bei Sestriere wieder auf die Hauptroute trifft. **Alternativstrecke: Colle delle Finestre – Sestriere (60 km)**

Nach Susa steigt die Staatsstraße, auf der unsere Hauptroute weiterführt, zum Massiv des Mont-Cenis (italienisch Moncenisio) hinauf. Kurz nach

◀ *Vor dem Gipfel des Colle del Sommeiller*

Piemont: Weinberge vor der Silhouette der Alpen

Hauptroute (Fortsetzung)
Lanslebourg:
km 130,4

Überschreiten der französischen Grenze kommt der See in Sicht, der den Beginn des Mont-Cenis-Passes (2083 m ü.d.M.) ankündigt.
Nach der Paßhöhe geht es talabwärts in die beschauliche Ortschaft Lanslebourg-Mont-Cenis.

Nebenstrecke 1
Col de l'Iseran:
km 163,4

Von hier aus windet sich eine spektakuläre, von Motorradfans sehr geschätzte Straße zum **Col de l'Iseran** hinauf, der mit 2770 m der höchste Alpenpaß ist.

Bardonecchia
km 237,7

Auf der Straße Nr. 6 führt die Hauptroute von Lanslebourg aus weiter entlang des Nationalparks Vanoise. Von Modane aus braucht man nur der Beschilderung zum Fréjus-Tunnel zu folgen. Nach dem Tunnelausgang auf italienischer Seite kommt man in den Ferienort **Bardonecchia** (3400 Einw.). Hier lohnt sich ein Rundgang durch den alten Ortskern.

Nebenstrecke 2

Von Bardonecchia aus bietet sich ein Abstecher auf den Colle del Sommeiller (3009 m ü.d.M.; unbefestigte Straße) an. Man folgt zunächst der Beschilderung nach Rochemolles und fährt nach diesem Dorf entlang eines Stausees zur Scarfiotti-Hütte (2156 m ü.d.M.). Von dort aus steigt das Sträßchen jäh an und verliert sich zunehmend in dem steinigen Gelände, bis es schließlich vor dem Gletscher bei der ehemaligen Ambin-Hütte auf 2991 m Meereshöhe endet.

Oulx: km 290,2

Nächster Ort ist **Oulx** (2000 Einw.), wo man auf die SS 24 in Richtung Cesana Torinese abbiegt.

Nebenstrecke 3

Monginevro:
km 310

In Cesana Torinese beginnt ein weiterer 'Gipfelsturm'. Die SS 24 führt zunächst nach Clavière (1760 m) hinauf. 3 km nach der französischen Grenze befindet man sich bereits auf dem 1854 m hohen Paß Mont-Genèvre (ital. Monginevro). Enduro-Fahrer können den von Gebirgsjägern angelegten Pfad bis auf den Gipfel des Mont Chaberton hinauffahren.

Pinerolo:
km 385,5

Die Hauptroute führt von Cesana Torinese aus auf der SS 23 weiter ins Skiparadies **Sestriere** (800 Einw.) und weiter ins Chisone-Tal, die Heimatregion der Waldenser. In **Fenestrelle** (800 Einw.) sind die Festungsanlagen und das Bergmuseum zu besichtigen.
Am Talausgang liegt das Städtchen **Pinerolo** (37 000 Einw.), das sowohl hinsichtlich seiner Geschichte wie auch seiner Architektur bemerkenswert ist. Einen Besuch lohnen der Dom, der Senat und das Kavalleriemuseum. In Pinerolo verläßt man die SS 23 und fährt auf der SS 589 durch die Ebene südwärts weiter.

In **Cavour** lohnt sich ein Aufstieg zur Rocca di Cavour, von wo aus man einen überwältigenden Rundblick genießen kann.

Von Cavour aus fährt man über Barge nach Paesana. Hinter Crissolo (350 Einw.) öffnet sich das wunderschöne Becken namens **Pian del Re** mit seinen Sommerweiden am Fuße des 3841 m hohen Monviso. Hier oben entspringt der Fluß Po. Auf dem Rückweg fährt man von Paesana aus nach **Revello,** einem reizvollen Ort mit schönen Bauten aus dem 15. Jahrhundert. In Saluzzo erreicht man wieder die Hauptstrecke.

In dem geschichtsträchtigen Städtchen **Saluzzo** (17000 Einw.) wurde der berühmte Schriftsteller Silvio Pellico geboren. Hier lohnt sich ein Aufstieg zum Kastell. Von Bucca aus in Richtung Dronero fahrend, kommt man im Raum **Villar San Costanzo** zu den interessanten, 'Ciciu' genannten Gesteinsbildungen, die ihren Ursprung in besonderen Erosionsvorgängen haben. Sehenswert ist auch der Ort **Dronero** (7500 Einw.) mit seiner zinnenbesetzten 'Teufelsbrücke'.
In **Cuneo** (56000 Einw.) schließlich, dem Ziel der Route, sollte man sich die Kathedrale und den Stadtturm ansehen. Im Museo Civico sind zahlreiche Fundstücke aus prähistorischer und römischer Zeit ausgestellt.

Hinter Cuneo biegt man rechts nach **Vinadio** (SS 21) ab, einem Ort mit imposanten Festungsanlagen. Nach Borgo S. Dalmazzo zurückgekehrt, hält man sich rechts und setzt die Fahrt auf der SS 20 fort, auf der bald – als Abschluß dieser Gebirgstour – noch einmal ein Anstieg zu einem Alpenpaß beginnt, dem Colle di Tenda (1908 m ü.d.M.). Hinter dem Ort **Limone Piemonte** (2000 Einw.) beginnt der eigentliche kurvenreiche und steile Paßanstieg. Wir wählen nicht den Weg durch den Tunnel, sondern biegen unmittelbar vorher nach rechts auf die schmale Paßstraße ab. Nach der französischen Grenze folgt ein Abschnitt, der sich besonders für Enduro-Fahrer anbietet. Der unbefestigte Weg führt immer den Berggrat entlang bis zum Ort Tenda, wo man wieder auf die normale Straße gelangt. Durch den Tenda-Tunnel geht es zurück auf italienisches Gebiet und nach Cuneo.

Cavour: km 398,2

*Nebenstrecke 4
Pian del Re:
km 434,4*

*Saluzzo:
km 474,5*

Cuneo: km 522

*Nebenstrecke 5
Vinadio: km 557,5*

*Limone Piemonte:
km 603*

Praktische Informationen

Avigliana, AA, cs. Laghi 35, Tel. (011) 938650. – SUSA: Pro Susa, cs. Inghilterra 39, Tel. (0122) 2222. – BARDONECCHIA: AA, v.le della Vittoria 42, Tel. (0122) 901788. – OULX: Pro Oulx, p. Garambois, Tel. (0122) 831232. – SESTRIERE: AA, p. Agnelli 11, Tel. (0122) 76045. – FENESTRELLE: Pro loco, v. Umberto I 73, Tel. (0121) 83910. – PINEROLO: Pro loco, p. V. Veneto 8, Tel. (0121) 74477. – SALUZZO: Pro loco, v. Macallè 9, Tel. (0175) 45551. – CUNEO: EPT, cs. Nizza 17, Tel. (0171) 3258. – LIMONE PIEMONTE: AA, v. Roma 38, Tel. (0171) 92101.

Fremdenverkehrsämter

PINEROLO: Palio dell'Acaja, Giostra del Saracino (Frühling). – SALUZZO: Settembre Saluzzese (September).

Veranstaltungen

Berühmt sind Namen wie 'Bagna Caoda' (heiße Soße aus Öl, Knoblauch und Sardellen) oder 'Fonduta' (Fondue). Beliebte Vorspeisen der Region sind 'Agnolotti' (Teigklößchen), 'Gnocchi alla Bava', 'Risotto con Graglie' oder die 'Polenta' aus dunklem Weizenmehl. Als Hauptgerichte schätzt man 'Gigot' (Hammelkeule) nach Oulxer Art, 'Camoscio' (Gemsbraten), 'Quartiretto' (Rehbock), 'Manzo Brasato' (Rinderschmorbraten) in Barolo-Wein. Zu erwähnen sind auch Forellen, Schnecken nach Piemonteser Art und Pilze. Zum Nachtisch ißt man 'Tome' (Käse) und 'Seirass del Lausun' (Quark). Zu den typischen Süßspeisen der Region gehören 'Saluzzesi', 'Cuneesi' mit Rum sowie 'Pinerolesi' und der 'Panettone' aus Pinerolo in seiner niedrigen, runden Form. Die Weinkarte ist überaus abwechslungsreich.

Küche

Tour 9: Rebhänge und Reisfelder

Hügelland des südlichen Piemont, Langhe, Monferrato und Lomellina

Regionen   Piemont und Lombardei

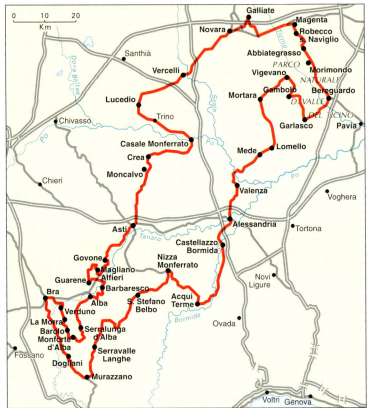

© I.G.D.A. S.p.A - Novara

Landschaftsbild   Grüne Felder mit Beregnungsanlagen und sanft geschwungene Rebberge. Cesare Pavese hat die Gegend einmal in Worten beschrieben, die sich etwa so wiedergeben lassen: "Ein emsig von Menschenhand bearbeitetes Land. Sonst gibt es nichts dazu zu sagen." Dieses Bild gehört im Zeitalter der Unkrautvernichtungsmittel und mächtigen landwirtschaftlichen Maschinen zwar der Vergangenheit an, aber das südliche Piemont ist immer noch eine weiche und grüne, von der Landwirtschaft geprägte Region.

Kennzeichnend sind die Reisfelder, die Dörfer und die einzelnen großen Gutshöfe, die aus alten Festungsanlagen hervorgegangen sind, die von Weinstöcken bedeckten Hügel, die vornehm anmutenden Ortschaften und die bescheidenen einsamen Landhäuser.

Die Route verläuft etwa 100 – 200 m über dem Meer. Der höchste Punkt der Strecke liegt 700 m hoch. Man fährt vornehmlich durch ebenes, von Wasserläufen durchzogenes Land auf beschaulichen geraden Straßen. Nur in den hügeligen Abschnitten wird der Streckenverlauf etwas lebhafter. Der Straßenzustand ist generell gut. Die Ausfahrten 'Novara' oder 'Galliate' der Autobahn A 4 (Turin – Venedig) bieten eine schnelle Anbindung dieser Route an die übrigen Fernverkehrswege.

Streckenmerkmale

Streckenbeschreibung

Ausgangspunkt dieser Route ist die Stadt **Novara** (103 000 Einw.). Sehenswert sind dort vor allem der Dom und die Basilika San Gaudenzio. Auch das Baptisterium, die Burg des Geschlechtes der Sforza, das Broletto mit dem Stadtmuseum und die Straßen der Altstadt lohnen einen Besuch.

Novara: km 0

Der Weg führt über die SS 11 nach **Vercelli** (53 000 Einw.) mit seinem von der Architektur des 18. Jh.s geprägten Stadtbild und der gotischen Basilika S. Andrea. Weiter geht es auf der von Reisfeldern gesäumten SS 455 bis nach Larizzate, wo man zunächst rechts und dann nach links abbiegt nach Lucedio und zum Naturpark Bosco della Partecipanza. Die Ortschaft **Lucedio** hat ihren Ursprung in einer Meierei des 18. Jh.s, die ihrerseits aus den Ruinen einer Zisterzienserabtei hervorgegangen war.

Vercelli: km 22,5

Von Lucedio fährt man weiter auf der SS 31 bis über Trino und über den Po nach **Casale Monferrato** (42 000 Einw.). In diesem Städtchen, das seine Ursprünge in einer Zitadelle des Hauses Gonzaga hat, sind die Burg und mehrere Renaissance-Paläste beachtenswert.

Casale Monferrato: km 66,3

Südlich des Po erstreckt sich die sanft-hügelige Landschaft des Monferrato. Auf der Weiterfahrt entlang der SS 457 passiert man einen Hügel, von dem meraus die Wallfahrtsstätte Crea grüßt. Bald erreicht man den Ort **Moncalvo** (4000 Einw.), der erhaben über einem agrarisch intensiv genutzten Landstrich liegt. Von hier oben (besonders vom örtlichen Aussichtsturm) kann man einen herrlichen Rundblick genießen.

Die Route führt weiter nach **Asti** (78 000 Einw.), einem weit über die Grenzen Italiens hinaus bekannten Zentrum des Weinbaus und der Sektkellerei ('Asti Spumante'). Sehr reizvoll sind die gegenüberliegenden Säulengänge entlang der mittelalterlichen Gassen. Sehenswert sind außerdem der Dom, die Kirche S. Secondo und das Baptisterium S. Pietro.

Asti: km 112,3

In **Valleandona** kann man die größte Freiluft-Fossilienausstellung des Piemont bestaunen. Es sind mehr als 800 Schnecken- und Muschelarten identifiziert worden.

Nebenstrecke 1 Valleandona: km 120,3

Von Asti aus fährt man in südlicher Richtung weiter über kleinere Provinzstraßen nach Govone und Priocca. Vor Guarene biegt man links ab, kreuzt die SS 231 und überquert den Fluß Tanaro und erreicht den kleinen, aber recht bekannten Weinort Barbaresco.

Nur noch ein Katzensprung ist es von hier bis **Alba** (32 000 Einw.), dem wirtschaftlichen und politischen Zentrum einer Vorbergzone, die als 'Langhe' bekannt ist. In der Stadt ist noch einiges von der Atmosphäre des 19. Jahrhunderts spürbar.

Alba: km 171,6

In Alba bietet sich die Möglichkeit, den direkten Weg nach Bra entlang des Tanaro zu nehmen. Auf halbem Weg liegt **Monticello d'Alba**, wo das imposante Castello Roero, eine Burg aus dem 14. Jh., zu bestaunen ist. In Bra hat man Anschluß an die Hauptroute.

Alternativstrecke: Alba – Bra (17 km)

Von Alba aus fährt man in südlicher Richtung weiter nach **Grinzane Cavour,** dessen Name von einem Schloß des 13. Jh.s herrührt, das Cavour wiederhergestellt hat. Weiter geht es nach **Serralunga d'Alba**, einer Ortschaft, die ebenfalls von einer Burg beherrscht wird.

Hauptroute (Fortsetzung) Bra: km 223,8	Die Route führt über Nebenstraßen weiter nach Monforte d'Alba, von dort nordwestwärts nach Barolo, La Morra, Verduno und **Bra** (27 000 Einw.), wo die Piazza dei Caduti und die Barockkirche S. Andrea beachtenswert sind. Von Bra fährt man auf der SS 661 in südlicher Richtung. Ein weiteres Beispiel für ein typisch piemontesisches Bauerndorf ist **Cherasco**, das aus einem stark befestigten Anwesen hervorgegangen ist. Weiter geht es über Dogliani nach **Belvedere Langhe** und **Murazzano**. An der nach diesem Ort kommenden Straßengabelung hält man sich links in Richtung **Bossolasco**. Hier ist ein Spaziergang zu empfehlen, im Rahmen dessen sich ein für diese Landschaft typisches Panorama mit vielen Weinbergen und Feldern genießen läßt. Danach geht es zweimal rechts, und an der Kreuzung bei der Osteria Campetto biegt man in die SS 592 ein. Der Landstrich, durch den die Route führt, ist Herkunftsgebiet der 'Nocciola tonda gentile', der 'runden und zarten Haselnuß' aus den Langhe.
Santo Stefano Belbo: km 309,7	Nächster interessanter Ort ist **Santo Stefano Belbo,** Geburtsort des berühmten Dichters Cesare Pavese. Gleich danach kommt man nach **Canelli** (11 000 Einw.), das vom Palazzo Gancia beherrscht wird. Nach Überqueren des Flusses Belbo steigt die Straße an nach **Nizza Monferrato** (10 000 Einw.), wo man die Fahrtrichtung erneut wechselt.
Acqui Terme: km 347,5	Auf der SS 456 fährt man zu dem Kurort **Acqui Terme** (21 000 Einw.), wo noch die alten Thermen und Überreste eines römischen Aquäduktes zu sehen sind. Nun führt die Reiseroute zunächst auf der SS 30, dann auf kleineren Provinzstraßen nordwärts über Strevi, Rivalta Bormida, Sezzadio und **Castellazzo Bormida**. Im letztgenannten steht die Wallfahrtskirche der Madonna delle Grazie, der Schutzpatronin aller Motorradfahrer.
Alessandria: km 385	Besondere Sehenswürdigkeiten der Provinzhauptstadt **Alessandria** (100 000 Einw.) sind die über dem Tanaro gelegene Zitadelle, die Kathedrale und einige andere gotische Kirchen. Auf der SS 494 geht es weiter nach **Valenza** (23 000 Einw.), die als Stadt der Goldschmiede bekannt geworden ist. Man überquert jetzt den Po und fährt dann in ebenem Gelände weiter. In Torre Berenti verläßt man die SS 494 und fährt nach **Lomello**, einem 3000-Seelen-Dorf, das einem ganzen Landstrich seinen Namen gegeben hat: der 'Lomellina'. Einen Besuch lohnt dort die Kirche Giovanni ad Fontes. Die SS 211 führt weiter nach **Mortara** (15 000 Einw.), in dessen Nähe der Parco Naturale del Ticino zu einem Abstecher einlädt.
Vigevano: km 449,8	In **Vigevano** (66 000 Einw.) gefällt die Piazza Ducale, die als eine der schönsten ihrer Art in ganz Italien gerühmt wird. Von Vigevano fährt man in südöstlicher Richtung auf Nebenstraßen nach Gambolo und Garlasco, von wo aus man den Fluß Ticino ansteuert, um ihn bei **Bereguardo** zu überqueren. Links geht es dort auf der SS 526 weiter, an der einige hübsche Ortschaften liegen: zunächst **Abbiategrasso** (28 000 Einw.) mit seinem herzoglichen Schloß, dann Cassinetta di Lugagnano und schließlich der Villenort **Robecco sul Naviglio**. Ab **Magenta** folgt man der SS 11 zum alten, von einem Graben umgebenen Schloß der Sforza in **Galliate;** kurz
Novara: km 495	danach ist man am Ausgangspunkt Novara.

Praktische Informationen

Fremdenverkehrsämter	NOVARA: EPT, cs. Cavour 2, Tel. (0321) 2 33 98. − ABBIATEGRASSO: v. Gaetana Negri 6, Tel. (02) 9 46 98 80. − VALENZA: v. Pellizzari 2, Tel. (0131) 9 53 6 11. − ALLESANDRIA: EPT, v. Savona 26, Tel. (0131) 5 10 21. − ACQUI TERME: AA, cs. Bagni 8, Tel. (0144) 21 42. − NIZZA MONFERRATO: v. Crova 5, Tel. (0141) 72 17 53. − CANELLI: v. Roma, Tel. (0141) 8 33 0 20. − CHERASCO: p. Umberto 1, Tel. (0172) 4 84 98. − BRA: v. Audisio 46, Tel. (0172) 4 53 11. − ALBA: Pro Loco v. Emanuele 19, Tel. (0173) 49 71 18. − ASTI: EPT, p. Alfieri 34, Tel. (0141) 5 03 57. − MONCALVO: p. Municipio 1, Tel. (0141) 91 75 05. − CASALE MONFERRATO: p. Mazzini 21, Tel. (0142) 29 74. − VERCELLI: EPT, v.le Garibaldi 90, Tel. (0161) 6 46 31.

Abb. S. 58/59: Schloß Cavour bei Grinzane

Schloß Galliate

NOVARA: Novarissima (Festwochen von Novara; September). – ABBIA-TEGRASSO: Sagra del Pesce (Fischerfest, historische Kostüme; Juni). – VIGEVANO: Festa di S. Bernardo bzw. Feste del Diavolo ('Teufelsfest'; an dem Samstag, der dem 20. August am nächsten liegt). – MORTARA: Gänsesalamifest (letzter Sonntag im September). – LOMELLO: Feste della Rana (Froschfest; erster Sonntag im September) in Sartirana Lomellina. – ALESSANDRIA: Karneval. – ACQUI TERME: Settembre Acquese (Festwochen von Acqui Terme; September). – ALBA: Eselwettlauf und 'Kampf der 100 Türme' (letzter Sonntag im September und erster Sonntag im Oktober). – ASTI: Stadtfest (Mai); Fiera Carolingia ('Fest der Karolinger'; 8. Mai); Fiera dei Cavalli (Tag des Pferdes; 15. Mai); Freilichtspiele (Juli); Palio di Asti (historischer Wettkampf; dritter Sonntag im September); Douja d'Or (Weinfest; September); Trüffelfest (Dezember). – VERCELLI: Sagra della Rana e del Riso (Frosch- und Reisfest; September).

Veranstaltungen

Die Hügel dieser Landschaft liefern Kartoffeln, Trüffeln, Nüsse und Weintrauben, in der Ebene gedeihen Mais und vor allem Reis. Auf dieser Basis bringt die Piemonteser Küche eine schier unendliche Palette an Spezialitäten hervor. An dieser Stelle kann nur eine kleine Auswahl genannt werden: 'Agnolotti' (Teigklößchen), 'Lasagne al Sangue', 'Risotto' mit Trüffeln, 'Cassola' (Schweinerüssel und -füße sowie Gänsefleisch und -magen), 'Gran Bui' (Gericht mit gekochtem Fleisch), Wildgerichte mit Trüffeln oder 'al Barolo' (mit Barolo-Wein), 'Panissa', 'Polpettone alla Moncalvese' (Hackbraten), 'Grive alla Langa', Gänsesalami, Forelle oder Schleie nach verschiedenen Zubereitungsarten und nicht zuletzt 'Capônett' (Kürbisblüten). Reich ist die Auswahl an Süßspeisen: 'Amaretti', 'Baci di Dama' ('Damenküsse'), 'Astigiani' oder 'Albesi' mit Rum, 'Torroni', 'Crumiri', 'Polentina Mandorlata' und 'Torta di Mandorle'. Schier unendlich ist schließlich die Auswahl an hervorragenden Weinen: Barbera, Barolo, Barbaresco, Brachetto, Nebbiolo, Dolcetto, Freisa, Monfortino, Grignolino, Moscato Secco, Rocche, Asti Spumante, Cortese.

Küche

Tour 10: Von der Ebene in die Voralpen

Die Gegend um Brescia und Bergamo mit dem Lago d'Iseo

Region   Lombardei

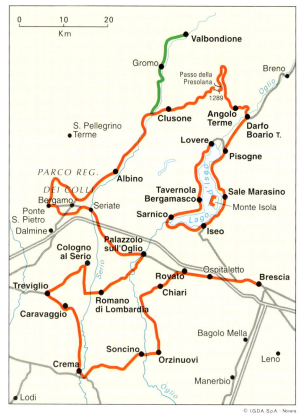

© I.G.D.A. S.p.A - Novara

Landschaftsbild   Entlang der Flüsse Serio und Oglio, die – aus den Alpen kommend – dem Po zuströmen, liegen wie Schmuckkästchen altertümliche, mit Mauern und Türmen bewehrte Städtchen. Es handelt sich hierbei unverkennbar um die Überbleibsel aus einer Zeit, als diese Flüsse noch Grenzlinien bildeten.

Im nördlichen Teil der Route steigt nicht nur die Landschaft, sondern auch das Fahrvergnügen an, bis schließlich der sehr schön gelegene Lago d'Iseo in Sicht kommt, das touristische Juwel der Region.

Streckenmerkmale   Zum Teil geht es über Staatsstraßen, zum Teil über kleine Nebenstraßen. Dementsprechend wechseln sich geradlinige und gut ausgebaute mit kurvigen und recht unebenen Strecken ab. Auch die Höhenunterschiede sind ziemlich ausgeprägt und reichen von 89 m in der Ebene bei Parco d'Oglio

bis zu 1297 m auf dem Passo della Presolana. Man erreicht den Ausgangs-
punkt der Route bequem über die Autobahnen Turin – Venedig (A 4) oder
Turin – Piacenza – Brescia (A 21), Ausfahrt 'Brescia Centro'.

Streckenbeschreibung

In **Brescia** (207 000 Einw.) sollte man sich die bemerkenswerten Überreste römischer Bauten (Kapitol, Forum, Theater), die Museen, den Broletto, die Rotonda und die Piazza della Loggia ansehen. Die SS 11 führt zunächst nach **Rovato** (13 000 Einw.) mit Überresten eines alten Kastells und dann nach **Chiari** (17 000 Einw.), wo noch der Dom und Teile der alten Stadtmauer erhalten sind. Im Landschaftsschutzgebiet Parco dell'Oglio verläßt man kurz vor dem Ort Urago d'Oglio die SS 11 und fährt links ab. Dieser Straße folgt man bis nach **Orzinuovi** (10 000 Einw.), das während der Renaissancezeit eine bedeutsame Festung gewesen ist. Die mit markanten Zinnen versehene Burg ist im 15./16. Jh. von den Venezianern gebaut worden. Unweit von hier, jenseits des Flusses Oglio bei **Soncino** (8000 Einw.), ist ein Schloß des Geschlechtes der Sforza beachtenswert. Es ist eine der besterhaltenen Residenzen der Lombardei. Von hier aus folgt man der SS 235 nach **Crema** (35 000 Einw.), das am Fluß Serio liegt. Sehenswert sind der gotische Dom und der Torrazo-Bogen. Die SS 591 führt parallel zum Serio in nördlicher Richtung weiter. An der Kreuzung mit der SS 11 hält man sich in Richtung **Treviglio** (27 000 Einw.). Auf dem Weg dorthin lohnt die Wallfahrtskirche Madonna di Caravaggio (ca. 2 km vom gleichnamigen Ort entfernt) einen Abstecher. Von Treviglio aus steuert man über kleinere Nebenstraßen drei Städtchen an, die sich noch ein mittelalterliches Ortsbild erhalten haben. Zunächst erreicht man **Cologno al Serio** mit seinen engen und verwinkelten Gäßchen, dann **Romano di Lombardia** (13 000 Einw.) mit den Festungsanlagen der herzoglichen Burg aus dem 12. Jahrhundert und schließlich **Palazzolo sull' Oglio** (17 000 Einw.), wo man noch auf Überreste von Verteidigungsmauern und Wehrtürmen stößt.

Die SS 573 führt weiter nach **Bergamo** (123 000 Einw.). In der von einem Mauerring umgebenen Altstadt sind die schönsten Gebäude um die Piazza Vecchia und um die Piazza Duomo zu bewundern.

Anschließend bietet sich eine Rundfahrt durch den nordwestlich der Stadt gelegenen, von der Staatsstraße und dem Fluß Brembo begrenzten Naturpark Parco Regionale dei Colli. Wenn man aus dieser reizvollen, dicht bewaldeten Hügellandschaft zurückkommt, streift man nochmals Bergamo und gelangt auf eine Straße, die ins Serio-Tal (Valle Seriana) führt. Die Route zieht sich durch das enge, von hohen Bergen flankierte Tal bis nach **Clusone** (8000 Einw.).

Wenn man von Clusone aus im Serio-Tal weiter aufwärts fährt, gelangt man letztendlich nach **Valbondione** (1600 Einw.), einem von hohen Bergen umschlossenen Ferienort. Dort befindet sich der höchste Wasserfall Italiens mit einer Sprunghöhe von gut 365 m. Besuchen kann man das Naturwunder jedoch nur am dritten Sonntag im Juli zwischen 10.00 und 12.00 Uhr. Vor Valbondione liegt **Gromo** (1300 Einw.), ein beliebtes Wintersportzentrum.

Von Clusone aus steigt die Hauptroute über Rovetta und Castione hinauf zum Presolana-Paß (1297 m ü.d.M.), der vom gleichnamigen Kalksteinmassiv beherrscht wird. Bergab geht es danach in Richtung Camonica-Tal, wobei sich von der schmalen Serpentinenstraße ein herrlicher Ausblick bietet. In der Ferne schimmert bereits der Lago d'Iseo. Nach **Boario Terme** (13 000 Einw.), einem bekannten Kurort, führt der Weg über die SS 510 (Richtung Pisogne) zum östlichen Ufer des Lago d'Iseo. Dort angelangt, bietet sich von der Uferstraße zwischen Pisogne und Marone ein traumhaft schönes Panorama.

Brescia: km 0

Bergamo:
km 158,4

Nebenstrecke 1
Valbondione:
km 215,3

Boario Terme:
km 276,5

Tour 10

Hauptroute
(Fortsetzung)
Ein Sträßchen zweigt ab nach **Zone,** wo man kuriose 'Piramidi di Terra' (Erdpyramiden) bestaunen kann, deren Entstehung auf besondere Abtragungsvorgänge zurückzuführen ist. **Sale Marasino** (3000 Einw.) ist Ablegestelle für eine Bootsfahrt zur vorgelagerten **Monte Isola** (2000 Bewohner). Mitten aus dem See ragt ein grünes Bergmassiv, an das sich einige winzige Fischerdörfer geschmiegt haben. Auf dem 600 m hohen Gipfel des Inselberges lädt das Santuario della Ceriola zu einer Wallfahrt ein.
Am Seeufer entlang geht es weiter nach **Iseo** (8000 Einw.), einem touristischen Zentrum, das dem See auch seinen Namen gegeben hat.

Sarnico:
km 341,1
An der südwestlichen Spitze des Sees liegt **Sarnico** (6000 Einw.). Hier beginnt das sogenannte Bergamasker Ufer des Lago d'Iseo. Nach Umfahrung des Bergsporns Punta del Corno beginnt ein waghalsig in die Felswände gesprengter Streckenabschnitt mit mehreren Galerien und Tunnels, der zu sportlicher Fahrweise reizt. Nicht von ungefähr machte Giacomo Agostini, ein Großer unter den italienischen Motorradsportlern, auf dieser Straße seine ersten 'Gehversuche'. Ein interessanter Ort am Westufer ist **Tavernola Bergamasca** mit seinen altertümlichen Bauten. Ihren Endpunkt findet die Route in **Lovere** (7000 Einw.).

Praktische Informationen

Fremdenverkehrs-
ämter
BRESCIA, EPT, cs. Zanardelli 34, Tel. (030) 4 34 18. – SONCINO: Ufficio turistico, p. Garibaldi, Tel. (0374) 8 53 33. – CARAVAGGIO: p. Garibaldi, Tel. (0363) 5 24 44. – BERGAMO: EPT, v.le Emanuele II 4, Tel. (035) 24 22 26. – CLUSONE: Pro Clusone, p. dell'Orologio 21, Tel. (0346) 2 11 13. – VAL-BONDIONE: Pro Loco, v. S. Lorenzo, Tel. (0346) 4 40 18. – ROVERETO: v. S. Bernardino da Siena 3, Tel. (0345) 7 22 20. – CASTIONE DELLA PRESO-LANA: Pro Castione della Presolana, v. de Amicis, Tel. (0346) 6 00 39. – BOARIO TERME: AA, p. Einaudi 2, Tel. (0364) 53 16 09. – PISOGNE: Pro Loco, v. Nave Corriera 15 bis, Tel. (0364) 82 19. – ISEO: Pro Loco, lg. lago Marconi 2, Tel. (030) 98 13 61. – SARNICO: lg. lago Garibaldi, Tel. ((035) 91 05 67. – LOVERE: v. Roma 4, Tel. (035) 96 07 77.

Fähren
Auf dem Lago d'Iseo verkehren Fährboote zwischen den größeren gegenüberliegenden Orten. Den Monte Isola erreicht man von Iseo, Sarnico und anderen Orten aus. Bootsanlegeplätze gibt es in Siviano, Senole und Peschiera Maraglio.

Veranstaltungen
BRESCIA: Internationaler Pianistenwettbewerb sowie Querschnitt der zeitgenössischen Musik (April bis Juni); Festa degli Uccelli Cantori ('Fest der Vogelsänger'; Anfang August). – ROVATO: Fiera del Bue Grasso ('Fest des fetten Ochsen'; Ostermontag). – SONCINO: Sagra di S. Luigi (zweiter Sonntag im September). – CREMA: Fiera dei 'Ramei' (letzter Sonntag im März); Palio del Castello (letzte Woche im September). – BERGAMO: Antiquarischer Markt (jeden dritten Sonntag im Monat); 'Rogo della Vecchia' (Fastnachtsverbrennung; Mittfasten); Internationales Piano-Festival (Mai/Juni); 'Strabergamo' ('Bergamo ohne Grenzen'; September). – CLUSONE: Internationales Jazz-Festival (Juli). – GROMO: Festa dei Nasoni ('Fest der großen Nasen'; 28. Juli). – BOARIO TERME: Sagra di S. Faustino (zweite Februarwoche). – PISOGNE: Festa della Madonna del Lago (Juli).

Küche
Reich ist die Auswahl an Vorspeisen (ital. = Primi Piatti): 'Riso alla Pittocca', 'Minestra di Mericonde', 'Strangolapreti' (dt. = 'Pfaffenwürger'), 'Tortelli alla Cremasca', 'Tortelli di Zucca', 'Brofadei', 'Gnocchi di Zucca' (Kürbisklößchen), 'Gnocchi di Polenta' und weitere Polenta-Spezialitäten (z.B. 'Taragna', 'Pasticciata'). Ausgezeichnet schmecken die verschiedenen Süßwasserfische (Barsch, Schleie, Aal u.a.) sowie die Käsesorten der Region ('Formagella Quartirolo' aus Franciacorta, 'Taleggio' aus Rovato).

Abb. S. 64/65: Lago d'Iseo mit der Monte Isola

Tour 11: Das norditalienische Binnenmeer

Fahrt um den Gardasee mit Abstecher zu den kleinen Nachbarseen

Lombardei, Trentino und Venetien   Regionen

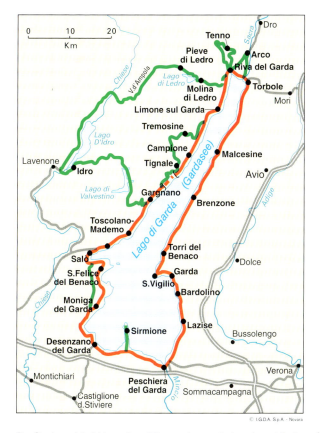

© I.G.D.A. S.p.A - Novara

Der Gardasee ist nicht nur der größte, sondern auch einer der schönsten   Landschaftsbild
Seen Italiens. Seine Ufer sind sehr dicht bevölkert, insbesondere zu den
Haupttreisezeiten. Schmucke Villen mit prachtvollen Gärten zieren die
Urlaubsorte am Lago di Garda. Der Südteil des Sees breitet sich in ebene-
rem Gelände aus, während sich der fjordähnliche Nordteil förmlich zwischen die Berge hineindrängt. Wer die Ruhe sucht, dem sei die Nebenstrecke zum beschaulich- heiteren Idro-See sowie zu einigen anderen kleinen Seen in der unmittelbaren Nachbarschaft empfohlen.

Die abwechslungsreiche, unterhaltsame und ziemlich geradlinige Strecke   Streckenmerkmale
eignet sich, je nach Lust und Laune, sowohl für ein eher sportliches als
auch für ein eher entspanntes Fahren. Entlang des Gardasees ist die west-

67

liche Uferstraße im Gegensatz zur östlichen die etwas bequemere und großzügigere Strecke. Der Verkehr kann auf einigen Abschnitten der Route ausgesprochen lebhaft sein. Auf der Nebenstrecke zu den kleinen Nachbarseen ist die Straße schmal und kurvig, wobei der höchste Punkt (744 m ü.d.M.) in der Nähe von Tiarno di Sopra (auf der SS 240 zwischen Ampola-Tal und Ledro-Tal) liegt. Nächstgelegene Autobahn ist die A 22 (Etschtalautobahn). Streckenmerkmale (Fortsetzung)

Streckenbeschreibung

Von Peschiera del Garda aus (s. auch Route 14) startet man zu einer Seeumrundung im Uhrzeigersinn. Rechts erscheint bald die Halbinsel **Sirmione** (5000 Einw.), wo man im alten Ortsteil unbedingt die märchenhaft wirkende Burg der Skaliger aus dem 13. Jh. und die reizvollen 'Grotten des Catull' (Überreste einer prachtvollen römischen Villa aus dem 1. Jh. v. Chr.) besichtigen sollte. Auf die SS 11 zurückgekehrt, erreicht man bald **Desenzano del Garda** (20 000 Einw.) mit den Resten einer mittelalterlichen Burg. Peschiera del Garda: km 0

Bei Moniga empfiehlt es sich, die Uferstraße zu verlassen und auf direktem Weg nach Salò zu fahren. Von dieser Straße aus weitet sich ein herrliches Panorama des gegenüberliegenden Seeufers mit seinen Weinbergen. Zur Fortsetzung der Hauptroute fährt man die gleiche Straße wieder zurück. Nebenstrecke 1 Salò: km 41,8

Nach **Moniga del Garda** (1300 Einw.) mit seinen mittelalterlichen Türmen geht es weiter durch sanft hügeliges, vom Oliven- und Weinanbau geprägtes Gelände. Man passiert **Pieve Vecchia**. Im Pfarrhaus aus dem 12. Jh. ist das Museo della Valtènesi untergebracht. Weiter geht es nach **San Felice del Benaco** (2300 Einw.) mit seinem baugeschichtlich interessanten Rathaus, einem in strengen Formen gehaltenen Gebäude aus dem Jahre 1670 mit Säulengang. An einer schmalen Bucht des Gardasees liegt das Städtchen **Salò** (11 000 Einw.), das von 1943 bis 1945 Sitz der letzten faschistischen Regierung Italiens gewesen ist. Der Palazzo della Magnifica Patria beherbergt das Museo del Nostro Azzurro, in dem Dokumente und Zeugnisse aus der napoleonischen Zeit sowie aus der Zeit des Ersten Weltkrieges ausgestellt sind. Weiter geht es auf der SS 45 bis nach **Gardone Riviera** (3000 Einw.), einem eleganten Luftkurort. Bemerkenswert sind vor allem die neoklassizistische Villa Alba, der botanische Garten namens 'Hruska', die stilvollen Hotels aus der Zeit der Jahrhundertwende und das 'Vittoriale', einst Wohnsitz des berühmten Schriftstellers Gabriele d'Annunzio, heute Museum und Mausoleum zugleich. Über **Toscolano-Maderno** (7000 Einw.) führt der Weg weiter entlang des Gardasee-Ostufers. Nächster Ort ist **Bogliaco** mit der Villa Bettoni (18. Jh.), die inmitten einer malerischen Gartenanlage steht.
Bald darauf erreicht man das geschichtsträchtige Städtchen **Gargnano** (3500 Einw.). Gargnano: km 84,1

Von Gargnano fährt man ins Hinterland des Gardasees. Hinter Navazzo (496 m ü.d.M.) erreicht man den kleinen Lago di Valvestino. Die Strecke führt durch eine wilde und dünn besiedelte Landschaft. Wenig später folgt **Idro** (1500 Einw.) am gleichnamigen See. Kurz nach Überqueren des Flüßchens Nozza in Richtung Lavenone biegt man rechts auf die SS 237 ein, die an der Ostseite des Sees entlangführt. Von der Burg bei **Anfo** (500 Einw.) bietet sich ein schöner Panorama-Rundblick. Am Ende der Uferstraße bei **Ponte Caffaro** bildet eine Eisenbrücke das Tor zum Trentino. An der Kreuzung mit der SS 240 biegt man nach rechts in das Ampola-Tal ab. Nach Storo führt der Weg am winzigen Ampola-See vorbei. Der Ort **Bezzecca** (600 Einw.) ist bekannt als Stätte des Sieges von Garibaldi über die Österreicher und liegt in der Nähe des Ledro-Sees. **Alternativstrecke: Gargnano – Riva del Garda (85 km)**

◀ *Die Burg von Sirmione*

Tour 11

Alternativstrecke
(Fortsetzung)

Am Ufer des von Fichtenbeständen eingerahmten stehenden Gewässers erstreckt sich das Dorf **Pieve di Ledro** (500 Einw.), in dessen Nähe man vor einiger Zeit die Überreste einer Pfahlbausiedlung entdeckt hat. Bei **Molina di Ledro** (1500 Einw.) ist ein kleines Museum zu dieser kulturhistorischen Stätte eingerichtet. Neben dem Museumshauptgebäude sind einige der prähistorischen Pfahlbauten originalgetreu rekonstruiert.
Hinter Molina führt die Straße bergab zum Gardasee zurück. Unterwegs genießt man einen herrlichen Ausblick auf den See und auf die Stadt Riva del Garda. Über die Uferstraße erreicht man wieder die Hauptroute.

Gargnano:
km 84,1

Hinter Gargnano beginnt der Steiluferabschnitt der 'Gardesana Occidentale' (westliche Uferstraße) mit ihren zahlreichen in den Fels gehauenen Galerien und Tunnels.

Nebenstrecke 2
Tignale: km 95,8

Unmittelbar nach dem dritten Tunnel zweigt man von der Uferstraße ins Hinterland ab und folgt der steil ansteigenden Straße zur Ortschaft **Tignale** (1300 Einw.). Von dieser Bergstraße aus hat man einen schönen Blick auf den Gardasee. Beachtenswert ist die Wallfahrtskirche der Madonna vom Monte Castello, die exponiert auf einem Felsen hoch über dem See thront. Die Straße führt weiter bergauf bis zur Hochebene von **Tremosine** (2000 Einw.), von der aus man eine prächtige Aussicht auf den ganzen See und seine Umgebung genießen kann.
Anschließend verliert man wieder an Höhe und stößt bei Limone sul Garda erneut auf die Uferstraße.

Ihr folgt man südwärts bis **Campione**, einer typischen Arbeitersiedlung des beginnenden 20. Jahrhunderts. Von Campione geht es nordwärts weiter nach **Limone sul Garda** (1000 Einw.), wo die Zitronen im Schutze hoher Felswände blühen.

Riva del Garda:
km 163,1

Bei **Riva del Garda** (13000 Einw.) erreicht man die Nordspitze des Gardasees. Im Sommer wird die Stadt zur Erholung und im Winter als Kurort und als Kongreßzentrum viel besucht. Die alten Hafenanlagen werden von einer wuchtigen Burg (12. Jh.) beherrscht. Sehenswert sind auch der Apponale-Turm (13. Jh.) sowie die Arkaden der Palazzi Pretorio und des Rathauses. – Auf der SS 249 geht es weiter zum Ostufer des Gardasees.

Nebenstrecke 3
Arco: km 169,1

Sehr lohnend ist ein Abstecher nach **Arco** (12000 Einw.). Das Städtchen schmiegt sich an einen Kalksteinkomplex, auf dem die Reste einer mittelalterlichen Burg zu sehen sind. Im Stadtkern gefallen der Brunnen Fontana del Mosè, eine Reihe von Palazzi aus der Spätrenaissance, die Collegiata dell' Assunta sowie Reste der alten Stadtmauer mit Rundtürmen aus Stein.

Torbole:
km 178,9

Hinter dem eleganten Luftkurort **Torbole** (1000 Einw.) beginnt das 'Veroneser Ufer' (Ostufer) des Gardasees. Es zieht sich zu Füßen des 2218 m hohen Monte Baldo entlang. Vor der Ortschaft **Malcesine** (3500 Einw.) schiebt sich eine felsige Landspitze in den See, die von einer Burg bewacht wird. Malcesine selbst bietet sich als typisch mittelalterliche Siedlung dar. Im Unterdorf bauten die Venezianer den von einer festungsartigen Mauer geschützten Palazzo dei Capitani del Lago. Per Seilbahn kann man den Monte Baldo erklimmen. Der danach beginnende, lieblichere Uferabschnitt trägt den Namen 'Riviera degli Olivi' (Riviera der Olivenbäume). In **Brenzone** (2500 Einw.) sollte man sich die Burg und die romanische Kirche Santo Zeno (12. Jh.) ansehen.

Torri del Benaco:
km 214,3

Nächster interessanter Ort ist **Torri del Benaco** (2500 Einw.), wo noch eine Festung des Geschlechtes der Della Scala aus dem 14. Jh. erhalten ist. Sehenswert ist auch der alte Fischerhafen.
Der Uferstreifen wird zunehmend breiter. Bald erreicht man den Aussichtspunkt **Punta San Vigilio** an dem Landvorsprung, südlich dessen sich der See deutlich weitet. Ein wirkliches Kleinod ist die Villa Guarienti aus dem 16. Jahrhundert.

Die felsige Steilküste des westlichen Gardasees ▶

Tour 11

Nunmehr geht es entlang der 'Bucht der Sirenen' weiter nach **Garda** (3500 Einw.). Baugeschichtlich interessantestes Gebäude ist die im 19. Jh. originalgetreu wiederhergestellte Villa Albertini. Sehr schön ist ein Spaziergang entlang der Uferpromenade des alten Ortskerns oder auch hinauf zur Rocca (294 m ü.d.M.), an der Stelle der ehemaligen Burg, die dem See den Namen gab.

Bardolino:
km 225,2
Wenig später folgt die weinberühmte Ortschaft **Bardolino** (6000 Einw.). Sehenswert sind die romanische Kirche San Vigilio und die Kirche Santo Zeno (9. Jh.), ein Musterbeispiel karolingischer Architektur. Die Uferstraße führt weiter ins mittelalterliche, von Mauern umfaßte **Lazise** (6000 Einw.).

Peschiera del
Garda: km 239,6
Nach wenigen Minuten ereicht man **Peschiera del Garda**, den Start- und Zielpunkt der Gardasee-Rundfahrt.

Praktische Informationen

Fremdenverkehrs-
ämter
PESCHIERA: AA, p.le Betteloni 15, Tel. (045) 7 55 03 81. – SIRMIONE: v.le Marconi 2, Tel. (030) 91 62 22. – DESENZANO DEL GARDA: p. Matteotti 27, Tel. (030) 9 14 42 09. – PADENGHE SUL GARDA: Tel. (030) 9 17 1 12 (Comune). – MONIGA DEL GARDA: p. S. Martino 1, Tel. (0365) 5 20 15. – SAN FELICE DEL BENACO: p. Municipio, Tel. (0365) 6 25 41. – SALÒ: AA, lg. lago Zanardelli 61, Tel. (0365) 2 14 23. – GARDONE RIVIERA: AA, v. Repubblica 35, Tel. (0365) 2 03 47. – MADERNO: AA, lg. lago Znardelli 15, Tel. (0365) 64 13 30. – GARGNANO: v. Roma 55, Tel. (0365) 7 12 22. – PIEVE DI LEDRO: v. Nuova, Tel. (0464) 59 12 22. – TIGNALE: p. Umberto I, Tel. (0365) 7 30 17. – TREMOSINE: p. G. Marconi, Tel. (0365) 95 31 85. – LIMONE SUL GARDA: AA, p. De Gasperi, Tel. (0365) 95 42 65. – RIVA DEL GARDA: AA, pal dei Congressi, Parco Lido, Tel. (0464) 51 44 44. – ARCO: AA, p. Vicenza 7, Tel. (0464) 51 61 61. – TORBOLE: AA, lg. lago Verona 19, Tel. (0464) 5 05 1 77. – MALCESINE: AA, v. Capitanato 6/8, Tel. (045) 7 40 00 44. – BRENZONE: AA, v. Colombo 4, Tel. (045) 7 42 00 76. – TORRI DEL BENACO: AA, v.le Fratelli Lavanda 10, Tel. (045) 7 22 51 20. – GARDA: AA, lg.lago Regina Adelaide 25, Tel. (045) 7 25 51 94. – BARDOLINO: AA, p. Matteotti 53, Tel. (045) 7 21 00 78. – LAZISE: AA, v. Francesco Fontana 14, Tel. (045) 7 58 05 73.

Fähren
Zwischen Maderno und Torri del Benaco besteht eine Fährverbindung (Zeittaktverkehr). Ausflugsschiffe und Personenfähren bedienen alle größeren Seeufergemeinden.

Veranstaltungen
SIRMIONE: Festa dell'Ospite (großes Fest mit Feuerwerk auf der Burg; September). – DESENZANO DEL GARDA: Regata delle Bisse (Regatta; letzter Sonntag im Juli). – MANERBA SUL GARDA: Sagra del Vino 'Riviera del Garda' (Weinfest). – SAN FELICE DEL BENACO: Fest zu Ehren der Schutzpatrone Felice, Adauto und Flavia (31. August). – SALÒ: Gara delle Bisse (Juli). – GARDONE RIVIERA: Rogo della Vecchia; antiquarischer Markt (Juli). – GARGNANO: Processo alla Vecia (Donnerstag zur Mitte der Fastenzeit). – TIGNALE: Canto della Stella (Sternsinger; vom 3. bis zum 5. Januar). – BARDOLINO: Coppa del Bardolino (Bardolino-Pokal; Juni); Traubenlese- und Weinfest (September). – LAZISE: Sagra dell'Anitra (Entenfest im Ortsteil Colà, 5. August).

Küche
Die Küche der Region läßt so manchen Genießer in Verzückung geraten, nicht nur beim Probieren der 'Brodo di Giuggiole', einem typischen Gericht aus Desenzano: 'andare in brodo di giuggiole' bedeutet frei übersetzt 'vor Freude außer sich geraten'. Im Mittelpunkt der Gardasee-Küche steht natürlich der Fisch: Lachsforelle 'all'Olio e Limone', Karpfen vom Rost, Süßwassersardinen in allen Variationen, um nur einige Beispiele zu nennen. Spezialitäten bzw. Produkte der Region sind auch 'Polenta', verschiedene Schinkensorten, Mortadella, Getreide, Olivenöl, Süßigkeiten aus Zitrusfrüchten und natürlich der Wein.

Tour 12: Ummauerte Städte

Das Land um Padua und Vicenza – Hügelland der Colli Euganei und des Altipiano di Asiago

Veneto

Region

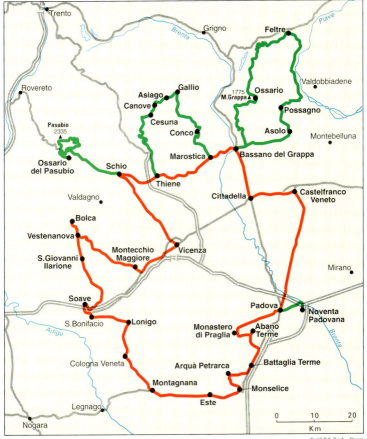

© I.G.D.A. S.p.A. · Novara

Die schönsten befestigten mittelalterlichen Städtchen findet man in diesem Teil Italiens, zwischen dem Unterlauf des Po und dem Alpenrand. Wie gut sie heute noch erhalten sind, verblüfft so manchen Besucher. An vielen Orten fällt es nicht schwer, sich in der Phantasie um einige Jahrhunderte zurückzuversetzen. Manche dieser Festungen erscheinen in der Tat wie lebendig gewordene Bilder aus Märchenbüchern. Einige thronen imposant und scheinbar uneinnehmbar auf Hügeln, andere sind – umgeben von Schutzwällen und Türmen – mitten in der Ebene plaziert. Die Landschaft,

Landschaftsbild

Landschaftsbild
(Fortsetzung)

in die sie eingebettet sind, reicht von den grünen Colli Euganei, der Hügelkette nahe Padua, bis zur Hochebene von Asiago am Alpenrand zwischen
dem Pasubio- und dem Grappa-Massiv. Hier trifft man immer wieder auf
die Spuren einer trauigen Vergangenheit, als die Gegend Schauplatz ver-
lustreicher Schlachten gewesen ist.

Streckenmerkmale

Im ebenen Teil weist die Route keine Schwierigkeiten auf. Auch das Hügelland ermöglicht eine entspannte und unterhaltsame Fahrt. In den Bergen
dagegen ist die Strecke teilweise anspruchsvoller, als man es von der
Karte und der geographischen Lage her vermuten würde. Höchster Punkt
ist der Monte Grappa mit 1775 Metern über dem Meeresspiegel.
Der Ausgangspunkt Padua liegt am Knotenpunkt der Autobahnen A 4 Turin
– Triest und A 13 Bologna – Padua.

Streckenbeschreibung

Padua: km 0

Die Stadt **Padua** (ital. Padova; 235 000 Einw.), an deren Universität Galileo
Galilei gelehrt hat, verfügt über einige herausragende Sehenswürdigkeiten. Höchst beachtenswert sind die Basilika San Antonio, der Palazzo
della Ragione (13. Jh.), die Cappella degli Scrovegni (Fresken von Giotto)
und die Reiterstatue des Gattamelata (ein Werk von Donatello).

Nebenstrecke 1

Die SS 11 bringt uns von Padua nach **Noventa Padovana,** wo stattliche
Villen (16. – 18. Jh.) zu sehen sind.

Abano Terme:
km 25,6

Die Hauptroute führt von Padua aus auf der SS 250 südwestwärts, vorbei
an den berühmten Kurorten **Abano Terme** (16 000 Einw.) und **Montegrotto Terme** (9000 Einw.). Nach Einbiegen auf die SS 16 geht es entlang
der Hügelkette der Colli Euganei weiter nach **Battaglia Terme** (4500 Einw.)
mit der malerischen Villa Emo Capodilista und dem Cataio, einem noch im
Originalzustand erhaltenen Festungsbau. Anschließend zweigt man ab in
das inmitten einer lieblichen Hügellandschaft gelegene **Arquà Petrarca**
(2000 Einw.). Hier befindet sich der Sarkophag mit den sterblichen Überresten des großen Dichters Petrarca, der lange in dieser Gegend gelebt hat.

Monselice:
km 51,1

Zurück auf der SS 11 geht es bergauf nach **Monselice** (18 000 Einw.).
Kleinod des Städtchens ist die Villa Duodo in beherrschender Lage im
unteren Ortsteil. Zwei weitere Herrschaftshäuser stehen außerhalb des
Ortes. Es sind dies die Villa Pisani, ein Meisterwerk von Andrea Palladio,
und die Villa Corner. Nunmehr biegt man nach rechts auf die SS 10 in Richtung **Este** (18 000 Einw.) ab, das man nach 9 km erreicht. Der Stammsitz
des Geschlechtes der Estense weist noch Reste von Befestigungsanlagen
und wuchtige Stadttore auf, durch die man in die freie Landschaft gelangt.
Wenn man weiter durch die Ebene fährt, erreicht man bald eine andere
'città murata', nämlich **Montagnana** (10 000 Einw.). Es handelt sich hierbei
um die besterhaltene mittelalterliche Stadtanlage ganz Italiens. Sie wird
von einem Mauerring (Umfang: 2 km) mit 24 Türmen umfaßt und von zwei
Kastellen geschützt. Die begrünte Freifläche um die Stadtmauer herum
hebt diese Struktur optisch hervor.

Lonigo: km 98,1

Man verläßt hier die SS 10. Es geht weiter nach **Lonigo** (13 000 Einw.),
einem Städtchen, das zu Füßen der Monti Berici liegt. Dieser kleine Bergzug ragt ebenso wie die Euganeischen Hügel wie eine Insel aus der weiten
Ebene. In Lonigo selbst sind noch zwei mächtige Türme der alten Verteidi-
gungsanlage der mittelalterlichen Ortsherrschaft erhalten. Damals waren
die Della Scala tonangebend. Beachtenswert sind ferner die Palazzi mit
ihren Arkaden sowie einige Kirchen.
Nun geht es in Richtung Verona, und bald gelangt man nach **Soave** (6000
Einw.), einer weiteren Bastion der Della Scala. Die von einem Mauerring mit
nicht weniger als 24 Türmen geschützte Siedlung wirkt recht harmonisch.
Von Soave aus fährt man in Richtung Monteforte d'Alpone weiter. Die sich
durch Weinberge schlängelnde Straße wird nun zunehmend kurviger und

abwechslungsreicher. Bei der Ortschaft **Bolca** (800 Einw.) ist eine höchst bedeutsame Fossilfundstätte aufgeschlossen. Hier kann man eine ungeheure Vielfalt von Versteinerungen (darunter Fossilien von diversen Fischen, Schalentieren und Reptilien) studieren. Nun geht es wenige Kilometer auf dem gleichen Weg zurück. Dann biegt man südostwärts ab ins Valle del Chiampo. In Arzignano zweigt die Route dann nochmals ab nach **Montecchio Maggiore** (20 000 Einw.), einem Städtchen, das von den beiden Türmen 'Romeo' und 'Julia' aus dem Jahre 1354 beherrscht wird.

Hauptroute (Fortsetzung)

In **Vicenza** (117 000 Einw.), dem 'Venedig des Festlandes', hat der Meister Andrea Palladio für seine Nachwelt eine ganze Reihe von Bauwerken hinterlassen, von denen besonders das Teatro Olimpico, der Palazzo Chiericati, die unvollendet gebliebene Loggia del Capitano, die Villa 'La Rotonda' sowie die Basilika, das Wahrzeichen der Stadt, zu erwähnen sind.

Vicenza: km 177,3

Nun geht es auf der SS 46 nordwestwärts weiter. Nächster wichtiger Ort ist **Schio** (36 000 Einw.), ein bedeutendes Zentrum der Textilindustrie. Besondere Beachtung verdient der imposante Dom.

Schio: km 202,6

Die Staatsstraße führt weiter zum Pasubio-Bergmassiv, wobei sie sich bis 1221 m ü.d.M. hinaufwindet. Nach einer ganzen Serie von Haarnadelkurven erreicht man eine Abzweigung, die zum Ossario del Pasubio führt. Hier sind zahlreiche Gefallene des Ersten Weltkrieges bestattet. In diesem Gebiet haben seinerzeit erbitterte Kämpfe stattgefunden. Mit zahlreichen weiteren Kurven und Spitzkehren beschreibt die Straße sodann einen Bogen um die Hochfläche Pian di Fugazze und erreicht ihren höchsten Punkt beim Rifugio Papa (1934 m ü.d.M.). Von dort aus geht es abwärts, zunächst nach **Recoaro Terme** (8000 Einw.) und dann zum Passo dello Xon (1056 m ü.d.M.), woraufhin man auf die SS 46 (Valli del Pasubio) zurückkommt, die wieder nach Schio führt.

Nebenstrecke 2

▼ *Bassano del Grappa: Die berühmte Holzbrücke über die Brenta*

10 km hinter Schio erreicht man das Städtchen **Thiene** (19 000 Einw.), das am südlichen Anstieg zur Hochfläche von Asiago liegt. Wichtigstes Baudenkmal dort ist der Palazzo Thiene (Porto-Colleoni), ein gotisch-venezianischer Bau aus dem 15. Jahrhundert.

Hauptroute
(Fortsetzung)
Thiene: km 270,8

Über Carrè und Caltrano führt ein weiterer Abstecher von unserer Hauptstrecke auf die Hochebene von Asiago (Altipiano di Asiago) hinauf, die auch unter der Bezeichnung 'Altipiano dei Sette Comuni' (Hochfläche der sieben Gemeinden) bekannt ist, zu denen Cesuna und Canova gehören.
Auf dem höchsten Punkt steht das Kriegerdenkmal von **Asiago** (7000 Einw.). Das Städtchen selbst wurde während der blutigen Kämpfe des Ersten Weltkrieges völlig zerstört und später wiederaufgebaut. In der Nähe des Ortes findet man das Weltraumobservatorium der Universität Padua, das mit einem besonders leistungsstarken Teleskop ausgestattet ist.
In Gallio biegt man rechts ab in Richtung der Ortschaft Conco, die ebenfalls zu den besagten 'Sieben Gemeinden' gehört.
Bei **Marostica** (13 000 Einw.) erreicht man wieder die Ebene. Der Siedlungsplatz selbst ist ein weiteres mittelalterliches Festungsstädtchen der Skaliger. Eine etwa 2 km lange Stadtmauer mit 22 Türmchen umschließt die beiden Kastelle, von denen das eine auf einem Hügel, das andere in der Ebene liegt. Im Ortszentrum, auf der schachbrettartig gepflasterten Piazza Campo Grande, wird alle zwei Jahre Schach gespielt mit lebenden Figuren, die in mittelalterliche Kostüme gehüllt sind.

Nebenstrecke 3

Asiago: km 306

Marostica:
km 349,5

Nur wenige Kilometer entfernt liegt **Bassano del Grappa** (39 000 Einw.) am Ufer der Brenta. Berühmt ist die Holzbrücke, die in einem Lied der italienischen Gebirgsjäger ('Alpini') besungen wird. Eine erste Brücke wurde an dieser Stelle bereits 1209 über den Fluß geschlagen. Mindestens siebenmal ist die Konstruktion zerstört und dann wieder aufgebaut worden.

Bassano del
Grappa: km 356,5

Von Bassano del Grappa aus lohnt die Fahrt zum Bergmassiv des Monte Grappa (1775 m ü.d.M.). Am höchsten Punkt der von steilen Serpentinen geprägten Paßstraße ist ein weiteres Kriegerdenkmal errichtet, das ebenfalls an die verlustreichen Gefechte des Ersten Weltkrieges zwischen Italienern und Österreichern erinnert. Durch Weiden und Wälder führt der Weg nach **Feltre** (21 000 Einw.), einem reizvollen Städtchen im Belluna-Tal. Der Siedlungskern weist noch ein für das 16. Jahrhundert typisches Ortsbild auf, dessen hervorstechende Merkmale kleine Plätze, mächtige Palastbauten, schmale Treppen und graziöse Säulengänge sind.
Der Weg verläuft nun am Fluß Piave entlang, parallel zur Staatsstraße 348. In Pederobba biegt man nach Possagno (2000 Einw.) ab, wo der berühmte italienische Bildhauer Antonio Canova geboren worden ist. Eine besondere Sehenswürdigkeit ist der von ihm entworfene Tempel.
Die 'Perle' dieses Landstrichs aber ist **Asolo** (7000 Einw.) mit seinen mittelalterlichen Baudenkmalen, wobei insbesondere die Piazza Maggiore und die Ruine der ehemals mächtigen Burg von Interesse sind. Bevor man die SS 248 ansteuert, um zur Hauptroute zurückzukehren, sollte man sich die prächtige, im Jahre 1560 von Palladio entworfene Villa Barbaro in **Maser** (5000 Einw.) ansehen, ebenso die Villa Negri-Piovene in **Mussolente**.

Nebenstrecke 4

Feltre: km 421,1

Asolo: km 465,8

Von Bassano del Grappa führt die Route (SS 47) südwärts nach **Cittadella** (18 000 Einw.), einer traditionsreichen Garnisonsstadt. Der streng geometrisch angelegte Stadtkern kontrastiert auf interessante Weise zur sehr gut erhaltenen Ringmauer. Die Festungsanlage ist einstmals von der Herrschaft Padua als Vorposten errichtet worden, sozusagen als Reaktion auf den Bau der Festung des heutigen **Castelfranco Veneto** (29 000 Einw.). Im Gegensatz zu den Verteidigungswerken stehen der elegante Dom und die charakteristischen Säulengänge rund um den Marktplatz, die auf eine friedliche Periode im Schutze der Republik Venedig hindeuten.
Die Staatsstraße Nr. 307 führt südwärts weiter nach **Padua.**

Cittadella:
km 502,5

Padua: km 547, 5

◀ *Marostica: Piazza mit Schachbrettmuster*

Cittadella, eines der venezianischen Festungsstädtchen

Praktische Informationen

Fremdenverkehrs-ämter
PADUA: EPT, Riviera Mugnai 8, Tel. (049) 651856. – STRA: p. Marconi, Tel. (049) 502966. – ABANO TERME: AA, v. P. d'Abano 18, Tel. (049) 669055. – MONTEGROTTO TERME: AA, v.le Stazione 37, Tel. (049) 793384. – BATTAGLIA TERME: AA, v. Traversa Terme 33, Tel. (049) 525269. – ARQUÀ PETRARCA: v. S. Marco 1, Tel. (0429) 72820. – MONSELICE: p. Mazzini 1, Tel. (0429) 75287. – ESTE: Pro Loco, p. Maggiore, Tel. (0429) 3635. – MONTAGNANA: Ufficio turistico comunale, p. Maggiore 7, Tel. (0429) 81320. – LONIGO. p. Garibaldi, Tel. (0444) 28944. – SCHIO: v. Pasini 33, Tel. (0445) 691111. – THIENE: p. A. Ferrarin 1, Tel. (0445) 362590. – ASIAGO: AA, p. Municipale, Tel. (0424) 62221. – MAROSTICA: Pro loco, p. Castello 45, Tel. (0424) 72127. – BASSANO DEL GRAPPA: AA, v. delle Fosse 93, Tel. (0424) 24351. – FELTRE: AA, l.go Castaldi 7, Tel. (0439) 2540. – POSSAGNO: v. Canova 84, Tel. (0423) 544021. – ASOLO: Pro loco, v. Regina Cornaro 209, Tel. (0423) 55045. – CITTADELLA: Pro loco, v. Garibaldi, Tel. (049) 5970986. – CASTELFRANCO VENETO: Pro loco, p. Garibaldi, Tel. (0423) 491401.

Veranstaltungen
PADUA: Fiera Campionaria (Mustermesse; Mai/Juni); Ausstellung venezianischer Handwerkskunst (Mai). – BATTAGLIA TERME: Corsa dei Mussi (erster Sonntag im Oktober). – ESTE: Fiera di S. Tecla (23. September); Kunsthandwerksausstellung (September). – MONTAGNANA: Festa dell' Assunta (15. August). – VICENZA: Settembre Vicentino; Schmuckmessen (Januar, Juni); Glas- und Porzellanmesse (Februar). – SCHIO: Festa del Tessitore (September). – ASIAGO: Festa del Prunno (16. August). – MAROSTICA: Kunsthandwerksausstellung (Juni/August); Schachspiel mit lebenden Figuren (zweites Juniwochenende in geraden Jahren). – ASOLO: Zeichentrickfilmfestival (Januar); antiquarischer Markt (monatlich).

Küche
Im Raum Padua werden Hähnchen aus heimischer Haltung als Delikatessen geschätzt. Dazu reicht man Polenta. Spezialität der Gegend um die Euganeischen Hügel sind Weiße Trüffel. Montagnana ist bekannt für milde rohe Schinken (z.B. 'Bondiole') und weitere Wurstspezialitäten wie 'Ossocolli' und 'Eselsalami'. In Vicenza erfreuen sich Pasta- und Reisgerichte großer Beliebtheit. Auf der Hochebene von Asiago gibt es guten Käse. Bassano ist nicht nur für seinen Grappa, sondern auch für seinen Spargel bekannt. Ebenso wie in Asolo ißt man dort außerdem auch guten Süßwasserfisch aus der Brenta, z.B. diverse Forellen. Eine exquisite Süßspeise ist 'Polentina', die in Cittadella nach alten Rezepten zubereitet wird.

Tour 13: Von Wasser umgeben

Rund um die Lagune von Venedig mit einem Abstecher nach Treviso

Veneto

Region

© I.G.D.A. S.p.A. · Novara

In der Lagune von Venedig gehen Land und Wasser fast unmerklich ineinander über. Ein Königreich der Gondeln, Boote und Fähren – für das Motorrad scheint die Lagune auf den ersten Blick wirklich nicht geschaffen zu sein. Und dennoch ist dies durchaus möglich, wenn man sich von Venedig selbst mit seiner einzigartigen Schönheit losreißen kann. Mit dem Zweirad kann man dieses komplexe Geflecht aus Inselchen, Landzungen, Wasser und Sumpfland 'erfahren' – mancherorts allerdings nur mit Hilfe von Fähren. Entlang dieses Rundkurses reihen sich Festlandabschnitte wie kleine und große Perlen auf einer Schnur aneinander. Eingestreut in dieses einzigartige Landschaftsmosaik sind wie verloren wirkende Häuschen, gigantische Hafenanlagen und schier endlose Flachwasserflächen.

Landschaftsbild

Straßen im eigentlichen Sinn sind nur die 'Statali', welche die Lagune an ihrem westlichen Rand streifen und für die Industriekomplexe rund um Marghera eine Verkehrsanbindung schaffen, sowie die Straßen auf dem Abstecher nach Treviso und zurück. Zwischen Chioggia und Caorle besteht die Rundfahrt aus einem Inselspringen von ganz besonderem Reiz. Wie kaum anders zu erwarten, fährt man auf dieser Route durchweg auf Höhe quasi 0 m über dem Meer. Den Ausgangspunkt erreicht man bequem über die A 4 Turin – Triest, Ausfahrt 'Mestre – Villanova'.

Streckenmerkmale

Streckenbeschreibung

Venedig: km 0

In **Venedig** (350 000 Einw.) sind die Kanäle, Gassen und Brücken für Fahrzeuge jeder Art gesperrt. Das Motorrad muß im Parkhaus an der Piazzale Roma abgestellt werden. Von dort aus geht es nur zu Fuß oder mit dem Boot weiter. Der Markusplatz, die prachtvolle Kirche San Marco, der Dogenpalast, der Canale Grande und die Rialtobrücke gehören zu den berühmtesten Sehenswürdigkeiten Venedigs, aber sie allein machen gewiß nicht die Faszination der Stadt aus. Wenn man Zeit hat, sollte man per Boot zu den wunderschönen Inseln **Burano** (6000 Bewohner), **Murano** (7000 Bewohner) und **Torcello** (80 Bewohner) übersetzen.

Mestre: km 8,8

Beim Verlassen der Stadt fährt man erneut über den Ponte della Libertà, auf dessen Festlandsseite die Stadt **Mestre** (190 000 Einwohner) beginnt, ein wichtiges Industriezentrum, das jedoch für Touristen kaum etwas bietet.

Nebenstrecke 1

In Mestre beginnt der Absteher nach Treviso. Dorthin führt eine schnurgerade schöne Allee (SS 13), die den Namen 'Terraglio' trägt. Die venezianische Aristokratie hat in dieser Gegend zahlreiche Villen errichten lassen. Man tut sich heute jedoch sehr schwer, einzelne dieser Anwesen zu finden.

Treviso: km 29,3

Besondere Sehenswürdigkeiten von **Treviso** (88 000 Einw.) sind die Kirche

Venedig: Markusplatz und Canale Grande

von San Nicolò mit romanischen und gotischen Bauelementen sowie der Dom aus dem 11./12. Jahrhundert. Die Häuser und Paläste der ummauerten Altstadt sind im typischen Baustil der Mark Treviso gehalten und teilweise mit Fresken versehen. Beachtenswert ist auch die Loggia dei Cavallieri, heute Stätte eines malerischen Marktes. Man verläßt die Stadt auf der SS 515 und fährt bis nach Quinto di Treviso (5,4 km), wo man in Richtung Santa Cristina abbiegt. Kurz danach führt die Straße nach **Badoere.** Die Ortseinfahrt ist von den charakteristischen 'Barchesse' gesäumt. Dies sind auf Säulen ruhende, halbkreisförmige Vorbauten, die einst von Handwerkern genutzt wurden. Beim Verlassen des Dorfes hält man sich in Richtung **Noale,** wo das Kastell mit seinen zwei von Türmchen gezierten Portalen und der gut erhaltene Ortskern beachtenswert sind. Danach geht es zurück nach Mestre.

Die SS 14 führt, den Flughafen Marco Polo streifend, an der Lagune entlang. In Portegrandi biegt man von der Staatsstraße nach rechts ab. Nun geht es über einen 'Flickenteppich' von Inselchen und Seichtwasserzonen. Ab Caposile folgt man einem lagunenartigen Mündungsarm des Flusses Piave. Hinter Iesolo öffnet sich der Golf von Venedig, an dem der altbekannte Badeort **Lido di Iesolo** (10000 Einw.) heranwachsen konnte.

Etwa parallel zur Adriaküste fährt man nordostwärts in Richtung Càorle. Bei Cortellazzo ist der östliche Mündungsarm des Flusses Piave zu überqueren. Die Benutzung der hier konstruierten, in Privatbesitz befindlichen Eisenbrücke ist gebührenpflichtig. Man folgt dann dem Kanal des Valle Altanea, durchquert die Seenplatte Bonifica dell'Ongaro, und schon kommt ein einzelner zylindrischer Glockenturm in Sicht. Dieser steht in **Càorle** (12000 Einw.) als Campanile vor der schlichten Fassade einer romanischen Kathedrale. Das einstige Fischerdorf hat sich im Lauf der Zeit zu einem bekannten Fremdenverkehrsort mit ausgeprägt städtischer Struktur gemausert. Über Iesolo geht es zurück nach Lido di Iesolo.

Die Rundfahrt um die Lagune von Venedig setzt sich auf der schmalen Landzunge namens 'Litorale del Cavallino' fort, die das seichte Gewässer auf der Nordseite schließt. Von **Treporti** aus empfiehlt sich ein 'amphibischer' Ausflug. Während des Überwechselns mit der Fähre zur Insel Burano bietet sich ein großartiges Panorama.
Von der Südspitze der Landzunge, der Punta Sabbioni, verkehrt eine Fähre zum **Lido di Venezia.** Dieser Ort strahlt einen ganz speziellen Zauber aus, mit seinem Blick auf die Stadt Venedig, mit den Assoziationen, die von der Erinnerung an die Schilderungen Thomas Manns geweckt werden, mit dem berühmten Filmfestival. Die ganze Insel ist nichts als ein schmaler Sandstreifen, auf dem man quasi immer mit einem Fuß fast im Wasser fährt. Nach Malamocco und Alberoni ist der Weg plötzlich zu Ende. Erneut muß man eine Fähre benutzen, die nach Santa Maria del Mare übersetzt. Auf dem nächsten schmalen Inselstreifen, dem Litorale di Pellestrina, erheben sich die sogenannten 'Murazzi'. Diese gewaltigen Dämme sollen die Lagune vor katastrophalen Überflutungen schützen. Bei Pellestrina reihen sich wie zur Mahnung halbversunkene Fischerhäuschen aneinander. Am Ende dieser Insel muß man sich noch einmal auf eine Fähre begeben, um nach **Chioggia** (54000 Einw.) und damit wieder aufs Festland zu kommen. Chioggia ist so etwas wie das 'Venedig des Volkes'. Die Reihen von kleinen, aber fein strukturierten Häusern, der stilechte Fischmarkt und das tägliche lebhafte Treiben sind besondere Merkmale dieser Stadt. Der Badeplatz Sottomarina gehört zum historischen Chioggia.
Von Chioggia aus fährt man auf der SS 309 weiter, die auch als 'Romea' bekannt ist; es bietet sich ein freier Blick über die Lagune. Kurz vor Erreichen der Industriekomplexe von Marghera sollte man sich doch einmal die auf einen Entwurf von Andrea Palladio zurückgehende Villa Foscari (16. Jh.) ansehen, die ebenso bekannt ist wie die Villa Malcontenta. Wer nach Venedig zurückkehren will, sollte vor Mestre der Beschilderung zum Ponte della Libertà und der Piazzale Roma folgen.

Nebenstrecke 1
(Fortsetzung)

Badoere: km 42,7

Mestre: km 69,7

Lido di Iesolo:
km 102

Nebenstrecke 2

Càorle: km 127,7

Punta Sabbioni:
km 159,1

Chioggia:
km 185,6

Praktische Informationen

Fremdenverkehrs-ämter	VENEDIG: EPT, p.le Roma, Tel. (041) 27042. – MESTRE: AA, cs. del Popolo 65, Tel. (041) 975357. – TREVISO: EPT, v. Toniolo 41, Tel. (0422) 547632. – LIDO DI IESOLO: AA, p. Brescia 13, Tel. (0421) 90076. – CÀORLE: AA, p. Giovanni XXIII, Tel. (0421) 81085. – LIDO DI VENEZIA: APT, Gran Viale 6/a, Tel. (041) 765721. – CHIOGGIA: AA, lg.mare Centro Sottomarina, Tel. (041) 401068.
Fähren	Auto- und Motorradfähren verkehren regelmäßig zwischen Santa Maria del Mare und Alberoni sowie zwischen Lido di Venezia und Punta Sabbioni. Ausflugsboote ('Vaporetti') fahren von Venedig aus nach Lido di Venezia, Murano, Burano und Torcello, außerdem von Treporti aus nach Burano.
Veranstaltungen	VENEDIG: Karneval von Venedig; Antiquarischer Markt im Palazzo Grassi (Frühling); Voga Longa, Palio di Barche (Bootsrennen mit Mannschaften aus verschiedenen Stadtteilen von Venedig; Juni); Biennale (Kunstausstellung, alle zwei Jahre); Leone d'Oro (Goldener Löwe, Filmpreisverleihung; Ende August/Anfang September); historische Regatta (erster Sonntag im September). – MESTRE: Settembre Mestrino (Mestriner September). – TREVISO: Fiera di Santa Lucia (Oktober). – LIDO DI IESOLO: Weinmarkt (Mitte März). – LIDO DI VENEZIA: Internationale Filmwochen (Ende August/Anfang September). – CHIOGGIA: Nächtlicher Fackelzug an der Lagune (letzter Samstag im Juli); Fischerfest mit farbenprächtigen Segelregatten und Kostümumzügen (erste Augusthälfte).
Küche	Wer nie 'Risi e Bisi' (Reis mit Erbsen) gegessen hat, kann nicht behaupten, Venedig zu kennen. Natürlich bildet aber der Fisch den Schwerpunkt der Küche der Lagune. Einige Beispiele sind 'Sardellen in Saor' (Sardellen gegart in einem Sud aus Zwiebeln, Rosinen, Pinienkernen, kandierten Früchten und Essig), 'Brodeto alla Chiozota' (Fischsuppe), 'Sopa Coada', Krebse, Aal, Scampi oder 'Baccalà' (Dorsch). Empfehlenswert sind auch 'Bigoli' (Spaghetti mit Sardellensauce), die berühmte 'Fegato alla Veneziana' (Leber venezianisch), 'Zucca Barucca' (gebackener Kürbis) oder die schmackhafte Sauce 'Salsa Peverada', die zu gebratenem Truthahn oder Perlhuhn serviert wird. Weitere Spezialitäten sind Radicchio-Salat und verschiedene Arten von Risotto mit 'Lunaleghe' (Würstchen).

In der Lagunenlandschaft bei Venedig

Tour 14: Wo italienische Geschichte entschieden wurde

Das Viereck Peschiera del Garda – Verona – Legnago – Mantua

Veneto, Lombardei   Regionen

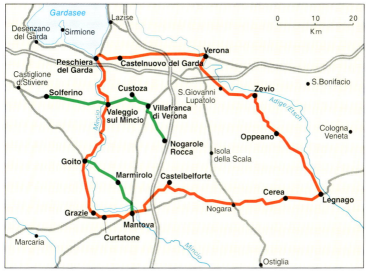

© I.G.D.A. S.p.A. - Novara

Südöstlich des Gardasees, im Grenzraum der Regionen Lombardei und   Landschaftsbild
Venetien, wird die Geschichte der unter der Bezeichnung 'Risorgimento'
bekannten nationalen Befreiungsbewegung des 19. Jh.s wieder lebendig.
Bilder berühmter Schlachten und finsterer militärischer Festungen entstehen vor dem geistigen Auge auf der Fahrt rund um das Gebiet zwischen
den Flüssen Mincio und Adige (Etsch), wo die österreichischen Heere in
den ersten beiden Unabhängigkeitskriegen eine Hauptbastion unterhiel-
ten. Zwischen weiten Anbauflächen und Überresten mächtiger Verteidigungsmauern bietet die Landschaft der Poebene freilich auch kleine hübsche Naturoasen, die zum Verweilen einladen.

Man durchfährt eine gering reliefierte Landschaft (höchste Erhebung 55 m   Streckenmerkmale
bei Villafranca di Verona) mit einem engmaschigen und gut ausgebauten
Straßennetz. Im Norden und im Süden der beschriebenen Gegend gibt es
geradlinige Staatsstraßen, die ein rasches Vorankommen ermöglichen. Im
Osten und im Westen muß man mit Provinz- und Nebenstraßen vorlieb-
nehmen. Den Ausgangspunkt der Rundtour, Peschiera del Garda, erreicht
man über die A 4 Turin – Triest.

Streckenbeschreibung

Das Städtchen **Peschiera del Garda** (9000 Einw.) war einst der nordwest-   Peschiera
liche Eckpfeiler des sogenannten 'Quadrilatero', des in etwa viereckigen   del Garda: km 0
Verteidigungsraumes der Österreicher, der sich in den Jahren von 1848 bis

Tour 14

Hauptroute
(Fortsetzung) 1859 als uneinnehmbare Bastion für die gegnerischen Truppen erwies. Der Verteidigungscharakter des Städtchens kommt noch heute in der robusten Stadtmauer aus dem 16. Jh. sowie in den älteren Befestigungsanlagen zum Ausdruck, die zunächst von den Venezianern, dann von den Franzosen und schließlich von den Habsburgern genutzt wurden.

Verona: km 24,2 Die Stadt **Verona** (266 000 Einw.) liegt zu Füßen der Monti Lessini an den Gestaden der Etsch (Adige). Besondere Sehenswürdigkeiten sind das Castelvecchio aus dem 14. Jh., einstmals Sitz des Veroneser Geschlechtes der Della Scala (der 'Skaliger'), außerdem die malerische Piazza delle Erbe, die 'Casa di Giulietta' in der Via Cappello, der Renaissance-Bau 'Loggia del Consiglio' und die 'Tombe Equestri' (Reitergräber). Die Grabstätten der Skaliger gelten als Meisterwerke gotischer Bildhauerkunst. Wahrzeichen von Verona ist die römische Arena aus dem 1. Jh., in der alljährlich großartige Opernaufführungen zu sehen sind. Nach einem letzten Blick auf die Skaligerbrücke (Ponte Scaligero) verläßt man Verona in südlicher Richtung und fährt entlang der Etsch bis nach Zevio. Von dort geht es auf reizvollen kleinen Landstraßen weiter nach Oppeano. Weitere Stationen auf der Strecke sind Roverchiara und Anghiari. Die von riesigen Anbauflächen geprägte Landschaft erweckt stellenweise den Eindruck, als sei hier die Zeit stehengeblieben. Beachtenswert sind einige romanische Sakralbauten in besonders reiner Stilausprägung.

Legnago: km 68,9 Schließlich gelangt man nach **Legnago** (27 000 Einw.), dem äußersten südöstlichen Zipfel des 'Quadrilatero'. Von der einstigen habsburgischen Zitadelle ist allerdings nur noch eine einzige Turmruine übriggeblieben.

Auf der Weiterfahrt in Richtung Mantua (SS 10) bietet sich das für die Poebene so typische Landschaftsbild: Große Bauernhöfe, endlose Pappelreihen und Anbauflächen, soweit das Auge reicht.

Man durchquert die Ortschaften Cerea, Sanguinetto und Nogara. Die Grenze zur Nachbarregion Lombardei überschreitet man vor Castel d'Ario.

Mantua: km 113,4 Die Stadt **Mantua** (ital. Mantova; 61 000 Einw.), Heimat des Dichters Vergil, liegt zwischen zwei seeähnlichen Weitungen des Flusses Mincio. Sehenswert ist der Palazzo Ducale, der zwischen dem 13. und dem 15. Jh. als prunkvoller Herrschaftssitz des Geschlechtes der Gonzaga erbaut und ausgeschmückt worden ist. Zu beachten sind ferner die von Alberti erbaute Kirche S. Andrea (15. Jh.), der von besonderer architektonischer Raffinesse zeugende Palazzo del Te (16. Jh.), die Piazza delle Erbe, ein malerischer kleiner Platz hinter dem Palazzo del Podestà, und schließlich das Kastell San Giorgio (14. Jh.), eine wuchtige Anlage, deren mächtige Außenmauern stark zu den anmutigen Fresken Mantegnas im Inneren kontrastieren. Außerhalb von Mantua wird die Zeit des 'Risorgimento' wieder lebendig, besonders im kleinen Belfiore-Tal. Hier bestand einstmals die Festung, in der zwischen 1851 und 1853 Todesurteile an Mitgliedern der Aufstandsbewegung vollstreckt wurden. Ein Altar erinnert an jene, die ihr Leben für die patriotische Idee opferten.

Nebenstrecke 1 Von hier aus führt ein Abstecher (SS 236), der den Parco del Mincio streift, zum Naturschutzpark Bosco Fontana. Das 230 ha große Waldgebiet war Jagdrevier des Geschlechtes der Gonzaga. In **Marmirolo** angelangt, sollte man den hübsch gestalteten Parco delle Bertone mit seiner artenreichen Mantua: km 135 Pflanzenwelt besuchen. Man hat nun die Wahl, entweder nach Mantua zurückzukehren oder aber gleich nach Goito weiterzufahren, um von dort aus die Hauptroute fortzusetzen.

Curtatone: km 139 In **Curtatone** erinnert eine Gedenkstätte an die toskanischen Studenten, die als Kriegsfreiwillige 1848 im Kampf gegen die Armeen Radetzkys gefallen sind. Nach der Wallfahrtskirche delle Grazie verläßt man die SS 10.

Goito: km 156 Nächste Station ist **Goito**. Das von hier aus am Fluß entlangführende Sträßchen führt in die Region Venetien zurück. Vor Erreichen von Valeggio Valeggio sul Mincio: km 171 kommt man zum Parco Sigurtà (Besuch möglich). Das Städtchen **Valeggio sul Mincio** (9000 Einw.) verdeutlicht mit seiner Festung aus der Skaliger-

Abb. S. 84/85: Kastell San Giorgio in Mantua

Landschaft um Solferino

zeit (ursprünglich im 13. Jh. erbaut) noch einmal die Wehrhaftigkeit des österreichischen 'Quadrilatero'.

Hauptroute (Fortsetzung)

Von Valeggio aus sollte man nach **Villafranca di Verona** (25 000 Einw.) und weiter nach Nogarole Rocca fahren. In Villafranca steht das malerische zinnenbewehrte Castello als Bauzeugnis der von den Skaligern geschaffenen Verteidigungsanlagen. Hier haben der österreichische Kaiser Franz Josef I. und der französische Herrscher Napoleon III. 1859 jenen Vertrag unterzeichnet, der die Abtretung der Lombardei an Savoyen vorsah.

Nebenstrecke 2

Ein kurzer Abstecher auf dem Weg zurück führt nach **Custoza,** dessen Namen man von den Schlachten kennt, die hier von den Piemontesern und den Habsburgern im Ersten und im Dritten Unabhängigkeitskrieg geschlagen wurden. Ein Gefallenenehrenmal erinnert an jene Zeiten.

Custoza: km 204,9

Bei **Solferino** waren es dagegen die piemontesischen Truppen, die zusammen mit den Franzosen die Österreicher schlugen. Die überaus blutige Schlacht war entscheidend für den Ausgang des Zweiten Unabhängigkeitskrieges. Das Elend der Kriegsverletzten war der Auslöser für die Gründung des Roten Kreuzes durch Henri Dunant. Auch in Solferino ist eine Gedenkstätte eingerichtet. Von Solferino aus führt die Route zum Ausgangspunkt Peschiera del Garda zurück.

Solferino: km 226

Praktische Informationen

Fremdenverkehrs-ämter	PESCHIERA DEL GARDA: AA, p. Betteleone 15, Tel. (045) 7 5 5 0 3 81. – VERONA: EPT, v. Montanari 14, Tel. (045) 2 50 65; p. Bra Tel. (045) 3 00 86. – LEGNAGO: v. dei Caduti 47, Tel. (0442) 2 23 00. – MANTUA: EPT, p. Mantegna 6, Tel. (0376) 35 06 81.
Veranstaltungen	VERONA: Bacanal del Gnoco (Umzug am Karnevalsfreitag mit zahlreichen historischen Masken aus der Umgebung); 'Lyrischer Frühling' (im Teatro Filarmonico; März bis Juni); Settimana Cinematografica Internazionale (Int. Filmwoche; zweite Junihälfte); Festival dell'Opera (Arena Civica; Anfang Juli bis Ende August. – MANTUA: Festa di San Anselmo (St.-Anselm-Fest; 18. März); Fiera del Libro Antico e delle Stampe Antiche (Antiquariats- und Briefmarkenmesse; im September); Rassegna d'Antiquariato (Antiquarischer Markt; Ende Oktober bis November).
Küche	Während Verona als Heimat des 'Gnocco' gilt – besonders delikat ist 'Pastissada de Cavolo coi Gnochi' –, schätzt man in Mantua anders zubereitete und geformte Teigwaren und -taschen, nämlich 'Tortelli di Zucca' und 'Agnolotti'. Regionaltypisch sind rustikale Elemente in Gerichten, deren Namen eigentlich auf besonders Edles hindeuten: 'Zuppa alla Scaligera', 'Agnoli del Gonzaga'. Wohlschmeckende Spezialitäten sind das traditionsreiche 'Bollito Misto' (Suppenfleisch mit Peara-Sauce), verschiedene Risotto-Varianten, 'Paparele coi Fegadini', 'Trigoli', 'Stufato alla Mantovana' (Schmorbraten).

Am Gardasee und entlang der Flüsse liebt man Fischgerichte, besonders Karpfen. Außerdem kennt die Küche der Region etliche berühmte Süßspeisen, wie z.B. 'Pandoro', 'Torta Margherita', 'Torta Paradiso', 'Torta Sbrisolona', 'Torta di Paparele alla Veronese' sowie 'Brasadella'. Eine schmackhafte Besonderheit der Veroneser Küche sind Pfirsiche (mit noch gelbweißem Fruchtfleisch), die in Stückchen geschnitten und in Wein getunkt werden. Apropos Wein: Die Ortsnamen Bardolino, Recioto und Valpolicella sprechen für sich.

▼ *Curtatone: Santuario delle Grazie*

Tour 15: Die große Lebensader des Nordens

Beiderseits des Po (Mittel- und Unterlauf)

Lombardei, Emilia-Romagna, Veneto   Regionen

Der Fluß Po, Schöpfer und Beherrscher der gleichnamigen großen Ebene,   Landschaftsbild
die Norditalien diagonal von Nordwesten nach Südosten durchzieht, ist in
eine Landschaft mit markanten Gegensätzen gebettet. Sattgrüne Felder,
endlose Pappelreihen, häufig in Nebel gehüllt, kunsthistorisch interessante Ortschaften, aber auch wichtige Industriezentren, die leider das
ursprüngliche Gleichgewicht der Natur empfindlich gestört haben, prägen
das Bild. Zumindest einige Naturschutzzonen sind Ausdruck des Bestre-
bens, den alten Zustand wiederherzustellen. Eine interessante Farbpalette
resultiert aus den streckenweise schlammig-trüben Farbtönen des Stro-
mes, aus dem Grün der Felder und aus dem Blau der Adria, in die der
Strom mündet. In seinem letzten Abschnitt, dem sog. 'Polesine' mit seinem fein verästelten Kanal- und Straßennetz verliert sich der Po fast. Dort,
im Mündungsdelta, trifft man auf eine sich ständig verändernde, den Launen des Flusses unterworfene Landschaft, die allein Fischern und Fähr-
schiffern eine solide Lebensgrundlage bietet.

Auf dieser Route geht es ständig vom einen Flußufer hinüber zum anderen,   Streckenmerkmale
über größere und kleinere Brücken, und man setzt auch mit Fähren über.
Auf kleineren, unterschiedlich ausgebauten Provinz- und Nebenstraßen
geht es flußnah ostwärts zur Adria, dann auf Straßen entlang der Dämme
oder auf schmalen Landstreifen im Mündungsdelta. Besonders am Unterlauf des Po bewegt man sich nur wenige Dezimeter über dem Meeresspiegel. Die Anfahrt zu dieser Route kann bequem über die A 7 (Mailand –
Genua) sowie über den Autobahnzubringer von Pavia aus erfolgen.

Streckenbeschreibung (Karte s. S. 90/91)

Ausgangspunkt dieser Tour ist die am Ticino gelegene Stadt **Pavia** (85 000   Pavia: km 0
Einw.). Beachtenswert ist der berühmte 'Ponte Coperto' (überdachte
Brücke), eine originalgetreue Rekonstruktion des im letzten Weltkrieg zerstörten, aus dem 14. Jh. stammenden Bauwerkes. Weitere Sehenswürdigkeiten sind die Kirche San Michele, ein imposantes Werk der Renaissance,
in dem schon manches Haupt gekrönt worden ist, und das Castello Vis-
conteo.
Von Pavia aus fährt man auf der SS 234 in Richtung Cremona, biegt aber
schon nach 5,5 km rechts auf die SS 617 ab, die zum Ponte della Becca
(Brücke) führt, von dem aus man einen guten Blick auf die Einmündung des
Ticino in den Po hat. Weiter südlich folgt die Ortschaft **Albaredo Arna-
boldi,** wo man nach links abzweigt und parallel zum südlichen Damm des
Po ostwärts fährt. Kurz vor Arena Po erlaubt eine Brücke, die Flußseite
wieder zu wechseln, um nach San Zenone zu gelangen. Nach neun weiteren Kilometern erreicht man die nächste Brücke. Sie verbindet Pieve Porto
Morone mit **Castel San Giovanni,** das sich bereits in der Region Emilia-
Romagna befindet.
Von diesem kleinen Ort Castel San Giovanni aus, der einige interessante Beispiele gotischer Architektur aufweist, geht es ostwärts weiter nach **Pia-**   Piacenza: km 62,5
cenza (110 000 Einw.), wo der Dom aus dem 12. Jh., dessen Bau ein gan-
zes Jahrhundert dauerte, einen Besuch lohnt. Interessant sind auch der
gotische Palazzo Comunale, eines der herausragenden Beispiele weltli-
cher Architektur in ganz Italien, sowie der Palazzo Farnese. Das letztge-
nannte Bauwerk geht in die Burgruine über, die attraktive Ausstellungen
beherbergt, so z.B. die Gallerie della Carrozza mit schönen Exponaten aus
dem 18. Jahrhundert.

Tour 15

Hauptroute
(Fortsetzung)

Von Piacenza aus geht es auf der SS 9 nordwärts weiter, also wieder zurück in die Lombardei. Erneut überquert man den Po und gelangt auf der Weiterfahrt nach **Codogno,** wo die Kirche S. Biagio (16. Jh.) sehenswert ist. Wenig später kommt man nach **Pizzighettone** (7000 Einw.) am Ufer der Adda. Dort kann man die Reste einer Festungsanlage aus dem Jahre 1133 sehen, die von einem einzeln stehenden mächtigen Turm beherrscht wird. Ihn haben die Österreicher Ende des 18. Jh.s stehen lassen.

Cremona:
km 103,8

Nächste Stadt ist **Cremona** (81000 Einw.). Unvergeßlich ist ein Spaziergang zur Piazza del Comune, auf der sich eine Reihe bemerkenswerter Gebäude gegenüberstehen: der Dom, der Torrazzo mit seiner gewaltigen astronomischen Uhr, das Baptisterium, der Palazzo del Comune und die Loggia dei Militi.

Weiter geht es auf der SS 10. Unmittelbar nach Verlassen der Stadt überquert man wieder den Po, diesmal in südlicher Richtung.

Villanova sull'Arda:
km 120,3

In Castelvetro Piacentino wechselt man auf die SS 588 über, die in Richtung **Villanova sull'Arda** führt. In der Nähe dieser Ortschaft (3,5 km) steht die Villa Verdi in einem ausgedehnten Park am Ufer des Flüßchens Ongina. Das Domizil des großen Komponisten ist noch unversehrt erhalten.

Die Route führt auf kleinen Landstraßen weiter nach Zibello und Rigazzola, bevor man erneut den in majestätischer Ruhe dahinfließenden Po nordwärts überschreitet, um nach **San Daniele Po** zu gelangen. Nun durchmißt man eine eher stille Landschaft. Die grüne, von Kanälen durchzogene Ebene wird von schmalen, zwischen den Feldern verlaufenden Sträßchen strukturiert. Nächster Ort ist **Casalmaggiore** mit seiner Wallfahrtskirche Madonna della Fontana. In dieser Gegend leben zahlreiche Zigeunerfamilien, die in ihren Lagern am Flußufer kunstvolle Gegenstände aus Kupfer herstellen.

Inzwischen befindet man sich im kunsthistorisch interessantesten Abschnitt des Flußlaufes, dem sog. 'Po delle piccole capitali' (Po der kleinen Hauptstädte). Die erste dieser 'Hauptstädte' ist **Sabbioneta** (5000 Einw.), das oftmals 'Klein-Athen' genannt wird wegen seiner majestä-

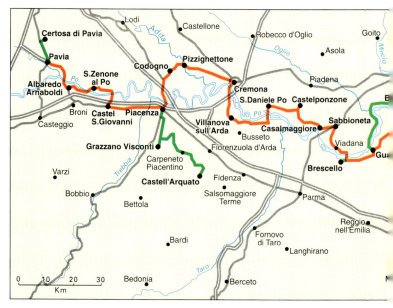

tischen Bauten. Hier gibt es ein Teatro Olimpico, einen Palazzo Ducale und den Palazzo del Giardino.

Hauptroute (Fortsetzung)

Weitere reizvolle Orte entlang der Route sind **Brescello** (5000 Einw.), in dessen Straßen die berühmte Geschichte von "Don Camillo und Peppone" spielt, das nahegelegene **Boretto,** praktisch am Flußdamm gelegen, und – nach weiteren 6,5 km – **Gualtieri** (6000 Einw.) mit der arkadengesäumten Piazza Bentivoglio.

Brescello: km 197

Wenig später erreicht man **Guastalla** (14 000 Einw.), den früheren Sitz eines Herzoges aus dem Geschlecht der Gonzaga. Beachtenswert sind die Kathedrale und der Palazzo Gonzaga (16. Jh.), die sich auf der zentralen Piazza Mazzini gegenüberstehen.

Guastalla: km 210,3

Unmittelbar hinter Guastalla überquert man den Po und fährt weiter über Dosolo, Villastrada und Cavallara. Über eine pittoreske Pontonbrücke setzt man über den Fluß Oglio und gelangt in den gleichnamigen Naturpark. Gleich nach der Brücke folgt man der rechts abzweigenden Straße, die am nördlichen Po-Ufer bis nach **Borgoforte** führt, einem wichtigen Stützpunkt der Österreicher im Unabhängigkeitskrieg. Beachtenswert ist die Festungsanlage. Erneut überschreitet man den Po und erreicht wieder die Hauptroute.

Alternativstrecke: Guastalla – Borgoforte (27 km)

Ca. 5 km nordöstlich von Guastalla liegt **Luzzara** (8000 Einw.), das Zentrum der italienischen naiven Malerei. Den Exponenten dieser Kunstrichtung ist hier ein Museum gewidmet. Bei **Suzzara** (13 000 Einw.) überschreitet man wieder die Grenze zur Region Lombardei. Bemerkenswert sind der Uhrturm, einziger Überrest des alten Kastells, und die Kirche der unbefleckten Empfängnis. In der Nähe findet man 'La Gherardina', eine im Originalzustand erhaltene befestigte Villa aus dem 15. Jahrhundert.

Suzzara: km 225,4

Vor der Brücke nach Borgoforte biegt man rechts ab nach **San Benedetto Po** (8000 Einw.). Die Straße ist über weite Strecken unbefestigt, weist aber einige sehr reizvolle Abschnitte auf. In San Benedetto sollte man sich das

San Benedetto Po: km 251,8

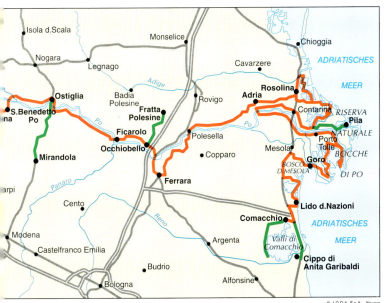

© I.G.D.A. S.p.A. - Novara

Tour 15

Hauptroute (Fortsetzung)	Kloster und die Kirche Chiesa del Santo ansehen. Weiter geht es dann in Richtung Bardelle und Camatta, wobei zwei Brücken überquert werden, nämlich eine über den Po und eine über den Mincio. Die Straße vereint sich mit der SS 482, die am Mincio entlang bis zu dessen Mündung in den Po verläuft. Nächste Station ist **Ostiglia** (8000 Einw.) mit der schönen Wallfahrtskirche Madonna della Comuna. Die SS 12 führt über eine Brücke ans andere Flußufer nach **Revere** (3000 Einw.). An der hiesigen Piazza Castello steht ein Turm als Zeuge einer mittelalterlichen Burg. Recht eindrucksvoll ist auch der Palazzo Ducale.
Nebenstrecke 1 Mirandola: km 298,1	Ein kurzer Abstecher in die Emilia führt über die SS 12 nach **Mirandola** (22 000 Einw.), einem mittelalterlichen Städtchen, das einst vom Geschlecht der Pico beherrscht worden ist. Beachtenswert sind die Burgruine, die Chiesa San Francesco, der Dom und das Stadtmuseum.
	Die Hauptroute führt von Revere aus auf etlichen schmalen Hochwasserdamm-Sträßchen über Carbonara di Po, Sermide mit seiner Pontonbrücke und Quatrelle weiter.
Occhiobello: km 363,7	Bei Stellata wechselt man ans andere Flußufer und kommt nach Ficarolo, das im Veneto liegt. Die SS 482 bringt uns weiter nach **Occhiobello.**
Nebenstrecke 2	Von Occhiobello aus lohnt die Fahrt nach **Fratta Polesine** (14,4 km), einer Gegend mit eindrucksvollen Landhäusern des Veneto. Besonders hervorzuheben sind die Villa Badoera (Architekt: Palladio) sowie die Villen Bragodin, Cornoldi und Oroboni.
Ferrara: km 405	Nach Überqueren der Autobahn A 13 geht es im Ort Santa Maria Maddalena rechts ab auf die SS 64, die nach **Ferrara** (148 000 Einw.) führt. Die 7 km abseits des Po gelegene Stadt der mittelalterlichen Herrscherfamilie der Estensi hat einige Sehenswürdigkeiten zu bieten: den Palazzo di Ludovico Moro, die Villa Schifanoia, das Castello Estense, die Kathedrale und den Palazzo dei Diamanti. Danach geht es zurück zum Strom und weiter über Malborghetto di Boara, Sabbioni und Ro zu einer nächsten Po-Brücke, auf der man wieder ans nördliche Ufer überwechselt. Man setzt den Weg fort, wobei die Ortschaften Guarda Veneta, Crespino und Villanova Marchesana berührt werden.
Adria: km 460,3	Man erreicht schließlich **Adria** (22 000 Einw.), die letzte größere Siedlung vor dem Mündungsdelta. Hier lohnen ein Spaziergang zum Ponte di Castello und ein Besuch des archäologischen Museums. Die SS 443 kreuzt sich bei Rosolina mit der SS 309, jener Küstenstraße mit dem schönen Beinamen 'Strada Romea'. Hier beginnt das Po-Delta, eine amphibische Zone mit einem ganz besonderen landschaftlichen Reiz. Man folgt der Strada Romea ein kurzes Stück in nördlicher Richtung, um an der Kreuzung bei Volto (3 km hinter Rosolina) bzw. vor der Brücke über den Fluß Adige, rechts nach Portesine abzubiegen. In Portesine hält man sich erneut rechts und fährt auf einem beiderseits von den Wassern der Lagune umspülten Sträßchen weiter bis zum Oratorio Mazzucco (Kapelle). Hier biegt die Route nach rechts ab und führt via Rosolina zur SS 309 zurück. Auf der 'Romea' fährt man ein kurzes Stück südwärts und biegt dann erneut links ins Mündungsdelta ab. Ziel ist Porto Levante. Dort zweigt man nach rechts ab auf ein schmales Sträßchen, das sich an der Lagune und am Naturschutzgebiet Bocche del Po entlangzieht und durch die von Wasserläufen bzw. kleinen Seen strukturierte Landschaft führt. Man passiert die Ortschaften Ca' Pisani, Barchessa Ravagnan und Scanarello.
Nebenstrecke 3	Die Landspitze des weit in die Adria vorgeschobenen Po-Deltas ist über das Sträßchen nach Ca' Zuliani und in das Fischerdorf Pila zu erreichen.
Contarina: km 576,8	In **Contarina** angelangt, folgt man dem Hauptmündungsarm des Po am nördlichen Ufer noch einmal ein Stückchen landeinwärts, und zwar bis

Abb. S. 92/93: Pontonbrücke über den Po bei Sabbioneta

Ferrara: Schloß Estense

Corbola, wo man die Flußseite wechselt und auf einer kleinen Straße, die ein sehr schönes Panorama bietet, Richtung Meer zurückfährt. In Richtung Taglio di Po unterquert man die Strada Romea und setzt die Fahrt durch die Lagunenlandschaft entlang des Hauptmündungsarmes fort. Man kommt dabei durch die Ortschaften Porto Tolle, Tolle, Bonelli und Santa Giulia.

Hauptroute (Fortsetzung)

Über eine winzige Brücke, die den Mündungsarm Po di Gnocca überspannt, erreicht man schließlich **Goro,** ein zauberhaftes Fischerdorf, wo das Castello delle Robinie und auch der berühmte Fischmarkt einen Besuch lohnen.

Goro: km 612,9

Unweit von hier, in Richtung Festland, erstreckt sich der Wald von Mesola, der letzte Rest einer Pflanzengesellschaft, die einmal typisch für weite Teile der Po-Ebene gewesen ist. In dieser Biosphäre, die sich besonders schön bei Sonnenauf- bzw. -untergang darbietet, wenn faszinierende Lichtspiele entstehen, gedeihen Ulmen, Steineichen, Weißpappeln, Eschen, Schwarzahorn und Pinien. Außerdem trifft man hier auf eine artenreiche Tierwelt. Zurück über die 'Strada Romea' erreicht man nach 6,2 km in Richtung Ravenna die Abtei von Pomposa, die im 7. Jh. von Benediktinermönchen gegründet worden ist. Bei Pomposa verläßt man noch einmal die SS 309 in Richtung Meer, um die Lagune Valle Bertuzzi zu umrunden. Dabei berührt man eine ganze Reihe bekannter Badeplätze.

Ziel dieser Route ist schließlich **Comacchio** (22 000 Einw.), eine Kleinstadt an der gleichnamigen Lagune, die für ihre Aale bekannt ist. Die Siedlung ist über mehr als ein Dutzend Inselchen verteilt, die durch zahlreiche kleine Brücken miteinander verbunden sind. Recht berühmt und sehr malerisch ist die 'Trepponti' aus dem Jahre 1634. In der Nähe wurden zwei Nekropolen der griechisch-römischen Hafenstadt Spina (4./3. Jh. v. Chr.) ausgegraben.

Comacchio: km 675,5

Wer auf der SS 309 (Strada Romea) noch etwas weiterfährt, kommt zum 'Cippo' (Grabmal) der Anita Garibaldi, das am Sterbeort der Heldin aufgerichtet ist.

Nebenstrecke 4

Von Comacchio aus führt eine Straße auf einem Damm am westlichen Rand der Lagune entlang. Über eine Länge von mehr als 11 km fährt man durch das hochinteressante Naturschutzgebiet **Valli di Comacchio.**

Nebenstrecke 5

Praktische Informationen

Fremdenverkehrs-ämter	PAVIA: EPT, p. Garibaldi 1, Tel. (0382) 2 21 56. – PIACENZA: EPT, p. dei Mercanti, Tel. (0523) 2 93 24. – CASTELL'ARQUATO: p. Municipio 1, Tel. (0523) 80 36 02. – PIZZIGHETTONE: v. Municipio, Tel. (0372) 74 31 33. – CREMONA: EPT, p. del Comune 8, Tel. (0372) 2 32 33. – SABBIONETA: Pro Loco, v. Gonzaga 31, Tel. (0357) 5 20 39. – GUASTALLA: p.le Mazzini, Tel. (0522) 82 69 98. – SAN BENEDETTO PO: p. Folengo, Tel. (0376) 6 15 3 68. – OSTIGLIA: v. Gnocchi Viani 16, Tel. (0386) 20 03. – MIRANDOLA: v. Montanari 5/a, Tel. (0535) 2 14 70. – FERRARA: EPT, lg. Castello 22, Tel. (0532) 3 50 17. – ADRIA: Pro Loco, cs. V. Emanuele 53, Tel. (0426) 2 14 65. – ROSOLINA MARE: AA, v.le dei Pini 60, Tel. (0426) 6 80 12. – POMPOSA (Abtei): p. Matteotti, Tel. (0533) 9 34 41. – COMACCHIO: AA, v.le Carducci 31, Tel. (0533) 32 75 74.
Schiffsausflüge auf dem Po:	Auf dem norditalienischen Strom herrscht reger Passagierschiffsverkehr: Die "Antonio Stradivari" fährt von Cremona nach Venedig, die "Andres I" verbindet Mantua mit San Benedetto Po und der venezianischen Lagune, die "Andres II" verbindet Monticelli d'Ongina mit Caorso, die "Sebastiano N." fährt von Mantua zum Mündungsdelta und nach Venedig, die "Eridano" von Pontelagorino zum Mündungsdelta und nach Venedig, die "Sesia" und die "Delfino" von Ponte Fornaci nach Faro di Punta Maistra oder nach Venedig. Außerdem steht di "Amico del Po" für Ausflugsfahrten nach Vereinbarung zur Verfügung. Im Mündungsdelta selbst verkehren die "Denis", die "Rialto", die "Rodry", die "San Giuseppe", die "Tiepolo" sowie die "Taxi Crestliner".
Veranstaltungen	CERTOSA DI PAVIA: Sagra di Certosa (Volksfest; Mitte Juli). – PAVIA: Festa del Ticino, Palio delle Torri (Ticino-Fest, Wettkampf der Türme; September). – CASTELL'ARQUATO: Sagra del Tortello Fritto (Josefstag; 19. März); Sagra della Torta di Mandorle (Mandeltortenfest; September). – PIZZIGHETTONE: Erinnerung an die Verhaftung von König Franz I. (Mai). – CREMONA: Palio del Torrazzo (histor. Wettkampf; Sommer); Fiera del Bovino da Latte (September); Recitacantando (Ballett- und Musikdarbietungen; September); Fiera-Mercato delle Lumache Opercolate (Jahrmarkt; Dezember). – SABBIONETA: Sagra di San Giorgio (St.-Georgs-Fest; April); Antiquarischer Markt (Mai). – GUASTALLA: Festa del 're Gnocco (alle zwei Jahre). – LUZZARA: Premio Internazionale dei Pittori Naïf (Internationaler Preis der naiven Malerei; Januar). – SUZZARA: Premio di Pittura Suzzara (Kunstpreis der Suzarra-Malerei; September). – SAN BENEDETTO PO: Festa della Primavera (Frühlingsfest; März); Sagra del 'Nedar' (kulinarisches Fest im Oktober). – OSTIGLIA: Fiera di Primavera (Frühlingsfest; März/April). – FERRARA: Historisches Kostümfest (Mai). – COMACCHIO: Sagra dell'Anguilla (Aalfest; 15. August).
Küche	Die Küche der Poebene ist reichhaltig und kennt jede Menge Leckerbissen. Sehr beliebt sind Reisgerichte, Tortellini und Süßwasserfische. Zu den bekannten Spezialitäten gehören der Reis 'alla Certosina' oder 'alla Pilota', das 'Risotto di Branzino' und Reis in Fischsud. Weiter sind zu nennen 'Tortelli' und 'Agnolotti', 'Tagliatelle' und 'Ravioli'. Begehrte Fischspezialitäten sind 'Anguille alla Borghigiana' (Aalgericht) mit Polenta und Erbsen, Kaviar vom Stör, Gnocchi bzw. Polenta als Beilage zu gebackener Forelle, Hecht oder Karpfen sowie gebratener Katzenfisch. Diverse Fleischgerichte stehen ebenfalls auf der Speisekarte, z.B. 'Bolliti' (gekochtes Fleisch), die berühmte 'Zuppa Pavese' (Suppe), Wildbret, Gans in vielerlei Variationen, Kapaun, 'Stracotto di Lumache' (Schneckengericht), 'Torta di Prosciutto' (Schinkentorte), 'Cotechini' (Würste) aus Cremona und 'Salami da Suga' aus Ferrara. Reich ist auch die Auswahl an Süßspeisen. Zu nennen sind 'Torta Paradiso', 'Torta Pattona', 'Torta Margherita', 'Sbrisolona', 'Pane di S. Siro', 'Buslan', 'Sprelle', 'Canestrelli', 'Ciambella Dura', 'Panpepato', 'Mostaccioli' und 'Pignolata'.

Tour 16: Die Blumenriviera

Westliche Riviera und ligurisches Hinterland

Ligurien

© I.G.D.A. S.p.A · Novara

Land und Meer. Die langgestreckte, zerklüftete Küste ist schwer zugänglich, weil die Berge so nahe ans Wasser drängen, als wollten sie sich hineinstürzen. Ligurien, Heimat berühmter Seefahrer wie Christoph Kolumbus, Heimat aber vor allem vieler unbekannter Fischer und Bauern, hat seinen Reichtum immer dem Meer und dem Handel verdankt. Dementsprechend ist das Hinterland geprägt von zahlreichen, schon seit Menschengedenken benutzten Paßstraßen, die sich durch das für den Ackerbau kaum nutzbare Gebirge schlängeln. Und dann ist da natürlich noch das milde mediterrane Klima, das die ligurische Riviera zu einem bedeutsamen Anziehungspunkt für den Fremdenverkehr macht.

Landschaftsbild

Die Staatsstraße 1 (SS 1), die sogenannte Via Aurelia, bildet die Hauptachse unserer Fahrt entlang der "Riviera di Ponente", dem westlichen Teil des Rivierabogens. Sie ist zwar in gutem Zustand, aber natürlich – von Bergen und Meer begrenzt – nicht allzu breit. Hinzu kommt, daß die starken Touristenströme, vor allem im Sommer, für viel Verkehr im Bereich der bekannten Küstenorte sorgen. Auch im Hinterland bietet unsere Fahrtroute reizvolle Eindrücke und immer wieder ein herrliches Panorama. Sie führt dort über kleine, aber durchweg asphaltierte Nebenstraßen, die mit unzähligen Kurven und Kehren die Berge hinauf- und hinunterklettern (höchster Punkt der Monte Ceppo mit 1600 m, im allgemeinen aber zwischen 400 und 800 m ü.d.M.). Den Beginn dieser Route erreicht man über die Autobahn Genua – Ventimiglia (A 10), genannt "Autostrada dei Fiori" oder "Blumenautobahn".

Streckenmerkmale

Streckenbeschreibung

Savona: km 0

Die Provinzhauptstadt **Savona** (75 000 Einw.) war einst in jahrhundertelanger Rivalität mit Genua eine mächtige Seehandelsstadt, und noch heute finden sich überall die Spuren dieser großen Vergangenheit. Sehenswert sind in der Altstadt vor allem der Palazzo della Rovere, 1425 erbaut von Giuliano da Sangallo, die nahegelegene Torre di Brandale aus dem 12. Jh. und die Festung Priamar auf dem gleichnamigen Hügel, in der einst auch Giuseppe Mazzini inhaftiert war. Von Savona aus führt unsere Route in westlicher Richtung auf der SS 1 an der Küste entlang.
Nachdem man an der kleinen Isola di Bergeggi vorbeigekommen ist, wird

Spotorno: km 13

Spotorno (4550 Einw.) erreicht. Der Ort liegt in der Mitte einer Küsteneinbuchtung, an der Mündung des Wildbaches Crovetto und wird beherrscht von einer Burg aus dem 14. Jh. mit quadratischem Grundriß.

Noli: km 15,5

Gleich danach kommt **Noli** (3100 Einw.), ein typisches Fischerdorf mit engen Sträßchen, den 'Carruggi'. Ein phantastisches Panorama genießt man von der Straße aus, die zum Castello di Monte Ursino hochführt. Von der Burg aus zieht sich noch heute eine mit Türmchen versehene Mauer aus dem 12. Jh. den Hang hinunter.
Hinter Noli passiert die Via Aurelia die beeindruckende Felsszenerie des Capo Noli, die Berge fallen hier äußerst steil ins Meer hin ab.
Wir kommen durch **Varigotti** mit dem berühmten 'Strand der Sarazenen'

Finale Ligure: km 24,5

und anschließend nach **Finale Ligure** (13 800 Einw.), einem der bekanntesten und beliebtesten Urlaubsziele der Region, das aber auch reich an Zeugnissen der Vergangenheit ist. Im unmittelbaren Hinterland stößt man auf Höhlen mit zahlreichen prähistorischen Funden. Im Ortsteil Finalborgo ist besonders der imposante Mauerring aus dem 15. Jh. sehenswert.
Der Weg entlang der Küstenstraße führt uns weiter nach **Pietra Ligure** (10 100 Einw.), **Loano** (12 250 Einw.) und in das Dorf Ceriale.
Unmittelbar beim Ortsausgang von Ceriale verlassen wir vorübergehend die SS 1 und folgen dem schnurgeraden Küstensträßchen nach

Albenga: km 45

Albenga (21 800 Einw.), einem Städtchen, das sich bereits in der Römischen Epoche entwickelte, wie zahlreiche Überreste aus jener Zeit belegen. Bemerkenswert ist hierbei vor allem das rekonstruierte römische Handelsschiff im Museo Navale Romano, das im Palazzo Peloso-Cepolla untergebracht ist. Reizvoll auch die Piazza dei Leoni, sehenswert das Baptisterium und die Kathedrale San Michele.

Alassio: km 51,8

Von Albenga aus fährt man auf der Via Aurelia weiter in Richtung **Alassio**, das vor allem berühmt ist für den 'Muretto', die Mauer zwischen Corso Dante und Via Cavour, auf der sich Größen aus Film, Showgeschäft, Kunst usw. verewigt haben.
Hinter **Laigueglia** durchquert die Straße einen sehr markanten Küstenabschnitt, geprägt von den Landzungen Mele, Cervo und Berta. Das alte Dorf **Cervo** (1300 Einw.), dessen malerische Silhouette sich im Meer spiegelt, besteht aus vielen schmalen Gassen, die steil bis zur Kirche San Giovanni aus dem 18. Jh. ansteigen.
Wunderschön ist die Landschaft, durch die uns die SS 1 sodann nach

Imperia: km 74

Imperia (41 500 Einw.) bringt, einem wichtigen Handels- und Industriezentrum, das aus den Orten Porto Maurizio und Oneglia zusammengefügt wurde. In dem an einem Vorgebirge aufsteigenden Porto Maurizio sind noch bedeutsame mittelalterliche Bauten erhalten. Weiter geht es von hier nach **San Lorenzo al Mare**.

Nebenstrecke 1

Man biegt von der SS 1 in Richtung **Lingueglietta** ab, das auf einer kurvenreichen Strecke nach 6 km erreicht wird. In dem kleinen Dorf lohnt die Kirche San Pietro aus dem 13. Jh. einen Besuch.

Nebenstrecke 2

Gleich nach **Riva Ligure** bietet sich ein Abstecher nach **Pompeiana** und **Castellaro** (Wallfahrtskirche Nostra Signora di Lampedusa) an. Man fährt

Reizvoller Winkel in Santo Stefano al Mare ▶

Noli: Castello di Monte Ursino

Nebenstrecke 2
(Fortsetzung)

auf dieser landschaftlich sehr schönen Straße einen kleinen Bogen durch das unmittelbare Hinterland und kommt vor der Abzweigung nach Taggia auf die SS 1 zurück.

Nebenstrecke 3

In dem Seebad **Arma di Taggia** verläßt man noch einmal die Via Aurelia und fährt talaufwärts nach **Taggia**. Die kleine malerische Stadt hat sich ihr mittelalterliches Gepräge bewahren können. In der Kirche des Dominikanerklosters beeindrucken altligurische Gemälde.
In der Talsohle setzen die geometrisch angeordneten Gewächshäuserreihen der Blumenzüchter einen besonderen Akzent im Landschaftsbild.

Nebenstrecke 4

Dieser Abstecher führt nach **Bussana Vecchia**. Das Dorf wurde 1887 von einem Erdbeben bis auf den Kirchturm völlig zerstört. Die überlebenden Dorfbewohner gründeten damals direkt am Meer eine neue Siedlung, und das zerstörte Bussana Vecchia blieb eine Ansammlung von Ruinen, bis Anfang der siebziger Jahre eine bunt zusammengewürfelte Gruppe italienischer und französischer Künstler es aus seinem Dornröschenschlaf erweckte und nach und nach zu einem bekannten Zentrum der Kunst und des Kunsthandwerks machte.

San Remo:
km 130,2

San Remo (61 000 Einw.) ist das wichtigste Zentrum der Riviera di Ponente, berühmt für das Festival des italienischen Schlagers, für die große Blumenvielfalt und für den sehr lebhaften Tourismusbetrieb, der von einer hervorragenden Hotelinfrastruktur begünstigt wird. Eindrucksvoll ist der Altstadtteil 'la Pigna' mit seinem charakteristischen mittelalterlichen Bild, das von engen Gäßchen mit hohen, oft mit Bögen verbundenen Häusern geprägt ist. Sehenswert sind auch der Dom San Siro aus dem 13. Jh., dessen Fassade eine sehr schöne Rosette ziert, und der Blumenmarkt (nahe Corso Garibaldi).

Hauptroute (Fortsetzung)

Etwa 5 km hinter San Remo kommt man nach **Ospedaletti** (3200 Einw.), einem Kur- und Fremdenverkehrsort.

Bald danach tauchen die Häuser von **Bordighera** (12 000 Einw.) auf. Der Ort besteht aus der hoch über dem Kap Sant'Ampelio gelegenen verwinkelten und eng bebauten Altstadt und den neuen Stadtteilen im Westen des Kaps.

Von Bordighera aus ist es nur noch ein Katzensprung bis **Ventimiglia** (26 000 Einw.), dem reizvollen Städtchen an der Mündung des Flusses Roia. In der mauerumgebenen Altstadt stehen auf dem Hügel westlich der Roia die romanische Kathedrale und die Kirche San Michele (11. Jh.). Sehenswert ist ferner die Ruine Castel d'Appio.

Ventimiglia: km 147,4

Wenn man entlang der Küste weiterfährt, kommt man nach **Mortola Inferiore**. Dort befinden sich die 1867 von dem Engländer Thomas Hanbury angelegten 'Giardino Hanbury' mit vielerlei exotischen Pflanzen. Noch 1 km weiter westlich – nahe der Grenze nach Frankreich – liegen bei **Grimaldi** die 'Balzi Rossi', in den Fels gehauene Höhlen, die in prähistorischer Zeit bewohnt waren (das angegliederte Museum zeigt bemerkenswerte Funde von Skeletten u.a.).

Nebenstrecke 5

Grimaldi: km 150,2

Um nun den Rückweg nach Savona durchs Hinterland anzutreten, verlassen wir in Ventimiglia die Via Aurelia und fahren in Richtung **Dolceacqua**, einem mittelalterlichen Dorf inmitten einer herben, aber ausgesprochen faszinierenden Landschaft. Überragt wird der Ort von der auf einem Bergausläufer gelegenen Ruine des Castello dei Doria.

In **Isolabona** biegt man rechts nach **Apricale** ab. Dort geht es links ab nach **Baiardo**. Die Straße wird nun zunehmend kurvig und steil. In Baiardo befinden wir uns immerhin schon auf 910 m Höhe. Von der alten Kirche aus genießt man ein phantastisches Panorama mit den alpinen Gebirgszügen auf der einen Seite und dem blauen Meer in der Ferne auf der anderen Seite.

Dolceacqua: km 167,3

Von Baiardo aus geht es über eine fahrerisch recht anspruchsvolle Strecke mit vielen engen Serpentinen und schroffen Felsüberhängen den Monte Ceppo (1627 m ü.d.M.) hinauf und von dort abwärts nach **Molini di Triora**, bevor es den Passo di Teglia (1387 m ü.d.M.) zu erklimmen gilt. Über **Rezzo** kommt man dann nach Calderara, wo man wieder auf die Hauptstrecke zurückgelangt.

Alternativstrecke: Baiardo – Calderara

Nach Baiardo halten wir uns beim Passo Ghimbegna links in Richtung Vignai und **Badalucco**. Die Straße, die eine herrliche Aussicht bietet, mündet in die SS 548 ein, auf der wir nach **Montalto Ligure** fahren, einem ländlichen kleinen Ort, in dem eine romanische Kirche und ein Sakralbau aus dem 17. Jh. erhalten sind.

Von der SS 548 biegen wir rechts ab auf die Strecke, die nach **Carpasio** und **San Bernardo di Conio** ansteigt.

Badalucco: km 201,2

Gut 9 km hinter San Bernardo di Conio zweigt man rechts nach **Caravonica** ab. Der Ort ist bekannt für seine Springbrunnen.

Nebenstrecke 6

In Calderara kreuzt unsere Route die SS 28, wir halten uns in Richtung Muzio und Borgo di Ranzo, von wo die SS 453 weiterführt nach **Villanova di Albenga** (12 000 Einw.), einem typischen Ort mittelalterlichen Ursprungs. Sehenswert sind dort die Kirche Santa Maria della Rotonda aus dem 16. Jh. und die ehemalige romanische Pfarrkirche.

Von Leca aus folgen wir der SS 582 in Richtung **Zuccarello**, wo man die Ruine des um 1200 erbauten Castello dei Del Carretto bewundern kann.

Villanova di Albenga: km 260,6

Hauptroute (Fortsetzung)	Einige Kilometer hinter Zuccarello verlassen wir die SS 582 und fahren bergauf zu dem reizvollen mittelalterlichen Ort **Castelvecchio di Rocca Barbena**, der sich um das Castello dei Clavesana gruppiert. Auf keinen Fall versäumen sollte man einen Besuch der Höhlen von Toirano, zu deren Besonderheiten menschliche Fußabdrücke aus dem Paläolithikum sowie außergewöhnlich schöne Stalaktitenformationen gehören.
Calizzano: km 319,7	Der Ort **Calizzano** ist beachtenswert wegen seiner altehrwürdigen Wallfahrtskirche Madonna delle Grazie. Von Calizzano bis zum Colle del Melogno folgt unsere Route der SS 490, dort halten wir uns in Richtung Bormida und Mallare. Schließlich erreichen wir den **Colle di Cadibona**, den Punkt, an dem die Alpen und der Apennin sich treffen. Von dort aus
Savona: km 368,2	führt die SS 29 bergab nach Savona, dem Ausgangs- und Zielpunkt.

Praktische Informationen

Fremdenverkehrsämter	SAVONA: EPT, v. Paleocapa 9, Tel. (019) 2 05 22. – SPOTORNO: AA, v. Aurelia 43, Tel. (019) 7 45 128. – NOLI: AA, cs. Italia 8, Tel. (019) 74 89 31. – FINALE LIGURE: AA, v.le S. Pietro - v.le delle Palme, Tel. (019) 69 25 81. – PIETRA LIGURE: AA, p. Martiri della Libertà 31, Tel. (019) 6 45 222. – LOANO: AA, cs. Europa 19, Tel. (019) 66 99 18. – ALBENGA: Pro Loco, v.le Maritiri della Libertà 17, Tel. (01 82) 5 04 75. – ALASSIO: AA. v.le Gibb 26, Tel. (01 82) 4 30 43. – LAIGUEGLIA: AA, cs. Milano 33, Tel. (01 82) 4 90 59. – ANDORA: AA, v. A. Fontana 9, Tel. (01 82) 8 57 96. – CERVO: AA, p. Castello, Tel. (01 82) 40 81 97. – DIANO MARINA: AA, cs. Garibaldi 60, Tel. (01 83) 49 69 56. – IMPERIA: EPT, v.le Matteotti 54/bis, Tel. (01 83) 2 49 47. – TAGGIA: AA, Arma di Taggia, v. Boselli, Tel. (01 84) 4 37 33. – SAN REMO: AA, v. Nuvoloni 1, Tel. (01 84) 85 615. – OSPEDALETTI: AA, cs. Regina Margherita 1, Tel. (01 84) 5 90 85. – BORDIGHERA: AA, v. Roberto 1, Tel. (01 84) 26 23 22. – VENTIMIGLIA: AA, v. Cavour 61, Tel. (01 84) 35 11 83.
Veranstaltungen	SAVONA: Processione del Venerdì Santo (Karfreitagsprozession). – SPOTORNO: Festa dell'Annunciazione (Fest der Verkündigung; 25. März). – NOLI: Regata dei Rioni (fröhlich-buntes Fest in historischen Gewändern; zweiter Sonntag im September). – PIETRA LIGURE: Sagra delle Pesche (Pfirsichfest; Juli); Fest mit kulinarischen Spezialitäten (August). – LOANO: Fest des 'Crostolo' (Juli). – ALBENGA: Weinfest (Juli); Patronatsfest von San Michele (29. September). – ALASSIO: Muretto-Festival (August); Jazzfestival (September). – CERVO: Internationales Kammermusikfestival (Juli/August). – IMPERIA: Fest von San Maurizio (10. Juli); Fest des 'Condiggion' (August); internationales Schachturnier (September). – TAGGIA: Sagra delle Ciliege (Kirschenfest; Mai); Fest der Maddalena (Juli). – SAN REMO: Festival des italienischen Schlagers (Februar); Radrennklassiker Mailand – San Remo (März); 'Giraglia' (Hochseeregatta; Juli). – VENTIMIGLIA: Battaglia dei Fiori (Blumenkorso; Juni); Corteo Storico (historischer Kostümumzug; erster Sonntag im August).
Küche	Eine herausragende Rolle spielen die Fischgerichte, z.B. das provenzalisch geprägte 'Ciuppin' (verschiedene Fischsorten, in einem Sud aus Zwiebeln, Knoblauch, Petersilie, Sardellen und Peperoni gekocht, mit trockenem Weißwein aufgegossen). Andere Meeresspezialitäten sind 'Buiabessa', 'Buridda' oder das berühmte 'Cappon Magro' (eine aufwendige kalte Platte, u.a. mit gekochtem Fisch, verschiedenen Gemüsen, hartgekochten Eiern, in einer delikaten grünen Sauce). Ein Genuß ist auch die Pizza auf 'Sardenaira-Art' (mit Tomaten und Sardellen). Probieren sollte man weiterhin 'Barbagiuai' (Ravioli aus gebackenem Kürbis), 'Zearia' (Schweinskopf in Brühe) oder 'Zumin' (Kichererbsensuppe). Weitere Spezialitäten, die man sich nicht entgehen lassen sollte, sind u.a. 'Maro' (eine Sauce auf der Grundlage von rohen grünen Bohnen), die berühmte 'Cima' (Kalbsbrust mit einer Füllung aus Artischocken, Erbsen und andere Zutaten) und 'Zuppa di Castagne' (Kastaniensuppe).

Tour 17: Durch vier Regionen

Vom Golf von Tigullio hinauf in die Berge des Genueser Hinterlandes

Ligurien, Emilia-Romagna, Lombardei und Piemont   Regionen

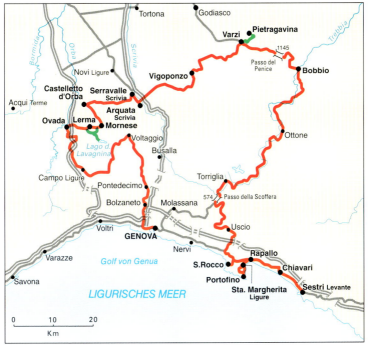

© CARTOGRAFIA DE AGOSTINI - Novara

Zwischen Portofino und Sestri Levante liegt die 'Perle' des östlichen   Landschaftsbild
Rivierabogens, der Golf von Tigullio. Man findet hier ein Fleckchen Erde,
das scheinbare Gegensätze in verblüffender Weise vereinigt: Eine Landschaft von faszinierender Schönheit, aber auch lebhafter Tourismusbetrieb; malerische Fischerdörfer inmitten einer modernen Küstenregion.
Völlig anders, aber ebenfalls sehr reizvoll präsentiert sich das obere Treb-
bia-Tal im bewaldeten Hinterland, in dem mediterrane Eindrücke der
Riviera und die Gebirgslandschaft des Apennin ineinanderfließen. Die
Strecke durch die von zahlreichen Tälern durchfurchte Landschaft bietet
nicht nur etwas fürs Auge, sondern auch echtes Fahrvergnügen. Ein
besonderer Höhepunkt sind die Kastelle im äußersten Zipfel der Provinz
Alessandria. Dieser Landstrich bildet zugleich die Scheitellinie, an der die
terrassenförmig aufsteigenden Rebhänge des Genueser Hinterlandes und
die äußersten Ausläufer der Poebene zusammenstoßen.

Obwohl die Route eher durch welliges Bergland als durch steiles Gebirge   Streckenmerkmale
verläuft (höchstgelegener Punkt ist der Passo del Pénice zwischen Bobbio
und Varzi mit 1146 m ü.d.M.), ist die Strecke doch durchweg von reichlich
Kurven, Spitzkehren und Engstellen geprägt.

Santa Margherita Ligure am Golf von Tigullio

Streckenmerkmale (Fortsetzung)	Bis auf die Küstenstraße und die SS 35 fährt man fast nur auf Neben-straßen. Den Ausgangspunkt Sestri Levante erreicht man bequem über die A 12 Genua – Livorno.

Streckenbeschreibung

Sestri Levante: km 0	In **Sestri Levante** (21 000 Einw.) lohnt sich ein Spaziergang entlang der Uferpromenade der Baia del Silenzio und zu der 'Isola' genannten Fels-halbinsel, auf deren Kamm der Park des Castello Gualino liegt (eine 1925 in mittelalterlichem Stil gebaute Burg). Auf dem höchsten Punkt der Halb-insel steht die Torretta Marconi, von diesem Turm aus machte der Erfinder der drahtlosen Telegrafie, G. Marconi, seine ersten Experimente. Wir fahren anschließend auf der SS 1, der Via Aurelia, an Sandstränden entlang und kommen nach **Lavagna** (13 000 Einw.) und kurz darauf nach
Chiavari: km 8	**Chiavari** (30 000 Einw.). Es sind die historischen Zentren dieses ebenen Küstenabschnittes, der den Namen 'Pianura dell'Entella' trägt. Gemeinsames Merkmal beider Städte sind die engen Straßen mit den charakteristischen ligurischen Häuserfassaden, an denen die vielen aufgemalten Fenster ins Auge fallen. Bei Lavagna befindet sich die sehr beeindruckende Basilica dei Fieschi aus dem 12. Jh., während in Chiavari besonders die imposanten Palazzi erwähnenswert sind, der Palazzo Rocca (17. Jh.), der ein archäologisches Museum beherbergt, der Palazzo Torriglia, in dem sich eine Gemäldegalerie mit Werken italienischer Meister vom 16. bis 18. Jh. befindet, und der sogenannte Palazzo dei Portici Neri (Palast der schwarzen Bogengänge) mit seiner gotischen Fassade.
Rapallo: km 20	Nach einem abschüssigen Straßenabschnitt erreicht man **Rapallo** (30 000 Einw.), einen modernen und vielbesuchten Fremdenverkehrsort. Bei einem Spaziergang entlang der Uferpromenade Vittorio Veneto bietet sich ein prächtiges Panorama über den Golf von Tigullio, über dem eine Burg aus dem 13. Jh. thront. Reizvoll ist auch das Altstadtbild mit den verschach-

telten mittelalterlichen Gäßchen und Toren. Fährt man auf der SS 227 weiter, kommt schon gleich **Santa Margherita Ligure** (12 000 Einw.). Malerisch reihen sich die Fischerhäuschen am Hafen aneinander. Sehenswert ist daneben die Villa Durazzo aus dem 16. Jh., deren besonderes Schmuckstück ein eleganter Garten im typisch italienischen Stil ist.

Hauptroute
(Fortsetzung)

Nächster Ort auf unserer Route entlang der Küste ist **Portofino** (750 Einw.), die eigentliche Perle des Golfes von Tigullio – und tatsächlich fügt sich das winzige Dorf in die Bucht ein wie ein Edelstein in seine Fassung. Von kaum übertrefflicher Schönheit ist der Farbkontrast zwischen dem intensiven Blau des Meeres, dem satten Grün der Vegetation und dem bunt getönten Häuserfassaden. Auf dem bewaldeten Rücken der Landzunge, an deren Ende Portofino liegt, befindet sich ein Naturpark, in dem zahlreiche bequem begehbare und gut beschilderte Fußwege zu einem Spaziergang einladen. Es empfiehlt sich außerdem ein Bootsausflug zu der in einer hübschen Bucht der Halbinsel gelegenen Abtei San Fruttuosa, die noch in ihrem ursprünglichen Zustand aus dem 10. Jh. erhalten ist.

Portofino: km 28

Wir fahren nach Rapallo zurück und folgen weiter die Via Aurelia, die nun etwas landeinwärts über die Halbinsel führt. Nächstes Ziel ist **Camogli** (6700 Einw.), einer der baulich interessantesten Küstenorte Liguriens. Da an dieser Stelle nur ein sehr schmaler Streifen zwischen Wasser und den Bergen des Apennin bleibt, sind die Häuser Camoglis ganz besonders aneinandergedrängt. Viele Stockwerke hoch, steigen sie dicht an dicht zusammengeschachtelt den Hang hinauf und ergeben mit ihren asymmetrischen Dächern und den farbigen, von der salzhaltigen Luft gebleichten Fassaden ein verspielt-kunterbuntes Ortsbild. Auf einem dem Land vorgelagerten Riff, der 'Isola', erheben sich die Kirche Santa Maria Assunta und die Überreste der Festung Dragonara.

Gleich nach Camogli kommt **Recco** (11 000 Einw.), früher ein Fischerort, heute ein nach den Zerstörungen des Zweiten Weltkriegs völlig neu entstandenes Städtchen. Wir verlassen hier die Küste und fahren auf der Straße Nr. 333 ins Landesinnere. 10 km hinter **Uscio** (2000 Einw.), einem kleinen Fremdenverkehrsort mit einer hübschen romanischen Kirche, biegen wir links auf die SS 225 ein. In Laccio geht es dann rechts ab, und wir folgen der hier beginnenden SS 45 nach **Torriglia** (2000 Einw.), das um eine Burgruine herum gewachsen ist. Unsere Route verläuft nun durch das enge Tal des Flusses Trebbia, es beginnt ein abwechslungsreicher, kurviger Streckenabschnitt, der viel Fahrvergnügen bietet.

Recco: km 43

Nach ca. 60 km gelangt man nach **Bobbio** (4200 Einw.). Dort sollte man sich auf jeden Fall den Dom ansehen, die berühmte Abtei, die im Jahre 612 von einem irischen Mönch gegründet wurde, und die alte Brücke über die Trebbia.

In Bobbio verlassen wir die SS 45 und fahren in Richtung Varzi weiter. Nach etwa 10 km beginnt der Anstieg zum 1146 m hohen Passo del Pénice. Hat man ihn überwunden, kommt man in den Ort **Varzi** (4100 Einw.), der sich sein reizvolles mittelalterliches Bild mit der Burg Malaspina, den Bögen über die engen Straßen, den romantischen, treppenförmig ansteigenden Gäßchen und den von Balkonen und Portalen gezierten Häuserfassaden erhalten konnte.

Von Varzi aus lohnt ein Abstecher in zwei hübsche Orte: **Pietragravina**, eingebettet in viel Grün und beherrscht von einem hochragenden Turm, dem Überbleibsel einer ehemaligen Festung, sowie **Zavattarello** (1500 Einw.), über dem sich eine wuchtige Trutzburg aus dem 10. Jh. erhebt.

Nebenstrecke 1

Zavattarello:
km 182,8

Unsere Route führt in südlicher Richtung in das Tal des Wildbaches Curone. In dem Ort San Sebastiano Curone geht es links ab, und die Strecke verläuft über Dernice bis zur Einmündung in ein weiteres Tal, nämlich das des Flüßchens Borbera, wo wir uns in Richtung **Arquata Scrivia** halten. Von dort aus fährt man auf der SS 35 nach **Serravalle Scrivia** (6300 Einw.). Nahe diesem Städtchen sind die Ruinen der römischen Siedlung Libarna einen Besuch wert. Weiter geht es durch Weinberge, auf denen wertvolle Tropfen gedeihen, nach **Gavi** (4500 Einw.). Bemerkenswert sind

Arquata Scrivia:
km 240,9

Tour 17

dort die romanische Kirche San Giacomo und die Burg, die den Auftakt zu einer ganzen Reihe von Befestigungsanlagen entlang der 'Burgenstraße des Alto Monferrato', einem auch landschaftlich wunderschönen Abschnitt dieser Strecke, bildet. Der nächste Ort **Castelletto d'Orba** (1800 Einw.), ein Thermalkurort, kann eine Burg aus dem 13. Jh. mit Mauerring aufweisen. Eine weitere Festung von beachtlicher Größe erhebt sich bei Mornese. Im weiteren Verlauf passieren wir die Burgen von Casaleggio und Lerma.

Castelletto d'Orba:
km 262,5

Nebenstrecke 2

Eine unbefestigte Privatstraße führt zum Lago Lavagnina im Naturpark Marcarolo.

Die Burgenstraße (Strada dei Castelli) endet in **Tagliolo Monferrato** mit einer letzten kleinen Festung. Gleich danach kommt **Ovada** (13 000 Einw.) mit der prachtvollen Chiesa dell'Assunta und der alten Pfarrkirche aus dem 14. Jahrhundert. Auf der SS 456 geht es weiter bis nach **Campo Ligure**, wo man diese Staatsstraße verläßt und in Richtung des Naturparks Capanne di Marcarolo, dem äußersten Zipfel der Region Piemont, weiterfährt. Über den Ort Capanne Marcarolo und vorbei am Colle degli Eremiti erreicht man schließlich **Voltaggio**.
Von Voltaggio aus folgt unsere Route dem Tal des Flüßchens Lemme hinauf zum Bocchetta-Paß (772 m ü.d.M.). Danach gelangt man über **Campomorone** zur SS 35, die bequem und schnell zum Ziel Genua (Genova) führt.

Ovada: km 304,6

Genua: km 380,2

Praktische Informationen

SESTRI LEVANTE: AA, v. XX Settembre 33, Tel. (01 85) 4 14 22. – LAVAGNA: AA, p. della Libertà 46, Tel. (01 85) 30 70 98. – CHIAVARI: AA, cs. Assarotti 1, Tel. (01 85) 31 02 41. – ZOAGLI: AA, p. S. Martino 4, Tel. (01 85) 5 91 27. – RAPALLO: AA, v. Diaz 9, Tel. (01 85) 5 12 82. – SANTA MARGHERITA LIGURE: AA, v. XXV Aprile 2/b, Tel. (01 85) 8 74 85. – PORTOFINO: AA, v. Roma 35, Tel. (01 85) 6 90 24. – CAMOGLI: v. XX Settembre 23/r, Tel. (01 85) 77 02 35. – RECCO: p. Nicoloso da Recco, Tel. (01 85) 7 57 01. – USCIO: AA, v. IV Novembre 96, Tel. (01 85) 9 11 01. – TORRIGLIA: AA, v. Matteotti 10, Tel. (0 10) 94 41 75. – BOBBIO: AA, p. S. Francesco, Tel. (05 23) 93 61 78. – VARZI: p. della Libertà, Tel. (03 83) 5 20 03. – ZAVATTARELLO: v. Vittorio Emanuele II, Tel. (03 83) 5 81 32. – SERRAVALLE SCRIVIA: v. Berthoud 49, Tel. (01 43) 6 14 44. – GAVI: v. Mameli 52, Tel. (01 43) 64 23 72/64 27 12. – CASTELLETTO D'ORBA: p. S. Lorenzo, Tel. (01 43) 84 00 32. – OVADA: p. Matteotti 69, Tel. (01 43) 82 15 31. – GENUA: EPT, v. Roma 11, Tel. (0 10) 58 13 71.

SESTRI LEVANTE: Andersen-Märchenpreis (Juni). – LAVAGNA: Fest der 'Fieschi-Torte' mit Ritterspielen (15. August). – CHIAVARI: Traditionelle Handwerkskunst, Fertigung der berühmten Rohrstühle aus Chiavari, Makramee-Arbeiten (Leinentuch mit handgewebten Ornamenten und Fransen); Orchideenausstellung (Februar, nur in Jahren mit ungerader Zahl); 'Tigullio-Wettkampf' (September). – ZOAGLI: St.-Martins-Fest (11. November). – RAPALLO: Folkloristisches San-Michele-Fest (September). – CAMOGLI: Sagra del Pesce (Fischfest; Mai). – RECCO: Fest der 'Foccacia' (Fladen; Juni); Sagra del Fuoco (Feuerfest; August). – BOBBIO: Palio delle Contrade (Historische Kostümwettspiele; August); Pilz- und Trüffelmarkttage sowie Herbstfest (beides September). – VARZI: Sagra del Salame e della Torta di Mandorle (Salamifest und Mandeltortenfest; Juni); Sagra della Frutta (Obstfest; Oktober). – ZAVATTERELLO: Festliche Markttage mit heimischen Pilzen, Weinen und Schnäpsen (September). – GENUA: Kolumbus-Festwochen mit internationalem 'Paganini-Violinenwettbewerb' (Oktober); internationale Bootsausstellung (Oktober); Regatta der alten Seerepubliken (alle vier Jahre).

Bergsträßchen im ligurischen Teil des Trebbia-Tales

Bekannt ist die Region für Lasagne in allen Variationen und 'Pesto-Gerichte', also Speisen mit der berühmten unnachahmlichen Knoblauch-Kräuter-Sauce. Weitere Spezialitäten sind: 'Troffiette Recchelline' (Teigwaren, mit grünen Prinzeßbohnen gekocht und mit Pesto und Kartoffeln serviert), 'Bagnün' (Sardellen in Tomatensauce), 'Mosciame' (Filets von frischem Fisch). Versuchen sollte man auch die Makkaroni, die Schnecken auf Bobbieser Art sowie die weißen Trüffel von Varzi, Pietragravina, Zavattarello, Gavi, Castelletto d'Orba und Ovada. Besonderheiten sind weiterhin 'Ravioli' und 'Agnolotti' (gefüllte Teigklößchen) in Weinsauce, 'Robiola' (Weichkäse), Pilze, Kastanien und Mandeltorte.

Küche

Tour 18: Wo Berge und Meer aufeinanderprallen

In den Cinque Terre und zum Cisa-Paß

Regionen   Ligurien, Toskana und Emilia-Romagna

© I.G.D.A. S.p.A. · Novara

Landschaftsbild   Zwei Welten treffen aufeinander: das Meer und die Berge. Es scheint, als
stürze sich der Apennin ins Wasser – dadurch wird der Lebensraum für
den Menschen natürlich stark eingeschränkt. Nirgends ist dies deutlicher
ausgeprägt als in den Cinque Terre, den 'fünf Ländern', einer Reihe von
kleinen Ortschaften, die nur wenige Kilometer auseinanderliegen, aber so
isoliert voneinander sind, daß sie wie völlig unterschiedliche Welten anmu-
ten. Eine Landschaft mit besonderem Zauber, aber auch eine Landschaft,
in der die Mobilität des modernen Menschen schnell an ihre Grenzen stößt,
wobei man sich mit dem Motorrad noch am freiesten bewegen kann. Im

Hinterland klettert die Route ab und zu in vielen Kurven die Berge zu einer Häuseransammlung hinauf und wieder hinunter – bis zum fahrerischen Höhepunkt, dem Cisa-Paß, von wo aus es zum Golf von La Spezia, einem Rivieraflecken mit eigenem Reiz, zurückgeht. Landschaftsbild (Fortsetzung)

Die Route führt über gut ausgebaute Straßen, abgesehen von einem kurzen unbefestigten Abschnitt in den Cinque Terre. Erwähnenswert ist die hervorragende Cisa-Paßstraße – sie wird nicht selten mit einer Rennstrecke verwechselt. Es gilt also aufzupassen. Enorm überfüllt sind die Anfahrtsstraßen zu den Ferienorten an der ligurischen Riviera, vor allem zur Hauptreisezeit. Das Parken wird für Autofahrer dann zum fast unüberwindlichen Problem; für den Motorradfahrer ist das natürlich weit weniger tragisch. Streckenmerkmale
Die Höhenunterschiede sind drastisch: Von Meereshöhe führt die Route bis zum 1055 m hohen Paß Cento Croci auf der Kammlinie zwischen den Regionen Ligurien und Emilia. Den Ausgangspunkt La Spezia erreicht man leicht über die A 15 Parma – La Spezia oder die A 12 Genua – Livorno.

Streckenbeschreibung

In **La Spezia** (115 000 Einw.), dem wichtigsten Marinehafen Italiens, sollte man sich unbedingt das Marinemuseum und das Arsenal (Zutrittsgenehmigung der Direktion erforderlich) ansehen. Ausgestellt sind dort Waffen, Navigationsinstrumente und alte Schiffsmodelle. La Spezia: km 0
Am westlichen Stadtrand hält man sich links, der Stadtmauer folgend, bis man auf die SS 530 in Richtung Portovenere stößt. Die Straße führt in zahlreichen Windungen die Küste entlang, wobei sich immer wieder ein phantastischer Blick auf die gegenüberliegende Bergkette Bocche del Magra sowie in weiterer Entfernung die Apuaner Berge bietet.
Portovenere (4800 Einw.), berühmter historischer Küstenort, fasziniert den Besucher durch die traumhaft schöne Bucht, in der sich die dichtgedrängten übereinandertürmenden Häuser mit ihren farbenfrohen Fassaden spiegeln. Überragt wird der Ort von der mächtigen Burganlage aus dem 17. Jh., die einst zur Verteidigung der Ansiedlung erbaut wurde. Portovenere: km 12
Für den Rückweg über die Halbinsel wählen wir nun die SS 370, die nach **Riomaggiore** (2500 Einw.) führt, dem ersten und zugleich dem orientalischsten der fünf Orte, die zusammen die Cinque Terre bilden. Kaum einer, der die stark abschüssige Straße zum Dorf am Fuß der Steilküste hinunterfährt, wird sich der Faszination der Landschaft entziehen können. Die tief unten um eine Bergspalte herum gruppierten Häuser erscheinen wie Relikte aus einer Welt, in der die Zeit stehengeblieben ist. Kraftfahrzeuge müssen außerhalb des Ortes abgestellt werden. Riomaggiore: km 37,1
Das zweite Dorf der Cinque Terre ist **Manarola**. Um dorthin zu gelangen, muß man die 3 km bis zur Küstenstraße, der SS 370, wieder hochklettern, dort weitere 3,5 km fahren, um dann erneut eine steil abschüssige Zubringerstraße hinunter in den Ort zu fahren. Auch Manarola ist für Kraftfahrzeuge gesperrt – die im übrigen auch unnütz wären. Manarola: km 44,6
Nach dem gleichen Muster wie gehabt – steil hoch, ein Stückchen geradeaus und wieder steil hinunter – gelangt man auch in die Orte **Corniglia** und **Vernazza** (1500 Einw.), die von terrassenförmig gestalteten Steilhängen umgeben sind, auf denen edle Traubensorten wachsen. Zwischen Vernazza und **Monterosso al Mare** (1800 Einw.), dem am stärksten touristisch erschlossenen Ort der Cinque Terre, ist die asphaltierte Straße unvermittelt zu Ende. Es heißt hier, auf einem unbefestigten Weg weiterzufahren – was allerdings selbst für nicht-geländetaugliche Motorräder kein Problem darstellt. Nach nur 8 km gelangt man auf die von der Via Aurelia kommende, gut ausgebaute Zubringerstraße nach Monterosso al Mare. Vernazza: km 59 Monterosso al Mare: km 72
Nun verlassen wir die Küste und fahren ins Hinterland. Noch bevor man auf die SS 1 (Via Aurelia) zurückkommt, biegt man in Pignone links ab und fährt

Hauptroute (Fortsetzung)	die enge, kurvige Straße nach Casale und **Borghetto di Vara**. Anschließend kreuzt unsere Route die Via Aurelia und führt weiter auf der SS 566 bis **Sesta Godano**. 11,5 km hinter diesem Ort zweigen wir auf die SS 523 nach **Varese Ligure** (3200 Einw.) ab. Der landwirtschaftlich bedeutsame, von herrlichen Kastanienwäldern umgebene Ort besteht aus zwei Teilen, dem Borgo Rotondo (dt. = 'runder Ort') aus dem 15. Jh., dessen Name von seiner Form herrührt (wobei das Castello dei Fieschi mit zwei Türmen herausragt), und dem Borgo Nuovo, dem 'neuen Ort', aus dem 16. Jahrhundert. Jäh ansteigend und äußerst kurvenreich schlängelt sich die SS 523 von Varese Ligure aus zum Paß Cento Croci hinauf, der die Grenze zur Provinz Parma markiert.

Borgo Val di Taro: km 160,4

Nach weiteren 19 km ist **Borgo Val di Taro** erreicht, die Route verläuft nun mit landschaftlich sehr schönen Abschnitten entlang des Flusses Taro. Nachdem wir einige Male die Autobahn Parma – La Spezia gekreuzt haben, kommen wir zur langen Brücke von **Fornovo di Taro** (6000 Einw.). Hier beginnt der unter Motorradfahrern berühmte Anstieg zum Cisa-Paß. Dieser einmalig schöne Abschnitt der SS 62 erlaubt ein sportliches Fahren in einer wunderbaren Berglandschaft. Nach ca. 30 km kommt man nach **Berceto** (3000 Einw.), einem charmanten und vielbesuchten Fremdenverkehrsort in den Bergen, der eine lange und interessante Geschichte aufweist. Um eine romanische Abtei aus dem 13. Jh. als zentralem Punkt steigt der Ort gleichmäßig die Hänge hinauf. In einer Serie schön und schnell zu fahrender Kurven führt der Weg anschließend weiter hinauf zum **Passo della Cisa** auf 1039 m Höhe. Der dortige Rastplatz ist Treffpunkt von Motorradausflüglern aus nah und fern.
Nach dem Paß führt unsere Route nach **Pontremoli** (10 000 Einw.) hinunter. Der kleine Ort ist sehr malerisch in den Bergeinschnitt am Beginn des Magra-Tals eingefügt. Sehenswert sind die Kathedrale und die Burg auf der Anhöhe Pegnaro, um die herum sich der alte Ortsteil gruppiert. Weiter der SS 62 entlang des Flusses Magra folgend, kommt man nach **Villafranca in Lunigiana** (Burgruine und Heimatmuseum) und nach **Aulla** (10 000 Einw.), wo man einen herrlichen Rundblick genießen kann.

Aulla: km 288,5

Nebenstrecke 1
Fivizzano:
km 305,5

Wer noch nicht genug von Bergstraßen und schönen Aussichtspunkten hat, sollte von Aulla aus die SS 63 nach **Fivizzano** (10 000 Einw.) fahren, in dessen Nähe ein Besuch des beeindruckenden Castello di Verrucola lohnt. Die Rückfahrt erfolgt auf kurvenreichem Bergsträßchen über Licciana.

Sarzana: km 343

Die Hauptroute führt weiter nach **Santo Stefano di Magra**, wo die Grenze der Region Ligurien überschritten wird, und bald darauf nach **Sarzana** (20 000 Einw.). Man stößt in diesem Städtchen noch auf viele Zeugnisse (u.a. Zitadelle und die Festung Sarzanello) aus der Zeit, als Sarzana noch das wehrhafte Zentrum dieses Landstrichs war, der den Namen Lunigiana trägt. Der Name stammt von der alten Römersiedlung Luni, deren Überreste nahe Sarzana ausgegraben wurden und unbedingt einen Besuch wert sind. Zu der Anlage gehört ein interessantes Museum.
Nachdem wir den Fluß Magra nahe seiner Mündung überquert haben, sehen wir vor uns schon, sehr schön auf einem Hügel gelegen, **Ameglia**. Im Hochmittelalter hatten sich die Bischöfe von Luni dieses bevorzugte Fleckchen Erde als ihre Residenz auserwählt.
Von Ameglia aus begeben wir uns auf die letzte Etappe unserer Route, eine reichlich gewundene, aber sehr schöne Ausblicke bietende Bergstraße, die uns zu den bekannten Ferienorten **Bocche di Magra**, **Montemarcello** und **Lerici** am Eingang des Golfes von La Spezia bringt. Lerici (13 500 Einw.), ist ein Juwel der 'Levante', das wegen seiner strategisch wichtigen Lage lange zwischen Pisa und Genua umkämpft war. Überragt wird der Ort von einer fast senkrecht über dem Meer thronenden Burg, die man über einen Treppenaufgang erreicht. Von Lerici aus sind es nur noch etwas mehr als 10 km bis zum Ausgangspunkt La Spezia.

Lerici: km 363,8

La Spezia:
km 374,1

Abb. S. 110/111: Die Küste der Cinque Terre

Blick auf Vernazza

Praktische Informationen

LA SPEZIA: EPT, v.le Mazzini 47, Tel. (0187) 770900. – LERICI: AA, v. Roma 47, Tel. (0187) 967346. – SARZANA: p. Matteotti 1, Tel. (0187) 620402. – FIVIZZANO: v. Umberto 1, Tel. (0585) 92391. – PONTREMOLI: Pro Loco, p. del Comune, Tel. (0187) 831180. – BERCETO: v. G. Marconi 12, Tel. (0543) 64256. – FORNOVO DI TARO: p. Libertà 6, Tel. (0525) 3543. – BORGO VAL DI TARO: p. Manara, Tel. (0525) 99321. – MONTE-ROSSO AL MARE: Pro Loco, v. Fegina, Tel. (0187) 817506. – VERNAZZA: v. S. Francesco 10. – RIOMAGGIORE: v. Signorini 57, Tel. (0187) 920534. – PORTOVENERE: Pro Loco, p. Bastreri 1, Tel. (0187) 900691. | *Fremdenverkehrsämter*

LA SPEZIA: Palio del Golfo (August); Patronatsfest S. Venerio mit Bootskorso (September). – LERICI: Fest der Madonna di Maralunga (25. März). – SARZANA: Sagra delle Noci (Nußfest; September). – FIVIZZANO: Historische Ritterspiele (Juli); Kulinarische Festwoche "Forchetta d'Oro" (dt. = 'Goldene Gabel'; Dezember). – PONTREMOLI: Preisverleihung "Bancarellino" (Juni); Preisverleihung "Bancarella" und Handwerksausstellung der oberen Lunigiana (Juli); Preisverleihung "Bancarella Sport" (September). – VARESE LIGURE: Fest der 'Sciuette' (August). – RIOMAGGIORE: Traubenfest (September). – PORTOVENERE: Fest der Madonna Bianca (17. August). | *Veranstaltungen*

Bekannte Spezialitäten sind 'Mesc-ciua' (Suppe auf Weizen- oder Dinkelmehlbasis mit Kichererbsen und Bohnen), 'Minestrone alla Lunigiana', 'Gattafuin' (Ravioli mit Käse, Kräutern und Eiern gefüllt) sowie 'Panissa' (Kichererbsenmehl und Wasser). Zu den traditionellen Gerichten des Hinterlandes gehören 'Salsiccia con la Polenta di Castagne' (Wurst mit Polenta und Kastanien) oder auch 'Frittata di Funghi alla Mentuccia' (Pilzomelette). Versuchen sollte man 'Fugassa de Granon' (Maismehlfladen, mit Kastanienblättern gekocht), 'Scabei' (Hefeteigfladen mit Salbei) sowie an süßen Spezialitäten 'Spongata' (Nachspeise auf der Basis von Marmelade und kandierten Früchten) und Bruciatella-Torte. Die Cinque Terre bieten ausgezeichneten Fisch sowie den bekannten Wein von den dortigen Steilhängen. | *Küche*

113

Tour 19: Verborgene Schönheiten

Das andere Gesicht der Landschaft Emilia

Region   Emilia-Romagna

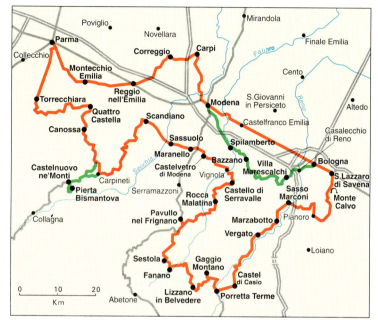

© I.G.D.A. S.p.A. - Novara

Landschaftsbild   Wer an die Region Emilia denkt, denkt an die Poebene. Dies trifft allerdings nur teilweise zu: Es gibt auch eine bergige Emilia, die es zu entdecken gilt. Hierzu muß man sich von der Hauptverkehrsachse, die Piacenza, Parma, Reggio, Modena und Bologna verbindet, nur ein kleines Stück in Richtung Süden bewegen. Schon nach kurzer Zeit präsentiert sich ein grundlegend anderes Landschaftsbild: sanfte und tiefgrüne Höhenzüge, auf denen im Frühling die Natur förmlich explodiert; unzählige kleine Orte mit einem ganz eigenen, reizvollen Charakter. Die Struktur der Landschaft kommt dem Motorradfahrer insofern entgegen, als man auf engem Raum Gegenden unterschiedlicher Prägung vorfindet: einerseits die Ebene mit ihren betriebsamen und geschichtsträchtigen Städten, andererseits die beschauliche Berglandschaft.

Streckenmerkmale   Die große Verkehrsader der Region ist – neben der Autobahn – die vielbefahrene SS 9, die Via Emilia. Unsere Route meidet allerdings diese Staatsstraße und verläuft über schmale und kurvenreiche Nebenstraßen in der Vorgebirgszone des Apennin. Auch diese Straßen sind ausreichend breit und eben, bis auf wenige holprige Abschnitte, in denen ein instabiler Sedimentuntergrund gegeben ist, der immer wieder ein Schlagloch entstehen läßt. Der Weg steigt nur auf gemäßigte Höhen an, wobei sich die Fahrtstrecke in topographischer Hinsicht in zwei klar getrennte Teile gliedern läßt, einen flachen nördlichen und einen bergigen südlichen

Marzabotto: Reste der Etruskerstadt Misa

Abschnitt. Außer über die A 1 Mailand – Neapel ist die Route auch über die A 13 Bologna – Padua und die A 14 Bologna – Taranto an das Fernverkehrsnetz angebunden.

Streckenmerkmale (Fortsetzung)

Streckenbeschreibung

Bologna (448 000 Einw.), die Hauptstadt der Emilia, geht auf eine uralte Ansiedlung noch vor der Etruskerzeit zurück. Die strahlenförmige Anlage des alten Stadtkerns stammt jedoch, wie ein Großteil der charakteristischen Bauten, aus dem Mittelalter. Unter den vielen Sehenswürdigkeiten sind besonders hervorzuheben: die Piazza Maggiore, an der die gotische Kirche San Petronio, der Palazzo Comunale (Rathaus) und der Palazzo del Podestà mit der Torre dell'Arengo stehen; die gleich angrenzende Piazza del Nettuno (Neptunplatz) mit dem schönen gleichnamigen Brunnen; die zwei Schiefen Türme (Torre degli Asinelli und Torre Garisenda), Wahrzeichen von Bologna, und schließlich die Strada Maggiore mit dem nahegelegenen Palazzo della Mercanzia.

Bologna: km 0

Wir verlassen Bologna auf der Via Emilia in Richtung Imola. Nach 7 km, in **San Lazzaro di Savena**, biegen wir rechts auf die Provinzstraße in das Tal von Zena ab. Von **Zena** aus fahren wir auf einer kleinen Nebenstraße, die nach Zula und von dort über Pianoro und Pian della Macina durch Hügelland zu einem Ort führt, der früher einfach 'Sasso' hieß, heute jedoch als **Sasso Marconi** den Namen des großen Bologneser Erfinders Marconi trägt. In seinem einstigen Wohnhaus wurde ein Museum eingerichtet. Weiter geht es auf der SS 64 nach **Marzabotto** (4400 Einw.). Eine Gedenkstätte erinnert an ein Massaker, das die Nationalsozialisten 1944 hier anrichteten. Außerdem sind die Ausgrabungen der Etruskerstadt Misa, die wohl auf das 6. Jh. v. Chr. zurückgeht, äußerst sehenswert.

San Lazzaro di Savena: km 7

Kastell von Torrechiara

Hauptroute
(Fortsetzung)
Porretta Terme:
km 99,5

Unsere Route führt zunächst auf der SS 64 weiter, die wir jedoch nach ca. 20 km an der Abzweigung nach Pieve di Casio und Castel di Casio verlassen. Über diese beiden Orte fahren wir nach **Porretta Terme** (5000 Einw.), ein vielbesuchtes Thermalbad, das schon in der Römerzeit bekannt war. Auch die Orte **Gaggio Montano** (4100 Einw.) und **Lizzano in Belvedere** (2400 Einw.) sind vom Fremdenverkehr geprägt. Lizzano, auf 640 m Höhe liegend, ist auch ein Wintersportort, Lifte führen zum Corno alle Scale. Auf der SS 324 geht es nach **Fanano** und **Sestola** (2800 Einw.), zwei weiteren bekannten Skiorten des Apennin. In Fanano ist die Kirche San Silvestro aus dem 18. Jh. sehenswert, während Sestola als Besonderheiten Wanderungen auf die Hochebene Pian di Falco, zum nahegelegenen Giardino Esperia sowie zum kleinen malerischen See Ninfa, der auf einstige Gletscher zurückgeht, anzubieten hat.

Nach 20 km kurvenreicher Fahrt gelangt man nach **Renno**, das mit einer hübschen Pfarrkirche aufwarten kann. Wir stoßen hier auf die SS 12 und fahren ein kurzes Stück auf dieser Straße in Richtung Modena. In **Pavullo nel Frignano**, dem mit 13 000 Einwohnern größten Ort der Umgebung, der in ein breites, bewaldetes Tal eingebettet ist, lohnt ein Besuch des Archäologischen Museums. Zurück zur unmittelbar vor Pavullo liegenden Abzweigung von der SS 12; wir folgen dem abwechslungsreichen Sträßchen, das uns zum schönen Naturpark Sassi di Rocca Malatina bringt.

Vignola: km 219,4

Weiter geht es über **Guiglia** (3000 Einw.), sehr aussichtsreich über dem Panaro-Tal gelegen, und Castello di Serravalle nach **Vignola** (20 000 Einw.). An der Piazza Cavour ist dort noch eine imposante Burg aus dem 15. Jh. mit vier wuchtigen Ecktürmen erhalten. Auf der Weiterfahrt nach **Castelvetro** kann man eine prächtige Aussicht genießen. Nachdem

Abb. S. 116/117: Kirche San Prospero in Reggio nell'Emilia

unsere Strecke die SS 12 gekreuzt hat, kommt eine wichtige Station für alle Automobilsportbegeisterten, **Maranello**, Sitz der Firma Ferrari und Mekka der italienischen Formel-1-Fans. Ein Stückchen weiter, bei **Fiorano**, kann man sogar mit etwas Glück einen der berühmten roten Boliden auf der privaten Rennstrecke Casa Modenese seine Runden drehen sehen. Attraktionen ganz anderer Art hat das 1 km entfernte **Sassuolo** (40 000 Einw.) zu bieten, zum Beispiel den prächtigen Palazzo degli Estensi, heute Sitz der Militärakademie Modena. Auf der SS 467 fahren wir weiter nach **Scandiano**, das zu Füßen einer Burg aus dem 13. Jh. liegt. Eine Weile folgen wir dem Tal des Wildbaches Tresinaro, bevor unser Weg auf einer Kammstraße nach Baiso und Carpineti ansteigt.

Hauptroute (Fortsetzung)
Maranello: km 241,9

Carpineti: km 284,6

Von hier lohnt unbedingt der ca. 20 km lange Abstecher zum Berg Pietra di Bismantova, auch wenn die Strecke teilweise mühsam zu befahren ist. Man folgt zunächst der SS 63 nach **Castelnovo ne' Monti** (9500 Einw.), dort zweigt eine Nebenstraße zum Pietra di Bismantova ab. Berühmt ist der Berg aufgrund seiner eigenwilligen Form, er ähnelt einer riesigen Torte. Der Rückweg erfolgt über die SS 63 bis nach Casina.

Nebenstrecke 1

Castelnovo ne' Monti: km 297,3

Etwa 12 km von Casina entfernt erhebt sich der Monte Tesa mit der verfallenen Felsenburg Canossa. Durch seinen demütigenden Bußgang zu Papst Gregor VII. erwirkte Heinrich IV. hier 1077 die Aufhebung des Kirchenbanns. Von der Höhe bietet sich ein herrlicher Rundblick auf die Umgebung. Der Charakter der Route ändert sich, von nun ab durchfährt man die Ebene. Über den interessanten kleinen Ort **Quattro Castella** setzen wir den Weg fort nach **Langhirano**, das bekannt ist für seinen vorzüglichen Schinken.
In **Torrechiara** (imposante und landschaftlich sehr schön gelegene Burg mit Dreifach-Mauerring und rechteckigen Türmen) kommen wir auf eine schnurgerade Straße nach **Parma** (177 000 Einw.). Man sollte sich dort den Palazzo della Pilotta aus dem 16./17. Jh. ansehen, in dem das Nationalmuseum der Antike und die Nationalgalerie untergebracht sind, sowie den Palazzo Ducale, den ein ausgedehnter Park umgibt. Die Anlage geht auf das Jahr 1564 zurück. Ferner lohnen das bescheidene Haus des großen Meisters Arturo Toscanini (heute Museum), der Dom aus dem 12. Jh., das Baptisterium, die Zitadelle und die Certosa einen Besuch.
Wir verlassen die Stadt auf der Viale Pomponio, am Stadion vorbei, und fahren in Richtung **Montechiarugolo**. Über dem Ort erhebt sich eine Burg aus dem 15. Jh. mit ringförmigem Graben. Weiter geht es über Montecchio und Cavriago (mit Käsereien, in denen der berühmte Parmesan hergestellt wird), und bald ist man in **Reggio nell'Emilia**, einer Provinzhauptstadt mit 131 000 Einwohnern. Die vielen bedeutenden alten Bauten und Kunstwerke in der Stadt sind Ausdruck dafür, daß im Mittelalter eine ganze Reihe großer Dynastien (u.a. die Gonzaga, die Visconti und die Estensi) einen Sitz in Reggio hatte. Ansehen sollte man sich die mächtige Kirche Madonna della Ghiara, die Galleria Parmeggiana mit wertvollen Sammlungen von Waffen, Schmuck, Stoffen und Kunstgegenständen, das Theater und den Platz mit der Kirche San Prospero, die ihren Ursprung im 10. Jh. hat.
Die SS 468 führt uns durch die Poebene weiter nach **Correggio** (20 000 Einw.); bemerkenswert ist der Palazzo dei Principi aus dem 16. Jahrhundert. Nächste sehr reizvolle Station ist **Carpi** (61 000 Einw.). Mittelpunkt der Stadt ist die große und malerische Piazza dei Martiri (Märtyerplatz) mit ihrem 52 Bögen umfassenden Arkadengang. An diesem Platz steht auch das mächtige Kastell der Familie Pio aus dem 14.–16. Jahrhundert.
Keine zwanzig Kilometer sind es noch bis nach **Modena** (179 000 Einw.), Heimat der Tortellini und vielerlei Wurstspezialitäten. Sehenswürdigkeiten der Stadt sind der wunderbare Palazzo Ducale, die einstige Residenz der Herzöge von Este, heute Sitz der Militärakademie, die Kirche Santa Maria Pomposa, der Museumspalast, der romanische Dom und der berühmte Glockenturm Ghirlandina, das Wahrzeichen von Modena.
Der direkte Weg zurück nach Bologna verläuft auf der SS 9, der bereits erwähnten Via Emilia, die schnurgerade die Ebene durchzieht.

Parma: km 396

Reggio nell'Emilia: km 432,7

Carpi: km 459,5

Modena: km 477,5

Bologna: km 516,6

Tour 19

Alternativstrecke:
Modena –
Bologna über
Monteveglio
(54,5 km)

Wer die Via Emilia meiden möchte, fährt von Modena auf der SS 623 nach **Spilamberto**, einem interessanten kleinen Ort mit alten Befestigungsanlagen, und – nach Überqueren des Flusses Panaro – nach **Bazzano**. In beiden Orten sind Burgruinen aus dem 14. Jh. erhalten. Ein kurzer Abstecher bringt uns in das reizvolle **Monteveglio**. Das Dorf, überragt von der Abtei Santa Maria aus dem 13. Jh., hat noch sein mittelalterliches Gesicht bewahrt. Zurück geht es nach Bazzano und weiter auf der SS 569. Kurz vor Erreichen von Bologna liegen zwei sehenswerte Bauten an dieser Strecke, die Villa Marescalchi und die Einsiedlerklause von Tizzano.

Praktische Informationen

Fremdenverkehrs-
ämter

BOLOGNA: EPT, p. del Nettuno, Tel. (051) 239660. – MODENA: EPT, v. Emilia Centro 179, Tel. (059) 222482. – CARPI: cs. A. Pio 87, Tel. (059) 693073. – CORREGGIO: v. Antonioli 1, Tel. (0522) 641817. – REGGIO NELL'EMILIA: EPT, p. C. Battisti 1, Tel. (0522) 31954/43370. – MONTICELLI TERME: AA, v. Matteotti 28, Tel. (0521) 65233. – PARMA: EPT, p. del Duomo 5, Tel. (0521) 34735. – CASTELNOVO NE'MONTI: v. Roma 20, Tel. (0522) 811070. – SASSUOLO: v. Fenuzzi 5, Tel. (0536) 884284. – VIGNOLA: v. Bellucci 1, Tel. (059) 772760. – PAVULLO NEL FRIGNANO: Pro Loco, p.le S. Bartolomeo, Tel. (0536) 20358. – SESTOLA: AA, p. Passerini 18, Tel. (0536) 62762. – LIZZANO IN BELVEDERE: AA, v. Marconi 28, Tel. (0534) 53159. – PORRETTA TERME: AA, p. Libertà 74, Tel. (0534) 22021. – MARZABOTTO: p. XX Settembre 1, Tel. (051) 932803.

Veranstaltungen

BOLOGNA: Internationale Kinderbuchmesse (März); "Motor-Show" (Dezember). – MODENA: Antiquarischer Markt (vierter Samstag und Sonntag jeden Monats). – CARPI: Stadtfest (Mai). – REGGIO NELL'EMILIA: Hundeausstellung (November); Fest der Madonna della Ghiara (erste Septemberwoche); Ornithologische Ausstellung (November). – PARMA: Liederfestival auf der Piazza Duomo (Juni); Musica e Stelle (Konzertreihe in den verschiedenen Klöstern der Stadt; Juli); Ornithologische Ausstellung (Oktober). – GUIGLIA: Sagra del Borlengo (Mai); Sagra del Gnocc Frett i Persott und Folklorefestival (August). – PORRETTA TERME: Kunsthandwerksausstellung (Juli).

Küche

Die Küche der Emilia ist ein Fest für den Gaumen, allerdings ist sie relativ schwer. An erster Stelle stehen bei den Vorspeisen gefüllte Teigtaschen, seien es 'Tortelli' (für die es allein mindestens elf verschiedene Zubereitungsarten gibt) oder 'Agnolotti'. In der Gegend um Parma ißt man 'Minestrone coi Maltagliati' und 'Risotto al Tartufo'. Beliebte Fleischgerichte sind 'Tacchino alla Duchessa' (Truthahn auf Herzoginart), 'Stracotto alla Parmigiana' (Schmorbraten auf Parmesaner Art) oder 'Spalla di Maiale' (Schweineschulter). Zu nennen ist natürlich der berühmte Parmaschinken; weitere Wurstspezialitäten sind 'Culatello', 'Salame di Felino' und 'Bondiola'. Zwischen Parma und Reggio wird die andere bekannte Spezialität der Gegend produziert, der Parmesankäse. In der Provinz Reggio findet man als traditionelle Landkost, wie 'Agliata' (Nüsse und Brot, vermengt mit geriebenem Knoblauch, Milch und Salz). 'Tortelli' bereitet man dort häufig mit einer Füllung aus Gemüse oder Kürbis zu. Spezialitäten bei den Hauptgerichten sind Truthahn-Hackbraten (Polpettone di Tacchino) und Braten von Eselfleisch (Stracotto d'Asina). In Modena gilt es als strenge Regel, daß die 'Tortellini' in die klare Suppe (in Brodo) gehören. Unter den Hauptgerichten sind vor allem die berühmten Wurstspezialitäten (Zampone, Cotechino) hervorzuheben. Eine Delikatesse ist der gefüllte Fasan mit Trüffeln (Fagiano Farcito e Tartufato). Bologna ist auch die Hauptstadt der Küche der Emilia. Besonders beliebt sind 'Tagliatelle al Ragù' (Bandnudeln mit Tomatensauce), 'Grüne Lasagne', 'Stecchini alla Petroniana' (Spießchen), 'Fritti Misti' (Gemischtes aus der Pfanne) und 'Involtini alla Bolognese' (Rouladen). Bei den Wurstwaren nimmt die Mortadella den ersten Rang ein.

Tour 20: Adria – einmal anders

Die Küste um Rimini und ihr Hinterland

Emilia-Romagna, Marken sowie die Republik San Marino

Regionen

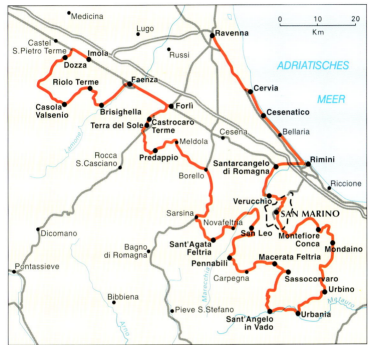

© I.G.D.A. S.p.A · Novara

Landschaftsbild

Den Küstenstreifen zwischen Ravenna, Rimini und Riccione kennt der deutsche Adriaurlauber in der Regel recht gut. Auch San Marino und Urbino sind bekannte Größen. Ganz anders sieht es aus, wenn von den nur wenig entfernten felsigen Berggraten um den Monte Carpegna herum die Rede ist oder von den zahlreichen wuchtigen Burgen, die in die Höhen und Täler des Montefeltro eingestreut sind. So bekannt dieser Adria-Abschnitt auch ist, auch hier gilt – wie so oft bei Küsten – daß das Hinterland für die meisten Menschen Niemandsland ist. Diese Route umfaßt neben der Adriaküste der Romagna auch die Hügelzone im Hinterland der unteren Poebene und die interessante Landschaft Montefeltro, die sich – abseits der Verkehrsströme – zwischen den Flüssen Marecchia und Metauro ausbreitet. Geprägt wird sie von schroffen Landschaftsformen und einem zähen Menschenschlag, der beharrlich die unwegsamen und kargen Berghänge bearbeitet.

Streckenmerkmale

Durch das Gebiet Montefeltro windet sich unsere Route auf schmalen und kurvenreichen Bergstraßen, während sie in der Ebene auf geraden, allerdings viel befahrenen Strecken verläuft. Die Straßenbeschaffenheit ist im allgemeinen gut, manche Abschnitte im Montefeltro können jedoch in der

kalten Jahreszeit tückisch glatt sein (speziell in schattigen Zonen). Das auf dem Monte Titano (750 m ü.d.M.) gelegene San Marino stellt den höchsten Punkt dieser Route dar. Der Startpunkt Imola liegt an der A 14 Bologna – Bari und ist außerdem mit Ravenna durch eine Zubringerautobahn verbunden.

Streckenmerkmale (Fortsetzung)

Streckenbeschreibung

Bei **Imola** (60 000 Einw.) sollte man sich einen Blick auf die Grand-Prix-Rennstrecke 'Autodromo Enzo e Dino Ferrari' (5040 m) nicht entgehen lassen. In der Stadt selbst ist die Burg der Visconti aus dem 13. Jh., ein mächtiges Gebäude von quadratischem Grundriß mit vier schweren Ecktürmen, sehenswert. Das Innere birgt eine Waffensammlung. Im Palazzo dei Musei wurden das Risorgimento-Museum, ein naturwissenschaftliches Museum und eine Gemäldegalerie untergebracht.

Imola: km 0

Von Imola aus fährt man ein kurzes Stück auf der Via Emilia (SS 9) in Richtung Bologna. Bei der Wallfahrtskirche Madonna del Piratello biegt man links ab nach **Dozza**, einer malerischen Ortschaft, in der alle zwei Jahre das 'Festival der Wandmalerei' stattfindet. Die Fresken ergeben ein farbenfrohes Bild in den engen Gassen, die von den Burgmauern umschlossen werden. Die Enoteca in der wuchtigen Festungsanlage offeriert edle Weine der Region.

Nach Dozza gewinnt die Straße an Höhe, die Fahrt wird abwechslungsreich. Bei Sant'Apollinare biegt man rechts ab und gelangt auf die SS 610, der man bis Fontanelice folgt. Hier hält man sich in Richtung Casola Valsenio und **Riolo Terme** (4800 Einw.), einem bekannten Kurort. Im nahegelegenen Valle del Rio Sanguinario gibt es mehrere Schlammquellen (Buldur de la Sèra), die in regelmäßigen Abständen kochendheißen Fango ausstoßen, der für Heilzwecke verwendet wird. Man sollte sich auch die Burg der Sforza ansehen, die auf das Jahr 1388 zurückgeht.

Nächste Station ist **Brisighella** (8400 Einw.), ebenfalls ein Kurort. Bemerkenswert ist der 'Eselspfad', ein Bogengang, der in Höhe des ersten Stockwerkes der Häuser verläuft, welche die Piazza Marconi säumen. In der Burg am Ortseingang wurde das 'Museum der bäuerlichen Arbeit' eingerichtet.

Die SS 302 bringt uns von hier schnell nach **Faenza** (55 000 Einw.), der berühmten Töpferstadt. Ein reizvolles Bild bietet die Altstadt mit der Piazza del Popolo, der Piazza della Libertà, den schönen barocken Brunnen und der Kathedrale, einem der wichtigsten Renaissance-Bauwerke der Region. Einzigartig auf der Welt ist das Keramikmuseum, in dem Töpferwaren aller Länder und aller Zeitepochen, von der prähistorischen Zeit bis zur Gegenwart, ausgestellt sind.

Faenza: km 75,6

Wir verlassen die Stadt auf der Via Emilia und fahren nach **Forlì** (111 000 Einw.). Eindrucksvoll ist dort die Kirche S. Mercuriale aus dem 12. Jh., deren Hauptfassade ein prächtiges Marmorportal ziert. Daneben steht ein hoher, schlanker Glockenturm, der nach oben hin spitz zuläuft. Ferner gibt es in Forlì eine Reihe sehenswerter Paläste, sie datieren vom 14. Jh. (Palazzo del Municipio) bis zum 18. Jh. (Palazzo Gaddi). Hervorragend mit Gemälden ausgestattet ist die Pinacoteca, in der Werke italienischer Meister von der Renaissance bis zum 20. Jh. ausgestellt sind.

Forlì: km 90,6

In Forlì biegen wir auf die SS 67 ab, die uns zunächst nach **Castrocaro Terme** (5000 Einw.) am Ufer des Montone bringt. Schmuckstück des vielbesuchten Kurortes ist das runde Baptisterium San Giovanni. Gleich danach kommt Terra del Sole, dabei handelt es sich um die Realisierung einer 'Idealstadt' des 16. Jh.s. Kurz danach, in Pieve Salutare, verlassen wir die SS 67 und fahren über kleine Bergsträßchen weiter nach Predappio (Geburtsort von Mussolini) und **Meldola**, über dem eine mittelalterliche Burg thront. Von hier ab geht es erneut bergauf in Richtung Teodorano und

◀ *Palazzo Ducale in Urbino*

123

Hauptroute
(Fortsetzung)

auf den Monte Cavallo (480 m ü.d.M.), wobei sich ein schöner Blick auf die Bergkette des Apennin bietet. Die Straße mündet schließlich in die SS 71 (E 45) ein, der wir bis Sarsina folgen.

Sarsina: km 164,8

Interessant sind in **Sarsina** (4100 Einw.) vor allem das Archäologische Museum und das Mausoleum des Aeflonius Rufus. Wir verlassen die Staatsstraße und fahren auf der kleinen Bergstraße nach **Sant'Agata Feltria** weiter, das bereits in der Provinz Marken liegt. Die Straße, die uns in das ehemalige Herzogtum Montefeltro bringt, wird nun zunehmend schwieriger befahrbar. Nachdem wir Sant'Agata Feltria mit der über dem Ort thronenden düsteren mittelalterlichen Burg hinter uns gelassen haben, kommen wird nach Novafeltria, wo wir links in die SS 258 einbiegen. In Villanova zweigt unsere Route erneut ab, wir steuern San Leo an. Die Strecke dorthin verläuft in ständigem Auf und Ab und ist gespickt mit engen Kurven. Ganz plötzlich taucht die Burg von **San Leo** (2600 Einw.) auf. Der malerisch auf einem Bergkegel gelegene Ort ist möglicherweise der älteste des Montefeltro. Urkundlich erwähnt wird das Dorf bereits im Jahre 1125, als es unter dem Namen Mons Feretrus Bischofssitz wurde. Von diesem Namen leitet sich die Bezeichnung des ganzen Landstrichs ab. Die Pfarrkirche und der Dom stellen die reinste Ausprägung romanischen Baustils in der Region Marken dar.

Das Bergsträßchen schlängelt sich weiter nach **Pennabilli** (3200 Einw.), das von zwei Bergausläufern beherrscht wird. Auf dem einen namens Rupe stand einst ein imposantes Malatesto-Kastell, von dem heute nur noch Ruinen übrig sind, während sich auf dem anderen, dem Roccione, die zwischen dem 15. und 17. Jh. erbaute Kirche San Agostino erhebt.

Weiter führt der Weg um den Monte Carpegna herum, der mit seinen Kalksteinformationen, schroffen Felsen und steilen Abgründen typisch für die Unzugänglichkeit der gesamten Gegend ist. Die Dörfer **Carpegna** (1600 Einw.), mit dem Palazzo Carpegna aus dem 17. Jh., und **Macerata Feltria**, das sich in die Ortsteile Borgo und Castello teilt und als Sehenswürdigkeit die neoklassizistische Pfarrkirche San Michele aufweist, sind Beispiele für die von Burgen und alten Pfarrkirchen geprägten kleinen Orte, die sich harmonisch in die Landschaft einfügen. Auf einer Anhöhe zwischen den Flußarmen des Foglia liegt **Mercatale**, die Häuser des Dorfes weisen die gleiche Tönung auf wie der Erdboden in der Umgebung.

Sassocorvaro:
km 257

Nicht weit entfernt liegt **Sassocorvaro** mit der kleinen Rocca degli Ubaldini, deren Form an einen Schiffsrumpf erinnert. In südlicher Richtung fahren wir weiter nach **Sant'Angelo in Vado**, dessen Ortsbild noch mittelalterliche Züge trägt. Herausragend ist der Palazzo della Ragione, an den ein mächtiger Glockenturm angebaut ist.

Urbania: km 291

Die SS 73 bis, in die unsere Route einmündet, bringt uns nach **Urbania** (6200 Einw.). Beherrschender Bau des Städtchens ist der Palazzo Ducale, der Herzogspalast, ein Backsteingebäude aus dem 15./16. Jahrhundert. Der gesamte Ortskern hat sich mit seinen Bauten der Frührenaissance (Palazzo Comunale, Palazzo Vescovile, Oratorio del Corpus Domini) den Charakter des 15. und 16. Jh.s erhalten.

Urbino: km 308,3

Von Urbania aus führt die Straße in zahlreichen Windungen nach **Urbino** (16 000 Einw.), der einstigen Hauptstadt des Herzogtums Montefeltro, Heimat von Raffael und Bramante. Urbino ist das Paradebeispiel einer planmäßig entstandenen 'Idealstadt' der Renaissance, deren harmonische Stadtanlage noch heute überzeugt. Zentraler Punkt ist der Palazzo Ducale aus dem 15./16. Jahrhundert. Der über alles beeindruckenden, von zwei Türmen flankierten Fassade ist der 1470 vollendete Säulenhof bemerkenswert. In des Sälen des Palastes ist die Nationalgalerie der Region Marken untergebracht, in der unter anderem wichtige Werke von Raffael, Piero della Francesca und Tizian ausgestellt sind. Weiterhin sollte man sich den neoklassizistischen Dom, die Universität (alte Residenz der Montefeltro) und die Basilica Metropolitana ansehen.

Nach Verlassen der Stadt führt uns die SS 73 bis in zahlreichen Windungen nach Ca' Gallo. Kurz nach diesem Ort überschreiten wir wieder die Grenze in die Romagna. Rasch hintereinander kommen wir dann durch **Mondaino** (mit einer alten Stadtmauer, einem Kastell und einer von Arkaden umgebenen Piazza) und **Saludecio**, wo ebenfalls noch der alte Mauerring erhalten ist. Bald danach erreichen wir die Ortschaft Montefiore Conca, in der Festungsanlagen aus dem 14. Jh. zu besichtigen sind.

Hauptroute (Fortsetzung)

Die Straße schlängelt sich durch das Valle della Conca, führt über einige Hügel hinweg und steigt dann jäh serpentinenartig zum unteren Stadtrand von **San Marino** (22 000 Einw.) auf, der Hauptstadt der gleichnamigen winzigen Republik. Die Stadt liegt in einmaliger erhabener Position auf dem 750 m hohen Monte Titano. Man muß das Motorrad auf einem der bewachten Parkplätze stehenlassen und den Altstadtteil zu Fuß erkunden. Hauptziele eines Rundgangs sind die auf drei Gipfelvorsprüngen des Monte Titano gelegenen Burgen Guaita (ganz von einer Mauer umgeben), Cesta (mit einem Waffenmuseum) und Montale.

San Marino: km 381,6

Nächster interessanter Ort ist **Verucchio** mit einer Burg der Malatesta und einer sehr hübschen Piazza. Von hier ab geht es auf der SS 258 wieder in die Ebene hinab. Auf einem der letzten Bergzüge liegt **Sant'Arcangelo di Romagna** (16 000 Einw.) mit einer sehr alten Pfarrkirche und einer weiteren Malatesta-Burg, die sich beherrschend über der Stadt erhebt.

Rimini (128 000 Einw.) ist das bedeutendste Fremdenverkehrszentrum der Adria. Die Stadt bietet im Sommer alles, was einen Badeurlaub attraktiv macht, und natürlich ist auch für jede erdenkliche Unterhaltung am Abend gesorgt. Kunstgeschichtlich interessant sind vor allem der Tempio Malatestiano, eines der wichtigsten Bauwerke der Frührenaissance überhaupt, und der Augustusbogen aus dem Jahre 27 v. Chr. Der Ponte di Tiberio, eine Brücke über die Marecchia, wurde unter Tiberius vollendet (21 n. Chr.).

Rimini: km 421

Weiter geht es auf der Uferstraße in nördlicher Richtung, ein Urlaubsort schließt sich an den anderen: **Bellaria-Igea Marina** (12 500 Einw.), San Mauro a Mare, **Cesenatico** (20 000 Einw.), wo man sich den alten Ortsteil entlang des malerischen, von Leonardo da Vinci entworfenen Kanalhafens

▼ *San Marino: Hauptstadt der gleichnamigen kleinen Republik*

Hauptroute
(Fortsetzung)
Cervia: km 471,9

Ravenna:
km 522,6

ansehen sollte, und **Cervia** (25 000 Einw.), in dessen Umgebung ein schöner Pinienwald zu Spaziergängen einlädt, ferner lohnen die Salinen eine Besichtigung.

Eine schnurgerade Straße führt zum Zielpunkt dieser Route, der kunsthistorisch überaus bedeutenden Stadt **Ravenna** (138 000 Einw.). 'Pflichtstationen' eines Stadtrundganges sind das Grab von Dante Alighieri, die frühchristliche Basilika San Vitale (4. Jh.), das Baptisterium Neoniano, das Mausoleum der Galla Placidia und die Basilika S. Apollinare Nuovo. Den Hauptschmuck bilden prächtige byzantinische Mosaiken.

Praktische Informationen

Fremdenverkehrs-
ämter

IMOLA: im Rathaus. – RIOLO TERME: AA, cs. Matteotti 40. – BRISI-GHELLA: Pro loco, p. Stazione, Tel. (0546) 81166. – FAENZA: p. del Popolo, Tel. (0546) 26311. – FORLI: EPT, v. Filopanti 4, Tel. (0543) 25026. – CASTROCARO TERME: AA, v. Garibaldi 1, Tel. (0543) 767162. – SAR-SINA: v. Roma, Tel. (0547) 94901. – SAN LEO: Pro loco, p. Dante 14, Tel. (0541) 916231. – PENNABILLI: p. Garibaldi. – CARPEGNA: Pro loco, p. dei Conti 1, Tel. (0722) 77153. – URBANIA: v. Roma 59, Tel. (0722) 618350. – URBINO: p. Duca Federico 35, Tel. (0722) 2441. – SAN MARINO: Ente statale per il turismo, contrada Omagna 20, Tel. (0541) 992101. – RIMINI: EPT, p.le Battisti, Tel. (0541) 27927. – BELLARIA-IGEA MARINA (in Bellaria): AA, v. Leonardo da Vinci, Tel. (0541) 44108. – SAN MAURO A MARE: v. della Repubblica 6, Tel. (0541) 46392. – CESENATICO: AA, v.le Roma 116, Tel. (0547) 80091. – CERVIA: AA, p. Garibaldi, Tel. (0544) 971013. – RAVENNA: EPT, p. S. Francesco 7, Tel. (0544) 36129.

Veranstaltungen

IMOLA: Briefmarken- und Münzenausstellung "Città di Imola" (April). – DOZZA: 'Biennale' der Wandmalerei (dritter Septembersonntag in ungeraden Jahren). – RIOLO TERME: Kulinarischer Wettstreit mit Cervia (August); Traubenfest (September). – BRISIGHELLA: Nationale Hundeausstellung (Juni); Frusta d'Oro ('Goldener Rührbesen'; August); Olivenfest (Dezember). – FAENZA: Internationaler Wettbewerb der Töpferkunst; Palio di Niballo (traditioneller Wettkampf; Juni). – FORLI: Stadtfest und Festtage der zeitgenössischen Grafik (Mai). – CASTROCARO TERME: Fest der Madonna dei Fiori (April). – PENNABILLI: Venerdì Bello ('Schöner Freitag'; am dritten Freitag im März). – URBANIA: St.-Christophorus-Prozession mit Segnung der Autos (25. Juli). – SALUDECIO: Festa degli Innocenti ('Fest der Unschuldigen'; Dezember). – SAN MARINO: Fotomesse "Fiap" (alle zwei Jahre im Juni/Juli); Palio di S. Lorenzo (traditioneller Wettkampf; August); Fest und Bogenschießwettbewerb anläßlich der Gründung der Republik (September). – VERUCCHIO: Carnevale 'Parlato' ('Gesprochener Karneval'); Festival alter Musik (Juli/August). – SANT'ARCANGELO DI ROMAGNA: Internationale Freilicht-Theaterwochen (Juli). – RIMINI: Fest der Folkloremusik (Juli/August); europäische Filmfestwochen (September). – CERVIA: Himmelfahrtsfest (Mai); Festival des Figurentheaters (Mai). – RAVENNA: Internationales Festival der Orgelmusik (Juli/August).

Küche

Die Küche der Landschaften Romagna und Montefeltro ist ländlich geprägt, aber auch von der Meeresnähe beeinflußt. Auf vielen Speisekarten findet man 'Brodetto', die reichhaltige und ausgezeichnete Fischsuppe der Adria; 'Passatelli', kleine Knödel, die man in der Suppe oder mit Tomatensoße ißt; 'Piadina', die berühmten Fladen der Romagna; 'Cappelletti' (Würstchen). Typisch sind außerdem Suppen in vielerlei Varianten und Meeresfrüchte (Canocchie), 'Tacchino alla Gozzuta' (Truthahn), 'Pasticciata' (Rinderschmorbraten), 'Cotechino' oder 'Salsiccia Matta' (Wurstspezialitäten), Lammfleisch, Spanferkel, Hammelbraten mit Zwiebeln sowie Gerichte mit Kohl der Romagna. Süßspeisen der Region sind: 'Fritelloni', 'Castagnole', 'Sfrappole', 'Castagnazz', 'Migliaccio', 'Crostate'.

Tour 21: Schiefer Turm und Marmorbrüche

Durch das Arnotal, die Küstenregion Versilia und den Höhenzug Garfagnana

Toskana Region

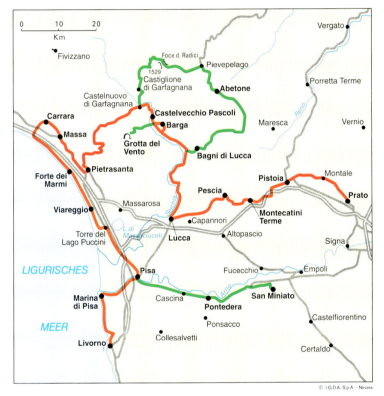

0   10   20
Km

Fivizzano

Foce d. Radici
1529
Castiglione di Garfagnana
Pievepelago
Abetone

Castelnuovo di Garfagnana
Carrara
Massa
Castelvecchio Pascoli
Barga
Grotta del Vento
Bagni di Lucca
Maresca
Reno
Vergato
Porretta Terme
Vernio

Pietrasanta
Forte dei Marmi
Viareggio
Massarosa
Pescia
Pistoia
Montale
Prato

Torre del Lago Puccini
L. di Massaciucoli
Lucca
Capannori
Montecatini Terme
Altopascio
Signa

LIGURISCHES
Pisa
Fucecchio
Empoli

Marina di Pisa
Cascina
Pontedera
Arno
San Miniato
Castelfiorentino

MEER
Ponsacco
Collesalvetti
Livorno
Certaldo

© I.G.D.A. S.p.A. - Novara

Landschaftsbild

Die meisten Orte, die diese Route berührt, können auf eine bedeutsame Geschichte zurückblicken. Industrie und Handwerk spielen eine wichtige Rolle in der Region um den Unterlauf des Arno, der in die toskanische Rivieraküste mündet. Zwischen Viareggio und Carrara erstreckt sich die Versilia, eine Küstenebene mit Pinienwäldern, schönen Sandstränden und eleganten Uferpromenaden. Im Hinterland erheben sich die Apuanischen Berge, eine weniger betriebsame, aber nicht minder faszinierende Landschaft. Man folgt durch schmale Täler dem Weg, den die Wasserläufe im Lauf der Zeit durch Erde und Fels gegraben haben, und entlang derer rechts und links steile Hänge mit undurchdringlichen Wäldern und eigentümlichen Karstformationen zu majestätischen Gipfeln hinaufsteigen. Ihren höchsten Punkt erreichen die Gebirgszüge bei den Marmorbrüchen von Carrara. Schon aus weiter Ferne sieht man die hellen Aushöhlungen, die der Mensch in die Berge gegraben hat.

An der Arnomündung

Das Straßennetz ist in den dichtbesiedelten Industrieregionen (besonders zwischen Prato, Lucca, Pisa und San Miniato) gut ausgebaut. Im dünner besiedelten Landstrich Garfagnana weist die Strecke mit ihren schmalen Fahrbahnen und zahlreichen engen Kurven die typischen Merkmale von Gebirgsstraßen auf. Sehr stark befahren sind im Sommer die Küstenstraßen der Versilia. Die höchsten Punkte der Strecke liegen auf dem Monte Abetone (1388 m ü.d.M.) und auf dem aussichtsreichen Foce delle Radici mit 1529 m ü.d.M.. Generell schwankt die Höhe zwischen 400 und 1200 m ü.d.M.. Den Beginn der Route erreicht man über die A 11 Florenz – Lucca, Ausfahrt Prato.

Streckenbeschreibung

Die Stadt **Prato** (160 000 Einw.) ist reich an bedeutenden Baudenkmälern, die von einer noch gut erhaltenen Stadtmauer aus dem 13. Jh. umschlossen werden. Das Castello dell'Imperatore, auch Fortezza di Santa Barbara genannt, wurde unter Kaiser Friedrich II. Mitte des 13. Jh.s erbaut; die Kirche Santa Maria delle Carceri entstand im späten 15. Jahrhundert. Von Prato aus führt eine Provinzstraße am Rande der Ebene entlang über **Montemurlo** und **Montale** nach **Pistoia** (92 000 Einw.). Der alte Kern der Indu-

Prato: km 0

Pistoia: km 18,7

striestadt ist zwar durch nichtssagende neuere Bauten verunstaltet, aber immerhin ist ein einziger hinreißend schöner Platz erhalten, an dem der elegante Palazzo del Comune und der Dom aus dem 12./13. Jh. stehen. Weiter geht es auf der SS 435, wobei man die von Florenz zum Meer führende Autobahn zuerst über- und dann unterquert. Man gelangt sodann

Montecatini:
km 33,7

nach **Montecatini** (22 000 Einw.), einem bedeutsamen Kurort im Nievole-Tal, der ansprechende Parkanlagen im Überfluß besitzt. Bald nach Verlassen von Montecatini kündigen Gewächshausreihen die Stadt **Pescia** (18 500 Einw.) am gleichnamigen Flüßchen an. Es ist ein berühmtes Zentrum der Blumenzucht mit einem großen Blumenmarkt. Sehenswert ist in Pescia ferner das Geologische Museum mit Fossilien und archäologischen Funden. Auf der Weiterfahrt in Richtung Lucca kommt man durch

Collodi: km 47

Collodi, ein hübsches kleines Dorf, das sich malerisch in die grünen Hänge des Apennin einfügt. Collodi ist die Heimat der Märchenfigur Pinocchio, deren Abenteuer der in Collodi aufgewachsene Schriftsteller Carlo Lorenzini beschrieben hat. Im Parco dei Balocchi sind Episoden der phantasiereichen Geschichten liebevoll nachempfunden. Sehenswert ist auch der prächtige Garten der Villa Garzoni aus dem 17. Jh., der mit Springbrunnen, Wasserspielen und Skulpturen reich geschmückt ist.

Lucca: km 63,2

Auf ebener Strecke geht es weiter nach **Lucca** (91 000 Einw.), einer Stadt mit faszinierendem mittelalterlichen Ortsbild. Höhepunkte einer Besichtigung sind der Dom aus dem 6. Jh. und der sehr reizvolle Spaziergang entlang der Stadtmauer. Von Lucca aus fahren wir auf der SS 12 weiter, die dem Lauf des Flusses Serchio am Fuße der Apuanischen Berge entlang folgt. Je enger das Tal wird, desto wilder wird die Berglandschaft.

Lucca: San Michele in Foro

Der Ort **Chifenti**, bei dem wir eine Entscheidung über die folgende Wegstrecke treffen müssen, liegt am Zusammenfluß des Wildbaches Lima mit dem Serchio.

Hauptroute
(Fortsetzung)
Chifenti: km 86,2

Schon bald nach Einbiegen in das tiefgrüne Lima-Tal erreicht man **Bagni di Lucca** (8000 Einw.), einen eleganten Kurort mit repräsentativen Bauten. Danach passieren wir **Vico**, das abgeschnitten von der Welt auf einem Bergvorsprung unterhalb eines kahlen Gipfels liegt, und anschließend **Lucchio**, dessen Häuser sich an den steilen Berghang anzuklammern scheinen. **Cutigliano** (2000 Einw.) bildet den lieblichen Auftakt zu einem waldigen und ruhig-beschaulichen Abschnitt dieser Landschaft, bevor der Aufstieg zum Monte Abetone beginnt. Der Ort **Abetone** (850 Einw.) ist einer der bekanntesten Wintersportorte des Apennin im Grenzraum von Toskana und Emilia-Romagna. Er liegt eingebettet in ein Naturschutzgebiet: Der wunderschöne Nadelwald wird ab und an von einladenden Wiesen unterbrochen. Schwindelerregend steil geht es dann bergab nach **Pievepelago**. An der Kreuzung mit der SS 324 hält man sich links, der Weg steigt nun bis zum 1529 m hohen **Foce delle Radici** an, einen Punkt, von dem aus man eine herrliche Fernsicht hat. Eine endlose Serie von scharfen Kurven führt hinunter nach **Castelnuovo di Garfagnana**, von wo man weiter der Hauptroute folgt.

**Alternativstrecke:
Chifenti –
Castelnuovo di
Garfagnana
(100 km)**

Der von Wiesen umgebene, etwas erhöht gelegene Ort **Barga** (11 000 Einw.) ist typisch für die Landschaft Garfagnana. Die Straßen durch Barga sind eng, verwinkelt und unregelmäßig angelegt. Interessant ist der unvermittelt aus einer der Gassen emporragende Dom.

Barga: km 99,2

Wenn man bei Barga das Tal verläßt und über **Gallicano** in die angrenzenden Berge aufsteigt, kommt man kurz nach **Fornovolasco** zur Grotta del Vento. Mehr als 1 km lang ist der Fußweg durch die Tropfsteinhöhle mit ihren beachtlichen Stalaktiten und Stalagmiten.

Nebenstrecke 1
Fornovolasco:
km 109

In ihrem weiteren Verlauf bringt uns die SS 445 nach Castelvecchio Pascoli, dem Geburtsort des Dichters Pascoli, dessen Haus und Grabstätte man besichtigen kann. Von hier aus ist es nicht weit nach **Castelnuovo di Garfagnana** (6400 Einw.), einem charmanten Städtchen, das auf einem spitz zulaufenden Bergrücken an der Einmündung der Turrite Secca in den Serchio liegt. Der nun folgende Routenabschnitt bringt uns in das urwüchsige Gelände des Parco Naturale delle Alpi Apuane. Überall an den kahlen Berghängen sieht man Marmorsteinbrüche. Schließlich führt die Straße in einen engen Tunnel, der 'Cipollaio' genannt wird und den Gebirgskamm durchstößt. Wenn man auf der dem Meer zugewandten Seite herauskommt, bietet sich ein phantastisches Panorama.

Castelnuovo di
Garfagnana:
km 124

Größer könnte der Gegensatz kaum sein: Nachdem man das bizarre Gebirge hinter sich gelassen hat, stößt man in **Pietrasanta** (25 000 Einw.) auf die viel befahrene SS 1, die Via Aurelia. Nächster bedeutender Ort ist **Massa** (66 000 Einw.). Sehenswert sind die Stadtmauer und die mittelalterliche Burg. Weiter geht es nach **Carrara** (69 000 Einw.) und dann auf einer schnurgerade verlaufenden Allee ans Meer.

Massa: km 179,5

Marina di Carrara ist der erste in einer Reihe von ganz auf Tourismus eingestellten Badeorten der Riviera di Versilia. Fast nahtlos gehen, wenn man an feinen Sandstränden entlangfährt, **Marina di Massa**, **Forte dei Marmi** (10 000 Einw.), das auf eine Renaissancefestung des toskanischen Großherzogs Leopold I. zurückgeht, und – als krönender Höhepunkt – **Viareggio** (58 000 Einw.) ineinander über. Der auch für seinen Karneval bekannte Badeort bietet mit seinen traditionsreichen Hotels, von denen viele hübsche Jugendstilfassaden besitzen, und den blumengeschmückten Straßen ein interessantes Stadtbild. Kurz danach kommt man nach **Torre del Lago Puccini** am Lago Massaciuccoli. An diesem See befinden sich Haus und Grab des großen Musikers, dessen Namen der Ort trägt. Die Via Aurelia streift anschließend den Naturpark Macchia di Miglarino e Tenuta di San Rossore und führt nach **Pisa** (105 000 Einw.). Der Faszina-

Viareggio:
km 220,6

Pisa: km 241,4

Hauptroute (Fortsetzung)	tion des Campo dei Miracoli, dem zentralen Rasenplatz, auf dem die welt-berühmten Bauten der Stadt vereint sind, kann sich wohl niemand entzie-hen. Dicht beieinander stehen hier die Stadtmauer, der prächtige Dom und natürlich der Schiefe Turm (aus dem Jahre 1173). Weniger spektakulär, doch auch reizvoll sind die Häuserfassaden entlang des Arno.
Nebenstrecke 2 Pontedera: km 262,9	Von Pisa aus führt die SS 67 durch das betriebsame untere Arno-Tal in Richtung Florenz. Nach ca. 20 km kommt man nach **Pontedera** (28 000 Einw.), wo die Torre del Campanone bestaunt werden kann, das einzige Überbleibsel der Mauer, die einst die mittelalterliche Stadt in zwei Teile trennte. Gebaut wurde die Mauer von Castruccio Castracane, um die streitsüchtigen Guelfen von den Ghibellinen zu trennen. Die Weiterfahrt auf der Staatsstraße bringt uns nach **San Miniato** (25 000 Einw.), das reizvoll auf einem Hügelkamm am Arno liegt. Das Städtchen bietet ein interessan-tes, vom Mittelalter und der Renaissance geprägtes Ortsbild.
San Miniato: km 283,8	
Marina di Pisa: km 337,2	Die Hauptstrecke folgt ab Pisa dem Arno bis zu seiner Mündung bei **Marina di Pisa**. Im Mündungsgebiet des Flusses ist die Landschaft lagu-nenartig. Auf der weiten ruhigen Wasserfläche stehen auf Pfählen zahlrei-che Fischerhütten. Das Schlußstück der Route verläuft weiter am Meer entlang Richtung Süden, vorbei an einem Pinienwald bis nach **Livorno** (176 000 Einw.). Sehenswürdigkeiten der bedeutenden Hafenstadt sind das Monumento dei Quattro Mori, erbaut zu Ehren von Ferdinand I., die Festung am Ufer der Darsena Vecchia, das Aquarium und die malerischen Hafenkanäle, Revier der Fischer und Seeleute.
Livorno: km 353,2	

Praktische Informationen

Fremdenverkehrs-ämter	PRATO: AA, v. Cairoli 48, Tel. (0574) 24112. – PISTOIA: EPT, p. del Duomo, Tel. (0573) 21622. – MONTECATINI TERME: AA, v.le G. Verdi 66/68, Tel. (0572) 70109. – PESCIA: Ufficio comunale turismo, p. Mazzini 1, Tel. (0572) 476392. – LUCCA: EPT, v. V. Veneto 40, Tel. (0583) 43639. – BAGNI DI LUCCA: AA, v.le Umberto I 101, Tel. (0583) 87946. – CUTI-GLIANO: AA, v. Tigri, Tel. (0573) 68029. – ABETONE: AA, p.le Piramidi, Tel. (0573) 60001. – FIUMALBO: Pro Loco, p. Umberto I, Tel. (0536) 73909. – PIEVEPELAGO: Pro Loco, v. C. Costa 25, Tel. (0536) 71304. – CASTEL-NUOVO DI GARFAGNANA: p.tta Ariosto, Tel. (0583) 62268. – BARGA: Pro Loco, p. Angelico, Tel. (0583) 73499. – PIETRASANTA: siehe Marina di Pietrasanta. – MASSA: AA, lg.mare Vespucci 24, Tel. (0585) 240063. – CARRARA: EPT, p. II Giugno 14, Tel. (0585) 70894. – MARINA DI CAR-RARA: AA, p. G. Menconi 6/g, Tel. (0585) 632218. – MARINA DI MASSA: siehe Massa. – FORTE DEI MARMI: AA, p. Marconi 5, Tel. (0584) 80091. – MARINA DI PIETRASANTA: AA, Tonfano, v. Donizetti 14, Tel. (0584) 20331. – LIDO DI CAMAIORE: AA, v. C. Colombo, Tel. (0584) 64397. – VIAREGGIO: EPT, im Bahnhof, Tel. (0584) 46382. – PISA: EPT, p. Arcives-covado 8, Tel. (050) 501761. – SAN MINIATO: v. Vittime del Duomo 6, Tel. (0571) 418251. – LIVORNO: EPT, p. Cavour 6, Tel. (0586) 33111.
Veranstaltungen	PRATO: Comic-Tage (Januar); Stadtfest (8. September). – PISTOIA: Hei-matgewerbeausstellung mit typischen Produkten der Gegend (Mai/Juni); Giostra dell'Orso (traditionell-folkloristische Veranstaltung; Juli). – PES-CIA: Gesangsfestival 'Bioscine d'Oro'; Spargelfest (Mai). – LUCCA: Musik-fest (Frühsommer); Büchertage und Lichterfest (September). – BAGNI DI LUCCA: Volksfest mit 'Tortelli' und 'Necci' (Fladen aus Kastanienmehl; 15. August). – FIUMALBO: Fest des hl. Bartholomäus (24. August). – PIEVE-PELAGO: Blumenteppiche am Fronleichnamstag. – CASTELNUOVO DI GARFAGNANA: Volksfest mit 'Tortelli' (September); Fest der Befana (Sagengestalt; Dreikönigstag). – CARRARA: internationale Ausstellung 'Marme e Macchine' ('Marmor und Maschinen'; Mai/Juni); Ausstellung des Marmor-Kunsthandwerks und internationales Symposium der Bildhauerei

(Juli/August). – MARINA DI CARRARA: Fischfest (August); 'David-Poesie-preis' (September). – FORTE DEI MARMI: Preis der politischen Satire (August). – MARINA DI PIETRASANTA: Karneval (Juli). – VIAREGGIO: Karneval von Viareggio; Motorbootrennen 'Elica d'Oro' und Segelregatta Viareggio – Bastia (Juni). – PISA: Armbrust-Wettbewerb 'Balestra Kinzica de Sismondi' (2. Juni); Lichterfest und historische Regatta auf dem Arno (16./17. Juni); Gioco del Ponte (Brückenspiel) und historischer Umzug (24. Juni); Veranstaltungen und folkloristische Aufführungen am Festtag des S. Sisto (6. August); Palio della Balestra (Armbrustschießen; 8. Dezember). – SAN MINIATO: Drachenfest (erster Sonntag nach Ostern); historischer Wettkampf von S. Rocco (August); Volksfest mit 'Pappardelle col Tartufo' als kulinarischer Spezialität (Oktober). – LIVORNO: Palio Marinaro (traditionsreiches Ruderrennen zwischen den verschiedenen Stadtteilen; Juli).

Aus der Küche Livornos sind besonders 'Caciucco', die ausgezeichnete Fischsuppe, Seebarbe (Triglia) und Kabeljau (Baccalà) 'alla Livornese', 'Tonno Ubriaco' ('betrunkener Thunfisch') sowie 'Zuppa di Arselle' (Muschelsuppe) zu empfehlen. Spezialitäten in Pisa: 'Riso e Vongole' (Reis mit Muscheln), 'Zuppa di Muscoli' (Muschelsuppe), 'Zuppa di Cavolo Nero' (Kohlsuppe), 'Minestra di Fagioli' (Bohnensuppe), 'Muggine alla Griglia' (Meeräsche) und 'Anguilla in Ginocchioni' (Aal). In der Gegend um Massa ißt man Tortelli mit Kohlfüllung, Polenta aus Kastanienmehl mit Quark sowie 'Fagiano alla Carnesecca' (Fasan). Köstlichkeiten in Lucca sind 'Zuppa di Magro', 'Risotto al Piccione', 'Rosticciana di Maiale' (Schweinsrostbraten) und 'Maiale con Polenta di Castagne'. In Prato sollte man unbedingt die 'Minestra di Pane Rustico' (Brotsuppe), 'Polpette all'Uva Passa' (Rosinen-Frikadellen), 'Sedani Ripieni' (gefüllten Sellerie) und 'Composta di Crema' (Kompott) versuchen.

▼ *Piazza dei Miracoli in Pisa*

Tour 22: An den Quellen der Geschichte

Oberes Arno-Tal und Quellgebiet des Tiber

Regionen Toskana, Emilia-Romagna und Umbrien

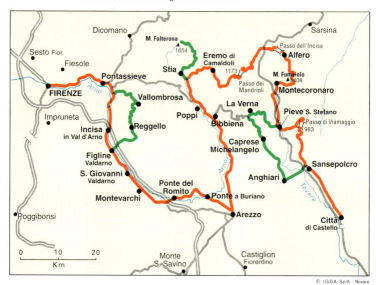

© I.G.D.A. S.p.A. - Novara

Landschaftsbild Diese Tour führt am Oberlauf zweier geschichtsträchtiger Flüsse entlang: zum einen am Arno, der in den olivenbaumbestandenen Hügeln des Casentino entspringt und auf seinem Weg nach Arezzo und Florenz recht rasch zu einem eindrucksvollen breiten Fluß anschwillt, und zum anderen am Tiber (ital. Tevere), der als winziger Gebirgsbach seinen langen Weg durch Mittelitalien bis hinunter nach Rom antritt, der Stadt, mit der er schicksalhaft verbunden ist, wie die Italiener meinen. Im Lauf dieser Route, die vielfach durch Wälder und üppig grüne Landschaft führt, stößt man immer wieder auf Spuren der Geschichte, alte Festungsstädtchen, Burgen und Herrschaftssitze, Kirchen und kunsthistorisch bedeutsame Gebäude, Überbleibsel einer Zeit, als die 'Signorie', die Herrscherdynastien des italienischen Mittelalters, hier regierten. Noch heute scheint der Geist jener Epoche diese Landschaft zu durchwehen.

Streckenmerkmale Die Strecke ist meist kurvenreich, wobei die Straßen teilweise schmal und nicht immer in gutem Zustand sind. Die Route enthält einige Berg-und-Tal-Etappen, ohne jedoch größere Anforderungen zu stellen. Die Höhe schwankt zwischen 91 m bei Pontassieve und 1296 m ü.d.M. auf der Paß-höhe La Calla unterhalb des Monte Falterona. Bei der Anfahrt wählt man die Ausfahrt 'Firenze Sud' der A 1 Mailand – Neapel.

Streckenbeschreibung

Florenz: km 0 **Florenz** (ital. Firenze, 448 000 Einw.), Startpunkt dieser Route, ist eine der schönsten und meistbesuchten Städte der Welt. Natürlich gehören die

Uffizien, der Dom mit Baptisterium und Campanile, Piazza della Signoria, Ponte Vecchio, Palazzo Medici, Santa Maria Novella, Palazzo Pitti oder Spedale degli Innocenti auch zu dieser Italien-Rundreise.

Auf der SS 67 führt die Route in Richtung **Pontassieve** (20 000 Einw.) aus der Stadt heraus. Von der alten Stadtmauer sind dort nur noch der Uhrenturm und die Porta Fiorentina übrig.

Bei Pontassieve zweigt diese Strecke – wie die Hauptstrecke auch – auf die SS 69 ab, dann jedoch geht es gleich wieder links ab nach **Pelago**, wo der Anstieg auf den Pratomagno beginnt. Der Name dieses Bergzuges leitet sich von den ausgedehnten Wiesenflächen (prato = Wiese) ab, die die nordwestliche Bergseite bedecken. Dort erhebt sich auch, inmitten eines kleinen dichten Tannenwaldes, der zum Naturpark erklärt wurde, die Abtei Vallombrosa. Die Zufahrtsstraße ist eng und kurvenreich, doch der Abstecher lohnt sich wegen des atemberaubenden Panoramas. Ziemlich steil geht es vom Pratomagno bergab nach Reggello. In Pian di Scò biegt man rechts ab und gelangt bei **Figline Valdarno**, das jenseits der Autobahn und des Flusses liegt, auf die Hauptroute zurück.

Die Hauptroute verläuft von Pontassieve auf der SS 69 nach **Rignano sull'Arno**, wo die Kirche San Clemente eine Fahrtunterbrechung verdient. Weiter geht es dann durch das Arno-Tal nach **San Giovanni Valdarno** (20 000 Einw.), im 14. Jh. als Bollwerk zur Verteidigung der Republik Florenz gegründet. Beachtenswert sind der Palazzo Pretorio, der Palazzo Ricorboli, das Oratorio di San Lorenzo und die Kirche Santa Maria delle Grazie.

In **Montevarchi** (22 000 Einw.), einer bedeutsamen kleinen Landwirtschafts- und Industriestadt, ist noch das frühere Kloster San Ludovico e San Lorenzo mit einem angegliederten Museum erhalten. In einem weiteren Museum der Stadt, dem Museo Paleontologico, sind Fossilienfunde der Umgebung, eine der wichtigsten toskanischen Fossilienfundstätten

Hauptroute (Fortsetzung)

Pontassieve: km 18

Alternativstrecke: Pontassieve – Figline Valdarno (35 km)

San Giovanni Valdarno: km 48,4

Montevarchi: km 52,9

Der Dom Santa Maria del Fiore prägt die Silhouette von Florenz

135

Tour 22

Hauptroute (Fortsetzung)

aus dem Pleistozän, zusammengetragen. 10 km hinter Montevarchi verlassen wir die SS 69, überqueren den Ponte del Romito und erreichen den kleinen Ort Laterina. Kurz danach halten wir uns rechts und wechseln auf der mittelalterlichen Steinbrücke von Buriano wieder auf die andere Arno-Seite.

Arezzo: km 86,2

Anschließend weitet sich das Tal, wir kommen nach **Arezzo** (92 000 Einw.). Im Mittelpunkt der Stadt steht am gleichnamigen Platz die gotische Kirche San Francesco (13./14. Jh.). Besonders malerisch präsentiert sich die Piazza Grande mit der Kirche Santa Maria, dem Palazzo della Fraternità dei Laici und dem Palazzo delle Logge, benannt nach den Loggien, die sich zu dem Platz hin öffnen. Eine Besichtigung lohnen ferner der Dom, das Haus des Petrarca und das Vasari, die Festung Sangallo und die Reste des römischen Amphitheaters in der Via Margaritone (2. Jh.).

Von Arezzo aus führt unsere Route auf der SS 71 in Richtung Norden, entlang des Arno-Oberlaufes. Die Landschaft wird zunehmend abwechslungsreicher, die Vegetation wird üppiger. Nach der Talenge von Santa Mama erreicht man nach ein paar Kurven **Bibbiena** (10 500 Einw.), das auf 425 m Höhe gelegene Zentrum der Berglandschaft Casentino. Interessant sind der Palazzo dei Dovizi aus dem 16. Jh. und ihm gegenüber die Kirche San Lorenzo mit einem kleinen Kreuzgang sowie die Überreste der ehemaligen Burg (Uhrenturm und ein weiterer, kleinerer Turm). An der Kreuzung mit der SS 70 halten wir uns in Richtung **Poppi** (6000 Einw.), das einst den Herzögen von Guidi gehörte, die hier ein Kastell errichteten, das später zum Palazzo Pretorio umfunktioniert wurde. Besonders reizvoll ist der kleine Hof mit mehreren Balkonen. Interessant sind auch die Kirchen San Fedele und Certomondo, vor allem beeindruckt aber die Tatsache, daß sich Poppi in verblüffender Weise seinen mittelalterlichen Charakter erhalten hat. Kurz hinter dem Ortausgang kommt man zur Abzweigung nach Pratovecchio.

Pratovecchio: km 131,5

Nebenstrecke 1 Stia: km 133,7

Die Straße Nr. 310 führt von hier nach **Stia** (3000 Einw.), dessen Häuser sich harmonisch um die Piazza Tanucci gruppieren. Mitten durch den Ort fließt, hier noch als winziges Gebirgsflüßchen, der Arno. Hinter Stia geht es bergauf, und die Vegetation wird dichter, je mehr man sich dem Monte Falterona (1654 m ü.d.M.) nähert. Schließlich erreicht man die Paßhöhe La Calla (1296 m ü.d.M.), die an der Grenze zwischen den Regionen Toskana und Emilia-Romagna liegt. Kurz nach Passieren der Paßhöhe zweigt ein Sträßchen links ab, das bis nahe an den Capo d'Arno, den Ursprung des Arno, heranführt. Nach einem kurzen Fußweg erreicht man die Quelle des geschichtsträchtigen italienischen Flusses.

Pratovecchio: km 174,9

Nach Pratovecchio zurückgekehrt, fährt man auf einer schmalen und holprigen Straße weiter in das Naturschutzgebiet von Camaldoli, einen bildschönen Landstrich. Durch einen dichten, jahrhundertealten Wald gelangt man schließlich zu einer auf 1104 m Höhe gelegenen Abtei, zur Eremo di Camaldoli, die auf das 11. Jahrhundert zurückgeht. Frauen ist der Zutritt zu dem benachbarten Kloster, zu dem eine Kirche, die ehemalige Apotheke aus dem 16. Jh., in der heute Spirituosen und Kosmetikartikel verkauft werden, ein kleiner Kreuzgang und eine Herberge gehören, nicht gestattet. Weiter fährt man durch die herrliche Landschaft des Naturschutzgebietes, bis man nach einigen Kilometern auf die SS 71 gelangt. Links geht es hier weiter nach **Badia Prataglia**, einem von Wald und immer neuen idyllischen kleinen Wasserfällen umgebenen Fremdenverkehrsort. Danach darf man sich auf etliche schön zu fahrende Kurven freuen, die auf den Mandrioli-Paß (1173 m ü.d.M.) hinaufführen.

Bagno di Romagna: km 220,4

Die Paßabfahrt bringt uns nach **Bagno di Romagna** (6400 Einw.), einem für seine heißen Schwefelquellen bekannten Kurort. Danach, gleich hinter den Zubringern zur Schnellstraße 3 bis, biegen wir in Richtung Alfero ab. Die Nebenstraße führt über den Passo dell'Incisa (822 m ü.d.M.) zu einer Gabelung, wo wir uns in Richtung Riofreddo halten. Erneut geht es bergauf

Vor der mittelalterlichen Steinbrücke von Buriano ▶

Hauptroute (Fortsetzung)	zum 1402 m hohen Monte Fumaiolo. Am Fuße des Gipfels liegt an einem Punkt, der 'Le Vene del Tevere' heißt (von der Straße aus beschildert), das Quellgebiet des Tiber. Nachdem man den Berggipfel umfahren hat,
Pieve Santo Stefano: km 278,6	kommt man zur SS 3 bis zurück, auf der man nach **Pieve Santo Stefano** weiterfährt.

Alternativstrecke: Pieve Santo Stefano – Sansepolcro (63 km)

Auf der SS 208 klettert diese Strecke durch einen mächtigen Buchen- und Tannenwald hindurch auf den Monte di La Verna (1128 m ü.d.M.). Auf dem Gipfel steht das Convento di San Francesco, das Kloster des hl. Franz von Assisi. Man sollte sich dort das Museum der Wallfahrtsstätte, die fünf Kreuzgänge und die Grotte ansehen, in welcher der Heilige nach der Überlieferung die Wundmale Christi erhielt. Im Kloster kann man auch essen und übernachten. In **Chiusi della Verna** verläßt man die SS 208 und hält sich in Richtung der Anhöhe Rosso, an ihrem Fuße liegt das Dorf **Caprese Michelangelo**, Geburtsort von Michelangelo Buonarroti. Unweit südlich erreicht man **Anghiari** (6000 Einw.), ein hübsches kleines Städtchen, das noch von einer alten Stadtmauer umgeben ist. Der Palazzo Taglieschi an der Piazza Mameli, beherbergt das Heimatmuseum des Oberen Tiber-Tales. Zügig geht es dann nach Sansepolcro.

	Die Hauptroute führt von Pieve Santo Stefano auf einer schmalen Bergstraße zum Passo di Viamaggio (983 m ü.d.M.) hinauf. Auf der Alpe della
Sansepolcro: km 306,6	Luna kreuzt die Straße die SS 258, der man weiter nach **Sansepolcro** (dt. = 'Heiliggrab'; 16 000 Einw.) folgt. Die Stadt ist um ein Oratorium aus dem 10. Jh. herum entstanden, das zur Aufbewahrung der aus dem Heiligen Grab stammenden Reliquien gebaut wurde. Beachtenswert sind der Palazzo delle Laudi, der Palazzo Pretorio und der Dom. Schnurstracks verläuft die Straße von hier aus weiter in Richtung Süden, immer am Tiber entlang. Die Landschaft ist ausgesprochen lieblich, von Hochterrassen und sanften Hügeln geprägt.
Città di Castello: km 323,8	Ziel dieser Route ist das bereits in Umbrien gelegene **Città di Castello** (38 000 Einw.). Die an Baudenkmälern reiche Stadt lohnt ein Verweilen, wobei man sich vor allem den Palazzo del Podestà, den Palazzo del Comune, den schönen Dom, die Kirche Santa Maria Maggiore, den Palazzo Albizzani und den Palazzo Vitelli ansehen sollte.

Praktische Informationen

Fremdenverkehrsämter	FIRENZE: EPT, v. Manzoni 16, Tel. (055) 2478141. – PONTASSIEVE: v. Tanzini, Tel. (055) 8315441. – VALLOMBROSA: AA, v.le D. Alighieri 55, Tel. (055) 868977. – MONTEVARCHI: p. Varchi, Tel. (055) 980193. – AREZZO: EPT, p. Risorgimento 116, Tel. (0575) 20839. – BIBBIENA: AA, v. Cappucci 1, Tel. (0575) 593564. – BAGNO DI ROMAGNA: AA, v. Lungo Savio 14, Tel. (0543) 911046. – SANSEPOLCRO: v. XX Settembre, Tel. (0575) 732219. – CITTÀ DI CASTELLO: AA, v.le De Cesare 2/b, Tel. (075) 8554817.
Veranstaltungen	FLORENZ: Scoppio del Carro (Wagenverbrennung; Ostersonntag); Festa del Grillo (Frühlingsfest; Himmelfahrt); Festa delle Rificolone (Laternenfest; 7. September); Internationale Handwerksmesse (April/Mai); Blumenschau (April bis Juni); Schuhmesse, Briefmarken- und Münzenbörse, Fahrzeugmesse, Lederwarenmesse. – AREZZO: Antiquarischer Markt (erster Sonntag jeden Monats); Giostra del Saracino (Sarazenenspiel; September). – BIBBIENA: Historisch-folkloristisches Kostümfest (Februar). – POPPI: Handwerksschau (Juli). – LA VERNA: Festa delle Stimmate ('Fest der Wundmale'; 17. September); Fest des hl. Franz von Assisi (4. Oktober). – SANSEPOLCRO: Palio della Balestra (historischer Kostümwettstreit zwischen Gubbio und Sansepolcro; zweiter Septembersonntag). – CITTÀ DI CASTELLO: Karneval auf der Piazza und Volksfest; Hauseinrichtungsmesse (Ostern); Produktschau des Oberen Tiber-Tales (November).

Eine klassische Vorspeise der Florentiner Küche ist 'Finocchiona', eine Salami mit Fenchelsamen. Besonders beliebte Suppen sind 'Pappardelle' (Fleischbrühe mit Nudeleinlage), wobei die Geister sich in der Frage scheiden, welches Fleisch (Ente, Hase, Wild) wohl das beste hierfür ist. Eine traditionelle Suppe ist auch die 'Ribollita' (Gemüsesuppe mit geröstetem Brot). Primi Piatti in der Gegend des Casentino sind vor allem 'Gnocchi', während die Küche des oberen Tiber-Tales auf Reisgerichte ('Riso Nero', 'Risotto' in verschiedenen Varianten) sowie 'Tagliatelle' (Bandnudeln) spezialisiert ist.

Klassiker unter den Hauptgängen der Toskana ist das 'Bistecca alla Fiorentina' (ein auf dem Grill gegartes T-bone Steak), aber man sollte auch die ausgefalleneren Gerichte wie 'Maiale Ubriaco' ('betrunkenes Schwein'), 'Tortino di Ranocchi' (Gemüsetorte), 'Trippa con Piselli' (Kutteln mit Erbsen), 'Schidionata' (gemischter Fleischspieß), 'Brustichino' (Würstchen mit Polenta), 'Beccaccia Ripiena' (gefüllte Schnepfe), 'Cacciagione al Tartufo' (Wildbret mit Trüffeln), 'Anguille all'Aretina' (Aal) probieren. Gemüsespezialitäten sind 'Sedano Infornato' (überbackener Sellerie) und die berühmten 'Fagioli all'Uccelletto' (Bohnen mit Tomatensoße und Rosmarin). Beispiele der zahlreichen typischen Süßspeisen: 'Frittelle alla Fiorentina' (Pfannkuchen), 'Zuccotto' (Halbgefrorenes mit Biskuitteig und Schokoladencreme) und 'Schiacciata alla Fiorentina' (Blechkuchen aus Mehl, Olivenöl, Eiern und Schmalz).

Landschaft im oberen Arno-Tal

Tour 23: Auf den Spuren der alten Römer

Die Adria um Ancona und ihr Hinterland

Regionen   Emilia-Romagna und Marken

© I.G.D.A. S.p.A - Novara

Landschaftsbild   Der Name der Region Marken (ital. 'marche') stammt aus der Zeit, als dieses Gebiet eine Grenzregion, nämlich die zum Reich Karls des Großen, bildete. Charakterisiert wird diese Landschaft von einer flachen und sandigen Küste (nur unterbrochen vom Monte Cònero nahe Ancona) und einem hügeligen Hinterland, dessen zunächst lehmiger und fruchtbarer Boden mit zunehmender Nähe zum Apennin felsiger und kalkiger wird, teilweise sogar karge Züge annimmt. Die Römer bemühten sich darum, in dieser topographisch vielgegliederten Gegend mit den zahlreichen parallel zueinander verlaufenden Tälern taugliche Verkehrswege zu schaffen. Das heutige Straßennetz geht in seinen wesentlichen Zügen noch auf die Wege und Furten der damaligen Zeit zurück.

Streckenmerkmale   Die Küstenstraßen an der Adria sind breit und gut ausgebaut, allerdings kommt man aufgrund der raschen Folge von Ortsdurchfahrten und des starken Lastwagen- und Tourismusverkehrs nicht zügig voran. Die größeren Straßen im Hinterland sind ebenfalls insgesamt recht geradlinig und haben einen guten Bodenbelag, jedoch gibt es auch gewundene Nebenstraßen, die den Liebhabern sportlicher Kurvenfahrten entgegenkommen. Den höchsten Punkt der Route bildet mit 680 m ü.d.M. das auf dem Monte Catria gelegene Kloster Fonte Avellana. Durchschnittlich bewegt man sich auf etwa 300 m Höhe. Die Start- und Zielpunkte liegen an der A 14 Bologna – Taranto.

Streckenbeschreibung

Unsere Route beginnt in **Cattolica** (16 000 Einw.), einem der berühmtesten Badeorte der italienischen Adria. Nicht versäumen sollte man einen kleinen Abstecher zum 6 km nördlich gelegenen Autodromo di Santamonica (Misano), eine der schönsten Rennstrecken Italiens. Cattolica geht nahtlos über in den Ort **Gabicce** (5600 Einw.), ebenfalls ein Fremdenverkehrszentrum mit einer perfekten Infrastruktur für den Strandurlauber. Ein 'Muß' ist die Besichtigung der im Hinterland liegenden imposanten Burg von **Gradara** (2300 Einw.), die einen Grenzpunkt der Regionen Emilia-Romagna und Marken bildet. Ans Meer zurückgekehrt, folgen wir der sehr belebten Küstenstraße nach **Pesaro** (91 000 Einw.) Sehenswürdigkeiten sind dort der Palazzo Ducale und die Stadtmuseen.

Cattolica: km 0

Pesaro: km 28

Schnurgerade verläuft die Küstenstraße SS 16, die Adriatica, weiter in Richtung Süden, gesäumt von der Eisenbahnlinie zur Rechten und einer schier endlosen Kette von Strandbädern zur Linken. Nächster wichtiger Ort ist **Fano** (52 000 Einw.), wo noch Reste der mächtigen römischen Stadtmauer, der Augustusbogen und eindrucksvolle Paläste aus dem Mittelalter, der Renaissance und der Barockzeit erhalten sind.

Fano: km 39,5

Der weitere Weg an der Adriaküste entlang bringt uns nach **Senigallia** (40 000 Einw.). Eindrucksvoll sind die Rocca Roveresca, eine gewaltige Festungsanlage aus dem 15. Jh., und das Foro Annonario, ein Bau aus dem 19. Jahrhundert.

Senigallia: km 62,1

Von Senigallia aus führt uns der Weg ins Landesinnere. Wir folgen dem Flüßchen Misa durch sanft welliges Land bis nach **Corinaldo** (5400 Einw.), einem charmanten Städtchen mit noch gut erhaltenem mittelalterlichen Ortsbild, wobei besonders die Stadtmauer und die Wachttürme ins Auge fallen. Etwas kurviger und bergiger geht es dann weiter nach **San Michele** und **Mondavio**, letzteres kann mit einer Burg aus dem 16. Jh. aufwarten. Bald kommt ein weiterer Ort mit noch intaktem mittelalterlichen Bild, **San Lorenzo in Campo**. Interessante Einzelgebäude sind der Palazzo Ruspoli, der Palazzo Pretorio und das Museo Etnografico Africano.

Von hier fahren wir durch das Cinisco-Tal weiter nach **Pergola** (7900 Einw.) einem wichtigen Industrie- und Handelsstädtchen der Gegend, das sich außerdem ideal als Ausgangspunkt für Wanderungen auf die umliegenden Berge Catria und Acuto eignet.

Pergola: km 116,1

Von Pergola aus bringt uns die SS 424 nach **Frontone**, hier hält man sich links in Richtung **Serra Sant'Abbondio**. Durch waldiges Gelände geht es danach steil bergauf zum altehrwürdigen Gebäudekomplex des Klosters Fonte Avellana (680 m ü.d.M.), das Ende des 10. Jh.s. gegründet wurde. Auf einem etwas 'heiklen' Sträßchen (am besten für Enduro-Maschinen geeignet) kann man bis auf den Gipfel des Monte Catria (1701 m ü.d.M.) hinauffahren. Dort bietet sich ein phantastischer Rundblick. Bis zum Meer reicht das Panorama. Nach dem Abstieg hält man sich in Richtung der SS 360, auf der man nach Sassoferrato fährt, wo der Weg wieder in die Hauptroute einmündet.

Alternativstrecke: Pergola – Sassoferrato (65 km)

Entlang des Flußtales Cesano kommt man nach **Sassoferrato** (7300 Einw.), erbaut auf den Ruinen der Römersiedlung Sentinum. Im Museo Romano sind interessante Ausgrabungsfunde ausgestellt. Nicht versäumen sollte man einen Bummel durch den Ortsteil 'Il Castello'. In etlichen

Sassoferrato: km 133,8

Hauptroute
(Fortsetzung)

der schönen Paläste aus dem 14. und 15. Jh. wurden Museen und Kunstgalerien eingerichtet.

Fabriano: km 152

Parallel zur Eisenbahnlinie verläuft die Straße weiter nach **Fabriano** (29 000 Einw.), es ist Standort der ältesten Papierfabrik Italiens (sie besteht bereits seit dem 12. Jh.). Wenige Kilometer nördlich befinden sich die berühmten Grotte di Frasassi. Wegen der Größe und der Vielfalt der Versteinerungsformen gehören diese Höhlen zu den faszinierendsten ihrer Art. Ebenfalls eindrucksvoll ist die benachbarte Grotta Grande del Vento (Führungen).

**Alternativstrecke:
Grotte di Frasassi
– Jesi (139 km)**

Nach Erkundung der Höhlen fährt man in östlicher Richtung zur SS 76, der man dann nach Süden in Richtung Fabriano folgt. An der Kreuzung mit der SS 256 biegt man nach **Matelica** (10 000 Einw.) ab. Das reizvoll im Esino-Tal gelegene Städtchen weist an Sehenswürdigkeiten die Loggia degli Ottoni, den Palazzo Pretorio mit dem Stadtturm sowie die Kathedrale auf. Nächste sehenswerte Stadt ist **Camerino** (8000 Einw.). Der Ort strahlt mit seinen dicht an dicht gebauten Häusern aus porösem grauen Sandstein eine ganz eigene Atmosphäre von nobler, untergehender Eleganz aus. Im Zentrum liegt die Piazza Cavour mit dem Palazzo Ducale, der heute die Universität beherbergt.
Kurz nach Camerino kommt man auf die SS 77, die sich entlang des Chienti bis nach **Tolentino** (18 000 Einw.) schlängelt. Dort sind neben der von Mittelalter und Renaissance geprägten Stadtanlage das schöne Kloster S. Nicola da Tolentino (mit Töpfer- und Heimatmuseum) und der Palazzo Parisani-Bezzi zu bewundern. In letzterem sind das 'Napoleonische Museum' und das 'Internationale Museum der Karikatur', das einzige dieser Art auf der Welt, untergebracht. Ein kurviges Sträßchen bringt uns anschließend nach **San Severino Marche** (13 000 Einw.), dessen Mittelpunkt ein elliptisch geformter, von Bogengängen gesäumter Hauptplatz bildet. Weiter geht es auf der SS 502 nach **Cingoli** (10 000 Einw.), das reich an vornehmen Bauten und reizvollen alten Gassen ist, und schließlich kommt man nach knapp 20 km (ab Cingoli) und aussichtsreicher Fahrt nahe Jesi zurück auf die SS 76.

Die Hauptroute führt bei Erreichen der SS 76 nach links, man durchquert die 2 km lange Rossa-Schlucht unterhalb des gleichnamigen Berges und kommt dann nach **Serra San Quirico**, einem hübschen Ort mit alter Stadtmauer und Arkadengängen. Nächstes Etappenziel ist **Jesi** (41 000 Einw.), der Geburtsort von Kaiser Friedrich II. und von Giovanni Battista Pergolesi, einem bedeutenden italienischen Musiker des 18. Jh.s. Beachtenswert ist der Palazzo della Signoria aus dem 15. Jahrhundert.

Jesi: km 201

Nach Überqueren des Flusses Esino durchfahren wir das liebliche und wellige Gebirgsvorland in Richtung **Osimo** (26 000 Einw.). Die betriebsame, landschaftlich schön gelegene Stadt ist von einer Mauer aus dem 13. Jh. umgeben und kann mit einigen noblen Palazzi aufwarten.

Osimo: km 225,3

Schließlich stößt die Straße auf die SS 16, auf der es zügig weitergeht nach **Ancona** (106 000 Einw.), das auf einer Halbinsel amphitheaterartig an den Hängen eines Vorgebirges aufsteigt. Wichtigste Sehenswürdigkeiten sind die Loggia dei Mercanti in der Altstadt, der Trajan-Bogen und die Mole Vanvitelliana am äußersten Ende der Hafenkais.

Ancona: km 246,7

Die Küstenstraße, von der aus sich immer wieder ein wunderschönes Panorama bietet, bringt uns nach kurzer Zeit zum Monte Cònero, einem klippenartig ins Meer abfallenden Bergzug, der die ansonsten flache Sandküste unterbricht. Im Schutze des jäh aufsteigenden, dicht bewaldeten Berges erstrecken sich mehrere hübsche kleine Buchten mit feinen Kieselstränden. Am südlichen Ausläufer des Cònero liegt **Sirolo**, umgeben von dichtem Macchiawald (lohnend ist die Besichtigung der dortigen Höhlen); es folgt **Numana** (2600 Einw.), ein ansprechender kleiner Badeort. Im dortigen Antiquarium sind auch einige Funde aus dieser archäologisch höchst interessanten Gegend ausgestellt.

Abb. S. 142/143: Rocca Roveresca in Senigallia

Strandbuchten an der Adria

Auf der gut ausgebauten Küstenstraße gelangt man zügig nach **Porto Recanati** (7500 Einw.), das von einem Kastell aus dem 15. Jh. mit robustem zinnenbesetzten Turm überragt wird. Hier zweigt unsere Route erneut ins Hinterland ab. Auf der SS 77 fahren wir nach **Loreto** (11 000 Einw.), wo sich ein weiter Rundblick über das Meer und die Hügellandschaft bietet. Bekannt sind die Wallfahrtskirche Santa Casa aus dem 15. Jh. und die Fontana della Madonna. Nach einem kurzen kurvenreichen Abschnitt erreicht man **Recanati** (18 500 Einw.). An der Piazzetta del Sabato del Villagio steht das Wohnhaus des Dichters Giacomo Leopardi (1798–1837). Danach geht es bergab über die Ortschaft San Leopardo ins Tal des Flusses Potenza, das wir auf der SS 571 ein Stückchen durchfahren. Sobald diese die SS 78 kreuzt, verlassen wir das Tal, der Weg steigt steil an nach **Macerata** (44 000 Einw.). Erwähnenswert in der etwas nüchtern wirkenden Stadt ist die großzügige Piazza della Libertà, an der sich die elegante Loggia dei Mercanti erhebt. Hinter Macerata geht es 6 km bergab, dann kommen wir auf die verkehrsreiche SS 485, die uns nach **Civitanova Marche** (36 000 Einw.) und damit zurück ans Meer bringt. Schon bald hinter diesem bedeutenden Ferienort, bei der Abzweigung nach **Sant'Elpidio a Mare**, das, anders als sein Name vermuten ließe, im Hügelland liegt, verlassen wir die Küste erneut. Eine abwechslungsreiche, schön zu fahrende kleine Straße führt hinauf zum Monte Urano und nach **Torre San Patrizio**. Wir befinden uns hier in der alten Mark Fermo, einer mit Festungen bestens bestückten Gegend. Zunächst passiert man die Burg von Torre San Patrizio, gefolgt von den Befestigungsanlagen bei Rapagnano, Magliano di Tenna, Faleria und **Servigliano**. Hier durchqueren wir das Tenna-Tal und fahren auf der südlich des Flusses verlaufenden Straße in Richtung Meer nach Grottazzolina und von dort aus – vorbei an weiteren Kastellen – über Monte Gilberto und Ponzano di Fermo zum Ziel

Hauptroute
(Fortsetzung)
Porto Recanati:
km 277,9

Macerata:
km 311,6

Civitanova
Marche: km 344,9

Hauptroute
(Fortsetzung)
Fermo: km 436,7

unserer Route, dem Städtchen **Fermo** (5100 Einw.). Die ehemalige Hauptstadt dieser Mark liegt auf einem Berggipfel, von Mauern umgeben. Unter den zahlreichen bedeutenden Sehenswürdigkeiten sind der Palazzo Comunale, die Pinacoteca Civica (Städtische Galerie), der barocke Palazzo degli Studi, der Loggiato di San Rocco und der Dom zu nennen.

Praktische Informationen

Fremdenverkehrsämter

MISANO ADRIATICO: AA, v. Platani 22, Tel. (0541) 615520. – CATTOLICA: AA, p. Nettuno 1, Tel. (0541) 963341. – GABICCE MARE: AA, v.le della Vittoria 42, Tel. (0541) 960344. – PESARO: AA, v. Rossini 41, Tel. (0721) 63690. – FANO: AA, v.le Cesare Battisti 10, Tel. (0721) 83956. – MAROTTA: AA, v.le Carducci, Tel. (0721) 96591. – SENIGALLIA: AA, pl.e Giardini Morandi, Tel. (071) 64844. – PERGOLA: cs. Matteotti, Tel. (0721) 77319. – SASSOFERRATO: Pro Loco, v. Cesare Battisti 13, Tel. (0732) 95214. – FABRIANO: Pro Loco, p. del Comune 42, Tel. (0732) 5387. – MATELICA: Pro Loco, p. Mattei 3, Tel. (0737) 82671. – CAMERINO: AA, vc. del Comune 4, Tel. (0737) 2534. – TOLENTINO: AA, p. della Libertà 17/18, Tel. (0733) 973002. – SAN SEVERINO MARCHE: Pro Loco, p. del Popolo, Tel. (0733) 638414. – CINGOLI: AA, v. L. Ferri 4, Tel. (0722) 6124444. – JESI: Pro Loco, p. della Repubblica 11, Tel. (0731) 51712. – OSIMO: Pro Loco, v. 5 Torri, Tel. (071) 72440. – ANCONA: EPT, p. Rosselli, Tel. (071) 43221. – NUMANA: AA, della Riviera del Cònero, p. del Santuario, Tel. (071) 936142. – PORTO RECANATI: AA, cs. Matteotti 130, Tel. (071) 6799084. – LORETO: AA, v. Solari 3, Tel. (071) 977139. – RECANATI: AA, p. G. Leopardi, Tel. (071) 981471. – MACERATA: EPT, v. Garibaldi 87, Tel. (0733) 46320. – CIVITANOVA MARCHE: AA, p. XX Settembre 95, Tel. (0733) 73967. – FERMO: AA, p. del Popolo, Tel. (0734) 23205.

Veranstaltungen

MISANO ADRIATICO: Kirschenfest (Juni). – CATTOLICA: 'Mystfest' (Querschnitt des phantastischen Films; Juni/Juli); Rustida di Pesce (Fischfest; Juli/August); Fest der Meereskönigin (September). – PESARO: Internationale Festtage des 'Neuen Films' (Juni oder September). – FANO: Karneval; Sommerkarneval. – FABRIANO: Fest des San Giovanni (Juli). – TOLENTINO: Internationale Biennale des Humorismus in der Kunst (alle zwei Jahre im September); Veranstaltungswochen unter dem Thema "Der Humorismus in Schauspiel und Musik" (Juli). – SAN SEVERINO MARCHE: Krippenspiel (Weihnachtszeit). – ANCONA: Bootsausstellung "Salone Nautico dell'Adriatico" (Ende März). – LORETO: Fuochi della Vergine ('Jungfrauenfeuer'; Nacht vom 9. auf den 10. Dezember mit großem Feuer und Gewehrschüssen). – MACERATA: Prozession der 'Canestrelle' in historischen Trachten des 15. Jh.s (September). – FERMO: Ferragosto Fermano (Fest mit historischen Ritterspielen; 15. August).

Küche

Bei der Küche im Raum Ancona dreht sich alles um Fisch. Eines der beliebtesten Gerichte ist 'Brodetto', gut dreizehn Fischsorten, je nach Saison, werden dafür verwendet. Jeder Koch, jede Hausfrau bereitet die berühmte Fischsuppe ein wenig anders zu. Aus dem Meer vor dem Monte Cònero kommen die 'Balleri', exzellent schmeckende Schalentiere, die zwischen den Riffen leben. Weitere Spezialitäten sind 'Stoccafisso all'Anconitana' (Stockfisch), 'Seppie' bzw. 'Calamari' (Tintenfische) vom Grill, 'Sogliole alla Mugnaia' (Seezunge) oder 'Triglie alla Cattolichina' (Seebarbe). Stellvertretend für die Küche des Hinterlandes steht 'Vincisgrassi', ein Nudelauflauf mit hausgemachten Teigblättern, Tomatenragout, Bechamelsauce und Hühnerklein.
Groß und edel ist die Auswahl an Weinen. Besonders empfohlen seien hier der 'Bianchello' aus dem Metauro-Tal, der 'Sangiovese' von den Hügeln bei Pesaro, der 'Verdicchio' aus der Gegend um Jesi, der 'Rosso Cònero' und – zum Dessert – der 'Vernaccia di Serrapetrona', ein roter, naturvergorener Sekt.

Tour 24: Erzbergwerke und heiße Dämpfe

Südliche Toskanaküste und Insel Elba

Toskana und Latium

Regionen

© I.G.D.A. S.p.A · Novara

Landschaftsbild

Die südliche Küstenregion der Toskana hat Interessantes zu bieten. Ihr vorgelagert sind landschaftlich reizvolle Inseln, die zudem auf eine bedeutende Geschichte zurückblicken können. Das Hinterland fasziniert durch seine Ursprünglichkeit. Das Bild des sich südlich von Grosseto erstreckenden Landstriches Maremma, in dem noch viele Spuren etruskischer Kultur zu finden sind, bestimmen Erzminen und trockengelegte Sümpfe, die heute als fruchtbare Anbauflächen dienen, sowie Naturparks. Die Küste wird wegen ihrer schönen Sandstrände gern besucht.

Streckenmerkmale

Vorwiegend sind die Straßen eben und bequem zu befahren. Dies gilt naturgemäß vor allem für die Küstenabschnitte, aber auch im Hinterland sind die Höhenunterschiede gering, die Straßen gut asphaltiert und recht breit. Etwas anspruchsvoller wird die Strecke nur dort, wo auch die Natur rauhere Züge trägt, nämlich bei Larderello, zwischen Grosseto und Manciano sowie auf der Halbinsel, die der Monte Argentario einnimmt (hier ist ein kurzes Straßenstück unbefestigt). Auf den Inseln Elba und Giglio muß man mit stärkeren Höhenunterschieden und dementsprechend einer kurvenreicheren Strecke rechnen (Monte Capanne: 1019 m ü.d.M.; Monte Perone: 630 m ü.d.M.). Ansonsten verläuft die Route meist auf einer Höhe von

147

Streckenmerkmale (Fortsetzung)	200 m. Eine Autobahn gibt es an diesem Küstenabschnitt nicht. Schnellste Fernverkehrsanbindung besteht über die SS 1, die Via Aurelia.

Streckenbeschreibung

Piombino: km 0	Von **Piombino** (40 000 Einw.) aus, einem wichtigen Zentrum der Stahlindustrie, setzen wir mit der Fähre zur Insel Elba über.
Nebenstrecke 1 Portoferraio: km 0	Die Fähre legt in **Portoferraio** (dt. = 'Eisenhafen'; 11 000 Einw.) an, dessen Name darauf hinweist, welche Bedeutung der Abbau von Eisenerz schon seit uralten Zeiten auf der Insel hat. Nach ca. 6 km kommt man zur Villa Napoleone auf dem Monte San Martino, die Napoleon während seiner Verbannung nach Elba als Sommerresidenz nutzte. Die ausgesprochen kurvige Straße führt dann nach **Procchio** (530 Einw.) und weiter in ständigem Auf und Ab zwischen Macchia und Weinbergen nach **Marciana Marina** (1400 Einw.). Immer wieder bietet sich dabei eine herrliche Aussicht. Unmittelbar nach Marciana Marina steigt die Straße jäh einen waldigen Hang hinauf nach **Poggio Terme**, das auf einem mächtigen Felsen liegt. Von hier aus kann man die Inselumrundung in westlicher Richtung fortsetzen, oder aber die Abkürzung über den Inselkamm, unterhalb des Monte Capanne, nehmen. Entscheidet man sich für letzteres, bietet sich ein prächtiger Blick auf beide Inselhälften. Die zwei Strecken kommen bei
Marina di Campo: km 58,7	**Marina di Campo** (1700 Einw.) wieder zusammen, einem der wenigen Orte auf Elba, der über einen Sandstrand verfügt. Bei der Weiterfahrt, entlang der Küste passiert man den bezaubernden Golf von Lacona und erreicht, nachdem man sich an einigen Straßengabelungen jeweils rechts gehalten hat, schließlich **Capoliveri**. Wer mit einer Enduro-Maschine unterwegs ist, sollte von hier den ein oder anderen Abstecher in die Umgebung unternehmen. Landschaftlich und fahrerisch überaus eindrucksvolle Erlebnisse bringt vor allem die Tour rund um den Monte Calamita (aber Achtung: einige Privatstraßen dürfen nicht befahren werden!). Von Capoli-
Porto Azzurro: km 89	veri ist es nicht weit nach **Porto Azzurro** (3000 Einw.). Hoch über dem Ort erhebt sich die Festung Portolongone, die eine traurige Berühmtheit als Gefängnis erlangt hat. Kurvenreich geht es sodann bergauf nach **Rio nell'Elba** und gleich wieder hinab nach **Rio Marina** (2300 Einw.). Es lohnt sich dort ein Besuch des Museums der Erzgewinnung auf Elba, das im Palazzo Comunale untergebracht ist. Mit **Cavo** ist der nördlichste Punkt Elbas erreicht. Die Route bringt uns dann erneut nach Rio nell'Elba, in die
Portoferraio: km 134,6	Gegend, in der intensiv Erzförderung betrieben wird. Von hier ist es nicht mehr weit bis Portoferraio.
Piombino: km 134,6	Mit der Fähre nach Piombino zurückgekehrt, fahren wir gen Norden in Richtung San Vincenzo. Nach 9,5 km folgen wir der Abzweigung nach Populonia.
Nebenstrecke 2	Kaum ist man in Richtung Populonia abgebogen, kommt schon der herrliche Golf von Baratti in Sicht. Auf der anderen Straßenseite befinden sich Reste einer etruskischen Nekropole. Die Grabstätten stammen aus dem 9. bis 3. Jh. vor Christus (Ausgrabungsfunde im Museo Etrusco in Populonia). **Populonia** wird von einer mittelalterlichen Burg mit mächtigem Rundturm beherrscht.
Campiglia Marittima: km 174,9	Von der Abzweigung nach Populonia sind es ca. 12 km auf der Küstenstraße bis **San Vincenzo** (7600 Einw.), auf der Fahrt dorthin passiert man einen bemerkenswerten Turm aus dem 14. Jahrhundert. Hinter San Vincenzo gelangt man auf die SS 1, die Via Aurelia, der man ein kurzes Stück nach Süden, bis zur Abzweigung nach **Campiglia Marittima** (12 500 Einw.), folgt. Dieses malerische Städtchen konnte sich seinen mittelalter-

Abb. S. 148/149: Begegnung im Pinienwald von Follonica

lichen Charakter bewahren. Phantastisch ist das Küstenpanorama, von Punta Ala über Populonia bis zur Insel Elba. Auf der SS 398, die man kurz vor der erneuten Einmündung in die SS 1 erreicht, geht es weiter nach **Suvereto**. Eine Serie von Kurven durch die von Olivenbäumen bestandenen Berghänge bringt uns weiter in nördlicher Richtung nach **Castegneto Carducci**, wo der Dichter Giosuè Carducci lange Zeit lebte.

Hauptroute (Fortsetzung)

Nach wenigen Kilometern Fahrt auf der Via Aurelia in Richtung Norden bietet sich ein erneuter Abstecher ins Landesinnere an, nach **Bolgheri**. Man erreicht es auf einer reizvollen Zypressenallee, von der schon Carducci in seinen Erinnerungen schwärmte.

Nebenstrecke 3

Wieder auf der SS 1, fahren wir nach **Cecina** (24 000 Einw.). Kurz danach, in **San Pietro in Palazzi**, kommt eine große Kreuzung, wir biegen rechts auf die SS 68 in Richtung Volterra ab. Der Weg führt uns das Tal des Flusses Cecina hinauf. Kurz vor **Volterra** (14 000 Einw.; Beschreibung siehe Route 25) zweigen wir bei den Saline di Volterra auf die SS 439 ab, die sich durch ein Gebiet schlängelt, in dem intensiv Bergbau betrieben wird. Beinahe wüstenhaft mutet die Landschaft der Colline Metallifere, der 'Erzhügel' an. Hochaufsteigende Rauchsäulen kündigen den Ort **Larderello** an, der bekannt ist für die borsäurehaltigen Dampfquellen. Man hat den Eindruck, sich in einer Science-Fiction-Landschaft aufzuhalten, so ungewöhnlich ist die Szenerie. Kurz hinter dem Castello di Bruciano ist die Abzweigung nach Monterotondo zu beachten.

Cecina: km 234,5

Der kleine Abstecher nach **Monterotondo Marittimo** lohnt sich vor allem wegen des ständig brodelnden Lago Boracifero. Dieses Naturphänomen rührt von den Dämpfen her, die am Grund des Sees aus der Erde treten. Ein weiteres Naturschauspiel liefert der nahegelegene Krater eines winzigen Vulkans, er stößt in regelmäßigen Abständen heißen Fango aus.

Nebenstrecke 4

Bald danach kommt **Massa Marittima** (10 000 Einw.), ein Städtchen, das mit seinen mittelalterlichen Baudenkmälern ein wahres Juwel darstellt: der Dom, Palazzo Comunale, die Casa Biserno aus dem 13. Jh., der Uhrturm, der durch einen Bogen mit der Festung Senese verbunden ist, sowie der Palazzo delle Armi, Sitz des Archäologischen Museums.
Anschließend bringt uns die SS 439 zügig zurück ans Meer, zum Badeort **Follonica** (21 000 Einw.). Für den Weiterweg wählen wir die SS 322, die durch das Naturschutzgebiet Tombolo di Follonica zunächst entlang der Küste, dann durch das Landesinnere direkt nach **Castiglione della Pescaia** (7700 Einw.) führt. Den alten Kern auf der Anhöhe Petriccio umgibt eine mit Türmchen versehene Mauer, überragt wird der Ort von einer aragonesischen Burg. Die Straße verläuft nun am Meer entlang, gesäumt von einem prächtigen Pinienwald. In Marina di Grosseto wendet sie sich landeinwärts zur Provinzhauptstadt **Grosseto** (70 000 Einw.). Hauptplatz der von einer Mauer mit sechs Bastionen umgebenen Altstadt ist die Piazza Dante, deren Nordseite der Dom begrenzt. Über interessante Sammlungen verfügen das Archäologische Museum und das Kunstmuseum.

Massa Marittima: km 327,1

Castiglione della Pescaia: km 369,6

Grosseto: km 393,7

Man fährt auf der Via Aurelia in Richtung Livorno bis zur Abzweigung nach **Vetulonia**. Dort sind die Reste einer weiteren großen etruskischen Nekropole sehenswert.

Nebenstrecke 5
Vetulonia: km 422,5

Ca. 6,5 km hinter Grosseto gelangt man auf der SS 223 nach **Roselle**, in dessen Nähe die Ausgrabungen der antiken Etruskerstadt Rovine di Roselle zu bewundern sind. Nach Erreichen der Brücke über den Fluß Ombrone bei Istia d'Ombrone fährt man auf der SS 322 weiter, die nach Scansano und Montemerano führt. Hier biegt man links ab nach **Saturnia** (630 Einw.), einem auf einer Anhöhe gelegenen Dorf, das als ältest italische Ansiedlung gilt. Die Überreste der Ringmauer stammen aus voretruskischer Zeit. In den berühmten Thermen, außerhalb des Ortes, kann man selbst im Winter unter freiem Himmel baden. Das Sträßchen führt weiter

Saturnia: km 516,3

Hauptroute (Fortsetzung)	durch eine von Vulkangestein bedeckte, abgeschiedene Landschaft in Richtung Capanne und San Martino sul Fiora. In Sovana, einem noch mittelalterlich geprägten Ort, sind die eindrucksvolle Burgruine Aldobrandesca, der Palazzo Pretorio aus dem 13. Jh. und der Dom sehenswert. Unweit entfernt befinden sich weitere etruskische Grabstätten. Nächste Station unserer Route ist **Sorano**, ebenfalls ein Städtchen, dessen Ursprünge bis in die Etruskerzeit zurückreichen. Noch beeindruckender ist
Pitigliano: km 560	**Pitigliano** (4500 Einw.). Man meint, die Ortschaft wäre aus dem Vulkangestein herausgehauen. Weiter geht es gen Westen, nach Manciano.
Alternativstrecke: Manciano – Montalto di Castro (36 km)	Wenn man diese Abkürzung wählt, fährt man von Manciano aus auf einer kaum befahrenen Nebenstraße zur etruskischen Gräberstadt Vulci. Ganz in der Nähe befinden sich eine ehemalige, nun in ein Museum umgewandelte Abtei und eine etruskische, heute noch benutzbare Steinbrücke. Mit Montalto di Castro erreicht man anschließend die Endstation der Route.
	Von Manciano aus sind es gut 30 km durch teilweise hügelige Landschaft bis nach **Albinia**. Hier beginnt ein weiterer Abstecher von der Hauptroute.
Nebenstrecke 6 Talamone: km 624,3	Auf der SS 1 fährt man in Richtung Norden bis zur Abzweigung nach **Talamone**. Der Ortskern dieses alten Fischerdörfchens liegt an der Spitze einer langgestreckten Halbinsel. Im weiteren Verlauf der SS 1 werden die zum Naturschutzgebiet erklärten Ausläufer der Bergkette Uccellina (Parco Naturale della Maremma) passiert. Die Parkverwaltung befindet sich bei **Alberese**. Der Besuch des Naturschutzgebietes ist nur zu Fuß oder mit einem Pendelbus möglich; man kann jedoch mit dem Motorrad nach **Marina di Alberese** an der Ombrone-Mündung fahren, auf einer Straße, die zwar durch das Schutzgebiet verläuft, aber für den Durchgangsverkehr freigegeben ist.
Porto Santo Stefano: km 694,2	Nachdem man auf derselben Strecke nach Albinia zurückgekehrt ist, folgt man der Straße über den extrem schmalen Landstreifen Tombolo della Giannella, der die Lagune von Orbetello auf der Nordseite begrenzt. Man kommt nach **Porto Santo Stefano** (10 000 Einw.), einem reizvollen, doch vielbesuchten Ferienort auf der Halbinsel Monte Argentario.
Nebenstrecke 7	Die Überfahrt von Porto Santo Stefano zur Isola del Giglio (1600 Einw.) dauert 80 Minuten. Drei Ortschaften und 12 km an befahrbaren Wegen gilt es bei prächtigem Panorama auf der bergigen Insel zu erkunden.
Montalto di Castro: km 790,6	Bei der Fahrt von Porto Santo Stefano um den Monte Argentario herum nach **Porto Ercole** (3500 Einw.) erlebt man ein grandioses Landschaftsbild. Eine Burg und spanische Befestigungsanlagen boten Porto Ercole in der Vergangenheit Schutz. Man läßt die geschützte Landschaftszone des Tombolo di Feniglia rechts liegen und erreicht über eine reizvolle Brücke, die über die Lagune gespannt ist, Orbetello (15 000 Einw.). Dann kehrt man zur Via Aurelia zurück und verläßt sie erneut bei der Abzweigung nach **Ansedonia**, wo Überreste der etruskischen Ansiedlung Cosa erhalten sind. Vorbei am Naturreservat Lago di Burano, dessen Fauna unter dem Schutz des World Wildlife Fund steht, kommt man nach **Montalto di Castro** (6600 Einw.), dem Ziel dieser Route. Im Ortskern sind die noch teilweise erhaltene Stadtmauer und das Kastell Guglielmi sehenswert.

Praktische Informationen

Fremdenverkehrsämter	PIOMBINO: v. Ferrucio 4, Tel. (0565) 32333. – PORTOFERRAIO: AA, calata Italia 26, Tel. (0565) 92671. – SAN VINCENZO: AA, v. Vittorio Emanuele 124, Tel. (0565) 701533. – CAMPIGLIA MARITTIMA: v. Libertà 35, Tel. (0565) 837643. – MARINA DI CECINA: lg. Fratelli Cairoli 17, Tel. (0586) 620678. – MASSA MARITTIMA: p. Garibaldi, Tel. (0566) 902289. – FOL-

Elba: Panoramaansicht von Marina di Campo

Fremdenverkehrsämter (Fortsetzung)

LONICA: AA, v.le Italia, Tel. (0566) 401 77. – CASTIGLIONE DELLA PESCAIA: AA, p. Garibaldi, Tel. (0564) 933678. – GROSSETO: EPT, v. Monterosa 206, Tel. (0564) 22534. – ORBETELLO: v. Dante 52, Tel. (0564) 862427. – PORTO SANTO STEFANO: AA, cs. Umberto 55/a, Tel. (0564) 814208.

Fährverbindungen

Täglich pendeln Fähren zwischen Piombino und Portoferraio (Elba) hinund her; außerdem zwischen Livorno und Portoferraio, zwischen Piombino und Rio Marina (bzw. Porto Azzurro). Mehrmals täglich fährt eine Fähre von Porto Santo Stefano zur Insel Giglio (Anlegestelle Giglio Porto).

Veranstaltungen

SAN VINCENZO: Karneval. – CECINA: Kunsthandwerksausstellung (Juli); Vogelmarkt (September); Pilzkundliche Ausstellung (Oktober). – CAMPIGLIA MARITTIMA: Fest der 'Schiccia' (Süßspeise; September). – MASSA MARITTIMA: Balestro del Girifalco (Mittelalterlicher Umzug und ArmbrustSchießwettbewerb; Ende Mai und Anfang August). – FOLLONICA: Verleihung des nationalen Preises der Kunstmalerei 'Golfo del Sole' (alle zwei Jahre im Frühling). – CASTIGLIONE DELLA PESCAIA: Palio Marinaro (Bootsrennen; 15. August). – GROSSETO: Fiera del Madonnino (April). – ORBETELLO: Aalfest und Regatta (am letzten Augustsonntag). – PORTO SANTO STEFANO: Palio Marinaro (Ruderregatta; 15. August). – PORTO ERCOLE: Fest des hl. Erasmus (30. Mai bis 3. Juni).

Küche

In der Küche dieser Region dominieren einfache, deftige Gerichte. Die Palette der Spezialitäten reicht von der typischen 'Acquacotta Maremmana' (Suppe mit Gemüse Brot und Ei) über 'Torta di Acciughe' (Sardellentorte), 'Fagiano Rincartato' (Fasan), 'Zuppa d'Agnello' (Lammfleischsuppe) bis zu 'Tortelli Fritti' (gefüllten Teigtaschen), 'Fegatelli' (Schweineleber) und 'Rigaglie' (Hühnerfrikassee). An der Küste ist an erster Stelle 'Caciucco' (Fischsuppe) zu nennen; zu den Besonderheiten rund um die Lagune von Orbetello gehören Räucheraal (Anguilla Sfumata) und Wasserhuhn (Folaga). Als Beilage wird Fladenbrot gereicht. Die wichtigsten Weine stammen aus den Gegenden um Capalbio und Pitigliano.

Tour 25: Sanfte Hügel im Herzen Italiens

Die Landschaft um Siena und den Lago Trasimeno

Regionen   Toskana und Umbrien

© I.G.D.A. S.p.A. · Novara

Landschaftsbild   Von der faszinierenden Umgebung des Lago Trasimeno zu den Kreidebergen rund um Siena bietet diese Route fast alles: See, Berge, Städte,
Land. Nur das Meer fehlt, aber die lieblichen grünen Hänge des Landstrichs Chianti mit Olivenbaumhainen und Weinbergen, auf denen der
weltberühmte Rotwein gedeiht, die dichten Wälder an den Hängen des
Monte Amiata und nicht zuletzt die bekannten umbrischen und toskanischen Städte, in denen das Mittelalter noch lebendig ist, lassen dieses
'Manko' vergessen.

Streckenmerkmale   Ausgeprägt sind die Höhenunterschiede: Man bewegt sich zwischen
100 m und 1738 m auf dem Monte Amiata. Ein Großteil der Straßen (vor
allem in der Umgebung von Perugia) ist gut ausgebaut. Höhere Anforderungen an das Fahrvermögen im Hinblick auf Steigungen und Kurven stellen die Region Chianti und die Berglandschaft im Raum Siena. Auch sind
hier die Straßen weniger eben. Perugia, Start und Ziel dieser Route,
erreicht man bequem über die Ausfahrt 'Val di Chiana-Perugia' der A 1
Milano – Napoli.

Streckenbeschreibung

Perugia: km 0   **Perugia** (142 000 Einw.), die Hauptstadt Umbriens, vereinigt in sich die
Merkmale einer modernen Industrie- und Universitätsstadt und – als ehemalige Etruskersiedlung – eines geschichtsträchtigen Ortes. Sehenswert
sind die aus gewaltigen quadratischen Blöcken zusammengefügte Stadtmauer, verschiedene Aussichtspunkte, die den Blick tief in die Region
Umbrien hinein freigeben, von Assisi über Foligno bis nach Spoleto, und

eine Vielzahl stattlicher Bauten: die Kathedrale, die Loggia di Braccio For- Hauptroute (Fortsetzung)
tebraccio, der Palazzo Comunale mit dem Collegio dei Notari, der Palazzo
Denini sowie zahlreiche Kirchen. Von der Porta Marzia aus gelangt man auf
einem sehr reizvollen mittelalterlichen Straßenzug zu den Unterbauten der
Burg. Eben an dieser Burg, der Rocca Paolina, vorbei verlassen wir Perugia auf der SS 599, biegen jedoch schon nach wenigen Kilometern wieder
ab und fahren auf einer schmalen Nebenstraße den Monte Melino hinauf.
Dieser Weg führt uns schließlich nach **Magione**, wo sich eine kleine Renn- Magione: km 25,7
strecke befindet, auf der weniger bedeutsame Motorsportveranstaltungen
ausgetragen werden. Magione liegt kurz vor dem Lago Trasimeno, dem
von der Fläche her (128 km^2) immerhin viertgrößten See Italiens.

Diese Strecke führt am nördlichen Ufer des Lago Trasimeno entlang. Hinter **Alternativstrecke: Magione – Borghetto (29 km)**
Torricella, das von einem schönen Kastell überragt wird, gelangt man
nach **Passignano sul Trasimeno** (4500 Einw.). Das Städtchen gliedert
sich in die von einem Mauerring umgebene Altstadt und einen neueren
Ortsteil. Über das etwas im Hinterland gelegene **Tuoro** bringt uns die Uferstraße weiter nach **Borghetto**, wo ein schöner Turm aus dem 15. Jh. erhalten ist. Mit Erreichen der SS 71 schwenkt man wieder auf die Hauptroute
ein.

Die Hauptroute verläuft von Magione am südlichen Seeufer entlang und
berührt dabei zahlreiche kleine Strände. Von **San Feliciano** aus ist die zum
öffentlichen Park erklärte Insel Polvese gut zu sehen. Über **San Savino**
und **Sant'Arcangelo** kommt man auf die SS 71, der man weiter am See Castiglione del Lago: km 58,2
entlang nach **Castiglione del Lago** (13 000 Einw.) folgt, das sich male-
risch auf einem Landvorsprung ausbreitet. Man sollte sich am Hauptplatz
des Städtchens den Palazzo Ducale sowie die auf dem Gipfel der Anhöhe
thronende Burg ansehen, eine gut erhaltene Festungsanlage mit vier
Türmen.
Hinter Borghetto verläßt die SS 71 den See und führt uns nach **Cortona** Cortona: km 74
(23 000 Einw.), das berühmt für sein Stein- und Holzkunsthandwerk ist.
Neben den Überresten der Stadtmauer aus der Etruskerzeit gibt es noch
eine Reihe bemerkenswerter Bauwerke in Cortona, den Dom, das Museo
Diocesano, das Museo dell'Annunciazione (Museum der Verkündigung),
die Festung der Medici (Fortezza Medicea) aus dem 16. Jh., den Palazzo
del Capitano del Popolo und den Palazzo Comunale sowie die Kirche
Madonna del Calcinaio. Beeindruckend ist auch die Aussicht, die man von
Cortona aus genießt. Weiter geht es gen Westen, zum Tal des Canale Mae-
stro della Chiana, das man kurz hinter der Abtei Farneta, bei dem Ponte di
Cortona, kreuzt. Über Foiano della Chiana erreicht man das jenseits der
Autostrada del Sole gelegene **Lucignano** (3500 Einw.), wo man sich den
schönen Palazzo Comunale, die Wallfahrtskirche Madonna delle Querce
und die sehr gut erhaltenen Überreste einer alten Festung der Medici ansehen sollte.
Weiter bringt uns unsere Route nach **Monte San Savino** (7600 Einw.); Monte San Savino: km 114,4
sehenswert ist in dem Städtchen vor allem die Loggia dei Mercanti (Corso
Sangallo). Wir verlassen den Ort auf der SS 73 in westlicher Richtung und
fahren bis zur Einmündung der SS 540. Die Strecke wird zunehmend
abwechslungsreicher und fahrerisch anspruchsvoller.

Lohnend ist der Abstecher auf der SS 540 zum wenige Kilometer entfernt Nebenstrecke 1
gelegenen imposanten Monastero d'Ombrone und zum etwas weiter
nördlich aufragenden Montalto-Kastell (322 m ü.d.M.).

Bei der zuvor erwähnten Kreuzung verläßt man die SS 73 und fährt in Rich-
tung **Castelnuovo Berardenga** weiter. Von dort geht es auf der SS 484 Castelnuovo Berardenga: km 154,7
durch eine schöne Hügellandschaft vorbei an der Villa a Sesta und dem
Castello di Brolio. Die Ortschaft **Gaiole in Chianti** kann mit dem Castello
di Meleto aufwarten, das zu den eindrucksvollsten Festungsbauten der
Gegend um Siena gehört. Umringt ist es von 15 m hohen Rundtürmen.
Nunmehr im Herzen der bedeutenden Weinbauregion Chianti, steuern wir

auf der kurvenreichen SS 429 die Ortschaften Radda in Chianti und Castel-
lina in Chianti an. Nach Überqueren des Flusses Elsa gelangt man nach
Poggibonsi (26 000 Einw.) und bald darauf nach **San Gimignano** (7500
Einw.), ein faszinierend schönes mittelalterliches Städtchen, das auf einer
Hügelkuppe liegt. Berühmt ist es wegen seiner 14 Geschlechtertürme aus
dem 13. Jh., die von den einst sogar 72 Türmen übriggeblieben sind.
Sehenswert sind die Piazza del Duomo, die Piazza della Collegiata und die
Piazza delle Erbe mit ihren wunderbaren alten Bauten. Die mit Travertin-
stein gepflasterten Gassen führen aufwärts zur großenteils verfallenen
Burg aus dem 14. Jh., von der aus man den besten Blick über den gesam-
ten Ort hat.

Hauptroute
(Fortsetzung)
San Gimignano:
km 231

Ein nicht minder reizvoller Ort ist **Volterra** (14 000 Einw.), das über Vica-
rello erreicht wird. Zu den Sehenswürdigkeiten gehören der Dom aus dem
12. Jh., der Palazzo Priori, die Casa-Torre Buomparenti, ein im 13. Jh.
errichteter Wohnturm, der Arco Etrusco und das Museo Etrusco.

Volterra: km 262,5

Von Volterra aus verläuft die Route auf der SS 68 zwischen Weinbergen
weiter nach **Colle di Val d'Elsa** (16 000 Einw.), das aus der Unterstadt mit
ihren zahlreichen Industriebetrieben und aus einer Bergausläufer
gelegenen alten Oberstadt (Borgo) besteht. Sie birgt innerhalb ihrer Stadtmauer den Palazzo Campana, das Kastell, den Dom, den Palazzo Vescovile und den Palazzo dei Priori. Auch das dann folgende **Monteriggioni** hat
sich einen intakten mittelalterlichen Ortskern bewahren können.

Colle di Val d'Elsa:
km 290

Noch 15 km sind es von Monteriggioni bis nach **Siena** (62 000 Einw.), eine
der bedeutendsten toskanischen Städte. Siena besteht aus unzähligen
ineinander verflochtenen malerischen Gäßchen, an denen sich ein sehens-
wertes Gebäude an das andere reiht. Zu den schönsten städtebaulichen
Raumschöpfungen überhaupt gehört die Piazza del Campo, deren Süd-
seite der Palazzo Pubblico und die Torre del Mangia begrenzen. Von der
Nordwestseite des Campo führen Treppen hinauf zur Loggia della Mercanzia, dem alten Handelsgericht. Den höchsten Punkt der Stadt nimmt die
Piazza del Duomo ein. Neben dem Dom erfordern hier das Baptisterium,
der Palazzo Arcivescovile, der Palazzo della Prefettura und das Spedale di
S. Maria della Scala Aufmerksamkeit. Wichtige Sehenswürdigkeiten sind
schließlich noch der Palazzo Piccolomini, die Pinakothek, das alte Oratorio
di San Franceso (aus dem 15. Jh.) und der Palazzo delle Papesse.

Siena: km 313,8

Weiter geht die Fahrt auf der SS 2, der Via Cassia, nach **Cuna**, einer befestigten Siedlung aus dem 14. Jh., die in ihrer ursprünglichen Anlage noch
ausgezeichnet erhalten ist. Zwischen ausgedehnten Anbauflächen und
Kreidebergen hindurch führt uns die SS 2 weiter nach **Buonconvento**
(3000 Einw.) mit einer Stadtmauer aus dem 14. Jh.; sehenswert ist der
Palazzo Pretorio.

Bei der Abzweigung ca. 2 km hinter Buonconvento hält man sich rechts,
die Straße führt aufwärts nach **Montalcino** (5500 Einw.). Beherrscht wird
das Bild des Städtchens von der eindrucksvollen Burg, für deren Bau teilweise Material der alten Stadtmauer verwendet wurde. Nachdem man auf
die Staatsstraße zurückgekehrt ist, kommt nach ca. 6 km der Ort **San Quirico d'Orcia** (2200 Einw.) mit dem sehr sehenswerten Bau der Collegiata
aus dem 12. Jahrhundert. Wenig später biegen wir auf die SS 323 ab, die
uns nach **Castiglione d'Orcia** (3200 Einw.) bringt, dem landwirtschaftlichen Zentrum der Region. Oberhalb des Ortes erhebt sich die Ruine der
Rocca degli Aldobrandeschi. Entspannung verspricht ein Besuch im Thermalbad. Die Straße gewinnt nun zunehmend an Höhe, die Landschaft wird
urwüchsiger. Über die Ortschaften Seggiano und Castel del Piano beginnt
die Auffahrt zum 1738 m hohen Monte Amiata. Eine schmale, kurvige
Straße bringt uns anschließend wieder hinunter nach **Abbadia San Salvatore** (7800 Einw.), einem alten Städtchen, das sich um eine im 8. Jh.
gegründete Abtei gruppiert. In ihrem weiteren Verlauf berührt die Route
Zaccaria, Le Chiavi, Casanova und **Radicofani**, ein typisches Dorf dieser
Gegend mit der obligatorischen Burg. Auf einem kurvenreichen Sträßchen
gelangt man zurück zur SS 2, der man ein Stück in nördlicher Richtung

Montalcino:
km 353,4

◀ *Motorradparade vor dem Dom von Siena*

Hauptroute
(Fortsetzung)

folgt, bis man die Staatsstraße bei der Häuseransammlung Gallina erneut verläßt. Die Nebenstraße kreuzt das Orcia-Tal und bringt uns nach **Pienza** (2500 Einw.). Die heutige Anlage und der Name des Dorfes gehen auf das 15. Jh. zurück. Papst Pius II., der hier geboren wurde, veranlaßte die Umgestaltung und Umbenennung. Zentrum ist seitdem die ausgesprochen hübsche Piazza Pio II, an der die wichtigsten alten Gebäude liegen, der Palazzo Piccolomini und die Kathedrale. Von Pienza aus fahren wir auf der Straße Nr. 146 durch eine liebliche Gegend, Olivenbaumhaine und Weinberge wechseln einander ab.

Nächste interessante Station der Route ist **Montepulciano** (14 000 Einw.). Mit seinen Baudenkmälern aus der Zeit der Gotik und der Renaissance bietet Montepulciano eines der reizvollsten Stadtbilder in Mittelitalien (die eindrucksvollsten Bauten gruppieren sich um die Piazza Grande bzw. säumen die Via dell'Opio und die Via di Voltaia). Gut 9 km sind von Montepulciano bis **Chianciano Terme** (7500 Einw.), das schon in der Etruskerzeit als Thermalbad bekannt war, zurückzulegen.

Chianciano Terme:
km 503,8

Auch in der Nähe von **Chiusi** (9200 Einw.) sind bedeutende Zeugnisse der Etruskerzeit erhalten, von den mehr als 400 etruskischen Gräbern in der Umgebung lohnen vor allem die Tomba della Scimmia, Tomba del Colle o Casuccini und Tomba del Granduca sowie das angegliederte Museum eine Besichtigung.

Man verläßt Chiusi in südlicher Richtung und biegt auf die SS 71 ein, der man nach **Città della Pieve** (6500 Einw.) folgt; zu den Sehenswürdigkeiten gehören die Burg, der Dom, die Torre del Pubblico und verschiedene Kirchen aus dem 12. und 13. Jahrhundert. Ca. 1 km danach, unmittelbar vor der Wallfahrtskirche Madonna della Sanità, biegt man nach links auf die Straße Nr. 220 ab, die direkt zurück nach Perugia führt. Unterwegs lohnt eine weitere Wallfahrtskirche, das direkt an der Straße gelegene Santuario della Madonna di Mongiovino, eine Fahrtunterbrechung.

Praktische Informationen

Fremdenverkehrs-
ämter

PERUGIA: APT, cs. Vannucci 94/a, Tel. (075) 23327. – CITTÀ DELLA PIEVE: Pro Loco, p. Matteotti 1, Tel. (0578) 298031. – CHIUSI: Pro Loco, v. Petrarca 4. – CHIANCIANO TERME: AA, p. Italia 67, Tel. (0578) 63167. – MONTEPULCIANO: Ufficio Turistico, v. Ricci, Tel. (0578) 757935. – PIENZA: p. Pio II, Tel. (0578) 740502. – ABBADIA SAN SALVATORE: AA, v. Mentana 95, Tel. (0577) 778608. – SAN QUIRICO D'ORCIA: Ufficio Turistico, v. Alighieri 33, Tel. (0577) 897506. – MONTALCINO: Pro Loco, v. G. Mazzini 41, Tel. (0577) 848242. – BUONCONVENTO: Pro Loco (0577) 806788. – SIENA: EPT, v. di Città 5, Tel. (0577) 47051. – COLLE DI VAL D'ELSA: v. del Castello 40, Tel. (0577) 921692. – VOLTERRA: EPT, v. G. Turazza 2, Tel. (0588) 86150. – SAN GIMIGNANO: p. del Duomo, Tel. (0577) 940008. – POGGIBONSI: p. Cavour 2, Tel. (0577) 936103. – MONTE SAN SAVINO: Pro Loco, p. G. F. Gamurrini. – LUCIGNANO: p. del Tribunale 22, Tel. (0575) 836128. – CORTONA: AA, v. Nazionale 72, Tel. (0575) 603056. – PASSIGNANO SUL TRASIMENO: Pro Loco, p. Garibaldi, Tel. (075) 827495. – CASTIGLIONE DEL LAGO: AA, p. Mazzini 10, Tel. (075) 952184.

Veranstaltungen

PERUGIA: Freilichttheater und Jazzfestival (Juli); Festtage umbrischer Musik (September). – CITTÀ DELLA PIEVE: Sagra delle Fontane che Versano Vino ('Fest der weinspeienden Brunnen'; Ostermontag); Festa del Terziere Casalino (mit Bogenschützenumzug; Juni); Palio dei Terziari (historisches Fest, dem Leben im 14. Jh. nachempfunden; August). – CHIUSI: Weinfest (September). – PIENZA: Fiera del Cacio ('Käsefest'; erster Septembersonntag). – CASTIGLIONE D'ORCIA: Maggiolata (April); Sagra del Crostino Castiglionese (Backwerk; Juli). – SAN QUIRICO D'ORCIA: Barbarossa-Fest (Historisches Kostümfest; Juni). – MONTALCINO: Weinfest mit Produkten der Gegend (Mai); Fest der Drossel (letzter Okto-

bersonntag). – BUONCONVENTO: Fest des Arbia-Tales (September). –
SIENA: Palio di Siena (historischer Kostümumzug und Pferdeparade auf
der Piazza del Campo; 2. Juli und 16. August); Sieneser Musikfestwochen
(20. Juli bis 2. September). – COLLE DI VAL D'ELSA: Kristall- und Kunst-
handwerksausstellung (September). – VOLTERRA: Blumenmarkt (Mai);
Festival der Chormusik (September). – CORTONA: Antiquitätenmesse
(August/September); Sagra della Costata alla Cortonese (kulinarische
Spezialität; vom 13. bis 15. August). – PASSIGNANO SUL TRASIMENO:
Bootsregatta der verschiedenen Stadtteile (August); Festa della Padella
('Pfannenfest'; September). – CASTIGLIONE DEL LAGO: Internationales
Folklorefest (Juli/August); Seefest mit Bootskorso (August).

Veranstaltungen
(Fortsetzung)

Kennzeichnend für die Küche zwischen Siena und dem Lago Trasimeno
sind einfache unverfälschte Gerichte. Fisch aus dem See wird auf dem
Rost gegrillt oder aber nach einer der unzähligen sonstigen Varianten
zubereitet. Typisch für diese Region sind ferner 'Buristo' (Blutwurst), 'Pecorino' (Schafskäse), 'Pappa col Pomodoro' (überbackenes Tomaten-
mus), 'Ribollita' (Gemüsesuppe), Hase (Lepre) oder Wildschwein (Cin-
ghiala) sowie Polenta mit 'Costata alla Cortonese' (Rippchen). Bei den
Suppen überzeugen vor allem 'Zuppa di Lenticchie' (Erbsensuppe) oder
'Zuppa di Fagioli' (Bohnensuppe). Bei den Süßspeisen dominiert Gebäck,
insbesondere Mandelgebäck, das oft nach uralten Rezepten gebacken
wird: 'Migliaccio', 'Pan dei Santi', 'Panforte' und 'Ricciarelli'. Zum Essen
gehört stets eine gute Flasche Chianti: Chianti Classico, Gallo Nero oder
Chianti Putto sind Namen, die auf der Zunge zergehen.

Küche

▼ *Blick auf das alte Städtchen San Gimignano*

Tour 26: Italiens 'Grüne Lunge'

Begegnung mit Umbrien

Region   Umbrien

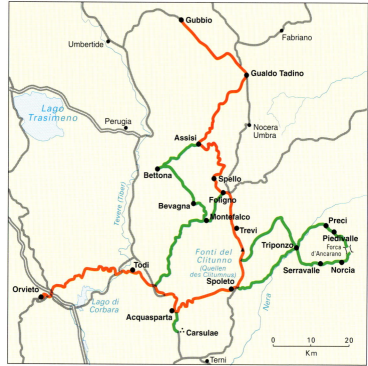

© I.G.D.A. S.p.A. · Novara

Landschaftsbild
Die Region Umbrien, im geographischen Zentrum Italiens, ist eine üppig grüne Hügel- bzw. Berglandschaft. Wälder, Weinberge, Olivenbaumhaine wechseln einander ab, die fruchtbaren Senken sind seit alters her ein ertragreiches Landwirtschaftsgebiet. Typisch für die Gegend sind die Bergdörfer mit noch mittelalterlichem Erscheinungsbild, die man auf fast jeder Erhebung findet. Es ist eine Landschaft, in der es sich entspannt und angenehm mit dem Motorrad fahren läßt.

Streckenmerkmale
Die höchsten Erhebungen auf dieser Route sind der Monte Subasio (1290 m ü.d.M.), Forche di Cerro (734 m ü.d.M.) und Forche d'Ancarno (1008 m ü.d.M.). Sehr kurvig ist der Abschnitt zwischen Orvieto und Spoleto, jedoch sind die Straßen relativ breit und gut asphaltiert. Auf der Alternativstrecke von Colvalenza nach Montefalco kann es hier und da (im Bereich von Steinbrüchen) Geröll auf der Straße geben – man sollte vorsichtig sein. Anspruchsvoller zu fahren ist auch die andere aufgeführte Alternativstrecke, der Bereich zwischen Spoleto und Norcia. Insbesondere die ins Nera-Tal führende SS 395 ist schmal und enthält einige Spitzkehren. Hinter Spello,

beim Anstieg zum Subasio, wird die Piste zunehmend schlechter und geht schließlich in eine gänzlich unbefestigte Straße über, die sich besonders für Enduro-Maschinen eignet, jedoch auch mit jedem anderen Motorrad befahrbar ist. Die Anfahrt zum Beginn dieser Route ist über die A 1 Florenz – Rom, Ausfahrt Orvieto, kein Problem.

Streckenmerkmale (Fortsetzung)

Streckenbeschreibung

Startpunkt ist **Orvieto** (23 000 Einw.), das sich auf einem Felsen aus Vulkangestein im Paglia-Tal erhebt. Die malerische Stadt ist noch ganz von ihrer mittelalterlichen Struktur geprägt, die sowohl in den einzelnen Gebäuden als auch in der reizvollen Straßenanlage zum Ausdruck kommt. Glanzstück ist der Dom mit seiner reich bestückten, mehrfarbigen Fassade, eines der Meisterwerke italienischer Gotik. Sehenswert sind aber auch die Piazza della Repubblica, der Corso Cavour, die Hauptstraße der Stadt mit den wichtigsten Bauten (Palazzo Comunale, Chiesa di S. Andrea, Palazzo del Popolo) und die Burg an der Piazzale Cahen mit dem außergewöhnlichen Pozzo di San Patrizio, 61 m ist der Brunnen tief.
Man verläßt Orvieto auf der unter der Autobahn hindurchführenden SS 79 bis, schon bald gibt sie den Blick auf den Lago di Corbara frei. Der See verdankt seine Existenz der Tatsache, daß der Tiber hier aufgestaut wurde. Bald nachdem man die Ortschaft Pontecuti durchfahren hat, kommt schon das auf einem Berg gelegene **Todi** (17 000 Einw.) in Sicht. Die engen Gassen des Ortes bilden ein wahres Straßenlabyrinth. Um die Piazza del Popolo gruppieren sich die wichtigsten Gebäude, der Palazzo del Capitano, der ein etruskisch-römisches Museum beherbergt, Palazzo del Popolo, Palazzo dei Priori und der Dom. Auf einer Terrasse außerhalb der Stadtmauer steht die Wallfahrtskirche Santa Maria della Consolazione. Von Todi aus bringt uns die SS 79 bis nach Colvalenza.

Orvieto: km: 0

Todi: km 44,6

Colvalenza: km 52,6

Wer sich für diesen Streckenabschnitt entscheidet, der die Hauptroute erheblich abkürzt, fährt von Colvalenza aus in nördlicher Richtung über Massa Martana und Bastardo auf eine besonders anmutige, dicht bewaldete Gegend. Kurvenliebhaber werden begeistert sein! Bei Foligno stößt die Alternativstrecke wieder auf die Hauptroute.

Alternativstrecke: Colvalenza – Foligno (44 km)

Von Todi aus steuern wir die mittelalterliche Ortschaft **Acquasparta** (4700 Einw.) an. Ihre Wehrhaftigkeit wird durch mehrere Rundtürme noch verstärkt. Der Thermalkurort, der schon zu Zeiten der Römer für die heilsame Wirkung seines Wassers bekannt war, hat an Sehenswürdigkeiten die Kirche San Francesco und den Palazzo Cesi zu bieten. (Es empfiehlt sich, von hier einen Abstecher zu den 6 km südlich gelegenen Überresten der römischen Stadt Carsulae zu unternehmen.) Von Acquasparta bringt uns die SS 418 weiter in die Martani-Berge und schließlich nach **Spoleto** (37 000 Einw.). Über der Stadt thront eine mächtige Burg aus dem 14. Jahrhundert. Spoleto ist heute vor allem bekannt wegen des international beachteten Festival dei Due Mondi, das jedes Jahr von Juni bis Juli hier abgehalten wird. Das tief eingeschnittene Tal des Tessino überspannt der Ponte delle Torri, die zehnbogige Brücke ist 80 m hoch und 230 m lang.

Acquasparta: km 66,9

Spoleto: km 104,2

Die SS 395, die von Spoleto in das Nerina-Tal führt, verlangt die volle Aufmerksamkeit des Fahrers. Dem Flußlauf in nördlicher Richtung folgend, durchfährt man ein zum 'Parco Naturale Regionale' erklärtes Gebiet, bevor man nach Triponzo kommt. Dort halten wir uns rechts und gelangen auf der SS 320 nach Serravalle und von dort auf der SS 396 nach **Norcia** (4800 Einw.). Die alte, noch nahezu vollständig erhaltene Ringmauer gibt dem Ort einen ganz eigenen, altertümlichen Reiz. Die zentrale Piazza San Benedetto wird von der gleichnamigen Kirche, der Fortezza della Castellina und dem Dom gesäumt. Man setzt die Fahrt über Forca d'Ancarano und Preci fort und folgt ab Pontechiusita wieder der Hauptroute.

Alternativstrecke: Spoleto – Pontechiusita (69 km)

Todi: Tempio della Consolazione

Hauptroute
(Fortsetzung)
Spoleto:
km 104,2

Zwischen Spoleto und Foligno reizt die Via Flaminia zwar zur flotten Fahrt, aber es empfiehlt sich dennoch, beim berühmten Fonti del Clitunno eine Pause einzulegen, um dieses eindrucksvolle Naturerlebnis zu genießen. Die Schönheit des tiefgrünen Quellsees, in dem sich Trauerweiden spiegeln, wurde schon im Altertum besungen.

Auch der unweit nördlich gelegene Tempietto Clitunno, ein frühchristliches Bauwerk, verdient Beachtung. Über das am Hang ansteigende Städtchen **Trevi** (7100 Einw.) gelangt man nach **Foligno** (53 000 Einw.). Aushänge-

Foligno: km 133,9

Abb. S. 162/163: In der umbrischen Hügellandschaft um Norcia

schild der modernen Handelsstadt ist die zentrale Piazza della Repubblica, deren Ostseite der Dom und deren Nordseite der Palazzo Trinci begrenzen.

Hauptroute (Fortsetzung)

Man kann die Route ausdehnen, indem man von Foligno aus über Montefalco (5600 Einw.) nach Assisi fährt. Montefalco wird wegen seiner aussichtsreichen Lage häufig der 'Balkon Umbriens' genannt. Nach einigen Kilometern kommt man dann nach **Bevagna** (4600 Einw.), wo der Palazzo Comunale eine Besichtigung lohnt. Am Flüßchen Topino entlang geht es nach **Bettona** (3500 Einw.), einem weiteren Ort mit einer alten Stadtmauer, die sogar bis auf die Etruskerzeit zurückgeht. Von Bettona aus steuern wir direkt Assisi an.

Alternativstrecke: Foligno – Assisi (35 km)

Die Hauptroute führt von Foligno aus in das 5 km nordwestlich gelegene **Spello**, das sich malerisch am Hang des Monte Subasio ausbreitet. Für die Weiterfahrt nach Assisi wählt man das Sträßchen über den Monte Subasio, das in eine unbefestigte Piste übergeht. Schließlich ist **Assisi** erreicht, das wegen seines wohlerhaltenen mittelalterlichen Stadtbildes und seiner bedeutenden Kunstschätze eine Sehenswürdigkeit ersten Ranges darstellt.

Assisi: km 152

Von Assisi aus gelangt man in nordöstlicher Richtung auf der SS 444 nach **Gualdo Tadino** (14 000 Einw.), das auf einem felsigen Bergausläufer liegt und einige interessante gotische Baudenkmäler besitzt. Nachdem man den Monte Citerna umfahren hat, bringt uns die SS 219 nach **Gubbio** (32 000 Einw.), dem Zielpunkt dieser Route. Den Stadtkern bilden einige parallel zum Hang des Monte Ingino verlaufende Straßenzüge mit der Piazza Grande als zentralem Platz, an dem der Palazzo dei Consoli (mit Museum und Gemäldegalerie) liegt. Nördlich oberhalb der Piazza steht der gotische Palazzo Ducale und ihm gegenüber sieht man den teilweise in den Abhang gebauten Dom.

Gubbio: km 210

Praktische Informationen

ORVIETO: APT, p. del Duomo 24, Tel. (0376) 41772. – TODI: AA, p. del Popolo 38, Tel. (075) 883062. – SPOLETO: AA, p. della Libertà 7, Tel. (0743) 28111. – NORCIA: p. S. Benedetto 1, Tel. (0743) 816701. – TREVI: Pro loco, p. Mazzini. – FOLIGNO: AA, Porta Romana 126, Tel. (0742) 60459. – MONTEFALCO: Pro loco, cs. Mameli 68, Tel. (0742) 79122. – BEVAGNA: Pro loco, p. Silvestri. – SPELLO: Pro loco, v. Garibaldi 19, Tel. (0742) 651250. – ASSISI: AA, p. del Comune 12, Tel. (075) 812534. – GUALDO TADINO: Pro loco, v. R. Calai 39, Tel. (075) 912172. – GUBBIO: AA, p. Oderisi 3, Tel. (075) 9273693.

Fremdenverkehrsämter

ORVIETO: Palio della Palombella (Wettrennen; Pfingsten); historischer Umzug (Fronleichnam). – TODI: Nationale Kunsthandwerksmesse (August/September). – SPOLETO: Festival Due Mondi (Lyrik-, Prosa-, Konzert- und Ballettveranstaltungen; Juni/Juli). – NORCIA: Trüffelmarkt (Februar/März); 'Freudenfeuer' und Wettkämpfe zwischen den Ortsteilen (9. Dezember). – TREVI: Historischer Umzug und Wettkämpfe (Oktober). – FOLIGNO: Giostra della Quintana (historische Ritterspiele; September). – MONTEFALCO: Fuga del Bove ('Flucht des Ochsen'; August). – BEVAGNA: Spanferkelfest (Juni). – SPELLO: Fest rund um das Olivenöl und die 'Bruschette' (regionale Spezialität; Februar). – ASSISI: Calendimaggio (Umzüge und Wettkämpfe in mittelalterlichen Kostümen; Mai); Festa dell'Ascensione (Papierdrachen-Wettspiele auf dem Monte Subasio; Himmelfahrt); Blumenteppiche (Fronleichnam); Feier zu Ehren des hl. Franz von Assisi (3./4. Oktober). – GUALDO TADINO: Internationale Töpferausstellung (August/September); La Notte di Foco (historische Veranstaltung; 23. Juni); Giochi de le Porte ('Spiele der Tore' und historischer Umzug; September). – GUBBIO: Armbrustschießen mit historischem Umzug (letzter

Veranstaltungen

Einsiedelei Le Carceri bei Assisi

Veranstaltungen (Fortsetzung)

Maisonntag); Wettkampf der Stadtteile (14. August); Trüffel-Markttage (Oktober/November).

Küche

'Bodenständigkeit' kennzeichnet die Küche Umbriens. In erster Linie werden einheimische, unverfälschte Zutaten, z.B. das hervorragende Olivenöl, verwendet. Eine typische Besonderheit sind die Trüffel, die in der entsprechenden Jahreszeit (Herbst/Winter) die geschmackliche Note für eine Reihe von Gerichten liefern wie etwa die berühmten 'Bruschette' (geröstete Brotschnittchen), 'Stringozzi' (breite Nudeln aus Wasser und Mehl) oder 'Ciriole' (handgemachte Spaghetti). Ausgezeichnet sind der dunkle, lange gereifte Schinken (Prosciutto) aus den Berggegenden, verschiedene Süßwasserfische und eine Spezialität namens 'Palombe alla Leccarda' (Wildtaube nach einem altüberlieferten Rezept, eingelegt in einer Beize aus Olivenöl, Weißwein, Essig, Kapern, Oliven, Sardellen, Knoblauch, Zwiebeln, Gewürznelken, Rosmarin, Salbei und Zitrone). Weitere typische Gerichte bzw. Produkte sind 'Fagiola con le Cotiche' (grüne Bohnen mit 'Cotica', einer Wurstspezialität) sowie Schweinefleisch und Wurst aus der Umgebung von Norcia. Bei den süßen Leckereien sind althergebrachte Geschmacksrichtungen dominierend, wobei insbesondere das Nußbrot aus Todi ('Pane Nociato', auf der Grundlage von Nüssen, Rosinen und Schafskäse), 'Pan Pepato' (Pfefferkuchen) aus Spoleto und 'Pinoccata' (eine Art Makronen mit Pinienkernen) zu nennen sind. Berühmte Weine Umbriens sind die Weißweine aus Orvieto und der Sacrantino aus Montefalco.

Tour 27: Erloschene Vulkane und Etruskergräber

Rund um die Vulkanseen des nördlichen Latium

Latium

Region

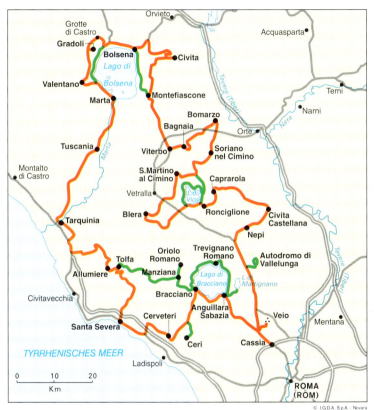

© I.G.D.A. S.p.A. · Novara

Zwischen dem Unterlauf des träge und majestätisch dahinfließenden Tiber und der Küste der Region Latium liegt nördlich von Rom eine Landschaft, deren Bild von markanten Bergkegeln aus Vulkangestein und einer noch ursprünglichen Vegetation bestimmt ist. Nicht zuletzt durch die drei Seen, die sich in ehemaligen Vulkankratern gebildet haben, wird diese Region zu einem idealen Feriengebiet. Historisch Interessierte können sich mit der geheimnisvollen Kultur der Etrusker auseinandersetzen, die hier besonders tiefe Spuren hinterlassen hat, bevor sie in den verschlingenden Sog des aufstrebenden Rom geriet.

Bei der Rundfahrt tauchen auf den Bergkuppen unvermittelt zeitlos wirkende Dörfer und Städtchen auf, die einen ärmlich und verloren, mit dicht zusammengedrängten Häusern aus Vulkangestein, die anderen reich an prachtvollen Baudenkmälern.

Landschaftsbild

167

Streckenmerkmale

Mit Ausnahme kurzer Abschnitte auf der Via Aurelia (SS 1) und der Via Cassia (SS 2) verläuft die gesamte Route über Nebenstraßen durch die Hügellandschaft oder um die Seen herum. Der Straßenzustand ist im allgemeinen gut und ermöglicht ein zügiges Fahren, jedoch gibt es vereinzelt auch Abschnitte mit schadhaftem Belag. Den höchsten Punkt der Strecke erreicht man bei Montefiascone (596 m ü.d.M.), das auf dem südöstlichen Rand des Kraters liegt, in dem sich der Bolsena-See ausbreitet. Ansonsten bewegt man sich meist um die 200 m ü.d.M. Die Route beginnt bei der Ausfahrt 'Cassia Vecchia' des um Rom herumführenden Autobahnringes.

Streckenbeschreibung

Rom: km 0

Man verläßt Rom auf der alten SS 2, der Cassia Vecchia, vorbei an Tomba di Nerone und Giustiniana (man erreicht den Startpunkt auch über die Ausfahrt 'Cassia Vecchia' des Autobahnringes um Rom). Kurz hinter Storta folgen wir der SS 493 Richtung Bracciano, wechseln jedoch nach 7 km auf die nach **Anguillara Sabazia** führende Straße. Über dem reizvoll am Lago di Bracciano gelegenen Ort erhebt sich ein mächtiges Kastell aus dem späten 16. Jahrhundert. Von Anguillara Sabazia bietet sich ein kurzer Abstecher zum winzigen nahegelegenen Lago di Martignano an, ein weiterer See vulkanischen Ursprungs. Die schmale unbefestigte Straße dorthin verläuft durch ein landschaftlich sehr schönes Waldstück.

Anguillara Sabazia: km 30,2

Alternativstrecke: Anguillara Sabazia – Tolfa (65 km)

Diese Strecke führt am Nordufer des Lago di Bracciano herum durch eine typische Binnensee-Vegetation. Schon bald erreicht man **Trevignano Romano**, ein Städtchen, dessen Ursprünge auf die Etruskerzeit zurückgehen. Interessant ist u.a. die Ruine einer im 15. Jh. zerstörten Burg. Die Weiterfahrt, bei der sich eine schöne Aussicht auf den See ergibt, bringt uns nach Bracciano (siehe Hauptstrecke). Wo wir – unmittelbar nach Unterqueren der Eisenbahnlinie – den Bracciano-See verlassen und in Richtung **Manziana** weiterfahren. Der auf dem Rand eines ehemaligen Vulkankraters gelegene Ort umgeben schöne Wälder. Von einem mittelalterlichen Kastell sind noch zwei Türme erhalten, die heute in den Palazzo Tittoni integriert sind. Unsere Route macht dann einen kleinen Abstecher in nördlicher Richtung, nach **Oriolo Romano**. Der zwischen 1560 und 1562 entstandene Ort ist ein typisches Beispiel einer in der Renaissance auf dem Reißbrett entworfenen Stadt. Lohnend ist eine Besichtigung des Palazzo Altieri, dessen Inneres prächtig ausgestaltet ist.
Wir umfahren den Monte Calvario (541 m ü.d.M.) und erreichen dann über die Provinzstraße Tolfa, von wo wir wieder der Hauptroute folgen.

Bracciano: km 44,2

Wer sich für die Hauptroute entscheidet, lernt das Südufer des Lago di Bracciano mit seinen Badestränden kennen und gelangt schon nach kurzer Zeit nach **Bracciano** (11 000 Einw.). Beispiel für einen befestigten Adelssitz ist das sechstürmige Renaissance-Kastell der Orsini-Odescalchi. Man folgt dann der südwärts in Richtung Cerveteri führenden Straße.

Nebenstrecke 1

Ca. 10 km hinter Bracciano bietet sich ein Abstecher nach **Ceri** an. Über eine steil ansteigende Straße erreicht man die Ortschaft, deren Mauern und Häuser aus dem Fels herauszuwachsen scheinen.

Cerveteri: km 68,6

Die Stadt **Cerveteri** (12 000 Einw.) bringt für uns die erste Begegnung mit den Etruskern. Die Banditaccia-Nekropole gehört zu den bedeutendsten etruskischen Grabanlagen. Man verläßt Cerveteri in nordwestlicher Richtung, hält sich dann links und stößt bei Furbara auf die Via Aurelia (SS 1). Die Route passiert nun das unter Naturschutz stehende Küstengebiet Macchiatonda und führt zu dem grandiosen Kastell von Santa Severa, das direkt am Meer liegt, und zwar an der Stelle des antiken Pyrgi (von dem

Abb. S. 168/169: Erfrischende Pause bei Veio

heute nichts mehr vorhanden ist). Unser Weg steigt zu den bewaldeten Monti di Tolfa hinauf. Wir steuern das Städtchen **Tolfa** an, über dem die gleichnamige Burg thront. Gleich danach kommt **Allumiere**, eine alte Bergbausiedlung. Von hier aus setzen wir die Route durch die urwüchsige Gegend fort, die den Namen Tuscia trägt. Schmale Sträßchen schlängeln sich durch die vom Tuffgestein geprägte Landschaft.

Nachdem wir auf die SS 1 (Via Aurelia) zurückgelangt sind, geht es zügig und bequem voran nach **Tarquinia** (13 000 Einw.). Das Städtchen liegt exponiert auf einem Bergausläufer, von steil abfallenden Felswänden umgeben, und ist vor allem wegen der in der Nähe befindlichen, mit prächtigen Malereien ausgeschmückten Gräberstadt der Etrusker bekannt. Daneben lohnen in Tarquinia der Palazzo Vitelleschi, die Piazza Matteotti mit dem Palazzo Comunale, die Porta Castello, San Pancrazio und die Torre del Seminario eine Besichtigung.

Weiter fahren wir in nordöstlicher Richtung nach Tuscania. Dann und wann sieht man die charakteristischen Hügel, die das Vorhandensein etruskischer Grabstätten anzeigen. Zum Teil sind diese Gräber noch nicht erkundet, zum Teil auch geplündert.

Schließlich erreichen wir **Tuscania** (7200 Einw.), in dem sich Spuren von der Etruskerzeit bis hin zur Spätrenaissance finden (mit Türmchen besetzte Stadtmauer, Dom, Kirchen San Pietro und Santa Maria Maggiore, Archäologisches Museum). Weiter geht es durch das Tal des Flusses Marta zum gleichnamigen Ort am Bolsena-See (Lago di Bolsena), dem größten See der Region Latium und dem – von der Fläche her – fünftgrößten ganz Italiens. Interessant in **Marta** ist vor allem der alte Ortsteil zu Füßen der Burg, die von einem wuchtigen achteckigen Uhrturm (Torre dell'Orologio) überragt wird. Fast unmittelbar anschließend folgt **Capodimonte** (1600 Einw.), das sich auf einer winzigen Halbinsel ausbreitet. Von der schönen Uferpromenade aus ergibt sich ein hervorragender Blick zur grünen Isola Bisentina.

Die Straße verläßt anschließend das Ufer und steigt auf zum Rand des ehemaligen Kraters, nach **Valentano**, das um ein Kastell herum entstand. Auf der Kammlinie des Kraters verläuft die Straße weiter, wobei man einen wunderbaren Blick über den ganzen See hat. In **Latera**, dessen graue Häuser am Berghang hinunterziehen, biegt man rechts auf die SS 489 ab, die nach 8 km in die Via Cassia einmündet.

Von Capodimonte aus besteht die Möglichkeit, auf einem schmalen Sträßchen, unmittelbar am See entlangzufahren, bis man vor Bolsena ebenfalls auf die Via Cassia gelangt. Dieser Streckenabschnitt bringt den Reisenden in eine ursprüngliche und faszinierende Landschaft.

Auf der Via Cassia gelangt man zügig nach **Bolsena** (4000 Einw.), wo man sich den erhöht liegenden Ortsteil mit dem Kastell und dem mittelalterlichen Kern ansehen sollte, ferner die nahegelegenen etruskischen und römischen Ausgrabungen und die geschichtlich bedeutende Kirche Santa Cristina (im 11. Jh. gegründet, Fassade aus dem 16. Jh.).

Auf der Via Cassia fährt man weiter am Seeufer entlang und genießt dabei ein herrliches Panorama. Anschließend steigt die Straße leicht an und trifft bei Montefiascone wieder auf die Hauptroute. Wer noch immer nicht genug von der reizvollen Seenlandschaft hat, fährt von hier aus noch am südlichen Ufer bis Marta zurück.

Die Hauptroute führt von Bolsena aus, ansteigend Richtung Orvieto, biegt dann aber nach **Bagnoregio** (4000 Einw.) ab, das auf einem Berggrat liegt und eine sehenswerte Kathedrale besitzt. Besonders reizvoll präsentiert sich der Ortsteil Civita. Das alte Bergdorf, das erhaben auf einem steil aufragenden Tuff-Felsen prunkt, ist einem langsamen, aber unaufhaltsamen Zerfall unterworfen. Man erreicht Civita über eine schmale Brücke, die nur zu Fuß oder auf dem Esel überquert werden kann – oder aber mit dem Motorrad.

Margin notes:

Hauptroute (Fortsetzung)

Tarquinia: km 148,9

Tuscania: km 173,4

Latera: km 209,5

Alternativstrecke: Capodimonte – Bolsena

Alternativstrecke: Bolsena – Montefiascone (15 km)

Hauptroute
(Fortsetzung)
Montefiascone:
km 249,5

Nächste Station unserer Route ist **Montefiascone** (12 500 Einw.), das man über die SS 71 schnell erreicht. In dem Städtchen, das für seinen süßen Weißwein "Est, Est, Est" bekannt ist, lohnen die Burg, die Papst Urban IV. im 8. Jh. erbauen ließ, der Dom mit seiner enormen Kuppel und die romanische Kirche San Flaviano eine Besichtigung.

Viterbo: km 265,9

Von Montefiascone folgt man wiederum der Via Cassia bis zur Provinzhauptstadt **Viterbo** (58 000 Einw.), einer an Geschichte und Kunstschätzen reichen Stadt. Zu einem Kurzbesuch Viterbos gehört auf jeden Fall, daß man sich die zentrale Piazza del Plebiscito, den mächtigen Palazzo Chigi, die Palazzi dei Comuni bzw. dei Priori, del Podestà und della Prefettura, die mittelalterliche Torre del Borgognone, die Piazza San Lorenzo, den Palazzo Papale mit der herrlichen Loggia, die romanische Kathedrale aus dem 12. Jh. und das Quartiere Medievale (dt. = 'mittelalterliches Viertel') ansieht. Man verläßt Viterbo auf der Viale Trieste (SS 204) und kommt

Bagnaia: km 270,9

nach kurzer Strecke nach **Bagnaia**, einem kleinen, für die Region typischen Ort, aus dem ein vorzüglicher Wein stammt. Die Villa Lante della Rovere gilt mit ihren Gärten samt den Wasserspielen als eine der schönsten Villenanlagen der Renaissance in ganz Latium. Interessant ist daneben die Altstadt, in die man durch die Porta del Castello gelangt.

Nebenstrecke 2

Gut 3 km hinter Bagnaia biegt man von der SS 204 nach **Vitorchiano**, einem mittelalterlich anmutenden Städtchen, ab. Beachtenswert sind das alte Hinweisschild auf die Locanda dei Fedeli und der Palazzo Comunale.

Auf die Straße 204 zurückgekehrt, fährt man bis zur Abzweigung nach **Bomarzo** (1500 Einw.), das sich malerisch auf hohem Felsen über dem Tibertal ausbreitet. Am Berghang erstreckt sich der Parco dei Mostri (dt. = 'Park der Ungeheuer'), ein in Terrassen angelegter Park mit mehreren Tierungeheuern, die türkische Kriegsgefangene im 16. Jh. in Stein gehauen haben. Lohnend ist aber auch eine Besichtigung des Dorfes selbst, das sich hübsch um den Palazzo Orsini herum gruppiert. In Bomarzo macht unsere Route einen Knick, und in südlicher Richtung geht es weiter nach **Soriano nel Cimino** (7500 Einw.), das von einem mächtigen Kastell beherrscht wird, und in dem der ansehnliche Palazzo Chigi samt des Papacqua-Brunnens steht. Eindrucksvolle Landschaftserlebnisse verspricht eine Wanderung auf den 1053 m hohen Monte Cimino, der von einem wundervollen Buchenwald bedeckt ist und auf dem sich der 'Sasso Menicante' befindet, ein eigentümlich schillernder Stein, der schon von Plinius d. Ä. beschrieben wurde. Auf der Via Cimina führt der weitere Weg zum Rand des ehemaligen Vulkankraters hinauf, den heute der kleine Lago di Vico ausfüllt. Kurz bevor wir den See erreichen, biegen wir rechts ab und

San Martino al
Cimino: km 318,2

fahren durch einen Wald nach **San Martino al Cimino**, ein malerischer Ort, den eine noch aus dem Mittelalter stammende Stadtmauer umgibt, der aber ansonsten vorwiegend vom 17. Jh. geprägt ist.

Alternativstrecke: Rundfahrt um den Lago di Vico

Wenn man diese Alternative wählt, fährt man auf der Via Cimina noch ein Stück weiter in Richtung Ronciglione, am Ostufer des Sees entlang, bevor man nach 8 km nach rechts auf die äußerst schmale Provinzstraße abbiegt, die um den See herumführt.

Von San Martino al Cimino aus gelangt man über ein landschaftlich sehr schönes Sträßchen, vorbei am Kloster Sant'Angelo, nach Cura, wo die SS 2 kreuzt, und weiter nach **Blera**, das auf einem schmalen Bergrücken liegt. Über eine noch aus etruskischer Zeit stammende Brücke fährt man in Richtung **Barbarano Romano**. Unweit südlich befinden sich die Ausgrabungen von San Giovenale. Man hat dort Überreste einer menschlichen Siedlung gefunden, die schon tausend Jahre vor Christus bestand. Auf der SS 493 geht es noch einmal zum Lago di Vico zurück. Die Straße wird schmaler und schmaler und verläuft dann am südlichen Seeufer entlang, wobei man eine prächtige Aussicht genießt.

Blera: km 340,7

Ronciglione:
km 365

Nächste größere Ortschaft ist **Ronciglione** (7000 Einw.). Beachtenswert sind dort der Dom, das mittelalterliche Kastell mit zwei massiven Rundtürmen, die romanische Kirche Santa Maria della Provvidenza und das Gebäude Santa Maria della Pace aus dem 16. Jahrhundert. An der Kapelle San Egidio vorbei geht es weiter nach **Caprarola** (4800 Einw.), wo der grandiose Palazzo Farnese steht. Über Carbognano und Fabbrica di Roma, an den Ruinen von Falerii Novi vorbei verläuft unsere Route nach **Civita Castellana** (16 000 Einw.), zu dessen Sehenswürdigkeiten der Dom und die schöne Renaissance-Burg gehören, in der ein archäologisches Museum untergebracht ist. In **Castel Sant'Elia** führt vom dortigen Franziskanerkloster eine lange Treppe hinab zur in den Fels gehauenen Kapelle Madonna ad Rupes. Kurz darauf ist **Nepi** (5400 Einw.) erreicht. In dem von einer mächtigen Mauer umgebenen Städtchen lohnen der Palazzo Comunale aus dem 16. Jh. und der romanische Dom eine Besichtigung. Sehr schön ist auch der Blick auf die Burg von der Porta Romana aus. Nachdem man zum letzten Mal auf dieser Route auf die Via Cassia (SS 2) eingeschwenkt ist, geht es rasch auf die Endstation Rom zu. Vorher sollte man allerdings noch eine Rast am Autodromo di Vallelunga einlegen (2 km hinter der Abzweigung bei Pavone nach Campagnano di Roma), wo man selbst einige Runden drehen kann, wenn nicht gerade Rennen oder offizielle Trainingsläufe veranstaltet werden. Und noch ein interessantes Ziel liegt an der Via Cassia, kurz vor Rom, die alte Etruskersiedlung Veio.

Hauptroute (Fortsetzung)

Civita Castellana: km 390

Rom: km 452,5

Praktische Informationen

BRACCIANO: AA, c. Claudia 58, Tel. (06) 9023664. – CERVETERI: p. Risorgimento 3, Tel. (06) 9950676. – TARQUINIA: AA, p. Cavour 1, Tel. (0766) 856384. – TUSCANIA: AA, lg. Montascide, Tel. (0761) 435417. – CAPODIMONTE: Tel. (0761) 80043. – BOLSENA: cs. della Repubblica 12. – MONTEFIASCONE: v. Verentana 6, Tel. (0761) 86040. – VITERBO: EPT, p. del Sacrario 16, Tel. (0761) 34795. – BOMARZO: cs. Meonia 23. – SORIANO DEL CIMINO: v. S. Maria 28, Tel. (0761) 79001. – RONCIGLIONE: cs. Umberto 22, Tel. (0761) 625460. – CAPRAROLA: v. F. Nicolai 2. – CIVITA CASTELLANA: p. Matteotti, Tel. (0761) 516555.

Fremdenverkehrsämter

ANGUILLARA SABAZIA: Fischfest (Ende Juni/Anfang Juli). – BRACCIANO: Gimkana dei Butteri (Juxrennen) und Fest der Panzanella (Brotspezialität; August). – TREVIGNANO ROMANO: Fischfest (Mai); Seefest (15. Juli). – CERVETERI: Weinfest (August). – TARQUINIA: Palio delle Contrade (historische Kostümwettspiele; Mai); Corsa dei Facchini (Ostern). – TUSCANIA: Fest des hl. Antonio Abate (17. Januar). – MARTA: Barabbata (Festumzug der historischen Zünfte). – BOLSENA: Blumenteppiche (Fronleichnam). – MONTEFIASCONE: Weinfest (Juli/August). – VITERBO: Macchina di Santa Rosa (3. September). – BOMARZO: Volksfest mit Gebäckspezialitäten (April). – SORIANO NEL CIMINO: Handwerksausstellung (Juli); Kastanienfest und Palio degli Arcieri (Bogenschießen; Oktober). – RONCIGLIONE: Karneval mit Wagenumzug; Fest der Gnocchini (August). – CIVITA CASTELLANA: Krippenspiel in Corchiano (Weihnachten). – NEPI: Fest des Schafskäses und der Salami (Mai); Weinfest (September).

Veranstaltungen

Eine dominierende Rolle spielt der Süßwasserfisch: 'Filetto di Persico' (Barschfilet), 'Anguilla alla Bisentina' (in Essigsud gedünsteter Aal) und zahlreiche andere Fische in vielerlei Zubereitungsvarianten. Besonderheiten unter der Vielfalt der Vorspeisen sind 'Maccheroni con le Noci' (mit Nüssen), 'Frascarelle' (Teigwaren in Kraftbrühe), 'Pezzata' (Brotsuppe), 'Cannelloni all'Etrusca', 'Strozzapreti' ('Priesterwürger', eine Gnocchi-Art), 'Lombrichelle', die 'Pici' aus Caprarola (handgemachte Teigwaren), 'Risotto con le Anguille' (Risotto mit Aal). Traditionelle bäuerliche Gerichte sind 'Scafata' (Bohnensuppe), 'Zuppa di Mosciarelle' (Kastaniensuppe), 'Carote in Salsa Dolce' (Karotten in einer süßen Sauce), 'Piscialetti' (Gemüsespezialität) und 'Zuppa di Fagioli alla Viterbese' (Suppe mit grünen Bohnen). 'Birolli' (Honigkringel) sind die Gebäckspezialität der Region.

Küche

173

Tour 28: Vom Tiber zur Adria

Entlang der ehemaligen Salzstraße

Regionen   Latium, Abruzzen und Marken

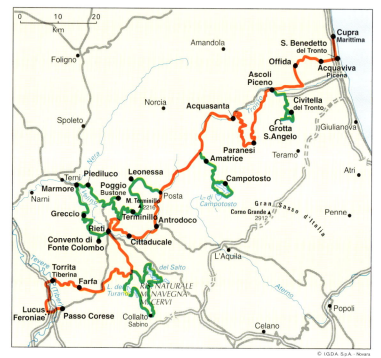

© I.G.D.A. S.p.A. - Novara

Landschaftsbild   Von der heiteren Landschaft des Tiber-Unterlaufes mit ihren zahlreichen Spuren der Etrusker- und der Römerzeit zieht sich quer durch Mittelitalien, von der Vorbergzone Sabina über die Monti Reatini des Apennin, den Flüssen Velino und Tronto folgend, die Via Salaria. Der Name stammt von dem damals kostbaren Gut, das einst auf diesem alten Verkehrsweg von der adriatischen Küste nach Rom transportiert wurde, dem Salz. Wir folgen dieser Route mit einigen Abstechern der Via Salaria und begegnen dabei majestätischen Flüssen und wilden Gebirgsbächen, tiefblauen Seen und spektakulären Wasserfällen, faszinierenden Naturparks und versteckten Klöstern, bis sich vor uns schließlich die Adriaküste auftut.

Streckenmerkmale   Die Staatsstraße 4, die Via Salaria, ist zwar bergig und kurvig, aber gut ausgebaut. Bis auf eine mögliche Glättebildung in der kalten Jahreszeit stellt sie den Motorradreisenden vor keine Probleme. Die vorgeschlagenen Nebenstrecken verlaufen durchweg auf schmaleren, gewundenen Provinzstraßen, die Fahrfreude gewährleisten. Für Enduro-Freunde gibt es auch unbefestigte Abschnitte. Ihren höchsten Punkt erreicht die Route mit

Ein reizvolles Ziel: der Stausee Campotosto ▶

Streckenmerkmale
(Fortsetzung)

1901 m auf dem Paß Sella di Leonessa, unterhalb des Monte Terminillo. Ansonsten werden zwar nur gemäßigte Höhen erreicht, aber es geht doch fast ständig rauf und runter.
Den Ausgangspunkt der Strecke erreicht man über die Autobahnausfahrt 'Fiano Romano' der A 1 Mailand – Neapel, der letzten Ausfahrt vor Erreichen des Autobahnringes von Rom.

Streckenbeschreibung

Rom: km 0

Gleich nach der Autobahnausfahrt 'Fiano Romano' kommt man zu den Ruinen der römischen Siedlung Lucus Feroniae. Besonders interessant sind die Villa dei Volsci, das Santuario della Dea Feronia, einige noch erhaltene öffentliche Gebäude und das Amphitheater. Hinter **Fiano Romano** biegt man rechts ab ins Naturschutzgebiet von Nazzano. Ein Stückchen folgt unsere Route dem Lauf des Tiber, dann steigt sie serpentinenartig unter und neben der hoch über das Tal führenden Autobahn in die Berge hinauf, zunächst nach Nazzano und dann in das unweit entfernt auf einem Hügel liegende **Torrita Tiberina**. Es bietet sich von dort ein sehr schöner Ausblick auf das Naturschutzgebiet im Tal.

Fiano Romano:
km 38,4

An der Kreuzung bei Poggio Mirteto Stazione biegen wir rechts ab nach **Farfa**, in dessen Ortsteil **Fara in Sabina** inmitten von viel Grün eine gleichnamige alte Abtei steht, die Ende des 7. Jh.s von einigen Mönchen gegründet wurde und sich zu einem der wichtigsten religiösen und kulturellen Zentren des Mittelalters entwickelte.

Weiter geht es auf der engen, gewundenen Straße, die uns zunächst nach **Toffia** führt, einem geschichtlich und architektonisch interessanten mittelalterlichen Bergdorf (bogenförmiges Stadttor aus großen Quadersteinen, Palazzo Ruffetti und Palazzo degli Orsini). Nach weiteren 10 km, auf Höhe der Osteria Nuova, mündet diese Straße in die Via Salaria. Da man sich nun schon ein gutes Stück von Rom entfernt hat, dürfte der Verkehr nicht mehr allzu stark sein. Bei dem Ponte Buida biegen wir bereits wieder von der Staatsstraße ab und fahren nach **Torricella in Sabina**. Wir passieren die hoch über dem Turano-Tal gelegene **Rocca Sinibalda** aus dem 16. Jh. mit dem zugehörigen Dorf und gelangen auf einer kurvenreichen Straße nach **Longone Sabino**.

Longone Sabino:
km 112,8

Nebenstrecke 1

Hier beginnt der sehr lohnende Abstecher durch das Naturschutzgebiet Monte Navegna e Monte Cervia. Auf einer unbefestigten Straße fährt man zunächst nach **Stipes** (880 m ü.d.M.) und von dort hinab – mit prächtiger Aussicht – nach **Colle di Tora** am Lago del Turano, um dessen Westufer sich die Straße dann windet. Eine Brücke bringt uns ans andere Ufer hinüber, nach Castel di Tora, von wo aus wir weiter am See entlang nach **Ascrea** und dann nach Paganico und Pietraforte fahren. Der See wird immer schmaler. Über **Collalto Sabino** geht es hinauf nach **Collegiove** (1001 m ü.d.M.). Auf der Kammlinie der Berge führt die Strecke bis nach Marcetelli, wo sich die Straße hinab zum Lago del Salto schlängelt. Traumhaft schön ist auch hier die Aussicht von der Uferstraße aus, auf der wir den gesamten See umrunden, der sehr reizvoll in die Berglandschaft eingebettet ist. Von Poggio Vittiano aus steigt unser Weg erneut nach **Varco Sabino** an. Auf einer kurvigen und teilweise unbefestigten Straße kehren wir zum Ausgangspunkt Longone zurück.

Varco Sabino:
km 181

Rieti: km 215,3

Kurz hinter Longone Sabino halten wir uns links und fahren durch eine üppig grüne Landschaft nach **Rieti** (43 000 Einw.). Die Provinzhauptstadt breitet sich am Ufer des Velino in einer weiten Ebene unmittelbar am Fuße des Monte Terminillo aus. Die von einer mächtigen turmbewehrten Mauer umgebene Stadt hat sich ihren mittelalterlichen Charakter bewahrt. Gar bis auf die Römerzeit zurück gehen Teile der Brücke über den Velino. Sehenswert sind auch das Stadtmuseum, der Präfekturpalast, der Bischofspalast und der Dom.

Diese Strecke enthält die schönsten Abschnitte der ganzen Route. Am Ortseingang von Rieti, noch vor der Brücke, biegt man nach links ab auf die Provinzstraße nach **Contigliano**. Nach 5 km kann man das Kloster Fonte Colombo bewundern, in dem der hl. Franz von Assisi 1223 die Regeln des Franziskanerordens bekräftigte. Noch interessanter jedoch ist der Convento di **Greccio**, der in eine faszinierende Landschaft eingebettet ist und dessen Inneres sich durch eine geradezu bewegende Einfachheit auszeichnet. Schon bald danach kommt ein weiterer Höhepunkt dieser Strecke, wenn auch ganz anderer Art, nämlich die Wasserfälle von Terni (Cascate delle Marmore). Sie donnern nahe der Ortschaft **Marmore** in das Tal hinab – allerdings nur an Sonn- und Feiertagen – ansonsten zwackt ein Elektrizitätswerk den größten Teil der Wassermassen ab. Gut 5 km östlich liegt das beschauliche Dorf **Piediluco** am gleichnamigen kleinen See, von bewaldeten Bergen umgeben. Nach Besichtigung der Kirche San Francesco sollte man sich eine Bootsfahrt auf dem See zur Halbinsel Monte Caperno gönnen, um sich hier von der hervorragenden Echowirkung zu überzeugen.

Auf der SS 79 geht es weiter bis zur Abzweigung nach **Poggio Bustone**. In dem aus dem 12. Jh. stammenden Ort sind ein fünfeckiger Turm und ein gotisches Tor, die Porta del Buongiorno, erhalten. Unser Weg steigt dann die Hänge der Monti Reatini hinauf, zum nahegelegenen Kloster San Giacomo aus dem 13. Jh. (Kirche im 15. Jh. errichtet). Nach Poggio Bustone zurückgekehrt, fahren wir auf einer gewundenen schmalen Straße nach **Cantalice**. Im Ortsteil Vazia biegen wir rechts auf die SS 4 ab, zweigen jedoch nach wenigen hundert Metern wiederum nach rechts zum Convento La Foresta ab, einem mitten im Wald gelegenen, aus dem Jahr 1225 stammenden Kloster. Sehenswert ist in der Kirche San Fabiano das Fresko "Wunder der Weintraube", das dem hl. Franz von Assisi zugeschrieben wird. Ferner lohnen der Kreuzgang aus dem 15. Jh. und die Grotta del

Alternativstrecke: **Rieti – Posta** **(138 km)**

Das mittelalterliche Städtchen Rocca Sinibalda

Santo eine Besichtigung. Durch eine reizvolle Landschaft führt die Straße in Richtung Rieti. Am Ortseingang biegen wir jedoch wieder links (Richtung Vazia) ab und und fahren auf einer hervorragend ausgebauten Straße durch Tannen- und Buchenwälder hinauf in das beliebte Ferien- und Wintersportgebiet Monte **Terminillo**. Mit 2216 m ist der Monte Terminillo der höchste Berg der Monti Reatini. Eine beeindruckend schöne Straße verläuft um den Gipfel herum. Nach Überschreiten der Paßhöhe Sella di Leonessa (1901 m ü.d.M.) geht es durch das gebirgige, abgeschiedene Meta-Tal abwärts zu einer kleinen Hochebene, auf der **Leonessa** (3000 Einw.), ein im Sommer und Winter besuchter Ferienort, liegt. Wie die meisten Orte der Reatiner Berge, weist auch Leonessa die typischen Züge der Abruzzengegend mit einer Mischung aus mittelalterlichen Häusern und Repräsentativgebäuden des 16. und 17. Jh.s auf, ergänzt von beachtenswerten gotischen Baudenkmälern. Eine Besichtigung lohnen die Kirchen San Pietro, Santa Maria del Popolo und San Francesco. Durch das enge grüne Carpineto-Tal verläuft unser Weg weiter und stößt bei **Posta** auf die Via Salaria und damit erneut auf die Hauptroute.

Alternativstrecke (Fortsetzung)

Die SS 4 bringt uns von Rieti nach **Cittaducale** (5500 Einw.). Die von den Herzögen von Anjou gegründete Stadt ist noch teilweise von ihrer alten, mit Türmchen versehenen Stadtmauer umgeben. An der zentralen Piazza del Popolo stehen die Kirchen Santa Maria del Popolo (Portale, Rosette) und Sant'Agostino (schönes gotisches Portal). Bei einem Spaziergang entlang der Stadtmauer sollte man sich die Torre Angioiana aus dem Jahre 1580 ansehen. Weitere 3 km sind auf der Via Salaria bis nach Terme di Cotilia zurückzulegen (Schwefelquellen). Das Städtchen **Antrodoco** (3000 Einw.) bildet dann den Eingang in die wilde Schlucht des Velino, durch die unsere Straße weiterverläuft. Sehenswürdigkeiten in Antrodoco sind die Pfarrkirche dell'Assunta, die romanische Kirche Santa Maria Extra Moenia und das Baptisterium San Giovanni. Nach Durchqueren der Schlucht fährt man auf der SS 4 über Posta weiter bis zur Abzweigung nach Amatrice.

Cittaducale: km 227,3

Amatrice (3500 Einw.) liegt auf einem Berg am Oberlauf des Flusses Tronto. Eindrucksvoll sind hier die Torre Civica aus dem 13. Jh. und die Kirchen San Francesco, Santa Maria del Suffragio und Sant'Agostino (gotisches Portal, Fresken); neben letzterer ragt ein Glockenturm auf, der mit der Porta Carbonara aus dem 13. Jh. ein Bauensemble bildet. Von Amatrice aus windet sich eine Straße aufwärts nach Poggio Cancelli und **Campotosto** (1700 Einw.), das am reizvollen gleichnamigen Stausee liegt. Bei immer wieder herrlichem Landschaftspanorama verläuft unsere Route rund um den See. Von **Mascioni** aus geht es dann über Poggio Cancelli zur Hauptstrecke zurück.

Nebenstrecke 2 Amatrice: km 281,8

Die Via Salaria verläuft zunächst am Fluß Pinto, dann am Tronto entlang nach **Acquasanta Terme** (4200 Einw.), das bereits in der Region Marken liegt. Aufgrund seiner Schwefel-, Brom- und Jodquellen war der Ort bereits in der Römerzeit als Heilungsstätte bekannt. Sehenswert ist das nahegelegene Kastell Luco. Wir verlassen hier vorübergehend die SS 4 und folgen der ansteigenden Straße nach **Poggio**, um wir uns rechts in Richtung **San Giovanni** halten. Der Weg dorthin führt über ein äußerst kurviges, schmales und kaum befahrenes Bergsträßchen, das sich zunächst den Monte Teglia hinaufwindet und dann die Ausläufer der Monti della Laga streift. Die einmalige Landschaft und die idyllisch gelegenen typischen alten Bergdörfer entschädigen für die etwas mühselige Fahrt. Man kommt zunächst nach **Ceppo**, und dann über Paranesi und Pascellata nach **Valle Castellana**. Bei **Ascoli Piceno** erreicht man schließlich wieder das Tal des Tronto und die Via Salaria. In der 55 000 Einwohner zählenden Provinzhauptstadt am Rand des Apennin lohnen die Paläste Comunale (mit Pinakothek), Capitani del Popolo und Vescovile sowie der Dom und das Baptisterium eine Besichtigung.

Acquasanta Terme: km 378,4

Ascoli Piceno: km 466,4

◀ *Naturschauspiel nur an Feiertagen: Cascate delle Marmore*

Nebenstrecke 3	Für einen letzten Abstecher verläßt man Ascoli Piceno auf der SS 81, auf der man an der Autobahnanschlußstelle vorbei bis zur Abzweigung bei der
Civitella del Tronto: km 467,6	Villa Passo fährt, hier folgt man der Nebenstraße nach **Civitella del Tronto** (5900 Einw.), einem weiteren Städtchen mittelalterlicher Prägung. Kunsthistorisch bedeutsam sind die Kirchen San Francesco mit romanischer Fassade und einem Chor aus dem 15. Jh. sowie San Lorenzo (Croce di S. Ubaldo). Von der Festung sind noch die äußeren Mauern und Teile der Nebengebäude erhalten.

Aus den 9 km entfernt liegenden Grotte di S. Angelo stammen zahlreiche wertvolle prähistorische Funde; interessant ist daneben das alte Romitorio San Michele (Einsiedelei).

Offida: km 526,3	Von Ascoli kommend, verlassen wir auf Höhe der Villa Sant'Antonio endgültig die Via Salaria und fahren nach **Offida** (5500 Einw.). Der pittoresk wirkende Ort ist berühmt für die hier gefertigten Klöppelstickereien. Nördlich des Städtchens steht die Ruine einer Festung aus dem späten 15. Jh. mit zwei Rundtürmen. Sehenswerte Gebäude sind außerdem der Palazzo Comunale (Rathaus) mit angegliedertem Stadtmuseum, die Kirche Collegiata Nuova, der Palazzo Mercolini und Santa Maria della Rocca.

Weiter geht es nach **Acquaviva Picena** mit seiner mächtigen Burg aus dem 14. Jh., eine der besterhaltenen der Region Marken, von der aus man einen phantastischen Blick über die sanft zum Meer hin abfallenden Hügel hat.

San Benedetto del Tronto: km 547,6	Die Küste erreicht man bei **San Benedetto del Tronto** (45 000 Einw.), einer freundlichen Stadt. Das letzte Stück dieser Route führt auf der Küstenstraße in Richtung Norden nach **Cupra Marittima** (4300 Einw.). Die erhöht gelegene mittelalterliche Altstadt dieses Badeortes umgibt eine Stadtmauer mit Türmen. Begründet wurde die Oberstadt im Jahr 1440 auf Betreiben von Francesco Sforza.

Praktische Informationen

Fremdenverkehrsämter	RIETI: EPT, v. Cintia 87, Tel. (07 46) 4 51 02. – CITTADUCALE: cs. Mazzini. – ANTRODOCO: v. Ponte 8, Tel. (07 46) 5 62 32. – AMATRICE: v. Madonna della Porta 15, Tel. (07 46) 8 52 49. – ACQUASANTA TERME: v. Solaria 2, Tel. (07 36) 98 291. – ASCOLI PICENO: EPT, cs. Mazzini 229, Tel. (07 36) 5 11 15. – OFFIDA: v. Roma 20. – SAN BENEDETTO DEL TRONTO: AA, v.le Marinai d'Italia, Tel. (07 35) 41 15. – GROTTAMMARE: v. Cairoli, Tel. (07 35) 63 10 87. – CUPRA MARITTIMA: v. V. Emanuele 11, Tel. (07 35) 7 71 45.
Veranstaltungen	RIETI: Büßerprozession (Juni); 'Fest der Knallfrösche' (Karnevalszeit); Sonnenfest (Juli). – CITTADUCALE: Spanferkelfest (August). – ANTRODOCO: Kulinarisches Fest der 'Stracci' (August). – AMATRICE: Folklorefestival (Juli); Fest der 'Spaghetti all'Amatriciana' (August). – ASCOLI PICENO: Torneo Cavalleresco della Quintana (historisches Reitturnier; erster Augustsonntag). – SAN BENEDETTO DEL TRONTO: Fest der Madonna della Marina (letzter Julisonntag).
Küche	Das typischste Gericht dieser Region sind zweifellos 'Spaghetti all'Amatriciana', die mit Fleischbrühe, Tomaten, Peperoni und Schafskäse zubereitet werden. Aus Antrodoco stammen die sogenannten 'Stracci', hauchdünne, mit Fleischragout gefüllte Pfannkuchen, die im Backofen gegart werden. In der Gegend um Ascoli werden Pfannengerichte (Fleisch, Käse, Gemüse) bevorzugt, außerdem kann man Spezialitäten wie gefüllte Oliven (Olive Ripiene) oder 'Cremini' bzw. 'Crostini' (überbackene Weißbrotschnitten) mit Pilzen probieren. Eine weitere Spezialität sind 'Chichiripieni' (Fladen mit Thunfisch, Sardellen, Peperoni und Kapern). Von den Süßspeisen sollte man unbedingt 'Funghetto' kosten, ein Gebäck aus Zucker, Mehl und Anis.

Tour 29: Grandiose Bergwelt

Von der Adriaküste hinauf in die Abruzzen

Abruzzen   Region

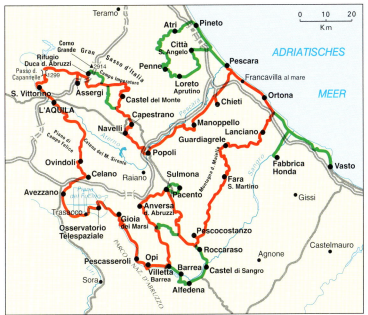

Bestimmend für die Landschaft der Abruzzen sind die parallel zur Küste   Landschaftsbild
verlaufenden Bergzüge und die sie kreuzenden Flußtäler, es ist also ein
topographisch äußerst abwechslungsreiches Gebiet. Manchmal erscheinen die Abruzzen rauh, manchmal lieblich, manchmal wild-urwüchsig,
manchmal düster, manchmal heiter. Es ist eine Gegend, die viele bedeutende Persönlichkeiten hervorgebracht hat; aber auch eine Gegend, in der
die Menschen noch eng mit den Traditionen verwoben sind. Typisch sind
in den Bergdörfern die endlos erscheinenden Steintreppen und die einfachen Häuser, vor denen alte Frauen in ihren Trachten sitzen und den Besucher mit dem Ausdruck eines tief verwurzelten Stolzes mustern. Und dann
ist da natürlich die Natur, eine grandiose Landschaft, die sich der Mensch
streckenweise untertan gemacht hat, die sich aber mitunter noch wild und
urwüchsig darbietet. Die Abruzzen liefern die wohl imposantesten Land-
schaftseindrücke der gesamten Apenninhalbinsel mit dem Gebirgsstock
Gran Sasso, dem Nationalpark Abruzzen und der trockengelegten Hochebene Piana del Fucino.

Insgesamt ergänzen sich die Staatsstraßen und Nebenstraßen dieser   Streckenmerkmale
Route zu einer fahrerisch sehr reizvollen und unterhaltsamen Strecke. Sie
enthält freilich auch geradlinigere und weniger anspruchsvolle Abschnitte,
so an der Adriaküste, auf der Piana del Fucino, im Tal des Flusses Pescara
oder auf dem Hochplateau Campo Imperatore. Die Fahrbahnbeschaffen-

Streckenmerkmale (Fortsetzung)	heit ist akzeptabel. Höchstgelegener Punkt der Route ist die Hütte Duca degli Abruzzi im Gran-Sasso-Gebiet mit 2130 m ü.d.M., ansonsten bewegt man sich um die 1000 m ü.d.M. Der Ausgangspunkt Pescara ist über die A 24 Rom – Pescara und die A 14 Bologna – Bari zu erreichen.

Streckenbeschreibung

Pescara: km 0

Die moderne Hafenstadt **Pescara** (131 000 Einw.) zählt zu den größten Städten an der italienischen Adria. Sehenswürdigkeiten sind das Geburtshaus des Dichters Giuseppe d'Annunzio, das Museum der Volkstraditionen der Abruzzen und das Fischfangmuseum (Museo Ittico).

Nebenstrecke 1

Nördlich von Pescara reiht sich an der Adria ein Badeort an den anderen. **Montesilvano Marina** ist eines der wichtigsten Tourismuszentren der Region mit unzähligen Hotels. Zu Spaziergängen laden die Strandpromenade und ein ansehnlicher Pinienwald ein. Weiter nördlich erreicht man Silvi Marina und **Pineto** (10 500 Einw.) mit einem ebenfalls schönen Pinienwald und der mittelalterlichen Torre di Cerrano. Die Festungsanlage wurde zur Abwehr slawischer Piraten erbaut. In Pineto verläßt man die Küsten-

Atri: km 31

straße und fährt nach **Atri** (11 500 Einw.). Die Kathedrale und weitere bedeutende alte Bauten lohnen einen Rundgang durch das Städtchen, das eine herrliche Aussicht auf das umliegende Land bietet. Die Provinz-

Penne: km 71,5

straße stößt hinter der Häuseransammlung Bozza auf die SS 81, auf der man unendlich viele Kurven hinter sich bringt, bevor man nach **Penne** (12 000 Einw.) kommt, dessen Stolz die alte Kathedrale ist. Am Ortsausgang verlassen wir die SS 81 und steuern **Loreto Aprutino** (7000 Einw.) an, ein betriebsames Städtchen, das, auf einer Anhöhe gelegen, noch vom Mittelalter und der Renaissance geprägt ist. Es empfiehlt sich ein Besuch des Keramikmuseums der Abruzzen im Palazzo dei Baroni Acerbo. Man fährt anschließend auf der Straße Nr. 151 weiter und biegt vor Erreichen von Cappelle sul Tavo links ab nach **Città Sant'Angelo**. Hier steht eines der bedeutendsten mittelalterlichen Baudenkmäler der Abruzzen, das Kloster Collegiata di San Michele aus dem 14. Jahrhundert. Ca. 10 km hin-

Pescara: km 120,9

ter der Ortschaft erreicht man wieder die Küstenstraße, der man zurück nach Pescara folgt.

Die SS 16 verläuft in südlicher Richtung am Meer entlang nach **Ortona** (22 000 Einw.), das von einem imposanten aragonesischen Kastell beherrscht wird. Von den Kulturdenkmälern sind die Kathedrale und der Palazzo Farnese erwähnenswert, Entspannung verspricht der panorama-

Marina di San Vito: km 150,6

reiche Passeggiata Orientale, der zur Villa Comunale führende Spazierweg. Weiter geht es auf der SS 16 bis nach Marina di San Vito.

Nebenstrecke 2
Vasto: km 191,8

Die zweite Nebenstrecke bringt den Reisenden an weiteren Adriastränden vorbei nach **Vasto** (30 000 Einw.). Der Badeort kann mit einigen beeindruckenden Bauwerken aufwarten: das Kastell aus dem 13. Jh., die Kathedrale, der Palazzo d'Avalos aus der Spätrenaissance, in dem das Stadtmuseum untergebracht ist, und die Ruine der Kirche San Pietro, die bei einem Erdbeben bis auf das stattliche gotische Portal zerstört wurde. Auf gleicher Route geht es zurück bis zur Mündung des Flusses Sangro. Hier gilt es zu überlegen, ob man auf der Schnellstraße das Industriezentrum Piana di Atessa ansteuern will, in dem das italienische Zweigwerk der Firma Honda (Honda Italia) einen Besuch lohnt.

Lanciano:
km 245,7

Von Marina di San Vito folgt die Hauptroute der SS 84, die kurvenreich ins Hinterland ansteigt. In **Lanciano** (32 000 Einw.) ist die reich verzierte Kathedrale an der Piazza del Plebiscito sehenswert. Ihre Fundamente ruhen auf vier Bögen einer aus der Zeit des Kaisers Diokletian stammenden

Auf dem Hochplateau Campo Imperatore ▶

Città Sant'Angelo aus der Luft

Hauptroute
(Fortsetzung)

Brücke. An der Kreuzung mit der SS 363 biegen wir nach **Guardiagrele** (10 000 Einw.) ab, in dem die Kupfer- und Eisenschmiedekunst Tradition hat. Unter den ansehnlichen Bauten des Städtchens ragt die Kirche San Francesco mit ihrer alten Fassade aus Steinblöcken hervor. Kurz danach biegt man nach links auf die SS 263 ein, auf der man mit prächtigem Blick auf die hoch emporragende Berggruppe Maiella weiterfährt. Zwischen diesen mächtigen kahlen Kalkfelsmassiven verlaufen tiefeingegrabene schmale Täler, davor sieht man dicht bewaldete Hügel.

Bei **Pennapiedimonte** überquert man das breite Avella-Tal und gelangt nach Fara San Martino (1800 Einw.), das am Rande des Naturschutzgebietes Maiella liegt. In dem Ort Corpi Santi kommt man wieder auf die SS 84 zurück.

In **Lama dei Peligni** folgen wir dem steilen, holprigen Sträßchen, das zu der auf 1425 m Höhe gelegenen, auch mit einer Seilbahn erreichbaren Grotta del Cavallone hinaufführt. Die Tropfsteinhöhle umfaßt mehr als einen Kilometer an Gängen und Sälen mit Stalaktiten und Stalagmiten.

Nachdem wir zur SS 84 zurückgekehrt sind, setzen wir die Fahrt fort zum reizvollen Ort **Palena** und weiter zur Quelle Capo di Fiume, bei der man schon zahlreiche bedeutsame Fossilienfunde gemacht hat. Über den Paß Forchetta erreichen wir die Hochebene von Pescocostanzo. In dem wasserreichen Gebiet der Abruzzen ist dies die größte zusammenhängende Fläche, die von keinem Wasserlauf durchzogen wird. Dennoch ist auch hier Wasser vorhanden – nur verläuft es in unterirdischen Kanälen des Karstgesteins. Der Ort **Pescocostanzo** (1400 Einw.) ist ein typisches Bergdorf der Gegend, dessen Repräsentativgebäude (Collegiata di Santa Maria del Colle, Palazzo Fanzago) vom Stil der Renaissance geprägt sind. Pescocostanzo wird ebenso wie das benachbarte **Rivisondoli** (900 Einw.) als Sommerferien- und Wintersportort gern besucht.

Bei der Einmündung der SS 84 in die SS 17 hält man sich links und kommt nach **Roccaraso** (1600 Einw.), einem weiteren Ferienort, ja sogar dem bedeutendsten der Gegend. Wir fahren auf der alten Staatsstraße weiter und erreichen **Castel di Sangro** (5200 Einw.), am Sangro gelegen und reich an historisch interessanten Gebäuden. Hinter dem malerischen Dorf **Alfedena** (750 Einw.) steigt die Straße in Serpentinen an nach **Barrea**, das bereits auf dem Gebiet des Abruzzen-Nationalparks liegt. Ein Aussichtspunkt gibt einen herrlichen Blick auf den Lago Barrea frei. Entlang dieses Stausees fahren wir nach **Villetta Barrea**, wo wir wieder auf die Hauptroute stoßen.

Wer der Hauptroute folgt, biegt kurz hinter Rivisondoli nach rechts auf die SS 17 ein und durchfährt die Hochebene Piano delle Cinquemiglia.

Diese Strecke eignet sich nur für geländegängige Motorräder. Man zweigt 2 km hinter dem Streckenwärterhäuschen an der SS 17 nach links auf das unbefestigte Sträßchen ab, das zur Kapelle Madonna del Carmine führt. In vielen engen und scharfen Kurven überwindet man die Bergkämme der Serra Sparvera und erreicht **Frattura**, ein Dörfchen, das eindrucksvoll am Rande eines Felsabsturzes liegt. Ab hier ist die Straße zwar asphaltiert, doch muß man weiter mit tückischen Kurven rechnen. Auf der Fahrt hinunter ins Tal zur Ortschaft Scanno genießt man eine atemberaubend schönen Blick auf den gleichnamigen See und seine Umgebung.

Die SS 17 bringt uns nach **Sulmona** (24 000 Einw.), das für seine Süßwaren, speziell Konfekt, bekannt ist. Man sollte sich die Kathedrale San Panfilo mit einer Krypta aus dem 11. Jh. ansehen, außerdem Kirche und Palast Santa Annunziata (eine Stilmischung von Gotik und Renaissance), das mittelalterliche Aquädukt und die Süßwarenfabrik Confettificio Pelino, ein originelles Jugendstilgebäude aus dem Jahre 1895.

Für diese kurze Rundfahrt verläßt man Sulmona auf der Via dei Cappuccini. Nach gut 8 km ist das malerische Dorf Pacentro erreicht, das zu Füßen eines gut erhaltenen Kastells aus dem 15. Jh. (Castello dei Cantelmo) liegt. Die SS 487 bringt uns dann schnell wieder zurück nach Sulmona.

Die Hauptroute wird von Sulmona aus auf der SS 479 zu dem exponiert auf einem Felsmassiv liegenden **Anversa degli Abruzzi** fortgesetzt. Von hier aus führt diese Straße durch die imposante wilde Sagittario-Schlucht in Richtung Süden weiter. Nach Durchqueren der Schlucht gerät der hübsch gelegene Scanno-See (922 m ü.d.M.) ins Blickfeld.
Der Ort **Scanno** (2600 Einw.) ist für die unverfälscht erhaltenen Traditionen bekannt. Die Frauen tragen noch eine schlichte, eigenartig anmutende Tracht, als sei die Zeit stehengeblieben. Die Strecke windet sich nun in unzähligen Kurven zum östlichen Rand des Parco Nazionale d'Abruzzo hinauf. Bei Villetta Barrea mündet unsere Straße in die SS 83, die das gesamte geschützte Territorium durchquert. Der Naturpark umfaßt 30 000 ha Buchen-, Birken- und Pinienwald mit einer außergewöhnlichen Fauna, darunter sogar Bären. Nach ca. 10 km kommt man in das schön gelegene

Hauptroute
(Fortsetzung)
Palena: km 329

Rivisondoli:
km 340

**Alternativstrecke:
Rivisondoli –
Villetta Barrea
(39 km)**

**Alternativstrecke:
Piano delle
Cinquemiglia –
Scanno**

Sulmona:
km 374,4

Nebenstrecke 3

Scanno: km 423,1

Hauptroute
(Fortsetzung)
Pescasseroli:
km 465,2

Opi und dann nach **Pescasseroli** (2200 Einw.), in dem die Parkverwaltung ihren Sitz hat. Bergab geht es nach **Gioia dei Marsi**, am Rande der ausgedehnten trockengelegten Hochfläche Piana del Fucino. Bei San Benedetto dei Marsi beginnt das gitterartig verlaufende Straßennetz durch die Piano del Fucino. Inmitten dieser fruchtbaren Ebene steht auch das italienische Weltraumobservatorium.

Avezzano:
km 519,6

In der Nordwestecke vom Fuciner Becken liegt **Avezzano** (34 000 Einw.), das 1915 bei einem Erdbeben, das 30 000 Opfer forderte, fast völlig zerstört wurde. Erhalten ist jedoch der malerische Gebäudekomplex des Castello Orsini.

Auch im nahegelegenen **Celano** (10 500 Einw.) befindet sich eine alte Festungsanlage, das mächtige Castello dei Celano, das mit vier wuchtigen runden Ecktürmen und vier zinnenbesetzten Türmen in der inneren Burganlage imposant über dem Städtchen thront. Unweit südöstlich des Ortes hat der Wildbach Foce die eindrucksvolle Gole di Celano in den Fels gegraben. Die Wände dieser Klamm steigen rechts und links so steil an, daß fast kein Licht mehr nach unten dringt.

Auf einem verkehrsreichen Streckenabschnitt der SS 5 bis fahren wir weiter über **Ovindoli** (1250 Einw.), **Rocca di Mezzo** (1750 Einw.), **Rocca di**

L'Aquila: km 580,2

Cambio (500 Einw.) – allesamt beliebte Ferienorte – nach **L'Aquila** (64 000 Einw.), der Hauptstadt der Region Abruzzen. Im Kastell wurde das Nationalmuseum der Abruzzen untergebracht. Neben den Kirchen Santa Maria di Collemaggio und San Bernardino fasziniert vor allem die Fontana delle 99 Cannelle (dt. = 'Brunnen der 99 Röhren') mit Wänden aus rotem und weißem Marmor, an denen aus 99 verschiedenen Masken Wasser sprudelt. Wir verlassen L'Aquila auf der SS 80. Nach 3 km kommt man an der Ruine des Amphitheaters der antiken Stadt Amiternum vorbei, das anfangs von Sabinern, später von Römern bewohnt wurde.

Hinauf geht es anschließend auf den Capannelle-Paß (1299 m ü.d.M.), danach rechts weiter in Richtung Assergi. Allmählich weicht der Nadelwald einer Landschaft von rauher Schönheit. Nachdem wir an der Seilbahn von

Fonte Cerreto:
km 626

Fonte Cerreto vorbeigekommen sind, steigt die Straße hinauf zu einem weiteren Hochplateau, dem Campo Imperatore, ein für Motorräder geradezu geschaffenes Terrain.

Nebenstrecke 4

Nach Erreichen der Hochfläche biegen wir links ab zum Rifugio Duca degli Abruzzi; die Hütte liegt in 2130 m Höhe unterhalb des Corno Grande, des höchsten Gipfels des Gran-Sasso-Gebirges. Eine großartige Straße in einer großartigen Landschaft – man kann diesen Abstecher nicht treffender zusammenfassen.

Castel del Monte:
km 687,7

Am östlichen Rand der Hochebene halten wir uns rechts in Richtung **Castel del Monte**, das einen herrlichen Rundblick bietet und sich ein schmuckes altes Ortsbild erhalten hat. Weiter geht es über Calascio nach **Capestrano**, das eine wuchtige Festung mit zahlreichen Türmen bewacht. Der nächste interessante Ort, **Navelli**, bietet, obwohl er an der recht vielbefahrenen SS 17 liegt, ein so idyllisches Bild, daß man sich um Jahrhunderte zurückversetzt fühlt. Die letzten Kehren dieses extrem kurvigen Strecken-

Popoli: km 736,8

abschnittes bringen uns nach **Popoli** (6000 Einw.). Beachtenswert sind die Kirche San Francesco und die Taverna Ducale (dt. = 'herzögliche Schenke') aus dem 14. Jahrhundert.

Die verkehrsreiche SS 5 durchläuft das Tal weiter in Richtung Küste. Kurz hinter Scafa biegen wir ins Hinterland ab nach **Manoppello** (5500 Einw.). Die Wallfahrtskirche des Städtchens (Santuario del Volto Santo) wurde im 17. Jh. errichtet und bewahrt eine Reliquie aus dem Heiligen Grab.

Chieti: km 784,5

Letztes Etappenziel ist **Chieti** (55 000 Einw.) eine an Baudenkmälern reiche, auf einer Anhöhe gelegene Stadt. An der Piazza Vittorio Emanuele stehen das Rathaus und der gotische Dom San Giustino, der eine barocke Ausstattung hat. Von der Rückseite des Rathauses führt der elegante Corso Marruccino in südwestlicher Richtung – vorbei an einer Gruppe von drei Tempeln (1. Jh. n. Chr.) – zum Stadtgarten, der Villa Comunale mit dem Archäologischen Museum, das hervorragende Fundstücke aus vor-

geschichtlicher und römischer Zeit zeigt. Gleich unterhalb der an der Ostseite des Stadthügels entlangziehenden Strada Marrucina befinden sich
eine in den Felsen gehauene ausgedehnte römische Zisternenanlage und
die Reste der dazugehörenden Thermen. Auf der SS 5 geht es von hier
zurück nach Pescara.

Praktische Informationen

PESCARA: EPT, v. N. Fabrizi 173, Tel. (085) 23939. – MONTESILVANO
MARINA: AA, v.le Europa, Tel. (085) 830396. – ATRI: v. Roma 1, Tel. (085)
87300. – PINETO: AA, v.le D'Annunzio 129, Tel. (085) 939445. – SILVI
MARINA: AA, v. Garibaldi 158, Tel. (085) 930343. – CHIETI: EPT, v. Spa-
venta 29, Tel. (0871) 65231. – L'AQUILA: EPT, p. S. Maria Paganica, Tel.
(0862) 25149. – AVEZZANO: v. Corradini, Tel. (0863) 33108. – PESCAS-
SEROLI: AA, v. Piave, Tel. (0863) 91461. – ALFEDENA: p. Umberto I, Tel.
(0864) 87394. – CASTEL DI SANGRO: p. Plebiscito, Tel. (0864) 85949. –
ROCCARASO: AA, v.le Roma 60, Tel. (0864) 62210. – SCANNO: AA, v. S.
M. della Valle 12, Tel. (0864) 74317. – SULMONA: AA, v. Roma 21, Tel.
(0864) 53276. – PESCOCOSTANZO: p. Umberto I, Tel. (0864) 66140.
– RIVISONDOLI: AA, p. Municipio, Tel. (0864) 69351. – LANCIANO: p. del
Plebiscito, Tel. (0872) 23107. – VASTO: AA, p. del Popolo 18, Tel. (0873)
2312. – ORTONA: AA, p. della Repubblica 9, Tel. (085) 912841. – FRAN-
CAVILLA AL MARE: AA, p. della Sirena, Tel. (085) 817169.

PESCARA: Fest des hl. Andreas mit Prozession am Meer (letzter Julisonn-
tag). – ATRI: Prozession der 'Faugni' (Bündel aus getrocknetem Rohr) zu
Ehren der Madonna di Loreto (8. Dezember). – SILVI MARINA: Lucen-
cialone (großes Freudenfeuer, um das getanzt und gesungen wird; letzter
Maisonntag). – CHIETI: Karfreitagsprozession. – L'AQUILA: Festival der
Region (Juli); Festa della Perdonanza (Prozession zur Erinnerung an den
Schuldnachlaß, den Celestino V. anläßlich seiner Krönung gewährte; 28.
August). – ROCCA DI MEZZO: Solco Dritto (dt. = 'gerade Spur'; nächt-
licher Wettkampf mit von Ochsen gezogenen Pflügen; Oktober). – CASTEL
DI SANGRO: Allerheiligenfest (1. November). – SULMONA: Prozession der
'Madonna che Corre' (Ostern). – RIVISONDOLI: Krippenspiel (Dreikönigs-
nacht). – FARA SAN MARTINO: Ballo della Pupa (Puppenball; traditionel-
les Fest zur Feier der hl. Dreifaltigkeit; 20. Mai).– LANCIANO: Fest der
Madonna del Ponte (September); Gedenktag der 'Squilla' (23. Dezember).
– VASTO: Prozession 'Sacra Spina' (16. März). – ORTONA: Maggiolata
Abruzzese (Fest der Volksmusik). – FRANCAVILLA AL MARE: Feierlichkei-
ten zu Ehren des hl. Franz (16. bis 19. August); Mostra-Mercato dei Fiori
(Blumenmarkt; Oktober).

Traditionelle Gerichte der Hirten und Bauern mit ihren einfachen unver-
fälschten Zutaten kennzeichnen die Küche der Abruzzen. Man darf sich
auf wahre Köstlichkeiten freuen. Pasta wird in verschiedenen Varianten
('Maccheroni alla Chitarra', 'Ciuffulitti' oder 'Sagnacce') meist hausge-
macht zubereitet.
Weitere Spezialitäten sind 'Zuppa di Cardi' (Distelsuppe), 'Calcioni' (Mür-
beteig mit Käse), 'Salsicce di Fegato al Miele' (Leberwurstspezialität), 'Salami di Maiale' (Salami aus Schweinefleisch), 'Arrosto di Agnello' bzw. 'Ar-
rosto di Capretto' (Braten von Lamm oder Zicklein) sowie die vielseitigen
Milchprodukte. Sehr viel gegessen werden Hammelfleisch (Castrato) und
'Tutuncelle', die Innereien vom Lamm. An Fischgerichten sei besonders
auf 'Brodetto alla Pescarese' (Fischsuppe), 'Spaghetti al Sugo di Triglia'
(Spaghetti mit Seebarbensauce), 'Carpesella' (in Würzessig eingelegter
Fisch) sowie Forelle (Trote) und Flußkrebse (Gamberi) aus der Gegend um
Popoli verwiesen.
Süße Spezialitäten der Region sind der Konfekt aus Sulmona, 'Parozzo'
und 'Cicerchiata' (süßer Honigteig).

Tour 30: Erholungsgebiete der Römer

Castelli Romani und die Landschaft Ciociaria

Region   Latium

© I.G.D.A. S.p.A. - Novara

Landschaftsbild

Im südöstlich von Rom gelegenen Gebiet der Albaner Berge hatten früher die römischen Adelsfamilien ihre Burgen. Daher wird das Gebiet auch Castelli Romani genannt. Heute ist die Region ein beliebtes Ausflugsziel der Römer. Die vulkanischen Berge steigen bis zu einer Höhe von knapp 1000 m auf; die Krater der Vulkane bilden zwei Seen, den Lago di Albano und den Lago di Nemi. Rund um die alten Burgen haben sich malerische Städtchen entwickelt mit interessanten Bauten, sagenumwobenen Brunnen und Spuren verschiedener Epochen einer bewegten Geschichte. Eine Vielzahl reizvoller Städte und Dörfer kennzeichnet auch das Berggebiet, das östlich der Albaner Berge von den Flüssen Aniene, Sacco und Liri begrenzt wird und den Namen Ciociaria trägt. Man findet hier bedeutende prächtige Villen, schöne Wälder und ergiebige Thermalquellen.

Streckenmerkmale

Abgesehen vom ersten Stück auf der Via Appia, von der SS 214 zwischen Frosinone und Sora sowie einem kurvigen Abschnitt der Via Tiburtina verläuft die gesamte Route auf Nebenstraßen, die zwar durch eine hübsche Landschaft führen und schöne Ausblicke bieten, andererseits aber häufig schmal und kurvenreich sind und nicht immer der besten Belag aufweisen. Zu beachten ist, daß diese Route einige Neben- und Alternativstrecken enthält, die gänzlich unbefestigt und deshalb nur für geländegängige Maschinen zu empfehlen sind.

Im gebirgigen Abschnitt, zwischen den Monti Ernici und den Monti Simbruini, wird eine maximale Höhe von 1787 m erreicht (bei Campo Catino), ansonsten fährt man durch Hügelland bzw. mittelhohes Bergland auf mindestens 250 m Höhe. Über die Ausfahrt 'Appia' des römischen Autobahnringes Grande Raccordo Anulare erreicht man schnell den Ausgangspunkt dieser Route.

Die Stadt Nemi – hoch über dem gleichnamigen See ▶

Streckenbeschreibung

Rom: km 0

Man verläßt Rom auf der Via Appia Antica bzw. Via Appia Nuova, wie sie hinter dem Rom umschließenden Autobahnring genannt wird. Die 'neue' Via Appia führt uns in Richtung der Castelli Romani. Nach 12 km Fahrt auf

Albano Laziale: km 24,2

gut ausgebauter Straße kommt man nach **Albano Laziale** (29 000 Einw.), das sehr schön am hohen Westufer des **Albaner Sees** liegt. Viel erinnert noch daran, daß es sich um eine typische römische Siedlung handelt (Porta Pretoria, Grab der Horatier und Curatier, Amphitheater, Nymphen-tempel). Zwei Straßen – wir entscheiden uns für die untere, von jahrhun-dertealten Ulmen und Steineichen beschattete 'Galleria di Sotto' – führen nach **Castel Gandolfo** (6500 Einw.). Hier befindet sich seit dem 17. Jh. die päpstliche Sommerresidenz, die als exterritoriales Gebiet zum Vatikan-staat gehört und deren Bau unter Urban VIII. begonnen wurde (1624). Die Kirche San Tommaso di Villanova am Hauptplatz (gegenüber dem päpst-lichen Palast) ist ein Werk Berninis (1661).

Marino: km 31

Am Lago di Albano entlang führt die Straße leicht ansteigend weiter nach **Marino** (32 000 Einw.), das wie viele andere Städtchen dieses Gebietes für den hier erzeugten Wein bekannt ist. Im Krieg wurde das alte Ortsbild teil-weise vernichtet. Der Palazzo Colonna ist wiederhergestellt, während von dem gleichnamigen Park kaum noch etwas übrig ist. Auf der SS 217 (Via dei Laghi), der Seenstraße, umrunden wir den Lago Albano und biegen

Ariccia: km 40,6

dann rechts nach **Ariccia** (16 000 Einw.) ab, das sich auf einem felsigen Bergausläufer ausbreitet, der zwei dicht bewaldete Täler trennt. Zentrum des Ortes ist die Piazza della Republica, die der mächtige Palazzo Chigi beherrscht. Er hat nicht zuletzt wegen seiner vier wuchtigen Ecktürme einen festungsähnlichen Charakter. Dahinter erstreckt sich ein großzü-giger Park. Sehenswert ist ferner die Kirche Santa Maria dell'Assunzione (1666).

Auf die Via Appia (SS 7) zurückgekehrt, kommen wir nach **Genzano di Roma** (18 500 Einw.), wo alljährlich zum Fronleichnamstag ein weithin bekanntes Blumenfest, die 'Infiorata', stattfindet. Genzano liegt an dem kleinen Nemi-See (Lago di Nemi), einem von 200 m hohen Tuffwänden umgebenen vulkanischen Maar. Bevor wir nach **Nemi** (1500 Einw.) fahren,

Blick auf Frosinone

umrunden wir den See, um dann der in den Ort hinaufsteigenden Straße zu folgen. Nachdem wir uns dort den Renaissancepalast Ruspoli angesehen haben, kehren wir zur Via Appia zurück und fahren in Richtung **Velletri** (42 000 Einw.) weiter. Im Zentrum der Stadt sind die romanisch-gotische Torre del Trivio und der Glockenturm der Kirche Santa Maria del Trivio auf der Piazza Cairoli, ferner die Piazza del Comune und die Kathedrale sehenswert. Wir verlassen den Ort auf der Via dei Laghi, also zurück in Richtung Marino, biegen jedoch nach ca. 10 km rechts nach **Rocca di Papa** (9500 Einw.) ab. Der fächerförmig angelegte Ort breitet sich zu Füßen des Monte Cavo aus. In der Oberstadt liegt das malerische Quartiere dei Bavaresi (dt. = 'Bayernviertel') mit der Kirche dell'Assunta. In **Grottaferrata** (16 000 Einw.) birgt die von dem hl. Nilus gegründete einstige Abtei heute eine reichhaltige Kunstsammlung. Wir fahren ein kurzes Stück auf der Via Latina (SS 215) weiter, biegen dann aber nach links auf die gewundene Provinzstraße ab, die die Ruinen von Tusculum (römisches Amphitheater) passiert und dann durch ein Landschaftsschutzgebiet verläuft. Man erreicht **Frascati** (19 000 Einw.), den bedeutendsten Ort der Castelli Romani. Sehenswert sind die meist aus dem 16. und 17. Jh. stammenden Villen alter Adelsfamilien (Aldobrandini, Falconieri, Lancellotti, Rufinella, Mondragone). Auf der SS 216 geht es dann weiter nach **Monte Porzio Catone** (4500 Einw.) und nach **Montecompatri** (6000 Einw.), wo die Villa Borghese eine Fahrtunterbrechung lohnt.
Nachdem wir die Autobahn Rom – Neapel (A 2) unterquert haben, kommen wir auf die SS 6, der wir ein Stück nach Osten folgen, um dann auf die SS 155 nach **Palestrina** (14 000 Einw.) abzuzweigen. Auf keinen Fall darf man es versäumen, hier die beeindruckenden Überreste des einst gewaltigen Tempels der Fortuna Primigenia zu besichtigen (interessant ist auch das dazugehörige Museum). Sehenswert sind ferner der Dom und die Villa des Hadrian (Villa Adriano). Weiter geht es auf derselben Straße in das auf einem Bergkamm gelegene **Genazzano**, in dem die Tuffstein-Stützstreben der hohen schmalen Häuser auffallen. Sie waren einst in die Stadtmauer integriert. Eine Besichtigung lohnt das Castello Colonna.

Bei der Kreuzung am südlichen Ortsausgang von Genazzano halten wir uns links und machen noch Serrone. Die aussichtsreiche, aber kurvenreiche Straße streift **Piglio** und **Acuto** und bringt uns dann in den bedeutenden Kurort **Fiuggi** (7900 Einw.). Nicht weit ist es von hier zum Lago di Canterno, der inmitten einer herrlichen Landschaft sehr reizvoll in einer Karstmulde liegt. Bei **Fumone** (1900 Einw.), einem malerischen kleinen Ort zu Füßen einer alten Burg, gelangt man wieder auf die Hauptroute.

Der Hauptroute folgend, steuern wir von Genazzano aus den Ort **Paliano** an. Knapp 10 km müssen von hier bis zu dem auf den letzten Ausläufern der Monti Ernici gelegenen Städtchen **Anagni** (19 000 Einw.) zurückgelegt werden. Von seinen zahlreichen Kunstschätzen sind der romanische Dom (Fresken), das benachbarte Museum und das Tesoro, das alte Schatzamt, sowie der Palazzo di Bonifacio VIII und die Casa Barnekow aus dem 14. Jh. hervorzuheben. Einen Stopp lohnt **Ferentino** (18 000 Einw.) allein schon wegen seiner fast vollständig erhaltenen antiken Stadtmauer (5. Jh.). Weiter geht es dann, vorbei an der Kapelle Madonne delle Grazie und Dodici Marie, nach **Alatri** (23 000 Einw.). Auch diesen Ort umgibt eine sehr alte Stadtmauer.
Die Provinzhauptstadt **Frosinone** (45 000 Einw.) ist ein wichtiges Industriezentrum, das aber dennoch aufgrund seiner schönen Lage mit weitem Rundblick über die Landschaft Ciociaria als ausgesprochen reizvoller Ort gilt. An der Via Casilina, unweit des Flusses Cosa, stehen die Überreste eines römischen Amphitheaters. Die SS 214 bringt uns zur Abtei Casamari, einem bedeutenden Beispiel gotisch-zisterziensischer Architektur. Bald danach erreicht man die Wasserfälle von Liri, nahe der Ortschaft **Isola del Liri** (13 000 Einw.), von wo aus unsere Route weiter nach **Sora** (26 000 Einw.) führt, einem aufstrebenden Städtchen, das von Bergen eingerahmt am Rande einer fruchtbaren Ebene liegt.

Hauptroute
(Fortsetzung)
Velletri: km 56,7

Grottaferrata:
km 76,6

Frascati: km 79,3

Palestrina:
km 102,1

**Alternativstrecke:
Genazzano –
Fumone (41 km)**

Anagni: km 134

Frosinone:
km 169,5

Sora: km 199,6

Nebenstrecke 1

Von Sora aus bietet sich ein Abstecher zum Laghetto di Fibreno an. Der in einem Naturschutzgebiet gelegene kleine See besitzt etliche Unterwasserquellen und – als einzigartiges Phänomen – eine 'Treibinsel'. Es handelt sich dabei um eine Ansammlung von Algen, Gräsern und Schilf, die sich im Laufe der Zeit torfartig verfestigt hat und nun schon seit Jahrhunderten als grüne kompakte Masse auf dem Wasser schwimmt.

Wir fahren an der alten Kirche Madonna degli Angeli vorbei aus Sora hinaus. Die Provinzstraße streift die erst kürzlich fertiggestellte Schnellstraße Frosinone – Sora und passiert dann die Häuseransammlungen Fontana Fratta und Santa Francesca. Kurz darauf biegen wir rechts ab, der Beschilderung nach Santa Maria Amaseno und zum alten Kloster von Trisulti (Certosa di Trisulta) folgend. Zu diesem landschaftlich sehr reizvoll auf 825 m Höhe gelegenen Benediktinerkloster gehören eine berühmte Brennerei, in der Kräuterliköre hergestellt werden, und eine noch in ihrem Originalzustand aus dem 17. Jh. erhaltene Apotheke.

Collepardo:
km 253,6

Auf der nunmehr sehr engen und kurvenreichen Straße geht es hinab nach **Collepardo** (interessante Höhle) und dann wieder hinauf nach **Vico nel Lazio** und anschließend nach **Guarcino**, einem für die Region charakteristischen Ort mit malerischem Altstadtviertel.

Nebenstrecke 2

Fahrvergnügen bietet eine Nebenstraße, die von Guarcino aus in engen und unregelmäßigen Serpentinen den Berg hinauf nach **Campo Catino** ansteigt, einem auf 1780 m Höhe zwischen den Monti Ernici und Monti Cantari gelegenen Wintersportort.

Trevi nel Lazio:
km 326,9

Auf der SS 411 überwinden wir den Cimetta (1011 m ü.d.M.) und kommen zur **Altipiani di Arcinazzo** (840 m ü.d.M.), einer landschaftlich reizvollen Hochebene, die zwischen den Monti Ernici und den Affilani eingebettet ist. In Pianoro di Arcinazzo biegen wir rechts nach **Trevi nel Lazio** ab.

Nebenstrecke 3

Folgt man hier der nordwärts führenden Straße, so erreicht man **Filettino** (670 Einw.), einen bekannten Wintersportort in den Monti Simbruini. Von dort aus über den Paß Serra Sant'Antonio (1608 m ü.d.M.) geht es weiter nach **Campo Staffi**. Wer mit einer geländegängigen Maschine unterwegs ist, dem sei außerdem von Filettino aus der Abstecher zur Quelle des Flusses Aniene empfohlen.

Eine aussichtsreiche Straße verbindet Trevi nel Lazio mit **Jenne**, einem Ferienort, der auf einem beherrschend in das Aniene-Tal hineinragenden Bergausläufer liegt.

Alternativstrecke: Trevi nel Lazio – Arsoli

Ca. 5 km hinter Trevi biegt von der nach Jenne führenden Straße ein Weg nach **Vallepietra** (825 m ü.d.M.) ab. Das reizvolle Bergdorf liegt inmitten des Parco Naturale Regionale dei Monti Simbruini. Der nur für geländegängige Motorräder zu empfehlende Weg steigt unbefestigt weiter den Berg hinauf, zunächst zum Santuario della SS. Trinità, das eigentlich heidnischen Ursprungs ist (Ikone aus der romanischen Epoche), und führt weiter bis zu einer 1328 m hoch gelegenen Hütte (Rifugio S.A.I.F.A.R.). Bei der dortigen Weggabelung folgt man dem Weg durch einen Wald nach **Camerata Nuova**. Hier beginnt wieder eine Asphaltstraße, die uns nach Arsoli und auf die Hauptroute zurück bringt.

Alternativstrecke: Jenne – Subiaco

In Jenne bietet sich eine weitere Alternativstrecke speziell für Enduro-Fahrer an. Eine unbefestigte Straße führt auf den Monte Pratiglio (1434 m ü.d.M.) und zum Wintersportort **Monte Livata**. Auf Asphalt geht es von dort aus weiter nach **Campo dell'Osso**. Hier beginnt eine 10 km lange serpentinenreiche Strecke bergab nach Subiaco.

Subiaco:
km 398,4

Wer den direkten Weg wählt, erreicht von Jenne aus **Subiaco** (9000 Einw.) nach gut 10 km. Bevor man in das Ortszentrum hineinfährt, passiert man zwei bedeutende Benediktinerklöster. Mit seinen drei Kreuzgängen, dem

Tivoli: Ruinen der Hadrian-Villa

Hauptroute
(Fortsetzung)

romanischen Glockenturm und den gotischen Portalen ist das Kloster Santa Scolastica das einzig verbliebene von den dreizehn Klöstern, die der hl. Benedikt selbst gegründet hatte, bevor er nach Montecassino übersiedelte. Unweit östlich dieses Klosters wurde in großartiger abgeschiedener Gebirgslandschaft das Kloster San Benedetto an eine senkrechte Felswand gebaut. Mitunter wird es auch Sacro Speco genannt, nach der Grotte, in der der hl. Benedikt zeitweilig als Einsiedler lebte.
Wir verlassen Subiaco über den Ponte di San Francesco aus dem 14. Jahrhundert. Ein nicht allzu gut ausgebautes Sträßchen führt uns nach **Cervara di Roma**, einem weiteren Skiort, der auf einem hohen Fels oberhalb von Agosta im Aniene-Tal liegt. Bei der Weiterfahrt auf derselben Straße bietet sich ein sehr schönes Panorama. Sie mündet schließlich bei **Arsoli** in die SS 5, die Via Tiburtina, der wir in Richtung Roviano folgen.

Nebenstrecke 4

Bevor man Roviano erreicht, empfiehlt sich ein kleiner Abstecher in den interessanten Ort **Anticoli Corrado**. An dem mittelalterlich wirkenden, erhöht gelegenen Hauptplatz des Dorfes steht die romanische Kirche San Pietro, deren Inneres mit schönen Fresken ausgeschmückt ist.

Über Mandela bringt uns die SS 5 nach **Vicovaro**, wo noch eine Mauer aus gigantischen Steinblöcken erhalten ist. Sehr interessant ist dort außerdem die achteckige Kapelle San Giacomo aus dem 15. Jh., nach dem Stifter auch Tempietto Orsini genannt. Zahlreiche bedeutende Sehenswürdigkeiten hat **Tivoli** (52 000 Einw.) aufzuweisen. Zu den schönsten Renaissance-Schöpfungen überhaupt gehört die Villa d'Este, die ein Park mit großartigen Wasserspielen umgibt. Die Villa Gregoriana wurde am Flußbett des Aniene erbaut, den man nach wiederholten Überschwemmungen in

Tivoli: km 453,5

Hauptroute (Fortsetzung)	zwei Felsstollen durch den Monte Catillo umgeleitet hat. Im Park der Villa fällt das Wasser aus diesen Stollen in großartigen Wasserfällen herab (gute Aussicht von der Via delle Cascatelle). Eine Prachtanlage ist auch die Villa des Hadrian (Villa Adriana), die in den letzten Lebensjahren des weitgereisten Kaisers (gest. 138 n. Chr.) entstand.
Nebenstrecke 5	Abschließend führt eine kleine Rundfahrt von Tivoli aus durch eine Reihe charakteristischer Ortschaften in einer vom Tuffgestein geprägten Gegend, nämlich **San Gregorio da Sassola**, **Casape**, **Poli** (mit dem interessanten festungsartigen Palazzo dei Conte) und **Gallicano nel Lazio**. Von hier aus fährt man weiter zu den römischen Ausgrabungen von Gabii mit
Tivoli: km 504,5	den Ruinen eines Juno-Tempels, und anschließend geht es über die Osteria dell'Osa und die Osteria Capannelle zurück nach Tivoli.

Praktische Informationen

Fremdenverkehrsämter	MARINO: p. Matteotti 1, Tel. (06) 9 38 55 55. – CASTEL GANDOLFO: AA, p. Libertà, Tel. (06) 9 36 03 40. – ALBANO LAZIALE: AA, v. Olivella 2, Tel. (06) 9 32 13 23. – VELLETRI: AA, p. Garibaldi 1, Tel. (06) 9 63 33 67. – NEMI: p. del Municipio, Tel. (06) 9 37 80 01. – FRASCATI: AA, p. Marconi 1, Tel. (06) 9 42 03 31. – PALESTRINA: p. Regina Margherita, Tel. (06) 95 52 50. – FIUGGI: AA, p. Frascara 4, Tel. (07 75) 5 58 62. – ANAGNI: EPT, loc. La Macchia, Tel. (07 75) 7 88 17. – FERENTINO: p. Matteotti 10, Tel. (07 75) 39 56 68. – ALATRI: v. Battisti 7, Tel. (07 75) 4 57 48. – FROSINONE: EPT, p. V. Veneto 2, Tel. (07 75) 85 17 54. – SORA: cs. Volsci, Tel. (07 76) 83 10 53. – ARCINAZZO ROMANO: v.le S. Giorgio Portanuova. – SUBIACO: AA, v. Cadorna 59, Tel. (07 74) 8 53 97. – TIVOLI: AA, p.le Nazioni Unite, Tel. (07 74) 2 07 45.
Veranstaltungen	MARINO: Weinfest (Oktober). – CASTEL GANDOLFO: Pfirsichfest (Juli); Fest des 'Lattarino' (September). – GENZANO: Blumenschmuck (Fronleichnam). – ARICCIA: Schneckenfest am Tag des San Giovanni; Prozession zur Wallfahrtsstätte Santa Maria di Galloro (8. Dezember). – GROTTAFERRATA: Kunsthandwerksmarkt (März). – FRASCATI: Karneval. – PALESTRINA: Internationale Musiktage mit Werken des hier geborenen Komponisten Giovanni Pierluigi da Palestrina (August). – FERENTINO: Volksfest rund um die 'Polenta' und die 'Salsiccia' (Wurst; Januar); Käsefest (Juni). – ALATRI: Fest der 'Frappe' (pfannkuchenartiges Gebäck) und traditioneller Wettlauf (Juli); internationales Folklorefestival (August). – FROSINONE: Aufführung der Passionsgeschichte (Ostern). – ALTIPIANI DI ARCINAZZO: Via Crucis (Kreuzweg; Ostern); Kastanienfest (Oktober). – SUBIACO: Forellenfest (August). – TIVOLI: Festa dell'Inchinata ('Fest der Verbeugung'; August); Fest des 'Pizzutello' (besondere Traubensorte; September).
Küche	Die Küche Latiums legt keinen gesteigerten Wert auf Extravaganz und Verfeinerung, sondern hat sich eher den Charakter ländlicher Hausmannskost bewahrt, die sich durch Reinheit und Güte der Zutaten sowie sorgfältige Zubereitung nach einfachen, althergebrachten Rezepten auszeichnet. Bekannte Spezialitäten 'alla romana' sind: 'Saltimbocca' (Kalbsschnitzel mit Schinken und Salbei), 'Abbacchio' (Lammbraten) und 'Vaccinara' (Ochsenschwanz). In den Gebieten, durch die unsere Route führt, kommen hinzu: exzellente Süßwasserfische in der Gegend um Castel Gandolfo, 'Pollo con le Olive' (Hähnchen mit Oliven), 'Pappardelle' und 'Fettuccine Ciociare' (Teigwaren mit Hammelfleischsauce), 'Timballo alla Bonifacio VIII' (Nudelauflauf) und 'Pizza Rustica coi Cicci' (mit Kohl). Süße Besonderheiten sind 'Pigne', eine aufwendige Pizza, die zu Ostern gegessen wird, 'Nocciolata' (Nußschokolade) aus Trevi nel Lazio, 'Pampepato' und 'Pangiallo'. Weit über die Landesgrenzen hinaus bekannt sind die Weißweine der Region Castelli Romani (vor allem Frascati und Marino).

Tour 31: Wo Circe zauberte und römische Kaiser baden gingen

Die Küste um das Kap Circeo und die Pontinische Ebene

Latium, Kampanien, Molise   Regionen

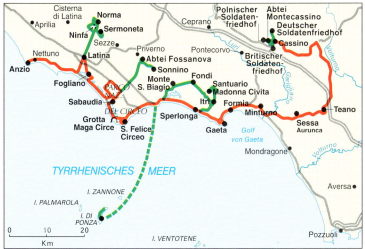

Die Region, durch die uns diese Route führt, war früher ein einziger wald-   Landschaftsbild
bedeckter Sumpf, in dem kaum Menschen lebten, dafür aber die Malaria
wütete. Nicht umsonst hieß der Landstrich bis vor nicht allzu langer Zeit
'Pontinische Sümpfe'. Goethe empfand die Gegend als unsicher, beschreibt sie in seinen Reiseerinnerungen jedoch auch als ein Gebiet von
wilder Schönheit. Erst mit der Trockenlegung der Sümpfe vor fünfzig Jahren wurde es zu der fruchtbaren Ebene, die wir heute kennen. An das einstige Landschaftsbild erinnert noch der rund um das Kap Circeo eingerich-
tete Nationalpark (Parco Nazionale del Circeo), einer der interessantesten
ganz Italiens. Die ursprüngliche Flora und Fauna dieses Gebietes hat sich
hier erhalten. Man darf mit einer abwechslungsreichen Route rechnen, sie
bringt uns in geschichtsträchtige Küstenorte, intensiv landwirtschaftlich
genutzte Zonen und reizvolle Landschaftsschutzgebiete.

Zum größten Teil verlaufen die Straßen durch die Ebene, und es sind,   Streckenmerkmale
obwohl Nebenstraßen, gut und zügig zu befahrende Pisten. Aufzupassen
gilt es an einigen heiklen Kreuzungen in der Pontinischen Ebene. In den
Sommermonaten muß man mit starkem Verkehr auf sämtlichen Straßen
dieses Gebietes rechnen. Höchster Punkt der Strecke ist das Kloster Montecassino mit 512 m, ansonsten kommt man selten über 50 m Meereshöhe
hinaus. Cassino, das Ziel unserer Route, liegt an der A 1 Mailand – Neapel.

Streckenbeschreibung

Wir starten in **Anzio** (27 000 Einw.). Ganz in der Nähe ließ Vergil seinen Hel-   Anzio: km 0
den Äneas in See stechen. Im Osten der Stadt befindet sich der Ende des

195

<table>
<tr><td>

Hauptroute
(Fortsetzung)

</td><td>

17. Jh.s entstandene neue Hafen, westlich der Mole sieht man noch Spuren des alten, von Nero angelegten, später versandeten Hafens. Unterhalb des Leuchtturms ist das Vorgebirge von alten Gängen (Grotte di Nerone) durchbohrt, die zu einer großen kaiserlichen Villa gehören. Sehenswert sind außerdem die Villa Spigarelli sowie die Villa Borghese samt ihres schönen Parks. Fast mit Anzio zusammengewachsen ist **Nettuno** (30 000 Einw.), hier landeten im Januar 1944 die Amerikaner, worauf es zu heftigen Kämpfen mit deutschen Truppen kam. Am Nordrand der Stadt liegt der größte amerikanische Soldatenfriedhof in Italien. In dem von einer Ringmauer umgebenen alten Ortskern lohnt der Palazzo Colonna aus dem 16. Jh. eine Besichtigung.

</td></tr>
</table>

An der Torre di Foce Verde vorbei, die einst gebaut wurde, um herannahende feindselige Schiffe der Sarazenen frühzeitig zu entdecken, geht es weiter in Richtung Lido di Capo Portiere. Unmittelbar vor dem Lago di Fogliano biegt man links landeinwärts nach **Latina** (94 000 Einw.) ab. Die Provinzhauptstadt und größte Stadt entlang dieser Route wurde erst 1932 im Zuge der Trockenlegung des Sumpfgebietes gegründet.

Latina: km 29,9

Nebenstrecke 1

Zwischen Feldern und Gewächshäusern hindurch fahren wir noch tiefer ins Hinterland, kreuzen die Via Appia und biegen 2,7 km hinter der Bahnstation von Latina Scalo links ab und, wo wir uns rechts halten und nach **Ninfa** kommen, einer teilweise ummauerten Ruinenstadt. Die meist aus dem 12./13. Jh. stammenden Gebäude (Burg der Caetani, Kloster, zwei kleine Kirchen u.a.) wurden im 17. Jh. wegen Malaria verlassen. Inmitten der Ruinen ist ein üppiger Naturgarten mit Grünpflanzen, Blumen und Teichen entstanden, der zur Naturoase erklärt wurde. Es leben hier u.a. Fischotter und seltene Vogelarten. Die serpentinenreiche Straße führt weiter aufwärts nach **Norma** (3500 Einw.), das auf einem Bergausläufer hoch über der Ebene liegt. Unweit nordöstlich befinden sich die Ruinen der antiken Stadt Norba (4. Jh. v. Chr.). Nächste Station ist **Sermoneta** (6400 Einw.), das von einer seit 1297 den Fürsten Caetani gehörenden Burg überragt wird. Es ist eine der besterhaltenen Festungsanlagen ganz Latiums. Der mittelalterliche Ort ist ein einziges fast schwindelerregendes Gewirr aus steil ansteigenden Gassen und dunklen Winkeln. Die Häuser sind aus großen Steinblöcken gebaut und weisen kunstvolle Fenstergitter auf.

Sermoneta: km 66

Wir verlassen Latina auf der Viale Marconi und fahren auf einer schnurgerade verlaufenden Straße nach **Fogliano**, am gleichnamigen See, im Circeo-Nationalpark gelegen. Das nach 3 km folgende **Borgo Grappa** ist eine der zahlreichen Ansiedlungen, die erst nach der Trockenlegung der Sümpfe entstanden. Von hier geht es wieder zur Küste, die wir bei der Torre di Fogliano erreichen. Vorbei an dem winzigen Lago dei Monaci verläuft die Straße über den schmalen Landstreifen zwischen Lago di Caprolace und Meer. Unmittelbar hinter dem See biegen wir links zu dem ausgedehnten urwüchsigen Selva del Circeo ab. Wir umfahren das nahezu rechteckige Waldgebiet im Uhrzeigersinn bis wir zur **Cantoniera Cerasella** an der SS 148 gelangen. Dort befinden sich Parkplätze, von denen man zu Fuß das geschützte Gebiet erkunden kann. Außerdem sind dort eine Picknickzone und ein Wildgehege mit Hirschen und Wildschweinen eingerichtet. Danach bleiben wir noch für ca. 3 km auf der SS 148, um dann der SS 609 nach rechts zu folgen.

Fogliano: km 89,3

Nebenstrecke 2

Fährt man hier links weiter, so führt zunächst ein 8 km langer, völlig gerader Straßenabschnitt durch die trockengelegte ehemalige Sumpflandschaft. Dann beschreibt die Straße einen leichten Bogen, und man kommt nach **Fossanova** mit der gleichnamigen Abtei. In dem im 9. Jh. gegründeten Benediktinerkloster starb Thomas von Aquin. Eine schmale Straße windet sich vom Kloster bergauf nach **Sonnino** (430 m ü.d.M.). Von dem mittelalterlich anmutenden Dorf bietet sich ein großartiger Panoramablick.

Sonnino: km 133,2

Abb. S. 196/197: Küstenstraße bei Sperlonga

Die SS 609 zieht sich durch den urwaldartigen Selva del Circeo schnur-gerade in Richtung Meer nach **Sabaudia** (12 500 Einw.), das von seiner Anlage und Architektur her ein typisches Beispiel für während des Faschismus erfolgte Stadtneugründungen darstellt. Nach Überqueren einer malerischen Brücke gelangt man wieder unmittelbar an die Küste. Auf einem schmalen Dünenstreifen zwischen dem See von Sabaudia und dem Meer fahren wir dann auf das Kap Circeo zu, das sich bereits mit seinen imposanten Konturen vor uns abzeichnet. Am Hang des Monte Circeo, fällt die mächtige Torre Paola aus dem 16. Jh. auf. Die Straße führt landeinwärts um den Berg herum und passiert eine mitten im Wald gelegene Quelle, die Fonti di Lucullo. Bei dem Badeort **San Felice Circeo** (7800 Einw.) erreicht man wieder das Meer. Sehenswert sind die aus mächtigen Steinquadern gebaute Stadtmauer, der Leuchtturm Torre Cervia und die – nur zu Fuß erreichbare – Höhle der Zauberin Circe (auf dem Monte Circeo stand, so glaubte man in der Antike, der Palast der homerischen Zauberin Circe). Entlang der Küste geht es weiter nach **Terracina** (37 000 Einw.). Man sollte sich Zeit nehmen für einen Rundgang durch den mittelalterlichen Ortskern (Piazza del Municipio, Dom, Kapitol, Palazzo Venditti und Torre Frumentaria). Von der Kathedrale führt die Strada Panoramica hinauf zum Monte Sant'Angelo, von dem aus man an klaren Tagen bis zum Vesuv blicken kann. Auf einem Felsvorsprung stehen die Reste eines einst großartigen Tempels des Jupiter Anxur (1. Jh. v. Chr.).

Von Terracina aus verkehrt täglich eine Autofähre zur **Isola di Ponza** (3200 Einw.), einem beliebten Urlaubsziel, das insbesondere Freunde der Unterwasserjagd anlockt. Es gibt auf der Insel 12 km an befahrbaren Wegen.

Von der Küstenstraße zweigt ca. 2 km nach Terracina eine Straße ins Hinterland ab. Sie verläuft zunächst am Ufer des Lago di Fondi entlang, berührt den Ort Monte San Biagio und führt schließlich nach **Fondi** (28 000 Einw.). Das noch teilweise von einer antiken Stadtmauer umgebene Städtchen besitzt die Sehenswürdigkeiten römische Ausgrabungen, den Palazzo del Principe, ein Kastell aus dem 14. Jh. und die gotische Kirche Santa Maria Assunta. Die Straße wird danach etwas kurviger und steigt nach **Itri** an, einem auf 170 m Höhe gelegenen, von einer mächtigen Burgruine überragten Bergdorf. Die SS 82 bringt uns von hier in nördlicher Richtung zur 12 km entfernten, überaus schön gelegenen Wallfahrtskirche Madonna di Civita. Zurück geht es auf gleicher Strecke bis nach Itri und von dort auf einer sehr aussichtsreichen Straße Richtung Küste, die wir bei Sperlonga wieder erreichen.

Die Hauptroute folgt der Küstenstraße direkt nach **Sperlonga** (3600 Einw.), einem malerisch auf einem Landvorsprung gelegenen alten Ort, der auch wegen seiner vielen weißen Häuser auffällt. Etwa 1 km außerhalb sind die Ruinen der Villa des Kaisers Tiberius (Villa Tiberio) und die gleichnamigen Grotten, eine Art 'Naturschwimmbad des Imperators', zu besichtigen. Zu der Anlage gehört auch ein Museum. Hinter Sperlonga steigt die Straße an, führt durch mehrere Tunnels und bringt uns schließlich nach **Gaeta** (24 000 Einw.). Gleich mit zwei Festungen kann das reizvoll auf einer Halbinsel gelegene Hafenstädtchen aufwarten, dem Castello Angioino (Kastell Anjou) und dem Castello Aragonese (Kastell Aragon; vor der italienischen Einigung war Gaeta die Hauptfestung des Königreichs Neapel – Sizilien). Sehenswert sind außerdem der Dom und das Diözesanmuseum. –
Ca. 13 km hinter **Formia** (30 000 Einw.), das über einen bedeutenden Hafen verfügt und im Sommer als Seebad gern besucht wird, kommt man zu dem unmittelbar an der Straße gelegenen Ruinenfeld der Römersiedlung Minturnae (Amphitheater, Forum und Kapitol). Beim Überqueren der Brücke über den Garigliano überschreiten wir die Grenze zwischen den Regionen Latium und Kampanien. Nun wendet sich unsere Route landeinwärts, auf der Via Appia erreichen wir **Sessa Aurunca** (24 000 Einw.). Das äußerst lebhafte Städtchen besitzt viele bemerkenswerte Kunstdenkmäler (Dom aus dem 12. Jh., Kastell, römisches Theater). Wir folgen der Via

Hauptroute
(Fortsetzung)
Sabaudia:
km 161,7

San Felice Circeo:
km 175,3

Terracina:
km 201,7

Nebenstrecke 3

**Alternativstrecke:
Terracina –
Fondi – Sper-
longa (70 km)**

Sperlonga:
km 237

Gaeta: km 253,3

Hauptroute
(Fortsetzung)

Appia noch bis zur Kreuzung mit der SS 608 und fahren auf dieser weiter nach **Teano** (14 000 Einw.). Bekannt ist der Ort vor allem wegen des historischen Treffens zwischen König Viktor Emanuel II. und dem Freiheitskämpfer Giuseppe Garibaldi, das hier am 26. Oktober 1860 stattfand. Sehenswert sind der Dom und das Gebäude Loggione in der Via Porta Napoli (14. Jh.). Unsere Straße kreuzt dann die Autostrada del Sole und mündet in die SS 85, auf der wir in nördlicher Richtung nach **Venafro** (9000 Einw.) weiterfahren, das im äußersten westlichen Zipfel der Region Molise liegt. Das malerische Städtchen geht auf die Sanniter zurück. Bedeutende Gebäude sind der Palazzo Caracciolo aus dem 15. Jh., die Chiesa dell'Annunziata, das Archäologische Museum, die Kathedrale und die Ruinen der Römersiedlung Venafrum.

Cassino: km 365,2

Endpunkt dieser Route ist das knapp 25 km westlich von Venafro gelegene **Cassino** (31 000 Einw.). Das Städtchen wurde zwar im letzten Weltkrieg stark zerbombt, hat aber dennoch zwei touristisch bedeutsame Ziele aufzuweisen, zum einen den Ausgrabungsbereich des antiken Casinum mit angegliedertem Archäologischen Museum (Museo Archeologico Nazionale) und zum anderen die berühmte Abtei Montecassino. Auf einer 9 km langen Serpentinenstraße (reinstes Fahrvergnügen sei versprochen) fährt man zu diesem über einem Felsabsturz gelegenen großen Benediktinerkloster.

Praktische Informationen

Fremdenverkehrsämter

ANZIO: AA, Riviera Zanardelli 105, Tel. (06) 9 84 61 19. – LATINA: EPT, v. Duca del Mare 19, Tel. (07 73) 49 87 11. – SABAUDIA: v. del Comune 20, Tel. (07 73) 5 50 46. – SAN FELICE CIRCEO: p. Lanzuisi 4, Tel. (07 73) 52 77 70. – FONDI: v. S. Francesco, Tel. (07 71) 53 19 77. – TERRACINA: AA, v. del Molo 16, Tel. (07 73) 727551. – PONZA: v. Roma, Tel. (07 71) 8 00 31. – SPERLONGA: cs. S. Leone 22, Tel. (07 71) 5 47 96. – GAETA: AA, p. Traniello 19, Tel. (07 71) 46 57 38. – FORMIA: AA, v. d'Italia, Tel. (07 71) 2 14 90. – SESSA AURUNCA: v. Roma, Tel. (08 23) 9 37 5 47. – TEANO: p. Municipio, Tel. (08 23) 87 50 80. – CASSINO: AA, v. Condotti 6, Tel. (07 76) 2 12 92.

Veranstaltungen

ANZIO: Festa del Pesce Azzurro ('Fest des blauen Fisches'; September). – LATINA: Fiera della Lestra ('Fest der Zuflucht'; Oktober). – SERMONETA: Falò di San Giuseppe (Freudenfeuer; 19. März); Pontinisches Festival der Kammermusik (Juli). – NORMA: Spanferkelfest (September). – SABAUDIA: Fest der Wassermelone (Juli). – SAN FELCIE CIRCEO: Festa del Pesce Azzurro ('Fest des blauen Fisches'; September). – TERRACINA: Meeresfest mit Bootsprozession (Juli). – SPERLONGA: Frühlingsfest (März). – GAETA: Prozession Madonna di Porto Salvo (das Madonnenbild wird dabei auf einem Fischerboot durch den Golf gefahren; Sonntag nach dem 14. August). – FORMIA: Prozession und Fackelzug auf Booten (24. Juni; Tag Johannes des Täufers). – SESSA AURUNCA: Ritterwettkämpfe in mittelalterlichen Kostümen (September). – TEANO: Krippenspiel auf dem Monte Sant'Antonio (Weihnachtszeit).

Küche

Bekannt ist diese Region für ihre Fischgerichte, z.B. 'Rotondo' ('Rundfisch'), 'Aragoste' (Langusten), 'Cernia' (Kaulbarsch), 'Sogliola' (Seezunge), 'Murena' (Muräne) 'Rancio Fellone' ('Schurkenmahlzeit'; Schalentiere). Gern gegessen werden auch 'Cozze' (Miesmuscheln) und Süßwasserkrebse aus den Seen (Gamberi) sowie Schnecken (Lumache). Spezialitäten der Gegend um Formia sind die berühmten 'Gnocchi con Ragù di Agnello' (Gnocchi mit Lammfleischsauce), die schwarzen Oliven von Gaeta, die exzellente 'Tiella' (eine Art Pizza mit Fisch und Gemüse) und die 'Zuppa di Cardoni' (Distelsuppe). Aus Terracina kommen hervorragende Milcherzeugnisse und Tomaten. Ausgezeichnete Weine sind der Moscato di Terracina, der Falerno und der Cecubo.

Tour 32: Inseln und Küsten von unvergänglicher Schönheit

Golf von Neapel, Golf von Salerno, Capri und Ischia

Kampanien   Region

© I.G.D.A. S.p.A · Novara

Landschaftsbild

Schon seit der Antike ist die Schönheit dieses Küstenabschnittes und der
vorgelagerten Inseln von Dichtern und Herrschern, Künstlern und Reisenden beschrieben, besungen und bewundert worden. Auf engem Raum findet man hier völlig unterschiedliche Landschaftsbilder und Kunstdenkmäler von einzigartiger Pracht: die Hafenstadt Neapel, den Vesuv, die
geheimnisvolle Höhle der Sibylle, die Ausgrabungen von Pompeji und Herkulaneum, die ein anschauliches Bild vom Aussehen einer antiken Stadt
liefern, die begeisternd schönen Küsten von Sorrent und Amalfi sowie die
Inseln Capri und Ischia, die gar manchen ins Schwärmen geraten lassen.

Streckenmerkmale

Diese Route führt uns durch ein dichtbesiedeltes Gebiet, in dem teilweise
eine Stadt in die andere übergeht und die von starkem, oft chaotischem
Straßenverkehr gekennzeichnet ist. Der Straßenzustand läßt nicht selten
zu wünschen übrig, was auch für den Autobahnabschnitt Napoli – Salerno
gilt. Die Fahrt um die Halbinsel von Sorrent stellt an den Motorradfahrer
darüber hinaus auch rein fahrtechnisch ihre Ansprüche: Die Straßen verlaufen zwar in einer malerischen Landschaft und bieten ein herrliches
Panorama, aber sie sind eng und verfügen teilweise über keine Leitplanken
oder einen sonstigen Schutz. Ihre höchsten Punkte erreicht die Route auf
dem Monte Faito (1278 m ü.d.M.) und dem Vesuv (1017 m ü.d.M.). Ansonsten geht die Höhe über 200 bis 300 m nicht hinaus. Die Route beginnt an
der Ausfahrt 'Napoli Ovest', des um Neapel herumführenden Autobahn-
abschnittes.

Streckenbeschreibung

Autobahnausfahrt
'Napoli Ovest':
km 0

Nach Verlassen der Autobahn an der Ausfahrt 'Napoli Ovest' kommt man
auf die SS 7, von der man auf die Via Domiziana Antica abbiegt, eine
gepflasterte kleine Straße, die unter dem Viadukt Arco Felice (1. Jh. n. Chr.)

Hauptroute
(Fortsetzung)

hindurch zur Ausgrabungsstätte **Cuma**, dem antiken Cumae, führt. Unmittelbar hinter dem Arco Felice erstreckt sich links die Grotta di Cocceio, ein 1 km langer Tunnel, der als Verbindungsgang zwischen Cumae und dem nahegelegenen Lago di Averno diente. Gegenüber befindet sich der Eingang in die durch Vergils Schilderung bekannte Höhle der Sibylle (Antro della Sibilla). Es ist ein aus dem Stein gehauener, 131 m langer Gang mit einer Reihe von luft- und lichtspendenden Seitenarmen, am Ende befindet sich die eigentliche Orakelhöhle. Von der Sibyllenhöhle steigt man auf einer Rampe hinauf zur Akropolis (interessant sind vor allem die Überreste des Jupiter- und des Apollo-Tempels).

Wir folgen der schmalen Straße an der Küste entlang, passieren das Amphitheater von Cuma und kurz darauf den Lago di Fusaro. Die Straße steigt nach **Monte di Procida** an, von hier bietet sich ein schöner Blick auf die Küste um Cuma und die gegenüberliegenden Inseln Procida und Ischia; reizvoll ist ein Spaziergang zum Kap von Miseno. Über die Ortschaften Bacoli und Baia, vorbei am Lago di Averno, der sich im Krater

Pozzuoli: km 27,9

eines erloschenen Vulkans gebildet hat, kommt man nach **Pozzuoli** (70 000 Einw.). Bei dem 500 m nördlich des Stadtkerns am Meer gelegenen Serapeum handelt es sich um eine antike Markthalle. Sehenswert sind ferner das Amphitheater Flavio (70 n. Chr.), der Dom, der heute nicht mehr bewohnte Stadtteil Terra auf dem Kastellhügel und – etwas außerhalb der Stadt an der Via Domiziana – der halberloschene Vulkan Solfatara, aus dessen Ritzen Dämpfe und Schwefelgase aufsteigen und kochendheißer Fango ausgeworfen wird.

Nebenstrecke 1

Vom Hafen von Pozzuoli aus verkehrt eine Fähre nach **Procida** (10 000 Einw.), dem einzigen Ort auf der gleichnamigen Insel. Die hochgelegene, als 'Terra Murata' bezeichnete Altstadt von Procida wird von starken Burgmauern und einem Bollwerk geschützt. Mit seinen Wohnhäusern, Wehranlagen und dem Palast blieb das Areal über dreihundert Jahre unversehrt erhalten.

Ischia: km 32,9

Von Procida kommt man ebenfalls mit einer Fähre hinüber zur Nachbarinsel Ischia, deren Hauptort **Ischia** (16 000 Einw.) aus den beiden Stadtteilen Ischia Porto und Ischia Ponte besteht. In Ischia Ponte gibt es noch viele Gassen, die plötzlich am Meeresufer enden oder in einen kleinen Platz mit schönen alten Wohnhäusern und malerischen Winkeln münden. Ein Steindamm führt zum Castello Aragonese, das auf einem hohen Felsen vor der Küste liegt. Das 2 km westlich gelegene, betriebsamere Ischia Porto ist ein Thermal- und Seebad mit dem ältesten Hafen der Insel. Auf einer aussichtsreichen Straße fährt man in das wenige Kilometer entfernte **Casamicciola Terme** (6000 Einw.) weiter. Lohnend ist der Aufstieg zum Observatorium (Osservatorio Geofisico), das inmitten von Weinbergen und üppig grüner Vegetation liegt. Grandios ist von hier die Aussicht über die gesamte Bucht, bei klarem Wetter sieht man sogar bis zum Vesuv. Vor der nächsten Ortschaft, dem mit Bade- und Kureinrichtungen reich ausgestat-

Lacco Ameno:
km 40,9

teten Ferienort **Lacco Ameno** (3500 Einw.), ragt ein markanter Felsen aus dem Meer, der auf Grund seiner Form 'il Fungo' (dt. = 'der Pilz') genannt wird. Wahrzeichen von **Forio** (10 000 Einw.) ist der Torrione, ein zinnenbekrönter Rundturm, der 1480 zum Schutz gegen Piratenüberfälle gebaut wurde. Die auf einem Landvorsprung stehende Wallfahrtskirche Madonna del Soccorso wurde im 18. Jh. errichtet (auch von hier bietet sich eine schöne Aussicht). Einer der Hauptanziehungspunkte der Insel sind die unweit südlich gelegenen Gärten des Poseidon. Die Thermalschwimmbecken der gepflegten Anlage werden von den Wassern der Citara-Quelle gespeist. Die Straße wendet sich nun ins Inselinnere. Über Panza fahren

Sant'Angelo:
km 52,6

wir weiter in Richtung **Sant'Angelo**. Das für Kraftfahrzeuge gesperrte Fischerdorf an der Südküste der Insel ist ein beliebtes Ziel betuchter Feriengäste. Es liegt romantisch am Fuße eines markanten 'Zuckerhutes'. Zurück ins Landesinnere, steuern wir nun Fontana an. Hier beginnt ein nur langsam befahrbarer Privatweg hinauf zum Monte Epomeo. Ein weiteres

Die Faraglioni-Felsen vor der Küste Capris ▶

Pompeji: Sonnenaufgang über der Via dell'Abbondanza

Nebenstrecke 1
(Fortsetzung)

Verweilen auf unserer Route lohnt **Barano d'Ischia** (6400 Einw.) mit seinen bedeutenden Dampf- und Thermalquellen. Bevor man zurück in die Inselhauptstadt Ischia gelangt, durchfährt man ein breites grünes Tal mit schönen Pinien, Kastanien und Weinbergen, auf denen verstreut einzelne Häuschen stehen.

Neapel: km 93,3

Von Pozzuoli aus verläuft unsere Route an der Küste des Golfes von Neapel entlang. Nach Passieren der Industrieanlagen von Bagnoli kann man einen Blick auf die kleine Insel Nisida werfen, bevor die Straße zum Aussichtspunkt Collina di Posillipo ansteigt, von dem aus sich das klassische, berühmte Panorama des Golfes von Neapel bietet. Auf der breiten Promenade Caracciolo fahren wir nach **Neapel** (ital. Napoli), der mit 1,2 Mio. Einwohnern drittgrößten Stadt Italiens. Wir bleiben beim Durchfahren stets auf den Uferstraßen, kommen zunächst am Castell dell'Ovo vorbei, das im 12. Jh. auf den Resten einer antiken Villa erbaut wurde, dann an der majestätischen Fassade des Palazzo Reale, und schließlich am mächtigen Castel Nuovo (aus dem 13. Jh.), auch Maschio Angioino genannt. Nach den gigantischen Hafenanlagen fädeln wir uns auf die – stets überlastete – Periferia di San Giovanni ein, die uns nach Teduccio und Portici bringt. Weiter geht es am Golf entlang auf der SS 18 durch das Verkehrsgewühl der Vorstädte Neapels nach **Ercolano** (58 000 Einw.). Teil der Stadt sind die weltberühmten Ausgrabungen von Herkulaneum, der beim Vesuvausbruch 79 n. Chr. verschütteten Stadt. In den Ruinen von Häusern und Läden sieht man noch Haushaltsgegenstände, Mobiliar und sogar Papyrusschriften der jäh aus ihrem Leben herausgerissenen Menschen.

In Ercolano verlassen wir die Küste, kreuzen die Autobahn und fahren auf den Vesuv hinauf. Beim Observatorium halten wir uns links, durch die auch heute noch von der Lava geprägte Landschaft geht es den Hang hinauf. Vom Ende der Straße muß nur noch ein kurzer Fußweg bis zum Gipfel zurückgelegt werden (man kann auch bei der Gabelung hinter dem Observatorium rechts zur Talstation der Seilbahn abbiegen, die zum Rand des imposanten Vulkantrichters hinaufführt). Wer nicht mit einer geländegängigen Maschine unterwegs ist, muß auf derselben Strecke zurückfahren. Fahrer von Enduro-Motorrädern folgen vom Observatorium aus einer Piste, die zunächst auf halber Höhe um den Vulkan herumläuft und dann auf das Sträßchen einmündet, das von **Boscotrecase** aus auf den Vesuv hinaufführt. In entgegengesetzter Richtung bringt uns dieses Sträßchen am Südhang des Vulkans hinab und trifft schließlich bei Torre Annunziata wieder auf die Hauptroute.

Alternativstrecke: Ercolano – Torre Annunziata

Um dem Verkehrsgewühl rund um Neapel zu entgehen, setzen wir die Weiterfahrt von Ercolano aus am besten auf der Autobahn Neapel – Salerno bis **Pompeji** (ital. Pompei; 23 000 Einw.) fort. Bei der modernen Stadt liegt die Ruinenstadt Pompeji, das großartigste Beispiel einer durch Ausgrabung wieder zugänglich gemachten altrömischen Stadt und ihrer Wohnkultur. Wir folgen der Autobahn bis zu ihrem Ende bei **Castellammare di Stabia** (70 000 Einw.). Die Hafenstadt wurde über den Trümmern des alten Stabiae erbaut, das 79 n. Chr. gleichzeitig mit Pompeji unterging (neuere Ausgrabungen, Museum). Danach geht es auf der sehr aussichtsreichen Straße weiter zu den Kuranlagen Terme Stabiane. Vor dem zinnenbesetzten mittelalterlichen Kastell des Hauses Anjou (im 8. Jh. begründet), zweigen wir auf ein Privatsträßchen ab, das durch den Wald hinauf zum Gipfel des **Monte Faito** (1131 m ü.d.M.) führt. Auf dem Bergkamm fahren wir weiter zur Kapelle San Michele (1278 m ü.d.M.). Der Blick von der Höhe hinab auf den Golf von Neapel ist einmalig schön. Die SS 269 bringt uns hinab nach **Vico Equense** (17 500 Einw.) mit seiner auf einer Felsklippe nahezu senkrecht über dem Meer thronenden früheren Kathedrale. Nächstes Ziel ist **Sorrent** (17 500 Einw.), ein bezaubernder, auf einer Felsenterrasse 50 m über dem Meer gelegener Urlaubsort.

Pompeji: km 115,4

Sorrent: km 166,7

Zwischen Sorrent und der Insel Capri, einem der ältesten, schon von Kaiser Tiberius besuchten, und beliebtesten Ferienziele der Welt, besteht eine Fährverbindung. Von dem Fährhafen Marina Grande gelangt man nach 3 km bergaufführender Fahrt in den Hauptort **Capri Centro** (7500 Einw.), der sich um die winzige Piazzetta Umberto I als Dorfzentrum herum gruppiert. Kraftfahrzeuge müssen außerhalb des Ortes abgestellt werden, so erkundet man die faszinierenden Sehenswürdigkeiten der Ostseite der Insel zu Fuß: die Villa Jovis (Villa des Tiberius), das Felsentor Arco Naturale, den Aussichtspunkt Marina Tragara und den Augustuspark. Die weitere Besichtigung der Insel erfolgt dann wieder per Motorrad. Man fährt zunächst auf einem Serpentinenstück hinab nach Marina Piccola, wo es die faszinierend schöne Kulisse der aus dem Meer ragenden Steilfelsen Faraglioni zu bewundern gibt. Dann kehrt man zur Hauptkreuzung der Insel zurück und fährt von dort durch eine grandiose Landschaft über den felsigen Bergkamm der Insel nach **Anacapri** (5000 Einw.). Zwei Straßen zweigen von hier ab: Die eine führt zum Leuchtturm Punta Carena, die andere zur berühmten Blauen Grotte (Grotta Azzurra), in die man mit kleinen Booten hineinfahren kann.

Nebenstrecke 2

Capri: km 169,7

Anacapri: km 173,3

Am Ortsausgang von Sorrent wählt man das nach rechts abzweigende Sträßchen, das um die Spitze der Halbinsel von Sorrent herumführt. Nach **Massa Lubrense** (10 000 Einw.) steigt der Weg zur Anhöhe von **Termini** an. Hier zweigt ein Fahrweg ab zur Punta Campanella, dem äußersten Punkt der Landzunge. Man genießt einen traumhaften Blick auf die Insel Capri. Im Binnenland der Halbinsel, aber weiterhin mit immer wieder prächtigem Ausblick aufs Meer, setzen wir die Fahrt fort nach Sant'Agata sui Due Golfi.

Alternativstrecke: Sorrent – Sant' Agata (20 km)

Hauptroute (Fortsetzung)	Die Hauptroute folgt von Sorrent aus der kurvenreichen Straße Nr. 145, die auf den Scheitelpunkt der Halbinsel, nach **Sant'Agata sui Due Golfi**, hinaufführt. Man hat von hier, wie der Name des Ortes sagt, einen Blick auf den Golf von Neapel auf der einen Seite und den Golf von Salerno auf der anderen. Die Straße mündet schließlich in die SS 163 ein, einer schmalen, aber landschaftlich phantastischen Straße entlang der Küste von Amalfi. Nach kurzer Zeit erreichen wir ein wahres 'Schmuckkästchen', den Ort
Positano: km 208	**Positano** (3500 Einw.). Wie im Bilderbuch schmiegen sich die bunten Häuser, zwischen denen treppenförmige Gassen verlaufen, an den steilen Felshang.
Amalfi: km 223,5	Nach Passieren von **Praiano** (1800 Einw.) kommen wir nach **Amalfi** (6000 Einw.), dem Städtchen, das dem Küstenstreifen, der Costiera Amalfitana, seinen Namen gegeben hat. Neben der landschaftlichen Schönheit hat Amalfi viele Bauten und Kunstdenkmäler aus einer bedeutsamen Geschichte aufzuweisen. Sehenswert sind die Piazza Flavio Gioia (hinter der die sogenannten Archi Vetrati – 'Glasbögen' – als Überreste des Arsenale della Repubblica stehen), der prachtvolle Dom im normannisch-sizilianischen Stil, der Kreuzgang Chiostro Paradiso und das Stadtmuseum (Museo Civico), in dem die berühmten Tafeln ausgestellt sind, auf denen die Regelungen des Seerechts von Amalfi, das im Mittelalter für die gesamte Handelsschiffahrt im italienischen Mittelmeergebiet galt, festgehalten sind (Tavole Amalfitane).
Nebenstrecke 3	Von Amalfi lohnt ein Abstecher nach **Agerola** (7100 Einw.) und zum Aussichtspunkt des in den Wald eingebetteten Vorortes San Lazzaro. Der Weg dorthin verläuft über eine extrem kurvige und enge Straße, die sich zum Hochplateau von Agerola hinaufschlängelt. Für die Mühe der Anfahrt entschädigt immer wieder eine prächtige Aussicht.
	An Amalfi grenzt der malerische kleine Ort **Atrani**, einer der schönsten Flecken des ganzen Küstenabschnittes, eingerahmt von hohen Felswänden, die bis ans Meer heranreichen. Beherrscht wird das Ortsbild von der mit Majolikakacheln verkleideten Kuppel der Kirche Santa Maria Maddalena.
Nebenstrecke 4	Von Atrani aus gelangt man nach **Ravello** (2300 Einw.), einer alten Stadt in einzigartiger Lage über der Küste von Amalfi. Man sollte sich auf jeden Fall den Dom, die Villa Cimbrone und die Villa Ruffolo ansehen.
	Die Weiterfahrt, die immer wieder herrliche Ausblicke aufs Meer und die Küste bietet, bringt uns nach **Minori** (3200 Einw.), wo eine sehr gut erhaltene römische Villa aus dem 1. Jh. steht, weiter nach **Maiori** (6100 Einw.) und schließlich nach **Vietri sul Mare** (10 000 Einw.), einem hübschen Städtchen, das berühmt für seine farbenprächtigen Töpferwerke und seine gesegnete landschaftliche Lage ist.
Salerno: km 295,8	Die amalfitanische Küste – und auch unsere Route – endet in **Salerno** (157 000 Einw.), der schönen Provinzhauptstadt mit ihrer wunderbaren Uferpromenade. An Bauten sind der normannisch geprägte Dom mit zugehörigem Museum, das Kastell Arechi, das mittelalterliche Aquädukt und die malerische Via Mercanti im Altstadtteil sehenswert.

Praktische Informationen

Fremdenverkehrsämter	BACOLI: v. Lungolago, Tel. (081) 8679101. – POZZUOLI: AA, v. Campi Flegrei 3, Tel. (081) 8671481. – PROCIDA: AA, v. Rodia, Tel. (081) 8969624. – ISCHIA: AA, v. Jasolino, Tel. (081) 991146. – NAPOLI: EPT, v. Partenope 10, Tel. (081) 406289. – ERCOLANO: v. IV Novembre 82, Tel. (081) 7393159. – TORRE DEL GRECO: v. G. Marconi 14, Tel. (081)

Positano an der Südküste des Golfs von Sorrent ▶

Tour 32

Fremdenverkehrs-ämter (Fortsetzung)

8814676. – TORRE ANNUNZIATA: cs. V. Emanuele 293, Tel. (081) 8611008. – POMPEI: AA, p. Porta Marina Inferiore 11, Tel. (081) 8610913. – CASTELLAMMARE DI STABIA: AA, p. Matteotti, Tel. (081) 8711334. – VICO EQUENSE: AA, cs. Umberto I, Tel. (081) 8798343. – META: v. del Lauro, Tel. (081) 8786160. – SORRENTO: AA, v. L. de Maio 35, Tel. (081) 8782104. – CAPRI: AA, p. Umberto I 1, Tel. (081) 8370686. – ANACAPRI: AA, v. G. Orlandi 19/A, Tel. (081) 8371524. – MASSA LUBRENSE: v.le Filangeri 11, Tel. (081) 8789123. – POSITANO: AA, v. Saraceno 2, Tel. (089) 875067. – PRAIANO: Vettica Maggiore, v. Nazionale 34, Tel. (089) 874456. – AGEROLA: v. le della Vittoria 34, Tel. (081) 8791064. – AMALFI: AA, cs. Roma 19, Tel. (089) 871107. – RAVELLO: AA, p. Vescovado 1, Tel. (089) 857096. – MINORI: v. Roma, Tel. (089) 877087. – MAIORI: AA, v.le Capone 19, Tel. (089) 877452. – VIETRI SUL MARE: p. Matteotti, Tel. (089) 211548. – SALERNO: EPT, p. Ferrovia, Tel. (089) 231432.

Fähren

Zu den Inseln des Golfes von Neapel bestehen ausgezeichnete Verbindungen mit Fährschiffen und Tragflügelbooten. Ischia und Procida erreicht man von Pozzuoli oder von Neapel (Mole Beverello) aus. Nach Capri gibt es Fährverbindungen von Neapel aus (Autofähre) sowie von Ischia, Sorrent, Positano und Salerno (nur Passagierfähre). Auf Capri und Ischia gilt im Sommer ein Fahrverbot für Kfz von Nicht-Bewohnern der Inseln.

Veranstaltungen

PROCIDA: Processione dei Misteri ('Prozession der Geheimnisse'; Karfreitag); Fest des Meeres (Juli/August). – ISCHIA: 'Ischia Jazz' (September). – NEAPEL: Festa d'o Cippo di S. Antonio (17. Januar); Fest des Monacone (erster Julisonntag); Fest der Madonna del Carmine (16. Juli); volkstümliches Piedigrotta-Fest mit neapolitanischen Liedern (September); Fest des San Gennaro (erster Maisonntag und 19. September). – TORRE DEL GRECO: 'Fest der vier Altäre' (Juni); Fest der Unbefleckten Empfängnis (8. Dezember). – CASTELLAMMARE DI STABIA: Fest des San Castello (zweiter Maisonntag). – VICO EQUENSE: La Pacchianella (Kostümprozession; 6. Januar); Bootsprozession zum Fest des San Antonio (17. Januar). – SORRENT: Malerische Prozession (Karfreitag). – CAPRI: Neujahrsumzug zu den Klängen des 'Putipù' (volkstümliches Trommelinstrument). – AMALFI: Folkloristischer Neujahrsumzug; 'Prozession der Zauberer und Hirtenjungen' (6. Januar); historische Regatta der vier alten Meerrepubliken (abwechselnd in Amalfi, Genua, Pisa und Venedig; dritter Junisonntag). – RAVELLO: Wagner-Konzerte (im Sommer in der Villa Ruffolo). – VIETRI SUL MARE: Töpferwarenschau (Juli bis September). – SALERNO: Kunsthandwerksmesse (Juli); Fest der Madonna del Carmine (16. Juli); Fest des San Matteo (21. September).

Küche

Die Küche Neapels und der Umgebung bringt nicht nur 'Maccheroni Napoletana' und 'Pizza Napoletana' hervor. Mit ihren Dutzenden von exzellenten Spezialitäten ist sie sogar eine der phantasiereichsten Küchen Italiens. Berühmt sind 'Spaghetti alle Vongole' oder 'Vermicelli alle Vongole' (Fadennudeln mit Muscheln), der Reisauflauf 'Sartù', 'Minestra Maritata' (Eintopf mit verschiedenen Gemüsen, Hühnerfleisch, Ochsen- oder Schweinefleisch, Salami, Schinken, Wurstscheiben und kleinen scharfen Peperoni). Weitere Spezialitäten sind die Suppeneinlagen 'Fusilli', 'Gnocchi con la Mozzarella', außerdem 'Mozzarella in Carrozza' (geschmolzener Mozzarella auf Brotscheiben, die in Milch und Ei getunkt worden sind), 'Panzanella alla Marinara' (pikant gewürzte Brotmasse, in diesem Fall 'auf Meeresart'), 'Zuppa di Pesce' (Fischsuppe), 'Frittura del Golfo' (Backfische), sowie 'Polpo' (Krake), und zwar 'al Sugo' (mit Sauce) oder 'al Popacchio' (mit Peperoni). Versuchen sollte man auch 'Impepatella di Cozze' (Muschelgericht), 'Tarantiello' (kalte Speise auf der Basis von Thunfisch), 'Zucchini a Scapece', verschiedene Produkte aus Büffelmilch (Bufala) sowie 'Casatielli'. Um von den zahlreichen Süßspeisen einige zu nennen: 'Sfogliatelle con la Ricotta' (eine Art Quarkstrudel), 'Pastiera di Grano con Essenza d'Arancia' (Weizenmehlteig mit einer Füllung aus Orangenmark), 'Struffoli', 'Zeppole', 'Taralli'.

Tour 33: Im Land der Samniter

Hinterland von Neapel und kampanisch-molisischer Apennin

Kampanien und Molise

Regionen

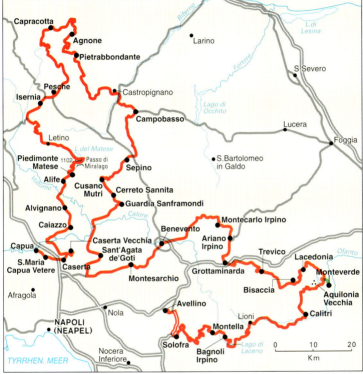

© I.G.D.A. S.p.A. · Novara

Die fruchtbare Ebene Kampaniens, von den alten Latinern 'Campania felix' (= 'glückliches Land') genannt, ist ein üppiger, von einer vielfältigen Geschichte gekennzeichneter Landstrich. Die Gegend, durch die uns diese Route führt, ist eine Welt voller Kontraste: hier pulsierendes Leben, dort vergessene Landschaften. Was diese Provinzen und Städte jedoch verbindet, ist die gemeinsame Geschichte eines kulturell eigenständigen Volksstammes der vorchristlichen Zeit, der Samniter, die hier, zwischen Isernia, Campobasso, Benevento und Avellino, beheimatet waren und sich lange erfolgreich gegen die Militärmacht des aufstrebenden Rom zu wehren wußten.

Landschaftsbild

Durch das überwiegend bergige Gelände führt ein Netz schmaler und gewundener Nebenstraßen. Insgesamt ist der Straßenzustand ordentlich, jedoch differiert dies von Gebiet zu Gebiet. In dem im Wiederaufbau befindlichen Erdbebengebiet des Bergzuges Irpinia kann es neue Straßen-

Streckenmerkmale

209

Streckenmerkmale
(Fortsetzung)

abschnitte geben, die selbst in den erst kürzlich erschienenen Karten noch nicht enthalten sind. Den höchsten Punkt der Route erreicht man mit 1421 m ü.d.M. in Capracotta, ansonsten bewegt man sich im Apennin um die 700 m ü.d.M., im Dreieck Caserta – Benevento – Avellino um die 200 m ü.d.M. Capua erreicht man über die gleichnamige Ausfahrt der Autobahn A 2 Mailand – Neapel.

Streckenbeschreibung

Capua: km 0

Die Stadt **Capua** (18 000 Einw.), Startpunkt unserer Route, liegt in einer Schleife des Flusses Volturno, an der Via Appia (SS 7), die den Fluß an dieser Stelle über eine alte Brücke aus der Römerzeit überquert. In der Mitte der Stadt, nahe am Volturno, steht der wiederaufgebaute Dom, von dem nur der Glockenturm und der aus dem 11. Jh. stammende Vorhof mit seinen antiken Säulen (3. Jh.) den Zweiten Weltkrieg ohne Schaden überstanden haben. Nahebei befindet sich das Kampanische Provinzialmuseum, nach dem Nationalmuseum in Neapel die bedeutendste archäologische Sammlung in Kampanien. Ca. 5 km südöstlich liegt **Santa Maria Capua Vetere** (32 000 Einw.), das auf den Überresten der antiken Stadt Capua gewachsen ist. Sehenswert sind die Reste des grandiosen Amphitheaters, das in der Größe nur vom römischen Kolosseum übertroffen wird, sowie der Hadrian-Bogen und das Mithräum, eine ehemalige heidnische Kultstätte in einem unterirdischen Gang.

Caserta: km 11

Unser Weg kreuzt die Autobahn, und schon sind wir in der nächsten Stadt dieses dichtbesiedelten Raumes, in **Caserta** (66 000 Einw.). Prunkbau der Provinzhauptstadt ist der imposante Palazzo Reale. Zu dem ehemaligen Königsschloß gehört einer der prächtigsten und verspieltesten Parks ganz Italiens. Die gigantische Schloßanlage wurde von Luigi Vanvitelli für König Karl III. von Neapel und Sizilien gebaut. Beim Verlassen der Stadt machen wir einen kleinen Abstecher und schauen uns Caserta Vecchia, ein malerisches Dorf, an, das sich seinen mittelalterlichen Charakter noch fast unversehrt erhalten hat. Zentrum ist die Kathedrale im normannisch-sizilianischen Stil. Auf einem landschaftlich sehr reizvollen Abschnitt der SS 87 geht es weiter nach **San Leucio**, das einzige italienische Beispiel einer 'Idealsiedlung', die vom Juristen Filangieri streng nach den Regeln der Aufklärung für den Bourbonen Ferdinand IV. geschaffen wurde. Auf dem Ponte Annibale überqueren wir den Volturno und setzen unsere Fahrt nach **Caiazzo** fort, das auf einem Berggipfel liegt und von einem mächtigen Kastell beherrscht wird. Von hier nordwärts, wir wechseln erneut auf die andere Seite des Volturno und fahren auf der SS 158 dir. nach **Alife**, dessen Ursprung in die Samniterzeit zurückreicht, das aber auch Spuren aus der römischen Epoche aufweist. Bemerkenswert ist vor allem die rechteckkige Stadtmauer.

Piedimonte
Matese: km 52,6

Nächster Ort ist **Piedimonte Matese** (11 000 Einw.), ein mittelalterliches Städtchen mit interessanten Bauten wie dem schönen Palazzo Ducale. Es liegt sehr reizvoll zu Füßen der Monti del Matese. Unser Weg führt dann in diese Bergkette des Apennin hinauf. Passiert wird die Festungsruine **Castello del Matese**, die sich imposant auf einem Felsbalkon erhebt. Erhalten sind noch Teile der Mauer und zwei wuchtige Rundtürme. Hinter **San Gregorio Matese** (1300 Einw.), einer hübschen kleinen Ortschaft, halten wir uns an einer Straßengabelung links und fahren auf einer reizvollen Provinzstraße weiter, die durch eine sanft wellige Hochplateaulandschaft verläuft. Schon bald kommt man am Lago del Matese vorbei, der unterhalb des Gipfels des 2050 m hohen Monte Miletto liegt. Von Gallo Matese aus steigt unser Weg auf zum Monte Caruso; dann geht es wieder abwärts – prächtige Ausblicke bietend – in den Landstrich Sannio und zur SS 85.

Isernia: km 128,4

Interessanteste Bauten der noch jungen Provinzhauptstadt **Isernia** (20 000 Einw.) sind die wiederhergestellte Kathedrale und die Fontana

Abb. S. 210/211: Palazzo Reale in Caserta

Hauptroute
(Fortsetzung)

della Fraterna. Die SS 85 führt durch das intensiv grüne Trigno-Tal, das Naturschutzgebiet von Pesche streifend, bergauf. Wir folgen der Abzweigung nach links in Richtung **Pescolanciano**, wo der alte, noch von der Stadtmauer umgebene Ortsteil (Borgo) beachtenswert ist, der von dem guterhaltenen Castello dei Duchi d'Alessandro dominiert wird. Nächste Station unserer Route ist **Carovilli**, hoch oben auf einem Felsen gelegen. Beeindruckend sind die Reste der aus kolossalen Steinblöcken gebauten Ringmauer. Über Cerreto, Vastogirardi und Masseria Tomba kommt man nach **Capracotta**, einem der, zwischen smaragdgrüne Berghänge gebettet, höchstgelegenen Orte des Apennin.

Wir durchqueren das Landschaftsschutzgebiet Bosco degli Abeti Soprani, einen dunklen Tannenwald, der sich am Fuße des Monte Campo und des Monte Cerro hinzieht, erreichen die SS 86 und gelangen auf ihr nach **Agnone** (6300 Einw.). Das Städtchen wird zuweilen als das 'Athen des Sannio' bezeichnet, weil es schon so viele bekannte Persönlichkeiten Italiens hervorgebracht hat. Berühmt ist Agnone zudem für die Herstellung von Glocken, einer Kunst, die hier schon im Mittelalter gepflegt wurde. Wir folgen der SS 86 ca. 15 km in südlicher Richtung und biegen dann links nach **Pietrabbondante** (1300 Einw.) ab, einem hübschen kleinen Ort, der aussichtsreich am Hang des Monte Caraceno liegt. Unweit von hier befinden sich die bedeutenden Ausgrabungen einer italischen Kultstätte (Santuario Italico). Es handelt sich um einen religiösen Versammlungsort der Samniter aus dem 2. bis 1. Jh. v. Chr. Erhalten sind zwei Tempel und ein Theater. Über Chiauci geht es dann weiter nach **Civitanova del Sannio** und Frosolone.

Agnone: km 201,1

Die Straße wird nun sehr gewunden, gibt aber auch prächtige Ausblicke frei. Über Torella del Sannio und Castropignano erreicht man schließlich **Campobasso** (48 000 Einw.). Von der Hauptstadt der kleinen Region Molise aus, deren wichtigste Sehenswürdigkeiten das Kastell Monforte aus dem 16. Jh. und die Kirchen San Giorgio und San Bartolomeo sind, fährt man auf der SS 87 in Richtung Süden weiter, verläßt sie jedoch schon wieder bei der Kreuzung von Monteverde, um auf Nebenstraßen **Sepino** (2500 Einw.) anzusteuern. Bedeutsam sind hier die nahelegenen Ruinen der antiken Stadt Saepinum, die einst ein Vorposten der Samniter war, dann jedoch (im 1. Jh. n. Chr.) zum Castrum Romanum (römischen Lager) umfunktioniert wurde. Die Straße steigt nun die bewaldeten Berghänge hinauf zum Paß Santa Crocella (1219 m ü.d.M.), von wo aus die Route weiter nach **Cerreto Sannita** verläuft, einem wichtigen Zentrum der Barock- und Rokoko-Baukunst Kampaniens (u.a. mit der Kathedrale, der Kirche San Gennaro, der Pfarrkirche San Martino).

Campobasso: km 293,6

Nächstes Ziel ist **Guardia Sanframondi**, ein altes Städtchen mit einem Gewirr winziger Gassen, aus denen als Glanzstücke mehrere barocke Kirchen herausragen. Die SS 87 bringt uns von hier in den in einer kleinen Ebene gelegenen Kurort **Telese** (4300 Einw.). Die Umgebung wird intensiv landwirtschaftlich genutzt. Man verläßt Telese in westlicher Richtung, hält sich in Amorosi südwärts, überquert den Fluß Calore und fährt auf der SS 265 weiter, um schließlich von ihr nach **Sant'Agata dei Goti** (11 000 Einw.) abzubiegen. Das Städtchen liegt auf einer Anhöhe über der Schlucht des Wildbaches Martorano und weist eine typisch mittelalterliche Struktur auf. Über Durazzano gelangt man auf die Via Appia, auf der man das wenige Kilometer östlich gelegene bekannte Forche Caudine erreicht. Hier besiegten die Samniter einst zwei römische Legionen, die nach ihrer Entwaffnung in demütigender Weise an ihren Besiegern vorbeidefilieren mußten. Die geographischen Gegebenheiten bei jener Schlacht kann man sehr gut vom Kastell von **Montesarchio** (11 000 Einw.) aus nachvollziehen. Von der Festung, die im 15. Jh. erbaut wurde, hat man ein weites Panorama über die gesamte Umgebung.

Sant'Agata dei Goti: km 398,5

Die Weiterfahrt auf der SS 7 bringt uns nach **Benevento** (63 000 Einw.), dem Zentrum des ehemaligen Samniter-Gebietes. Um die Provinzstadt ranken sich Sagen von Hexen und Magie. Bemerkenswerter sind jedoch die prachtvollen Bauwerke der Stadt. An erster Stelle ist hierbei der Triumphbogen des Trajan zu nennen, der 114 n. Chr. vom Senat und Volk

Benevento: km 448

dem 'besten Fürsten' errichtet wurde, als man ihn aus den Partherkriegen zurückerwartete. Bedeutsam sind aber auch die Kathedrale (ursprünglich um 1200 errichtet), die Kirche Santa Sofia (ein kunstgeschichtliches Juwel aus dem 8. Jh.) und die Ruinen des antiken römischen Theaters (2. Jh. n. Chr.). Darüber hinaus sollte man sich unbedingt das hochinteressante Museo del Sannio ansehen, das eine hervorragende vor- und frühgeschichtliche Abteilung sowie eine Münzsammlung und Gemälde besitzt. Die geschichtliche und volkskundliche Museumsabteilung ist in der Rocca dei Rettori untergebracht.

Hinter Benevento überqueren wir auf der kurvenreichen SS 90 bis den Fluß Calore und kommen ins Gebiet Irpinia. Hinter Buonalbergo wechseln wir auf die nicht minder kurvige SS 414, die uns nach **Ariano Irpino** (22 000 Einw.) weiterführt. Das alte Städtchen ist – wie die anderen Orte in diesem Gebiet auch – in seiner Geschichte immer wieder von heftigen Erdbeben betroffen gewesen, die seit Menschengedenken die zerklüfteten, bröckeligen Berghänge der Irpinia von Zeit zu Zeit erzittern lassen. Teilweise erhalten sind noch der ursprünglich im 11. Jh. geschaffene, zwischenzeitlich wiederaufgebaute Dom und das Kastell aus der Normannenzeit. Unsere Route mündet in die SS 90 ein, auf der wir bergab nach **Grottaminarda** fahren, wo die von Vanvitelli erbaute Kirche Santa Maria Maggiore aus dem 18. Jh. beeindruckt.

Ariano Irpino:
km 497,5

Über die Autobahn hinweg bringt uns die SS 91 anschließend in eine öde, dünn besiedelte Berglandschaft. Wir verlassen die SS 91 und folgen dem Sträßchen, das auf den Colle di Trevico hinaufführt. Uns erwartet ein mühsehlig zu fahrender Streckenabschnitt, der aber mit einer sehr schönen Aussicht entlohnt. Für ein kurzes Stück folgen wir noch einmal der SS 91 und biegen dann von dieser nach Bisaccia ab, dessen ausgebreitete und zerstörte Häusern sich auf den Sattel eines Bergzuges ausbreiten. Als nächstes kommen wir nach **Lacedonia**. Den noch stehenden grauen Häusern ist anzusehen, daß der Landstrich in unvorhersehbaren Intervallen von Erdbeben geschüttelt wird.

Kurze Zeit später zweigen wir ab nach **Monteverde**, das auf einem schmalen, spitz zulaufenden einzelnen Bergstock wie auf einem Sockel ruht. Bevor wir den Ort erreicht haben, biegen wir rechts ab zum kleinen abgeschiedenen Lago di San Pietro. Die ab hier nicht mehr asphaltierte Straße steigt dann zu der Ruinenstadt **Aquilonia Vecchia** hinauf, einer gespenstisch anmutenden, verlassenen Ansiedlung, die den Mittelpunkt dieses von Erdbeben so gepeinigten Landstrichs bildet.

Calitri: km 607,5

Unweit westlich stößt man auf die SS 399, der wir nach **Calitri** folgen, einem der am stärksten vom Erdbeben von 1980 betroffenen Orte, aber auch ein gelungenes Beispiel für den Neuaufbau in Übereinstimmung mit der Natur. Eine Reihe von Serpentinen bringt uns von hier hinab zur Schnellstraße, die durch das Tal des Ofanto verläuft. Nicht nur die Straße ist neu, auch an Fabriken und Häusern sieht man, daß am Wiederaufbau dieser Region gearbeitet wird.

Ab Lioni verändert sich das Bild der Landschaft drastisch. Die Straße führt sehr reizvoll zwischen den bewaldeten Bergrücken des Monte Oppido und des Monte Calavello hindurch und bringt uns nach Laceno, einem hübschen Bergdorf, das – im Gegensatz zu dem eben durchfahrenen Landstrich – einen geradezu mondänen Eindruck macht. **Bagnoli Irpino** (4000 Einw.) ist der wichtigste Fremdenverkehrsort der Gegend. Er geht auf die Epoche der Langobarden zurück und wird von der mächtigen Ruine des Kastells Cavaniglia aus dem 15. Jh. beherrscht.

Nach wenigen Kilometern auf der SS 368 erreichen wir das Kloster San Francesco a Folloni, das im 16. Jh. umgebaut wurde. Sehr schön ist der auf Säulenbögen ruhende Kreuzgang. Eine nach rechts abbiegende, schnurgerade Straße bringt uns von hier weiter nach **Montella**, an den Hängen des Monte Sassosano gelegen. Ab hier folgen wir der äußerst gewundenen SS 574, die durch ein sehr schönes bewaldetes Gebiet führt. Die Besiedlung wird allmählich dichter.

Solofra ist bekannt als Zentrum des Gerberhandwerks, und weist außerdem eine hübsche Klosterkirche auf, die ein bißchen an spanisch geprägte

Kirchen in Amerika erinnert. Auf dem Weg nach Avellino liegt **Serino** (7000 Einw.), ein gefälliges Städtchen, das bis auf die Langobardenzeit zurückgeht.

Hauptroute (Fortsetzung)

Schlußpunkt dieser Route ist die Stadt **Avellino** (57 000 Einw.), das als Handelszentrum für landwirtschaftliche Produkte und als Sitz von Nahrungs- und Textilindustrie regionale Bedeutung hat. Sehenswürdigkeiten sind der Dom mit dem angegliederten Diözesanmuseum und das Museum der Region Irpinia (Museo Irpino), das im Palazzo della Cultura untergebracht ist.

Avellino: km 730,6

Praktische Informationen

CAPUA: p. dei Giudici, Tel. (0823) 961323. – SANTA MARIA CAPUA VETERE: v. ex caserma M. Fiore, Tel. (0823) 842022. – CASERTA: EPT, cs. Trieste, Tel. (0823) 321137. – ISERNIA: EPT, v. Farinacci 11, Tel. (0865) 59590. – CAMPOBASSO: EPT, p. della Vittoria 14, Tel. (0874) 95662. – MONTESARCHIO: p. Municipio, Tel. (0824) 831122. – BENEVENTO: EPT, v. Sala 31, Tel. (0824) 21947. – ARIANO IRPINO: p. Municipio, Tel. (0825) 871180. – BAGNOLI IRPINO: v. Garibaldi, Tel. (0872) 62003. – SERINO: p. Municipio, Tel. (0825) 594025. – AVELLINO: EPT, p. della Libertà 50, Tel. (0825) 35175.

Fremdenverkehrsämter

CAPUA: Fest des San Lazzaro (Dezember). – SANTA MARIA CAPUA VETERE: Mostre nell'Anfiteatro Campano (Ausstellungen im Amphitheater; September). – CASERTA: Concorso Ippico al Parco Reale (Pferderennen im Parco Reale; Mai); regionale Folkloretage (Juli und September); Palio della Seta (historischer Wettkampf) und Fest der Pallottole (Kugeln) in San Leucio (Juli); Piedigrotta Casertana (September); Natale al Borgo (Krippenspiel im Stil des 18. Jh.s im Dom und im Ort Caserta Vecchia; Dezember). – ISERNIA: Fest des San Pietro delle Cipolle (letzte Juniwoche). – CAMPOBASSO: Sagra dei Misteri (Charakteristische Fronleichnamsprozession). – BENEVENTO: Città Spettacolo (Ausstellungen, Begegnungen, Aufführungen im Römischen Theater, auf der Rocca dei Rettori und an anderen Plätzen der Altstadt; September). – BAGNOLI IRPINO: Sagra delle Castagne e del Tarturfo Nero (Fest der Kastanien und der schwarzen Trüffel). – MONTELLA: Via Crucis Vivente (April); Sfilata delle Congreghe ('Vorbeizug der Brüderschaften'; traditionelle religiöse Veranstaltung). – AVELLINO: Raduno d'Auto e Moto d'Epoca (Sternfahrt von Oldtimer- Autos und -Motorrädern; September).

Veranstaltungen

Einfache deftige Gerichte beherrschen die Küche dieses ApenninAbschnittes. Eine traditionelle Wurstspezialität der Region Molise ist die 'Pezzata' oder 'Soppressate' (eine Art Preßsack), bei deren Herstellung die Zutaten in einem Tongefäß in Olivenöl eingelegt werden.
Aus Molise stammen auch 'Cavatelli', eine spezielle Variante der 'Gnocchi'. Aus der Gegend um Caserta sind die Produkte aus Büffelmilch (Bufala), die 'Salsicce di Polmone' (eine aus Lunge hergestellte Wurst) und 'Sanguinacci' (Blutwurst) bekannt. Sehr gerne ißt man hier mit Tomaten eingekochte Innereien ('Soffritto di Frattaglie al Pomodoro'), einen Eintopf aus grünen Bohnen und Endivien ('Minestra di Fagioli e Scarole'), Lammfleisch aus dem Gebiet Sannio (wo die Weiden mit ihren aromatischen Kräutern dem Fleisch einen besonders guten Geschmack verleihen), außerdem 'Riso con le Cotenne' (Reis mit Schwarte), 'Pizza Figliata', 'Lasagne all'Uovo' (Lasagne mit Eifüllung), 'Salame Piccante' (pikante Salami), 'Polpettine di Carne' (Frikadellen), 'Mozzarella', 'Pomodoro e Ricotta' (Tomaten und Quark), 'Pasta Fritta' (gebratene Nudeln).
Aus dem Fluß Volturno kommen Aal (Anguilla) und Krebse (Gamberi) auf den Tisch. Besonders gut ist generell die Pizza.
Zu den süßen Spezialitäten gehören 'Torrone' (Mandelkuchen) und 'Croccante' (Krokant).

Küche

Tour 34: Der Stiefelsporn

Die Halbinsel Gargano und Tavoliere

Region   Apulien

© I.G.D.A. S.p.A. - Novara

Landschaftsbild
Eine markant aus dem Küstenprofil der Adria herausragende Landzunge, einer der berühmtesten Uferabschnitte Italiens, verstreute kleine Ortschaften mit weißen Häuschen unter einer sengenden Sonne, eine Handvoll weit vorgelagerter winziger Inseln, zwei nur durch dünne Strand- und Pinienwaldstreifen vom Meer abgetrennte Lagunen mit seltener Flora und Fauna, ein Bergstock mit einem der dichtesten und intaktesten Wälder des ganzen Mittelmeerraumes, einige der berühmtesten Wallfahrtsstätten des Landes – all das kennzeichnet die Halbinsel Gargano, den berühmten Sporn des 'Italienischen Stiefels'. An den Monte Gargano schließt sich im Landesinneren die von ausgedehnten Getreidefeldern gekennzeichnete große Apulische Ebene, im Italienischen 'Tavoliere' genannt, an. Im Zentrum dieser Ebene liegt die Provinzhauptstadt Foggia.

Streckenmerkmale
Auf dem ersten Routenabschnitt sind die Straßen geradlinig und bequem zu befahren. Das gleiche gilt für das engmaschige Wegenetz durch die Felder rings um Foggia. Etwas anspruchsvoller ist da schon die Küstenstraße der Halbinsel zwischen Rodi Garganico und Mattinata, und extrem kurvig und bergig schließlich ist die – hier als Alternativroute beschriebene – Strecke quer über den Monte Gargano. Ganz überwiegend werden auf der Route nur mäßige Höhen erreicht, nur im Waldgebiet des Monte Gargano klettert die Straße bis auf 794 m ü.d.M. (beim Forstaufsichtshaus) hinauf. Um den Ausgangspunkt der Route zu erreichen, verläßt man die Autobahn A 14 Bologna – Taranto bei der Ausfahrt 'Termoli Molise'.

Streckenbeschreibung

Termoli (23 000 Einw.), eine lebhafte Stadt, Fischereizentrum und Verkehrsknotenpunkt, ist die einzige Hafenstadt der Region Molise. Interessant ist vor allem die Altstadt mit dem mächtigen Kastell aus dem 14. Jh., das unter Kaiser Friedrich II. erbaut wurde, und der Kathedrale.

Termoli: km 0

Von Termoli aus verkehren Fährschiffe zu den ca. 30 km vor der Küste gelegenen **Isole Tremiti** (350 Einw.). Die Inseln sind erst seit dem 18. Jh. bewohnt, als König Ferdinand II. von Neapel einige Banditen samt ihren Frauen dorthin verbannte. Diese Ansiedlungspolitik zeigt sich noch heute darin, daß auf den Inseln ein waschechter neapolitanischer Dialekt gesprochen wird, was in dieser Gegend überrascht. Auf das Motorrad kann man auf den Inseln verzichten, denn die weiteste Entfernung, die auf dem größten Eiland, der Isola **San Domino**, zurückgelegt werden kann, beträgt 2 km. Sehenswert sind die zahlreichen Grotten, darunter die Grotta Bue Marino. Die geschichtlich bedeutsamste Insel ist **San Nicola**. Man sollte sich den Innenbereich des Kastells, das heute ein Kloster beherbergt, sowie die Kirche Santa Maria ansehen.

Nebenstrecke 1

Wir verlassen Termoli auf der SS 16, der Via Adriatica, die ab Campomarino direkt am Meer verläuft. Bald nach Überqueren des Flusses Fortore biegen wir von der Staatsstraße nach **Lesina** (6500 Einw.) ab, einem hübsch an der gleichnamigen Lagune gelegenen Städtchen. Bei der Weiterfahrt in östlicher Richtung hat man einen schönen Blick auf den See und das nur durch einen schmalen Landstrich davon getrennte Meer im Hintergrund. Nach 24 km Fahrt erreicht man die unmittelbar am Strand stehenden Überreste der Torre Mileto. Die Straße verläuft nun auf dem schmalen Landstreifen, der den fischreichen Lago di Varano vom Meer abtrennt. Auf der SS 89 gelangen wir in das von Zitrusbaumhainen umgebene **Rodi Garganico** (4000 Einw.). Die Straße zieht sich an der Küste entlang, nach wenigen Kilometern endet der Strand, das Bergmassiv des Gargano fällt nun jäh zum Meer hin ab. Man erreicht den kleinen Vorort Valazzo.

Lesina: km 38,8

Rodi Garganico: km 90,8

Die Straße Nr. 528 verläuft von Rodi Garganico äußerst gewunden und reizvoll quer über den Monte Gargano, wobei man das Waldgebiet **Foresta Umbra** durchfährt. Die prächtigen hochstämmigen Bäume stehen teilweise so dicht, daß kaum noch Licht hindurchdringt, was sich natürlich auf Temperatur und Klima auswirkt. Unsere Route passiert eine Herberge (Rifugio) und das Gebäude der Forstaufsicht (Casa Forestale). In der Nähe befinden sich ein kleines naturkundliches Museum und ein großzügiges Gehege mit freilebendem Damwild.

Alternativstrecke: Rodi Garganico – Monte Sant' Angelo (60 km)

Nach einer Serie von Kurven und Schleifen gelangt man auf der Küstenstraße nach **Peschici** (4055 Einw.), einem imposant auf einem hohen Felsen, fast senkrecht über dem Meer gelegenen hübschen Ort. Überragt wird Peschici von einer kleinen mittelalterlichen Burg. Bei der Weiterfahrt entlang der Küste lohnt es sich, all die kurzen Abstecher zu machen, die direkt ans Meer führen. Die kleinen Buchten mit ihren schroffen Klippen, teilweise riesigen Kalkfelsgebilden sowie den Grotten und den altertümlichen Aussichtstürmen bieten ein äußerst reizvolles Bild.

Peschici: km 106

Man erreicht schließlich **Vieste** (13 000 Einw.), dessen weiße Häuser sich malerisch am Felshang hinaufziehen. Sehenswerte Bauten sind die Kathedrale und das Kastell, von dem man eine phantastische Aussicht genießt. Der nun folgende Küstenabschnitt mit seinen markanten Landschaftsformen heißt 'Testa del Gargano' (= 'Kopf des Gargano'). Mächtige Felsbögen ragen aus dem Wasser auf, die Klippen sind unterhöhlt von Grotten (Grotta Campana, Grotta dei Colombi u.a.; Besichtigung möglich). Gut 10 km hinter Vieste zweigt man von der hier etwas landeinwärts führenden Küstenstraße ab und folgt dem Sträßchen hinab nach **Pugnochiuso**, einem modernen Ferienort in einer üppig grünen Bucht.

Vieste: Km 129,9

217

Hauptroute (Fortsetzung) Mattinata: km 176,9	Weiter geht es nach Baia delle Zagare und anschließend in einer Serie von großzügig geschwungenen Kurven nach **Mattinata**. Dieses etwas im Hinterland gelegene Städtchen markiert das Ende des urwüchsigen Küstenabschnittes. Auf der SS 272 fahren wir nunmehr ins Landesinnere und gelangen nach **Monte Sant'Angelo** (17 000 Einw.), das sich um die heutige Wallfahrtskirche San Michele entwickelte. Neben dieser Wallfahrtsstätte ist der Stadtteil Junnio interessant, der aus einer Vielzahl geometrisch angeordneter zweistöckiger Häuschen besteht. Und schließlich sollte man sich das Heimatmuseum ansehen, in dem viele Zeugnisse des alltäglichen Lebens und des Brauchtums der Halbinsel ausgestellt sind.

San Giovanni Rotondo: km 220,2

Als nächstes kommen wir nach **San Giovanni Rotondo** (22 000 Einw.), das im 11. Jh. als Benediktinerkloster entstand und heute Ziel zahlreicher Pilger ist, die vom Ruhm der Wunderheilkräfte des Padre Pio angezogen werden. Kurz nach Verlassen des Ortes, in **San Marco in Lamis**, biegen wir auf eine kleinere Straße ein, die durch das karstige, öde Hügelland nach **Rignano Garganico** führt, das als 'Balkon Apuliens' bekannt ist, weil seine exponierte Lage einen weiten Rundblick über die Apulische Ebene (Tavoliere), die Stadt Foggia und den Golf von Manfredonia bietet. Ein Sträßchen mit vielen Serpentinen, die erneut wunderbare Ausblicke eröffnen, bringt uns vom Hochplateau in die Ebene hinunter.

San Severo: km 268,8

Durch die Ebene geht es dann zügig nach **San Severo** (54 000 Einw.), einem mittelalterlich geprägten Zentrum des Weinanbaus, in dem man mehrere schöne Beispiele barocker Baukunst bewundern kann: Santa Nicola, San Lorenzo, der fein ausgearbeitete Palazzo di Città. Sehenswert sind außerdem die Kirche San Severino aus dem 12. Jh. und das Antiquarium. Schnurgerade verläuft die SS 160 von hier weiter nach **Lucera** (33 000 Einw.), einem der Hauptstützpunkte Kaiser Friedrichs II. Innerhalb der ca. 1 km langen Ringmauer der mächtigen Festung mit ihren 24 Türmen sind noch die Ruinen des Kaiserpalastes und einige Spuren aus der Römerzeit erhalten. Die Straße steigt leicht an nach **Troia** (8000 Einw.). Es lohnt eine Besichtigung der romanischen Kathedrale (mit einer prächtigen elfstrahligen Rosette) und des Stadtmuseums, das im Palazzo Vasto untergebracht ist. Die SS 17 bringt uns dann ans Ziel dieser Route, in die Provinzhauptstadt **Foggia** (156 000 Einw.), eine Stadt, die im wesentlichen moderne Züge aufweist und ein bedeutendes Zentrum der Agrarindustrie darstellt. Interessante Gebäude sind die Villa Comunale, die Kathedrale und das Stadtmuseum (Museo Civico).

Lucera: km 291,1

Foggia: km 331,1

Praktische Informationen

Fremdenverkehrsämter	TERMOLI: AA, p. Melchiore Bega, Tel. (0875) 27 54. – RODI GARGANICO: p. Garibaldi 4, Tel. (0884) 590 54. – PESCHICI: v. XXIV Maggio, Tel. (0884) 944 25. – VIESTE: AA, cs. Vittorio Emanuele II, Tel. (0884) 788 06. – MONTE SANT'ANGELO: v. Giordani 17. – SAN GIOVANNI ROTONDO: AA, p. Europa, Tel. (0882) 856 240. – SAN SEVERO: v. S. Giuseppe 4, Tel. (0882) 219 42. – LUCERA: v.le della Libertà, Tel. (0881) 970 870. – TROIA: v. Regina Margherita 2, Tel. (0881) 970 870. – FOGGIA: EPT, v. sen. E. Perrone 17, Tel. (0881) 236 50. – ISOLE TREMITI: S. Nicola, Tel. (0882) 663 009.
Veranstaltungen	RODI GARGANICO: Orangenfest des Gargano (Herbst). – VIESTE: Marienfestwoche (Mai). – MONTE SANT'ANGELO: Fest des San Giuseppe (18./ 19. März). – FOGGIA: Ackerbau- und Viehzuchtmesse (April/Mai).
Küche	Ein 'Muß' in Termoli sind 'Crostini con le Cozze' (geröstete Brotscheiben mit Muscheln), 'Zuppa di Pesce con Piselli' (Fischsuppe mit Erbsen) und die lokale Variante des 'Brodetto', der berühmten Fischsuppe der Adria. Überhaupt regiert eindeutig der Fisch rings um die Halbinsel, in tausenderlei adriatischen und apulischen Zubereitungsarten. Im Hinterland, der sog.

Abb. S. 218/219: Bucht auf der Gargano-Halbinsel bei Peschici

Die Insel San Nicola aus der Vogelperspektive

Capitanata, wo als Gewürz besonders viel Knoblauch verwendet wird, sollte man 'Chianchiarelle con le Cime di Rapa' (kleine Gnocchi aus Kleieteig mit Rübenspitzen), 'Ragù alla Foggiana' (Tomatenragout), 'Pancotto Foggiano' (pikant gewürzte Brotstückchen), 'Purea di Fave' (pürierte weiße Bohnen), 'Troccoli' oder 'Spaghetti alla Zappatora' ('nach Feldarbeiterinnenart') versuchen. Typische Gerichte bzw. Produkte der Gegend sind außerdem 'Pecorino' (Schafskäse), verschiedene Milchprodukte sowie Wild. Unter den Süßspeisen zu nennen: 'Taralli', 'Puparat' (aus Mehl, Ei, Feigenhonig und Würzzutaten) sowie 'Grane Cuotte' (Mürbeteiggebäck mit Mandeln, Schokolade und weiteren Zutaten). Dunkel und gehaltvoll sind die Weine der Region.

Küche
(Fortsetzung)

Tour 35: Spuren der Antike in herber Natur

Küste und Hinterland des südlichen Kampanien

Regionen   Kampanien und Basilicata

© I.G.D.A. S.p.A · Novara

Landschaftsbild   Unsere Fahrt beginnt an dem Ort, über den Christus laut dem Titel des berühmten Romanes von Carlo Levi nicht hinauskam: Eboli. Die Stadt bildet die 'Pforte' in das herbere, das rückständige Kampanien; eine Welt, die seit jeher von Einfachheit, Demut und auch Resignation im Alltagsleben der Menschen gekennzeichnet ist. Die Topographie ist geprägt vom Wechsel zwischen langgestreckten Hügelketten bzw. höheren Bergzügen und tiefeingeschnittenen Tälern. Dörfer und Städtchen verteilen sich über die Bergkuppen des Hinterlandes und die Klippen der Küste, von der der Tourismus erst allmählich Besitz ergreift. Die urwüchsige Schönheit des Cilento, wie dieser Küstenabschnitt heißt, ist sicher das herausragende Merkmal dieser Route, daneben findet man aber auch Spuren der Antike und eine Reihe wertvoller Kunstdenkmäler.

Streckenmerkmale   Bis auf sehr kurze Abschnitte der Staatsstraßen 18 und 19 verläuft die gesamte Route auf kurvenreichen Nebenstraßen. Die Fahrbahnbeschaffenheit ist unterschiedlich, insbesondere auf den Steigungs- und Gefällstrecken und auf der Küstenstraße ist mit schadhaftem Belag zu rechnen. Von der Höhe her läßt sich die Route in drei Zonen gliedern, die Küste (um die 300 m ü.d.M.), die Alternativstrecke durch die Berge (zwischen 400 und 600 m ü.d.M.) und die Hochebene Vallo di Diano (um die 600 m ü.d.M.). Den höchsten Punkt erreicht man mit 1500 m ü.d.M. beim Rifugio del Lago Laudernio unterhalb des Gipfels vom Monte Sirino (nahe Lagonegro). Der Ausgangspunkt Eboli liegt an der Autobahn A 3 Neapel – Reggio Calabria.

Streckenbeschreibung

Von **Eboli** aus, einer bedeutenden Agrar- und Industriestadt, beginnen wir die Route auf der SS 19, die sich nach Überqueren des Flusses Sele auf die Monti Alburni hinaufwindet, von wo aus man einen schönen Blick auf das untenliegende Flußtal hat. Wir kommen durch Serre und biegen an der Kreuzung von Scorzo rechts ab in Richtung **Sicignano degli Alburni**, einen beschaulichen kleinen Ort, dessen Häuserfassaden mit interessanten Wandmalereien geschmückt sind. Von Petina aus geht es wieder leicht bergab, und nach Unterqueren der Autobahn stoßen wir erneut auf die SS 19, die hier dem Verlauf des Flusses Tanagro folgt. Nach wenigen Kilometern sind die Grotte di Pertosa erreicht, ein Höhlensystem, das zum Großteil noch gar nicht erschlossen ist. Nächstes Ziel ist **Polla**, das sehr aussichtsreich am Eingang in das breite und fruchtbare Vallo di Diano liegt. Dabei handelt es sich um das Becken eines früheren Sees, das nun als Hochebene erscheint. Wir folgen der SS 426, kreuzen die SS 166 und gelangen nach **Teggiano**, einem malerisch auf einem Berg über dem Vallo di Diano gelegenen mittelalterlichen Städtchen. Interessant sind einige Ausgrabungen aus der Antike sowie eine Reihe alter Baudenkmäler, z.B. die Kathedrale und das Kastell der Sanseverino.

Unweit östlich, auf der anderen Seite des breiten Tales steigt **Sala Consilina** (12 000 Einw.) sehr reizvoll einen zerklüfteten Berghang hinauf. In dieser Zone hat man eine Vielzahl frühgeschichtlicher Grabstätten entdeckt. In südlicher Richtung bringt uns die SS 19 zur Abzweigung nach **Padula** (5700 Einw.), das aufgrund des Certosa di San Lorenzo bekannt ist. Das Kartäuserkloster ist mit seinen Kreuzgängen, Höfen und Gärten einer der ausgedehntesten Klosterkomplexe ganz Europas. Hinter dem Kloster biegen wir rechts ab und erreichen nach 8 km Arenabianca, einen Vorort von Montesano.

In Arenabianca tauchen wir in die herbe Bergwelt des Cilento ein, wobei uns der Weg durch **Buonabitacolo**, Sanza, **Caselle in Pittari**, Morigerati (Grotta del Bussento), Torre Orsaia, **Vallo della Lucania** (in der Nähe die Wallfahrtskirche Madonna di Novi Velsa; prächtige Fernsicht), Laurino, Sacco und Roccaspide führt. Bei Ponte Barizzo mündet diese Strecke in die SS 18 und damit wieder in die Hauptroute ein.

Äußerst malerisch präsentiert sich das hochgelegene **Montesano sulla Marcellana**. Nachdem wir den Ort durchfahren haben, gewinnt die Straße noch mehr an Höhe und steigt in aussichtsreichen Serpentinen auf zum Paß Sella Cessuta (1040 m ü.d.M.), an der Grenze zwischen Kampanien und Basilicata. Auch im weiteren Fahrtverlauf bietet sich mehrfach eine schöne Aussicht. Man durchfährt einen dichten Wald und erreicht **Moliterno**, wo die Normannen um eine langobardische Festungsanlage herum ein Kastell erbauten. Bald darauf gerät **Grumento Nova** (2000 Einw.) ins Blickfeld, das erhaben über dem Tal des Flusses Agri und dem fjordartigen Lago del Pertusillo thront. In Grumento Nova sind Ruinen einer ausgedehnten Festung der Sanseverino erhalten, wesentlich interessanter ist jedoch das nahegelegene Ausgrabungsfeld der antiken Siedlung Grumentum, unweit des Sees auf einer Anhöhe gelegen. Grumentum war einst eines der Zentren der Lukaner, des frühgeschichtlichen Volksstammes, der diese Region bewohnte. Aus der Epoche der Römer sind noch ein Theater, Forum und Kapitol (1. bis 2. Jh.) erhalten. Auf der SS 598 umfahren wir das Nordufer des Lago del Pertusillo und biegen dann rechts ab auf die SS 103, durchfahren Spinoso und zweigen kurz hinter Sarconi auf ein Sträßchen ab, das – dem Tal des Flusses Maglia folgend – in Richtung Madonna di Loreto führt. Dieser Weg verläuft durch ein prächtiges Waldgebiet, den Bosco Baresano, und bringt uns dann auf den Monte Sirino (1525 m ü.d.M.). In die grandiose Berglandschaft ist der auf eiszeitliche Gletscher zurückgehende winzige Lago di Laudernio eingebettet. Skisportanlagen, eine Herberge und das Monumento Montanaro sind hier zu finden.

Eboli: km 0

Sala Consilina: km 90,4

Alternativstrecke: Arenabianca – Ponte Barizzo (189 km)

Montesano sulla Marcellana: km 112,2

Der nächste Ort, den wir erreichen, ist **Lagonegro** (6200 Einw.), dessen alter Ortsteil – wie so oft – auf einem steil abfallenden Bergkegel steht, überragt von einer Burgruine. Sehenswert sind die romanische Kirche San Nicola und der nicht weit entfernte Tierpark Giada, in dem zahlreiche exotische Tiere beheimatet sind. Die Weiterfahrt erfolgt zunächst auf der SS 585. Nachdem wir den Paß La Colla (594 m ü.d.M.) hinter uns gelassen haben, windet sich die Straße abwärts zum Golf von Policastro. Die Serpentinen eröffnen dabei herrliche Ausblicke auf das Meer.

Hauptroute (Fortsetzung) Lagonegro: km 211

Unterhalb des erhöht am Hang gelegenen Altstadtteils des Städtchens **Maratea** (5100 Einw.) liegt, zwischen steile Felswände eingezwängt, der Hafen. Dieser reizvolle Küstenstreifen birgt zahlreiche Grotten, darunter die bekannte Grotta di Marina di Maratea (Tropfsteinhöhle).

Maratea: km 243,6

Die Route verläuft nun auf der SS 18 nordwärts zwischen Klippen und Meer nach **Sapri** (7500 Einw.), einem wegen seiner herrlichen Lage am Golf gern besuchten Fremdenverkehrsort. Nächste Station auf unserer Fahrt um den Küstenbogen herum ist **Policastro Bussentino**, ein hübscher Badeort, den eine mittelalterliche Stadtmauer umgibt. Kurz nachdem wir den Fluß Bussento überquert haben, verlassen wir die SS 18 und folgen der SS 562 noch ein Stück der Küste entlang. Bei der Ortschaft Scario wendet sie sich landeinwärts und schlängelt sich hoch nach San Giovanni a Piro (wunderbares Panorama) und nach Lentiscosa, bevor es in überaus engen Serpentinen wieder abwärts, nach **Marina di Camerota**, geht. In dem malerischen Ferienort werden Boote vermietet, mit denen man die zahlreichen Felsgrotten in der Umgebung erkunden kann.

Sapri: km 261,5

Weitere beeindruckende Grotten gilt es bei **Palinuro** zu besichtigen, dem bekanntesten und meistbesuchten Urlaubsort an der Küste des Cilento. Noch vor Erreichen des Ortes wird die Burgruine Molpa passiert. Das Städtchen, um das sich zahlreiche mythische Geschichten ranken, liegt am Rand einer noch weitgehend unberührten Landzunge. Erreichen kann man das Gebiet über ein aus großen Betonplatten gebautes Sträßchen, das zu einem Leuchtturm sowie zu einem natürlichen Felsbogen, Archetiello genannt, führt. Von Palinuro aus fahren wir weiter auf der SS 447 die Küste entlang, wobei eine Kurve der anderen folgt und sich immer wieder schöne Ausblicke auf die Berghänge im Landesinneren bieten. Wir kommen durch die Orte Pisciotta, **Ascea** und Castellammare di Velia, in dessen Nähe die interessanten Ruinen der 540 v. Chr. gegründeten, an einer Flußmündung gelegenen Siedlung Velia eine Besichtigung lohnen.

Palinuro: km 309,6

Jenseits des Flusses verläuft die Küstenstraße als SS 267 weiter. Sie bringt uns in die Ferienorte **Acciaroli** (Altstadtteil aus dem 12. Jh.) und Agnone, das sich in den jüngsten Jahren um einen kleinen Fischerhafen herum entwickelt hat. Die Straße verläuft anschließend zwischen Pinien, Johannisbrotbäumen und Olivenbäumen quer über die Halbinsel des Monte Licosa, bevor man bei San Marco wieder ans Meer kommt. Gleich hinter dem Ort biegt man rechts ab und gelangt in einigen aussichtsreichen Straßenwindungen nach **Castellabate**. Um ein auf einer Anhöhe gelegenes mächtiges Kastell aus dem 12. Jh. ziehen sich verschlungene Gäßchen, viele werden von Bögen überspannt.

Acciaroli: km 351,1

Auf die Küstenstraße zurückgekehrt, fahren wir weiter nach **Agropoli** (15 000 Einw.). Das Städtchen liegt sehr reizvoll auf einem steil zum Meer abfallenden, mächtigen und unwegsamen Felsenmassiv. Überragt wird der von den Byzantinern gegründete Ort von der Ruine eines Kastells; prächtig ist von hier aus die Aussicht auf den Golf von Salerno.

Agropoli: km 388,1

Nur noch knapp 10 km sind bis nach **Paestum** zurückzulegen, das am Rand der ausgedehnten trockengelegten Mündungsebene des Flusses Sele liegt. Mit seinen Tempeln und Nekropolen ist es das bedeutendste Monument griechischer Baukunst auf dem italienischen Festland. Die antike Stadt umgibt eine 4,75 km lange, von vier Toren und einigen Türmen unterbrochene großartige Stadtmauer. Unweit nördlich lohnt am Fluß Sele eine weitere bedeutende archäologische Ausgrabungsstätte eine Besichtigung: das Heiligtum der Hera (Santuario di Hera Argiva).

Paestum: km 398,8

◀ *Blick auf die Bucht von Palinuro*

Hauptroute
(Fortsetzung)
Battipaglia:
km 421,3

Bei Albanella fahren wir auf die SS 18, die uns rasch nach **Battipaglia** (40 000 Einw.) bringt. Bekannt ist die Stadt für die Zucht von Büffeln, aus deren Milch ein unvergleichlicher Frischkäse, eine besondere Variante des Mozzarella, hergestellt wird. Von hier sind nur noch 8 km bis nach Eboli, dem Ausgangs- und Endpunkt unserer Route, zurückzulegen.

Praktische Informationen

Fremdenverkehrs-
ämter

SALA CONSILINA: p. Umberti I, Tel. (0975) 2 15 01. − VALLO DELLA LUCANIA: p. V. Emanuele, Tel. (0974) 42 97. − LAGONEGRO: v. Umberto I. − MARATEA: AA, p. del Gesù 32, Tel. (0973) 87 69 08. − SAPRI: v. Villa Comunale, Tel. (0973) 39 24 60. − MARINA DI CAMEROTA: v. Roma, Tel. (0974) 93 52 22. − PALINURO: p. Virgilio 5, Tel. (0974) 93 11 21. − MARINA DI ASCEA: v. Oberdan, Tel. (0974) 97 12 30. − ACCIAROLI: v. N. Bixio 83. − SANTA MARIA DI CASTELLABATE: p. L. Guercio. − AGROPOLI: v. S. Marco 26, Tel. (0974) 82 48 85. − PAESTUM: AA, v. Magna Grecia, Tel. (0828) 81 10 16. − BATTIPAGLIA: p. del Popolo, Tel. (0828) 2 14 01.

Veranstaltungen

SALA CONSILINA: Fest des San Michele (8. Mai und 29. September). − MARATEA: Fischfest (August); Teatro Estate Maratea (Theaterwochen von Juli bis September). − AGROPOLI: 'Fest des blauen Fisches' (August). − PAESTUM: Aufführungen innerhalb des Ausgrabungsgeländes (Sommer).

Küche

Die Küche ähnelt der neapolitanischen, weist jedoch auch kalabrische Einflüsse auf. Unnachahmlich ist der 'Büffelmilch-Mozzarella' aus Battipaglia. Liebhaber süßer Leckereien kommen bei den getrockneten, mit Schokolade glasierten Feigen aus Agropoli auf ihre Kosten. Und dann ist da natürlich der Fisch: 'Zuppa Verace' (Fischsuppe), Fisch 'all'Aqua Pazza' (= 'aus dem tobenden Wasser') oder 'Grigliata' (vom Grill), 'Fritti Misti' (gemischter Backfisch), 'Calamari Farciti' (gefüllte Kalamari). Weitere Spezialitäten sind 'Polpetielli e Piselli' (Frikadellen mit Erbsen), 'Spaghetti alla Puttanesca' (mit Tomaten, Oliven und Kapern), 'Fusilli agli Scampi' (Nudeln mit Scampi), 'Peperoni Ripieni' (gefüllte rote und gelbe Paprikaschoten).

▼ *Agropoli*

Tour 36: Zwischen Vergangenheit und Zukunft

Die lange vergessene Landschaft Lucania

Basilicata

© I.G.D.A. S.p.A · Novara

Eine karge Gegend, verwaiste Bergregionen, streckenweise eine regelrechte Mondlandschaft, durchzogen von ausgedörrten Furchen und breiten Tälern, durch die allenfalls schmale Rinnsale fließen. Wir sind in der Region Basilicata, für die auch häufig der historische Name Lukania verwendet wird. Wer sich von dem zuvor Gesagten nicht abschrecken läßt, lernt eine noch ursprüngliche Landschaft kennen, eines der letzten Fleckchen Erde, das man mit dem Motorrad für sich selbst entdecken kann und das somit einen Hauch von Abenteuer vermittelt. Viele Nebenstraßen enden einfach irgendwo in der Wildnis; die Dörfer scheinen sich schutzsuchend an die Berghänge zu kauern. Einige moderne technische Gebäude- und Straßenkonstruktionen verweisen darauf, daß Lukania den Anschluß an die Gegenwart sucht und aus seinem Schattendasein herausgeholt werden möchte.

Verschiedentlich stößt man auch in dieser Region Italiens auf eindrucksvolle Spuren der Geschichte, es gilt, urgeschichtliche Felsbehausungen und Überreste griechischer und römischer Kultur sowie mittelalterliche Zeugnisse zu entdecken.

Die größeren Straßen sind durchweg in einem ordentlichen Zustand, anders ist es auf den Nebenstraßen, was aus der Bodenbeschaffenheit

Landschaftsbild

Streckenmerkmale

Streckenmerkmale
(Fortsetzung)

(tonhaltige, stark der Erosion unterworfene Erde) und der allgemeinen Benachteiligung dieser Region resultiert. Überall sind die Strecken kurvig. Die Höhe liegt durchschnittlich um die 700 m ü.d.M., abgesehen von dem kurzen Stück entlang der Küste des Ionischen Meeres. Der Spitzenwert mit 1088 m ü.d.M. wird bei Pietrapertosa erreicht. Einzige Stadt mit Autobahnanbindung ist Potenza, wohin eine Stichstrecke der A 3 von Sicignano aus führt. Nach Melfi, dem Ausgangspunkt, gelangt man über eine Schnellstraße, die bei Candela von der A 16 Neapel – Canosa abzweigt.

Streckenbeschreibung

Melfi: km 0

Interessant sind in **Melfi** (15 000 Einw.), das sich im Ortszentrum seine mittelalterliche Struktur sehr schön erhalten hat, vor allem die Kathedrale, die alte Stadtmauer und das normannische Kastell, in dem das Archäologische Museum untergebracht ist. Wir verlassen den Ort auf der SS 401 in südwestlicher Richtung. An der Abzweigung von Monticchio Bagni halten wir uns links und folgen der Straße Nr. 167, die uns zu zwei malerischen Seen vulkanischen Ursprungs, den Laghi di Monticchio (Lago Grande und Lago Piccolo), bringt. Die Ufer der kleinen Gewässer säumen jahrhundertealte Buchen und riesige Pappeln. Durch dichten Wald geht es aufwärts nach **Rionero in Vulture** (10 000 Einw.), einem hübsch zwischen Weinbergen gelegenen Fremdenverkehrsort. Unsere Route führt uns anschließend auf einer gewundenen Nebenstraße über Ripacandida weiter in das bekannte Städtchen **Venosa** (12 000 Einw.), in dem der Dichter Horaz geboren wurde und in dem noch Überreste einer alten römischen Siedlung erhalten sind. Sehenswert sind außerdem das Kastell aus dem 15. Jh., die Abtei SS. Trinità (hl. Dreifaltigkeit) und die gotische Kathedrale. Von Venosa folgen wir ein Stück der SS 168 in östlicher Richtung, biegen aber bald rechts nach Maschito ab und steuern dann **Forenza** an, einen malerisch auf einer Anhöhe gelegenen kleinen Ort. Eine kurvige Straße, die mehrmals eine sehr schöne Aussicht eröffnet, bringt uns von hier nach **Acerenza** (3500 Einw.), das landschaftlich höchst eindrucksvoll oberhalb des Valle Bradano und Valle Fiumarella liegt. Als Acheruntia bestand der Ort schon in der Epoche der Italiker. Im Mittelalter war das auf einem Berggipfel gelegene Städtchen dann eine uneinnehmbare Festung. Noch heute umgibt Acerenza eine imposante alte Stadtmauer, die der Ortschaft damit den Charakter einer Zitadelle verleiht. Beachtenswert ist die romanisch-gotische Kirche (ursprünglich 11. Jh.), die später barockisiert wurde.

Potenza: km 130,3

Die Straße windet sich abwärts und stößt schließlich auf die SS 169, der wir westwärts bis zu ihrer Einmündung in die SS 93 folgen. Letztere bringt uns zügig nach **Potenza** (65 000 Einw.). Die sich auf einem Bergrücken ausbreitende Provinzhauptstadt, die im Krieg und durch Erdbeben stark zerstört wurde, erscheint mit ihren modernen Gebäuden und neuen Stadtteilen fast wie ein großes Ausstellungsgelände. Die Via Pretoria verläuft durch den mehrfach wiederaufgebauten alten Ortskern und mündet schließlich auf den Hauptplatz, die Piazza Matteotti, ein, an welcher der Palazzo del Municipio und, unweit entfernt, die Kirche San Francesco stehen (von den Gemälden im Inneren ragt die Darstellung der Madonna del Terremoto – 'Madonna des Erdbebens' – aus dem 13. Jh. heraus). Sehenswert sind auch der Dom und das Archäologische Museum (Museo Provinciale Archeologico).

Wir verlassen Potenza auf der SS 7, der Via Appia, unterqueren die kühn über das Basento-Tal geschwungene Schnellstraße, die 'La Basentana' genannt wird, und kommen nach wenigen Kilometern nach **Vaglio Basilicata**. Bekannt wurde es wegen der neueren Ausgrabungen einer lukanischen Stadt (8. – 3. Jh. v. Chr.), die von einer mächtigen Mauer umgeben war. Erhalten sind kunstvolle Töpferwaren, eine lukanische Kultstätte, die der schrecklichen Göttin Mefitis geweiht war, und Inschriften in luka-

Der Fluß Basento – häufig nur ein schmales Rinnsal ▶

Metaponto: Antikes Theater

<table>
<tr><td>Hauptroute
(Fortsetzung)</td><td>nischer Sprache, die zur oskischen Sprachgruppe, eine der beiden Hauptgruppen der italischen Sprachen, gehörte. Ca. 5 km hinter Vaglio Basilicata hält man sich rechts und streift – weiterhin der SS 7 folgend – den reizvollen Bosco Campagnasco.</td></tr>
<tr><td>Nebenstrecke 1

Pietrapertosa:
km 181,9</td><td>Diese Nebenstrecke führt in eine landschaftlich sehr interessante Gegend. Ca. 15 km hinter Vaglio Basilicata biegt man von der SS 7 rechts ab. Man kommt zunächst an einer Waldkapelle (Madonna delle Grazie) vorbei, hält sich an der Gabelung links und fährt auf der Kammlinie des Monte Pizzo mit schönem Panoramablick auf das Basento-Tal weiter. Hinter **Campomaggiore** geht es jäh bergab, und es taucht vor uns die faszinierende Landschaftskulisse der sogenannten Lukanischen Dolomiten auf. Zu Füßen hoher, zerklüfteter und bizarr geformter Felsmassive liegen sehr malerisch die kleinen Orte **Pietrapertosa** (der Name bedeutet soviel wie 'durchlöcherter Fels'), überragt von einem Kastell, und **Castelmezzano**.</td></tr>
<tr><td>Tricarico:
km 220,9

Stigliano:
km 282,7</td><td>Das von einer alten Stadtmauer umgebene **Tricarico** (7200 Einw.) ist eines der wenigen italienischen Städtchen, das ein orientalisches Viertel aufzuweisen hat. Im Labyrinth der sich ständig verzweigenden Sträßchen, Winkel und Sackgassen mit ihren winzigen ärmlichen Häusern, häufig schief und nicht verputzt, fühlt man sich in ein arabisches Land versetzt. Inmitten des Straßengewirrs steht eine romanische Kirche. Gut 11 km hinter dem Ort biegt man rechts auf die SS 277 ab. Man kreuzt das Basento-Tal, kommt entlang bewaldeter Berghänge durch die Orte Garaguso und Accettura und erreicht auf der SS 103 schließlich **Stigliano** mit seinem mittelalterlichen Kastell. Ab hier wird die Landschaft karger und die Straße kurvig und aussichtsreich. Man durchfährt Craco, das wegen seiner verlassenen Häuser und der verwaisten Kirche als Geisterdorf erscheint. Bei Peschiera hält man sich rechts und gelangt ins Tal des Flusses Agri und auf die SS 598, der wir nach Westen folgen. Bei dem Gutshof Masseria San Vito wechseln wir auf die SS 92, die uns in das weiter südlich verlaufende Parallelltal des Flusses Sinni bringt. Von hier geht es auf der SS 653 weiter in östlicher Richtung.</td></tr>
</table>

Für einen kleinen Abstecher nach Chiaromonte fährt man zunächst ein kurzes Stück in entgegengesetzter (westlicher) Richtung durch das Sinni-Tal. Bei der ersten Abzweigung hält man sich rechts und gelangt in das Tal des meist ausgetrockneten Wildbaches Serrapotamo. Die Straße eröffnet in ihren zahlreichen Kehren sehr schöne Ausblicke und bringt uns dann nach **Chiaromonte** (2600 Einw.), einem Dorf, das im Mittelalter ein hart umkämpftes Bollwerk war. Aus jener Zeit sind noch die charakteristische Straßenanlage, Teile des Mauerrings und die Ruinen eines Kastells erhalten, auf denen im 18. Jh. der sehr gefällige Palazzo Giuria erbaut wurde.

Nebenstrecke 2

Chiaromonte: km 383,3

Die Hauptroute passiert ein riesiges Wasserreservoir und windet sich dann den steilen Hang nach **Colobraro** hinauf. Gut 7 km hinter dem Ort biegt man bei einem Streckenwärterhäuschen rechts ab nach **Tursi**. Das malerische Bergdorf erscheint ganz unvermittelt auf einem steil abfallenden Bergkegel. Man erreicht den Ort nur über eine schmale, eine imposante Schlucht überquerende Brücke. Die Brücke und auch die extrem steile Dorfstraße kann man mit dem Auto nicht befahren, wohl aber mit dem Motorrad. Innerhalb des Ortsteils Rabatana (von dem arabischen 'rabat' = 'Stadt') gibt es verschiedene Höhlen, die ausgebaut wurden und heute als Wohnungen genutzt werden.

Colobraro: km 431,4

Unsere Route verläuft weiter über Ponte Masone, die altehrwürdige Wallfahrtskirche Santa Maria d'Anglona und weiter durch trockengelegtes Gelände in Richtung Meer. Vor Erreichen der Küste kommt man nach **Policoro** (12 000 Einw.). In der Nähe der Stadt befinden sich die bedeutsamen Ausgrabungen der beiden griechischen Kolonien Heraclea und Siris. Sehr sehenswert sind auch das Museo Nazionale della Siritide und das sogenannte Masseria-Kastell, eigentlich ein mittelalterlicher befestigter Gutshof. Die Route führt nun auf der breiten vielbefahrenen Küstenstraße am Ionischen Meer entlang in nördlicher Richtung. In **Metaponto** können ebenfalls griechische Ausgrabungen besichtigt werden. Bei den sogenannten Tavole Palatine handelt es sich um 15 noch aufrecht stehende Säulen eines dorischen Tempels. Das nahegelegene Antiquarium zeigt in wechselnden Ausstellungen jeweils nur einen Bruchteil seiner Funde. Von Metaponto aus fahren wir auf der vierspurigen Schnellstraße, der Basentana, wieder landeinwärts, verlassen diese bereits in Bernalda und gelangen durch das trockengelegte Land von Camporotondo nach **Pisticci**.

Policoro: km 471,2

Metaponto: km 494,2

Pisticci: km 525,7

Diese allerdings nur für geländegängige Maschinen geeignete Strecke führt uns in eine Region mit Wüstencharakter. Von Pisticci bringt uns eine Serie schmaler Serpentinen ins Tal hinab, wo wir links auf die SS 176 einbiegen. Nach 2 km kommt eine unbeschilderte Abzweigung nach rechts; auf einer unbefestigten Straße durchfährt man eine öde, menschenleere Mondlandschaft. Ziel dieser außergewöhnlichen Etappe sind die auf einer Bergkuppe gelegenen wahren Häuser von **Ferrandina**. Man steuert die Bahnstation von Ferrandina (scalo ferroviario) an, überquert die Brücke über den Basento und fährt erneut einen kargen Berghang hinauf, von dem aus man ein sehr beeindruckendes Panorama genießt. Auf der Spitze dieses Grates erreicht man schließlich die Schnellstraße in Richtung Matera.

Alternativstrecke: Pisticci – Ferrandina (34,5 km)

Folgt man der Hauptroute, so kehrt man nahe Pisticci auf die 'Basentana' zurück. Nach 12,5 km Fahrt auf dieser Schnellstraße biegt man auf die SS 7 in Richtung Matera ab. Nach weiteren 11 km lohnt ein Abstecher in das landschaftlich überaus schön gelegene **Miglionico**, das mit zwei interessanten Kirchen aus dem 13. Jh. sowie dem mächtigen Kastell Malconsiglio aufwarten kann. Danach steuern wir den Höhepunkt und gleichzeitig das Ziel dieser Route, die Provinzhauptstadt **Matera** (51 000 Einw.), an. Die Häuser der Altstadt sind großenteils in Stufen übereinander in den Kalktuff gehöhlt, sie werden als 'Sassi' bezeichnet. Auf dem höchsten Punkt der Altstadt steht der Dom, sehenswert sind ferner die Felsenkirchen, das Kastell Tramontano aus dem 15. Jh. und das Museo Nazionale Ridola. Einen spektakulären Blick auf die Stadt hat man vom Aussichtspunkt an der nach Tarent führenden Straße.

Matera: km 581

Praktische Informationen

Fremdenverkehrs-ämter	POTENZA: EPT, v. Alianelli 4, Tel. (0971) 21812. – METAPONTO: EPT, v.le delle Sirene, Tel. (0835) 741933. – MATERA: EPT, p. Vittorio Veneto 19, Tel. (0835) 211188.
Veranstaltungen	MELFI: Heiliggeist-Prozession (in historischen spanischen Kostümen; Pfingsten). – POTENZA: Darstellung der Leidensgeschichte (Karfreitag); Feier des San Gerardo mit traditionellem 'Türkenzug' und Lichterfest (29./30. Mai); Fest des San Rocco (15./16. August). – MATERA: Sagra della Bruna (Prozession, Kostümumzug und Lichterfest; 2. Juli); Luglio Materano ('Juli von Matera' mit Musik, Ballett, Kino, Theater); Kastanienfest (September); Krippenspiel (Vorweihnachtszeit).
Küche	Die Küche von Basilicata ist vor allem eine Küche der Pasta: 'Ravioli alla Potentina', 'Cavatieddi', 'Maccarunara', 'Maccheroni Inferrettati', 'Strascinati', 'Fusilli', 'Manate'. Darüber hinaus ist es eine ländlich-unverfälschte Küche der Hirten und Bauern. Stellvertretend hierfür stehen 'Agnello alla Cutturidd' oder 'Agnello ai Funghi' (Lammfleischgerichte), 'Mugliulatiell' (Innereien mit Käse und Schinken), 'Salsicce al Cartoccio' (Würstchen aus dem Backofen), Wurstspezialitäten wie 'Capocolli' oder 'Soppressate', Käsespezialitäten wie 'Butirri', 'Caciocavalli', 'Parmigiana alla Marateota' oder auch 'Ricotta' (Quark), verschiedene Schinkensorten sowie 'Mandorlata di Peperoni' (Mandel-Paprika-Torte). Daneben spielt Fisch aus den Flüssen oder Seen eine Rolle, wobei besonders Aal (Anguilla), Karpfen (Carpe) und Forelle (Trote) aus Monticchio zu nennen sind. Herausragend unter den Süßspeisen sind 'Focacce al Miele' (Honigfladen) oder 'Focacce alla Cannella' (Zimtfladen) sowie 'Tagliolini al Latte Dolce' (Nudelteigstreifen in süßer Milch).

▼ *Die Sassi von Matera*

Tour 37: Oliven, Höhlen und Salinen

Die Küste um Bari und das Hinterland

Apulien

Region

© I.G.D.A. S.p.A. · Novara

Der mittlere Abschnitt Apuliens bietet ein vielfältiges Bild. Die fruchtbare Küstenebene, in der intensiv Weinbau betrieben wird, in der Mandelbaum-kulturen und ausgedehnte Ölbaumhaine zu finden sind, geht, je weiter man ins Hinterland vordringt, ganz allmählich in die karge Berglandschaft Murge über. Der parallel zur Küste verlaufende Höhenzug ist zwar nur mäßig hoch (bis 680 m ü.d.M.), präsentiert sich jedoch aufgrund der geologischen Gegebenheiten (typisches wasserarmes Karstgebiet) als Landstrich mit ausgesprochen herben Zügen. Die Hänge sind zerfurcht und zerklüftet von den tiefen Einschnitten ehemaliger Wasserläufe, von Höhlen und Schluchten. Auffallend sind die leuchtendweißen Salzberge von Margherita di Savoia an der Küste. Ferner berührt diese Tour viele bemerkenswerte Kirchen und Kathedralen, imposante alte Festungen, Spuren antiker Kulturen und Zeugnisse eigenwilliger Traditionen in Lebensstil und Architektur.

Landschaftsbild

Die Straßen sind insgesamt relativ breit und gut ausgebaut. Doch gibt es hier und da auch kritische Stellen und holprige Abschnitte, speziell auf den Nebenstraßen.
Unsere Route übersteigt nirgends 400 m ü.d.M., so verlaufen die meisten Streckenabschnitte ohne Kurven und Kehren durch die Ebene. Der Startpunkt Bari liegt (mit zwei Ausfahrten) an der Autobahn A 14 Bologna – Taranto.

Streckenmerkmale

233

Streckenbeschreibung

Bari: km 0

Im Zentrum der apulischen Hauptstadt **Bari** (370 000 Einw.) erhebt sich die Kathedrale San Sabino (urspr. 1170–1178) mit bedeutenden Resten des normannischen Ornamentschmucks. Die eindrucksvolle romanische Basilika San Nicola, eine 1087 begonnene, aber erst im 13. Jh. vollendete Wallfahrtskirche, zählt zu den schönsten Schöpfungen romanischen Stils in Apulien. Sehenswert sind ferner das trapezförmig angelegte Kastell des Hauses Aragon, das Museo Archeologico, das Museo Storico und das Aquarium (Aquario Provinciale). Wir verlassen Bari auf der SS 96, kurz hinter der Autobahnauffahrt 'Bari Nord' biegen wir Richtung Bitonto ab. Bald passieren wir rechts der Straße einen Menhir, der den Namen 'Il Monaco' (dt. = 'der Mönch') trägt.

Bitonto: km 16,7

Bitonto (50 000 Einw.) gilt als 'Hauptstadt des Olivenöls'. In der Mitte der Altstadt ragt die Kathedrale auf, wohl die reinste Schöpfung des romanisch-apulischen Stils. Der Weg führt uns durch eine von der Landwirtschaft geprägte Küstenebene. Bei **Molfetta** (66 000 Einw.) kommen wir zurück ans Meer. Sehenswert ist die hübsche, gut erhaltene Altstadt, von besonderer kunstgeschichtlicher Bedeutung ist der Dom aus dem 12. Jahrhundert. In der Nähe der Stadt befindet sich ein sogenannter Pulo, eine tiefe Doline, in der zahlreiche Höhlen, die in prähistorischer Zeit bewohnt waren, zu bestaunen sind. Weiter geht es auf der SS 16, der Küstenstraße, nach **Bisceglie** (47 000 Einw.), einer bedeutenden Hafenstadt und einem großem Umschlagszentrum für Obst und Gemüse der Region. Sehenswürdigkeiten sind ein interessantes archäologisches Museum (Museo Civico Archeologico) und eine schöne romanische Kathedrale.

Molfetta: km 32,3

Nebenstrecke 1

Für diesen Abstecher verläßt man Bisceglie in Richtung Corato. Nach 4 km kommt eine Abzweigung links nach Chianca. An dieser Straße steht ein Dolmen, der zu den größten in ganz Europa gehört.

Trani: km 59,4

In dem nordwestlich gelegenen **Trani** (45 000 Einw.) findet man die typisch normannische 'fischgrätartige' Straßenstruktur vor. Zu den bemerkenswerten Baudenkmälern gehören die Kathedrale aus dem 10. Jh. aus hellem Stein sowie das von Friedrich II. erbaute Kastell. Die Fahrt weiter die Küste entlang bringt uns nach **Barletta** (83 000 Einw.), das in Italien für die 'disfida' aus dem Jahre 1503, einen viel beschriebenen siegreichen Kampf von 13 italienischen Rittern unter Führung von Ettore Fieramosca gegen die gleiche Anzahl französischer Ritter, berühmt ist. Man sollte sich den nach diesem Ereignis benannten Piazza Sfida ansehen (an der die Schänke Cantina della Disfida steht, die im zeitgenössischen Stil jener Epoche eingerichtet ist), außerdem den Dom, das normannische Kastell und die berühmte kolossale Bronzestatue eines byzantinischen Kaisers (Colosso Bronzeo di Costantinopoli). Beim Verlassen der Stadt biegt man gleich nach Überqueren des Flusses Ofanto links ab.

Barletta: km 72,4

Nebenstrecke 2

Fährt man jenseits des Ofanto geradeaus weiter, gelangt man nach **Margherita di Savoia** (12 000 Einw.) mit seinen bekannten Salinen, die sich auf einer Länge von mehr als 20 km in Richtung Norden erstrecken. An der ersten Kreuzung biegen wir links ab und kehren über Trinitapoli zum Ausgangspunkt zurück.

Parallel zum Unterlauf des Ofanto verläuft die Route zunächst weiter nach Canne, dem antiken Cannae, wo im Jahre 216 v. Chr. die berühmte Schlacht stattfand, in der Hannibal die Römer besiegte. Der Ausgrabungsbereich und das angegliederte Museo Cannense lohnen einen Besuch. Auf der SS 93 geht es dann weiter nach **Canosa di Puglia** (31 000 Einw.), an der Stelle der berühmten Römerstadt Canusium, von der noch Mauer-

Canosa di Puglia: km 132,2

Abb. S. 234/235: In den Salzbergen bei Margherita di Savoia

reste, ein Triumphtor (westlich außerhalb) und die Ruine eines größeren Amphitheaters erhalten sind. Ferner sehenswert sind das Kastell, die Kathedrale und das Stadtmuseum (Museo Civico).

Hauptroute
(Fortsetzung)

Wir verlassen die Stadt in südlicher Richtung und fahren in den langgestreckten Bergzug Murge hinein. Die Pflanzen werden allmählich spärlicher. Wir kommen zunächst durch Minervino Murage und fahren dann auf der SS 170 weiter nach **Castel del Monte**, dem großartigsten Staufer-schloß Italiens, das um 1240 als Jagdschloß für Kaiser Friedrich II. wohl nach dessen eigenen Plänen erbaut wurde. Der mächtige achteckige, in frühgotischem Stil errichtete Kalksteinbau enthält in jedem Stockwerk acht gleich große Säle, einst mit reicher Marmorverkleidung. Danach geht es auf derselben Straße weiter bis zur Kreuzung mit der SS 378.

Castel del Monte:
km 173,9

Bari: Altstadt mit Kathedrale

Nebenstrecke 3

Ein kleiner Abstecher bringt uns von hier nach **Ruvo di Puglia** (24 000 Einw.), einer Stadt mit einer sehenswerten Kathedrale aus dem 12. Jahrhundert. Interessant sind auch die in der Umgebung gepflegte Blumenzucht und die Töpferwaren, die im nahegelegenen Terlizzi hergestellt werden.

Gravina in Puglia:
km 237,1

Die SS 378 wird allmählich kurviger und eröffnet schöne Ausblicke auf eine Landschaft, deren Bild von Gutshöfen, Weiden und weißem Kalkstein beherrscht wird. Am Rande einer beeindruckenden Schlucht liegt **Gravina in Puglia** (36 000 Einw.). Sehenswert sind der Dom aus dem 15. Jh., die Kirche Santa Sofia und das Stadtmuseum. Von hier bringt uns die SS 96 nach **Altamura** (51 000 Einw.), dessen alter Ortskern mit der noch teilweise erhaltenen Stadtmauer ein typisch mittelalterliches Bild aufweist. Dort steht eine eindrucksvolle 1231 unter Friedrich II. erbaute Kathedrale (im 14. und 16. Jh. erneuert). Im Stadtmuseum sind beachtenswerte archäologische Fundstücke zu begutachten.

Nebenstrecke 4

Ein weiterer kurzer Abstecher bietet sich von Altamura zu dem unweit nördlich gelegenen Pulo an, einer Doline mit senkrecht abfallenden Wänden, in denen sich Höhlen befinden, die in urgeschichtlichen Zeiten bewohnt waren.

Von Altamura aus fahren wir auf der alten Via Appia weiter, die hier gleichzeitig die Grenze zur Region Basilicata bildet. An der Kreuzung bei dem Gutshof Miseria biegen wir rechts nach **Laterza** ab, wo die imposanteste unter den zahlreichen charakteristischen Schluchten dieser Gegend, die 'gravina' genannt werden, zu bestaunen ist. Ca. 13 km lang, 500 m breit und 200 m tief ist dieser gewaltige Gebirgseinschnitt. Auf der SS 7 führt unsere Route weiter nach **Castellaneta** (16 000 Einw.), das eine schöne Kathedrale besitzt.

Massafra:
km 326,8

Unsere nächste Station ist **Massafra** (28 000 Einw.), eine ehemalige Felshöhlensiedlung. In den Wänden der Gravina di San Marco befinden sich zahlreiche einst bewohnte Höhlen, und in der Sohle der Schlucht steht die Wallfahrtskirche Madonna della Scala. Interessant ist aber auch das Kastell aus dem 15. Jh. mit seinen mächtigen Türmen.

Martina Franca:
km 354,6

Auf der Straße Nr. 581, die sehr abwechslungs- und panoramareich ist, fahren wir nach **Martina Franca** (43 000 Einw.), dessen Bild beherrscht wird von dem kolossalen herzöglichen Palast (Palazzo Ducale) aus dem 17. Jh. und hübschen weißen Häuschen.

Bei der Weiterfahrt auf der von Olivenbäumen gesäumten Straße Nr. 172 begegnen uns in **Locorotondo** die ersten sogenannten Trulli, kleine runde, oft miteinander verbundene Steinhäuser mit kegelförmigem, durch Überkragen der Schichten hergestelltem Dach, die es nur in dieser Gegend gibt. Eine besonders charakteristische Ansammlung von Trulli findet man in **Alberobello** (10 000 Einw.), das fast nur aus Häusern dieses Typs (mehr

Alberobello:
km 369,3

als 1000) besteht. Auch in Trulloform erbaut ist die moderne Kirche Sant'Antonio. Als nächstes kommt **Putignano** (25 000 Einw.), wo sich eine Höhle mit mehr als 20 m hohen Wänden befindet, in denen rosafarbene Alabastereinlagerungen zu sehen sind.

Ganz besonders interessante Höhlen findet man jedoch ein Stück weiter, nach ca. 4 km an der Straße nach Castellana. Die Tropfsteinhöhlen von Castellana (Grotte di Castellana) gehören mit ihren Stalaktiten, Stalagmiten und gigantischen unterirdischen Sälen sowie faszinierenden Versteinerungen zu den spektakulärsten Höhlenkomplexen ganz Europas. Sie erstrecken sich über eine Länge von ca. 1,2 km, inwendigen Verzweigungen jedoch weitaus länger. Am schönsten ist die Grotta Bianca, über der ein Aussichtsturm errichtet wurde.

Castellana Grotte:
km 388,2

Vom Ort **Castellana Grotte** (16 500 Einw.) aus, der über einige vornehme Paläste und barocke Kirchen verfügt, führt uns die SS 604 dann nach **Conversano** (20 000 Einw.), dessen bedeutendste Sehenswürdigkeit ein normannisches Kastell ist (zu beachten sind der Innenhof und der großzügige Laubengang aus der Renaissance).

Zügig gelangen wir anschließend nach **Polignano a Mare** (15 000 Einw.) und damit zur Küste zurück. Der malerische Ort liegt hoch über dem Meer auf einem Felsen, der von einigen zauberhaften Grotten (besonders sehenswert die Grotta Palazzese) unterhöhlt ist. An der Küste entlang geht es dann nach Bari zurück. Vorher machen wir aber noch Station in **Mola di Bari** (26 000 Einw.), einem bedeutenden Fischereizentrum auf einem Landvorsprung. Sehenswerte Bauten sind ein stark befestigtes Kastell und eine Kathedrale aus dem 13. Jahrhundert.

Hauptroute
(Fortsetzung)
Polignano a Mare:
km 407,9

Praktische Informationen

BARI: EPT, v. A. Moro 32/a, Tel. (080) 22 53 27. – BITONTO: cs. Vittorio Emanuele, Tel. (080) 61 14 33. – MOLFETTA: cs. Dante 26. – BISCEGLIE: v. Vittorio Veneto 10/7, Tel. (080) 92 23 69. – TRANI: AA, p. della Repubblica, Tel. (0883) 43 295. – BARLETTA: AA, v. Gabbiani 4, Tel. (0883) 3 13 73. – MARGHERITA DI SAVOIA: AA, p. Marconi 9, Tel. (0883) 75 40 12. – CANOSA DI PUGLIA: v. S. Lucia 7/a, Tel. (0883) 6 38 00. – RUVO DI PUGLIA: p. Bovio. – GRAVINA DI PUGLIA: v. L. Orsini 2. – ALTAMURA: p. Repubblica 11, Tel. (080) 84 39 30. – MASSAFRA: v. Garibaldi 3. – MARTINA FRANCA: AA, p. Roma 35, Tel. (080) 70 57 02. – ALBEROBELLO: p. del Popolo, Tel. (080) 72 19 16. – PUTIGNANO: v. Margherita di Savoia 18, Tel. (080) 73 15 32. – CONVERSANO: p. Castello 14, Tel. (080) 75 12 28. – POLIGNANO A MARE: v.le della Rimembranza, Tel. (080) 7 40 323. – MOLA DI BARI: p. Eroi Mare 6, Tel. (080) 64 10 06.

Fremdenverkehrsämter

BARI: Expo Arte (März); Burgfest (August); Fiera Campionaria del Levante (Levante-Messe; September). – BITONTO: Osterfeierlichkeiten. – MOLFETTA: Sagra sul Mare (Meeresfest; September). – BARLETTA: Schauveranstaltung zur Erinnerung an die historische Disfida di Barletta, einen großen Kampf zwischen italienischen und französischen Rittern (September). – GRAVINA DI PUGLIA: Karneval; Fest des San Michele (8. Mai). – ALTAMURA: Falò (Freudenfeuer; 19. März). – MARTINA FRANCA: Festival della Valle d'Itria (Fest des Itria-Tales; Juli bis August); Pferdeausstellung 'Equina delle Murge' (Dezember). – ALBEROBELLO: Fest des Itria-Tales und der Trulli (Juli); Natale tra i Trulli ('Weihnachten zwischen den Trulli', Prozession in Kostümen). – PUTIGNANO: Traditionsreicher Karneval; Fest des Itria-Tales und der Trulli (Juli). – CASTELLANA GROTTE: Incontri Musicali (Musikalische Begegnungen; Juni); Fest des Itria-Tales (Juli). – POLIGNANO A MARE: Fest des San Vito (29. April).

Veranstaltungen

Unbedingt probieren sollte man die berühmten 'Orecchiette' ('Öhrchen'), die es in Hunderten von Würz- und Geschmacksvarianten gibt, z.B. 'Rughetta e Patate', 'Ragù', 'Cime da Rapa' oder 'Ruta'. Weitere Spezialitäten sind 'Capriata' (Eintopf mit weißen Bohnen), 'Popizze' (Pfannkuchen, gefüllt mit Quark und Sardellen), 'Ciambotto' (Sauce zum Auftunken aus verschiedenen Sorten Fisch); 'Cordoncelli in Brodo' (Fadennudeln in Brühe), 'Casseruola di Polipetti' (Gericht mit Hackfleischbällchen). Bei den Fischgerichten sind besonders 'Dentice' (Zahnbrasse), und zwar entweder 'alle Olive' oder 'in Guazzetto' (in Sauce), und die gehrte Speisefisch 'Orata' (Goldbrasse), speziell als 'Orata alla S. Nicola', 'Alici Arraganate' (Sardellen) und 'Infanticelle al Cartoccio' beliebte Spezialitäten. Typische Fleischgerichte sind 'Agnello alla Carbonara' (Lamm), 'Gnemeridde' (feingeschnittene Innereien, zu Knödeln geformt und mit Schinken, Schafskäse und Würzzutaten im Naturdarm gegart), 'Caldariello' (Lamm, in Schafsmilch gekocht), 'Vaso di Rufo' (eine Art Auflauf aus Maccheroni und verschiedenen Fleischsorten, in einem speziellen bauchigen Gefäß gegart), 'Bocconcini delle Murge' (Leckerbissen der Murge), 'Zuppa di Fagioli con Ricotta Forte' (Suppe aus grünen Bohnen mit Quark), 'Spiedo Martinese' (Spieß), 'Soppressate' (Wurstspezialität), 'Butirri' (besondere kleine Käsestückchen), 'Pomodori sott'Olio' (Tomaten in Öl).

Küche

Tour 38: Ein Hauch Griechenland

Halbinsel Salento – Rundfahrt um den 'Stiefelabsatz'

Region   Apulien

© I.G.D.A. S.p.A · Novara

Landschaftsbild   Die Reise führt in den äußersten Südosten Italiens, wo die Einflüsse aus dem östlichen Mittelmeerraum besonders stark sind. Viele Siedlungen auf dem 'Italienischen Stiefelabsatz' tragen griechische Namen, und es gibt im Landesinneren sogar eine Zone, in der noch ein altgriechischer Dialekt gesprochen wird. Die Halbinsel Salento bzw. die Apulische Halbinsel, wie dieser 'Absatz' im Italienischen heißt, ist ein flacher Landstrich, der von einem ungewöhnlich klaren Meer umgeben ist, das in den mediterranen Farben der Pflanzen und Felsen schimmert. An der Küste reihen sich kleine Urlaubsorte und Feriensiedlungen aneinander, während man im Hinterland weite Flächen von ocker- bis rötlichfarbener schwerer Erde antrifft, die flache Weinberge und Olivenhaine überdeckt und örtlich von hellen, verkarsteten Kalkfelsen unterbrochen ist.

Streckenmerkmale   Der von der Straßenführung her abwechslungsreichste Teil mit den meisten Steigungen und Gefällstrecken ist der etwa 150 km lange Küstenabschnitt von San Cataldo zum Kap von Leuca sowie auf der anderen Seite wieder hinauf bis Gallipoli. Ansonsten verlaufen die Straßen ziemlich gerade und in ebenem Terrain. Die Fahrbahnbeschaffenheit wird von Lecce ab in Richtung Süden deutlich schlechter. Man bewegt sich durchweg unter 100 m Meereshöhe. Eine Autobahnanbindung ist über die A 14 Bologna – Tarent gegeben, die jedoch rund 20 km vor Taranto (Tarent) endet. Für das letzte Stück muß man die SS 7 benutzen.

Streckenmerkmale
(Fortsetzung)

Streckenbeschreibung

In **Tarent** (ital. Taranto; 244 000 Einw.) interessiert vor allem die Altstadt, die am Eingang des sog. 'mare piccolo', einer sich weit ins Landesinnere erstreckenden Lagune, gegründet worden ist. In der Altstadt gibt es viele enge Gäßchen. Beachtenswert sind der Dom und vor allem das Castello (Burg), das den Übergang (Drehbrücke) von der Altstadt zur Neustadt bewacht.

Tarent:
km 0

Einen Besuch lohnen das unteritalienische Nationalmuseum mit seiner bedeutenden frühgeschichtlichen Sammlung und seiner Vasenkollektion, das Museo del Sottosuolo und das Museo Oceanografico (meereskundl. Ausstellungen).

Man verläßt Tarent auf die SS 7 ter, die nach **Manduria** (31 000 Einw.) führt. Eine kurze Stadtbesichtigung sollte den Dom, den imposanten Palazzo Imperiali, die Reste einer frühgeschichtlichen Nekropole ('Totenstadt') sowie die uralte Stadtmauer umfassen. Die Ursprünge dieses Dreifach-Mauerrings reichen bis in die Zeit zurück, als die wohl mit den Illyrern verwandten Messapier Apulien besiedelt haben.

Manduria:
km 35,7

Eine schnurgerade Straße führt dann weiter nach Oria (15 000 Einw.), wo noch ein Kastell aus dem 13. Jh. erhalten ist. Fast unmittelbar an Oria schließt sich **Francavilla Fontana** (33 000 Einw.) an, wo man schöne Barockbauten bewundern kann. Herausragendes Architekturdenkmal ist jedoch der Palazzo Imperiali, ein imposanter Festungsbau des 15. Jh.s, der heute Sitz der Stadtverwaltung ist.

Über Ceglie Messapico, einen weiteren uralten Ort, der noch auf eine Ansiedlung aus der Messapier-Zeit zurückgeht und der über ein mittelalterliches Kastell verfügt, fährt man in das alte Städtchen **Ostuni** (32 000 Einw.), dessen weiße Häuschen sich auf drei Bergrücken verteilen. Erhalten sich u.a. noch Reste der Stadtmauer aus der Zeit der Herrschaft des Hauses Anjou und eine spätgotische Kathedrale. Wenige Kilometer entfernt liegt **Marina di Ostuni,** ein beliebter Badeort.

Ostuni: 79,4

Auf der SS 379, die leicht vom Meer abgesetzt entlang der Küste verläuft, fährt man in südlicher Richtung weiter und erreicht **Brindisi** (90 000 Einw.), wo sich ein Besuch des hochinteressanten archäologischen Museums empfiehlt. Die Säulenreste an der Römerzeit markieren den damaligen Endpunkt der 'Via Appia'. Das Kastell ist in der Stauferzeit errichtet worden. Von Brindisi aus verläuft die Route auf dem kurzen Autobahn-Verbindungsstück weiter nach Lecce.

Brindisi:
km 123,1

Bei der Ausfahrt 'Squinzano Sud' lohnt es sich, die Autobahn kurz zu verlassen, um einen Abstecher zu dem im 12. Jh. gegründeten ehemaligen Kloster Santa Maria di Cerrate zu unternehmen, das sich heute als Mischung aus Festung und Gutshof darbietet. In der nahen Ölmühle lädt ein regionalgeschichtliches Museum zum Besuch ein.

Nebenstrecke 1

Ein besonderes Juwel der Halbinsel Salento ist die Stadt **Lecce** (92 000 Einw.), die auch als Hochburg des Barock gilt. Unbedingt ansehen sollte man sich die Piazza del Duomo, die Heilig-Kreuz-Kirche (S. Croce; wichtigstes Beispiel der barocken Baukunst von Lecce), den Palazzo del Governo, die Piazza San Oronzo, die Kirche SS Nicolò e Cataldo, das römische Amphitheater, den Triumphbogen, das Kastell aus dem 16. Jh. und das Provinzmuseum. Über eine kurze und schnurgerade Stichautobahn erreicht man **San Cataldo,** gewissermaßen das Strandbad von Lecce. Von hier geht es auf der SS 611 entlang der Küste weiter. Wenig später kommt man ins Landschaftsschutzgebiet Le Cesine, eine Sumpfzone, die Heimat einer faszinierend vielfältigen Tierwelt ist.

Lecce: km 167,7

San Cataldo:
km 179,9

Hauptroute (Fortsetzung)

Auf der Weiterfahrt in Richtung Süden weicht der weiße Sandstrand immer mehr zurück und geht in eine flache, zerklüftete Riffküste über. An dieser Felsküste findet man – bei San Foca – die reizvolle Grotta della Poesia.

Nebenstrecke 2

Von San Foca aus bietet sich ein Abstecher ins Landesinnere an, der den Interessierten zunächst nach Melendugno bringt, in dessen Nähe er die prähistorischen Dolmen Placa und Gurgulante bestaunen kann. Die gleiche Straße führt weiter nach **Calimera**, das Zentrum eines griechisch geprägten Raumes ist, in dem schon die Anlage der Häuser den Stil des östlichen Nachbarlandes erkennen läßt. Um Calimera herum gruppieren sich kreisförmig weitere 'griechische' Dörfer, nämlich Martignano, Sternatia, Zollino und **Corigliano d'Otranto.** Die beiden letztgenannten Ortschaften liegen an der SS 16. Das Landschaftsbild prägen Olivenhaine und bescheidene Gutshöfe. Über Castrignano de'Greci und **Martano** fährt man weiter nach Calimera und von hier nach San Foca zurück.

Martano: km 226,1

Otranto: km 265,3

Nachdem man am Pinienwald von Roca Vecchia und Torre dell'Orso vorbeigekommen ist, verläuft die Straße über einen schmalen Sandstreifen hinweg, der die einzigen beiden Seen der Halbinsel, Almini Grande und Almini Piccolo, voneinander trennt. Bald danach gelant man nach **Otranto** (5000 Einw.). Die turmbewehrte Stadtmauer umschließt den alten Kern nahezu vollständig. Bemerkenswert sind das Kastell, die Kathedrale und die kleine byzantinische Peterskirche (11. Jahrhundert).
Hinter dem Landvorsprung, auf dem Otranto liegt, folgt die kleine Einbuchtung von Porto Badisco. Hier findet man die sehenswerte Grotta dei Cervi, in der zahlreiche Wandzeichnungen aus der Jungsteinzeit zu bewundern sind. Über die SS 173 steuert man jetzt die äußerste Südspitze des Stiefelabsatzes an, wobei man an einigen von den Sarazenen erbauten Türmen vorbeikommt, die wie finstere Wachposten wirken. Hinter **Santa Cesarea Terme** – unweit von Castro – beeindrucken jene Abgründe zutiefst, die in die Grotte Romanelli und in die Grotte Zinzulusa führen.

Leuca: km 371,8

Die Stadt **Leuca** thront auf dem Berg, der die äußerste Landspitze Apuliens bildet. Ganz oben auf dem Gipfel steht die Wallfahrtskirche Santa Maria di Leuca. Rund um das Kap ist der Fels von zahlreichen Grotten unterhöhlt, die klangvolle Namen wie 'del Diavolo', 'del Fiume', 'del Presepio', 'Treporte', 'del Bambino' oder 'del Gigante' tragen.
Auf der anderen Seite der Halbinsel, am Ionischen Meer, verläuft die Küstenstraße aussichtsreich unmittelbar am Meer entlang. Beim Gutshof Masseria I Pali macht sie einmal einen Knick ins Hinterland, um kurz darauf wieder schnurstracks ans Wasser zurückzuführen. In Torre San Giovanni sind die Überreste des halbversunkenen römischen Hafens Ausentum beachtenswert.

Gallipoli: km 366,1

Das Ufer wird nun wieder flach und sandig. Bald kommt man nach **Gallipoli** (20000), das sich eng an eine steil abfallende und spitz zulaufende Berghalbinsel schmiegt. Stadtbild und Atmosphäre sind geradezu orientalisch angehaucht. Der alte Stadtkern ist auf einer kleinen Insel angelegt. Beachtung verdienen hier ein schöner griechischer Brunnen, dann das zur Verteidigung des mittelalterlichen Städtchens errichtete Kastell, die Kathedrale und das Stadtmuseum.

Galatone: km 383,6

Hinter Gallipoli steigt das Küstenprofil wieder an. Es bieten sich malerische Landschaftsbilder. In Santa Maria al Bagno verläßt man die Küste und steuert **Galatone** an.

Nebenstrecke 3

Ein kleiner Abstecher führt nach **Nardò** (30000 Einw.), einer Siedlung, die wohl schon in der Zeit der Messapier gegründet worden ist. Beachtenswert sind die Kathedrale (11. Jh.) und die barocke Piazza Salandra, in deren Mitte eine Mariensäule aus dem 18. Jh. steht.

Galatina: km 403,3

Weiter geht es nach **Galatina** (28000 Einw.), einer Stadt, die für ihren Wein und ihr Kunsthandwerk bekannt ist.

Apulische Küste südlich von Otranto ▶

Kastell von Otranto

**Hauptroute
(Fortsetzung)**

Schnurgerade verläuft die Straße weiter nach **Copertino** , wo ein gewalti-
ges Kastell auf trapezförmigem Grundriß erhalten ist. Beachtenswert auch
die im 18. Jh. umgestaltete Collegiata.

Die Route knickt nun erneut ab, diesmal nach links, in Richtung Meer, das
man bei Sant'Isodoro wieder erreicht. Sodann geht es auf der Küstenstraße nordwärts weiter.

Der äußerst reizvoll gelegene kleine Fischerhafen **Porto Cesareo** (3500
Einw.) ist auch als Ferienort geschätzt. Er liegt an einer Bucht mit herrlichem Sandstrand, die von etlichen Riffen und Inselchen geschützt wird.
Aus der Zeit der Sarazenen ist noch ein Turm übriggeblieben. Ferner ist hier
ein bedeutendes Institut für Meeresökologie und -biologie (Stazione di
Ecologia e Biologia Marina) angesiedelt, dem ein kleines Museum ange-
gliedert ist.

Nebenstrecke 4

In Torre Lapillo verläßt man kurzzeitig die Küstenstraße und fährt über die
'Via Salentina' zur kreisrunden Teststrecke des Automobilkonzerns Fiat.
Dieser Ring hat einen Umfang von 10 Kilometern.

Der letzte Teil dieser Route verläuft immer an der Küste entlang, die in zunehmendem Maße auch mit Ferienanlagen bebaut ist. Sehr schön ist der Pinienwald von **Marina di Pulsano**, einem neu enstandenen, modern angelegten Ferienzentrum. In der Nähe von Lido Gandoli sind Überreste des antiken Satyrion und diejenigen einer römischen Villa erhalten. Nur noch wenige Kilometer sind es von hier bis zum Zielpunkt Tarent.

Hauptroute
(Fortsetzung)

Tarent: km 514,7

Praktische Informationen

BRINDISI: EPT, p. Dionisi, Tel. (0831) 2 19 44. – OSTUNI, AA, p. Libertà 63, Tel. (0831) 97 12 68. – FRANCAVILLA FONTANA: v. Regina Elena 40, Tel. (0831) 94 45 14. – MANDURIA: p. Garibaldi, Tel. (099) 672091. – TARENT (TARANTO): EPT, cs. Umberto I 113, Tel. (099) 2 12 33. – MARINA DI PULSANO: v. Constantinopoli 59. – PORTO CESAREO: v. Pellico 32, Tel. (0833) 84 60 86. – GALATINA: v. Umberto I, Tel. (0836) 6 14 31. – NARDO: p. Battisti 4, Tel. (0833) 81 20 04. – GALLIPOLI: cs. Roma, Tel. (0833) 47 62 90. – LEUCA: Marina di Leuca, lg. mare Colombo, Tel. (0833) 75 31 61. – SANTA CESAREA TERME: AA, v. Roma 209, Tel. (0836) 94 40 43. – OTRANTO: AA, lg. mare Kennedy, Tel. (0836) 8 14 36. – ROCA VECCHIA: Torre dell'Orso, v. Litoranea, Tel. (0832) 84 13 18. – LECCE: EPT, p. S. Oronzo, Tel. (0832) 2 44 43.

Fremdenverkehrs-
ämter

BRINDISI: Corpus Domini (Fronleichnamsprozession; Juni); Sagra dei Pittori (Fest der Maler; Anfang Juli); Festa dei SS Teodoro e Lorenzo (Theodor- und Laurentiusfest; erstes Septemberwochenende). – OSTUNI: La Palomma (Volksfest; April); Cavalcata di San Oronzo (Aurentius-Ritt), Sagra dei Vecchi Tempi (August). – MANDURIA: Processione degli Alberi (Baumprozession). – TARENT: Festa di San Cataldo (Patronatsfest mit Bootsprozession auf dem Meer; Mai); Stella Maris (Seesternfest; September). – PORTO CESAREO: Festa della Primavera, Sagra del Pesce (Frühlings- und Fischerfest; Mai); Sagra del Quataro (September). – COPERTINO: Mostra dell'Artigianato Antico e Moderno (Handwerkerausstellung; September). – GALANTINA: Festa delle Tarantate (in der Pfarrkirche, Ende Juni). – GALLIPOLI: Carnevale (Karneval); Sagra della Scapece (23. bis 25. Juli); Festa di Santa Cristina (24. Juli). – SANTA CESAREA TERME: Sagra della Cuddhura (in der Osterzeit); Sagra del Pesce (Fischerfest; Juli); Sagra del Pane (Brotfest; August); Prozession auf dem Meer (Mitte September). – OTRANTO: Altstadtfest (Juni); Handwerkerausstellung, Idruntiadi (August). – LECCE: Festa del Fiore (Mai); internationales Musikfestival (Juli); Lirica in Piazza (Lyrik unter freiem Himmel; August); Fiera dei Pupi ('Bubenfest' zwischen dem 13. und dem 24. Dezember).

Veranstaltungen

Die Küche der apulischen Halbinsel ist eine einfache, bekömmliche Küche, bei der deutlich griechische Einflüsse spürbar sind. Die 'Pasta' ist stets aus Hartweizenmehl, wobei die Spezialitäten z.B. 'Chiagghiubbi' oder 'Staggiotte' heißen. Andere Vorspeisen sind 'Orecchiette (= Öhrchen) al Ragù Salentino', 'Ciceri e Tria' (Bandnudeln in Kraftbrühe mit Kichererbsen) und 'Zuppa alla Gallipolina' (Suppe auf Gallipoli-Art). Im Bereich Fleisch sind besonders die Lammspezialitäten zu nennen: 'Agnello al Ragù', 'Agnello allo Squero'. Bekannt und gut sind auch 'Cervellata' (Cervelatwurst) und 'Salsicce' (Würstchen) aus Lecce, 'Melanzane Ripiene' (gefüllte Auberginen), 'Scattiata' (Paprikagemüse nach Tarentiner Art), 'Puddica' (Fladen mit Tomatenbelag), 'Cappello da Gendarme' ('Gendarmhut, Fladen mit Gemüse, Fleisch, Ei und Käse), die berühmten 'Lampasciuni' (wilde Gemüsezwiebeln, die zu Salat serviert werden), 'Capriata', 'Bottarga Bollita' (gekochter Fischrogen), 'Tiella di Cozze' (Muschelgericht), 'Zuppa di Pesce alla Grece' oder 'alla Brindisina' (Fischsuppe auf griechische bzw. Brindisi-Art), 'Alici Arraganate' (Sardellen), 'Spaghetti al Sugo di Granchi' (Spaghetti mit Krebssauce), 'Infanticelle al Cartoccio'. Süße Spezialitäten sind: 'Copete' aus San Cataldo, 'Taralli' und 'Cotognata'.

Küche

Tour 39: Wälder zwischen zwei Meeren

Sila-Berge, Tyrrhenische und Ionische Küste

Region   Kalabrien

© I.G.D.A. S.p.A · Novara

Landschaftsbild   Ein bewegtes Relief, dichte Wälder und eine seltene, für europäische Verhältnisse geradezu einzigartige Tierwelt sind wichtige Merkmale des auf dieser Tour berührten Naturraumes, der großenteils als Nationalpark geschützt ist. Beiderseits werden die Monti della Sila vom Meer begrenzt: dem Ionischen Meer auf der einen und dem Tyrrhenischen Meer auf der anderen Seite. Die beiden Küstenstreifen dieses von Nord nach Süd streichenden Höhenzuges sind in den letzten Jahren vom Tourismus erobert worden. An einigen Stellen sind sie aber noch so menschenleer und wild wie zu den Zeiten, als die ersten albanischen, griechischen und kretischen Siedler hier landeten. Die eher nordisch wirkenden Dörfer im Sila-Gebirge kontrastieren stark zu den an arabische Städte erinnernden Küstenorten, in denen sich die relative Nähe der Küste Afrikas widerspiegelt. Ergänzt wird dieses facettenreiche Bild durch zahlreiche Zeugnisse der großen antiken griechischen Kultur.

Streckenmerkmale   Streckentechnisch gliedert sich die Route in drei Teile. Zum einen ist es der Abschnitt an der Tyrrhenischen Küste mit ihren Stränden, die immer wieder von felsigen Bergausläufern unterbrochen sind. Die Strecke ist recht kurvig, und man kommt durch einige Tunnels. An der Ionischen Küste hingegen verläuft die Strecke relativ flach und geradlinig. Durch die Sila-Berge schließlich führen kurvenreiche Sträßchen mit einigen Steilstrecken. Der Straßenzustand entlang der Küsten ist im allgemeinen zufriedenstellend, im Landesinneren allerdings unterschiedlich. Dort gibt es auch einige unbefestigte Streckenabschnitte. Im Bergland bewegt man sich um die 1000-m-Höhenmarke, wobei der höchste Punkt an der Schutzhütte des Monte Botte Donato (1928 m ü.d.M.) erreicht wird. Eine Anbindung an das Autobahnnetz ist über die A 3 Neapel – Reggio di Calabria gegeben.

Streckenmerkmale (Fortsetzung)

Streckenbeschreibung

Die Perle der Westküste ist **Diamante** (5000 Einw.) mit seinem langen Strand und dem Duft von Zitrushainen, der über dem Landstrich liegt. Die Häuser des alten Ortsteils sind mit Fresken von Künstlern aus ganz Italien geschmückt.

Diamante: km 0

Die Rundfahrt beginnt auf der Küstenstraße in nördlicher Richtung. Nächster Ort ist **Cirella,** dessen malerische, allerdings vom Verfall bedrohte Altstadt sich an einen Berghang schmiegt. Zum bedeutenden Fremdenverkehrszentrum hat sich die vorgelagerte Neustadt entwickeln können. Hübsch ist auch der Blick auf das winzige vorgelagerte Inselchen, das ebenfalls Cirella heißt. Eine archäologische Sehenswürdigkeit ist das am Fuß der Anhöhe gelegene Mausoleo di Cirella. Es handelt sich um eine Totengedenkstätte aus der Römerzeit, in deren Nähe sich Cerillae, die Nekropole der Sybartier befand.

Man durchfährt eine breite Mündungsebene der Flüsse Atatemarco und Lao und gelangt nach **Scalea,** einer der ältesten Siedlungen dieses Küstenabschnitts, in der noch eine Burgruine und der würdevolle Palazzo dei Principi Spinelli erhalten sind. Hier verläßt man die Küste und fährt auf der SS 504 ins Landesinnere. Sehr kurvenreich steigt diese Straße den Hang hinauf. Unterwegs bietet sich ein prächtiger Panorama-Rundblick. Schließlich erreicht man das breite Hochtal des Lao, ein bewaldetes Gebiet, das als Landschaftsschutzgebiet ausgewiesen ist. Die Fahrtroute kreuzt die Autobahn A 3 und mündet in die SS 19 ein, auf der man nach **Morano Calabro** (5000 Einw.) weiterfährt, das am Fuße des Monte Pollino liegt. Die Häuser des Städtchens gruppieren sich um einen Hügel herum, auf dessen höchstem Punkt die Kirche San Pietro mit einer eigenwilligen Kuppel erbaut ist. Ferner sieht man hier die Reste einer normannischen Festung, die von den Staufern ausgebaut worden ist. Bemerkenswert sind auch die gotische Kirche S. Bernardino und die barocke Collegiata della Madonna.

Bald danach erreicht man **Castrovillari** (21 000 Einw.), dessen interessante Altstadt (genannt 'Città') auf einem Bergausläufer liegt. Sehenswert sind das Kastell mit seinen schönen Türmen, die an Kunstschätzen reiche Kirche Santa Maria del Castello und das im Palazzo Gallo untergebrachte Stadtmuseum.

Castrovillari: km 92

Auf der Staatsstraße geht es weiter nach **Spezzano Albanese** (7000 Einw.), das im 15. Jh. von Albanern gegründet worden ist, die vor den Osmanen geflohen waren. Bemerkenswert sind die typischen traditionellen Trachten der Frauen und die Kunstfertigkeit ihrer Handarbeiten (u.a. Spitzen, Webarbeiten). 2 km hinter dem Ort biegt man nach links ab auf die SS 106 bis, auf der man via **Terranova da Sibari** schließlich zum Kreuzungspunkt beim Streckenposten Cantoniera Cantinella gelangt.

Spezzano Albanese: km 115,6

Dem Lauf des Wildbaches Mizofato folgend, führt ein Sträßchen nach **San Demetrio Corone** (5000 Einw.), dem Sitz des 'italienisch-albanischen Kollegs', in dem an den Sonntagen im August Trauungen nach ungewohnten Ritualen vollzogen werden. Dazu gehören auch der Brautraub und die Krönung des jungen Paares. Die Straße verläuft dann bergab in ein Gebiet mit weiteren, von dieser ethnisch-sprachlichen Minderheit bewohnten Ortschaften, nämlich **San Cosmo Albanese** und **Vaccarizzo Albanese**.

Nebenstrecke 1

Hält man sich bei der Cantoniera Cantinella rechts, so gelangt man zu den Ausgrabungen von Sibari. Hier wurde im 8. Jh. v. Chr. das antike Sybaris gegründet. Einen Besuch lohnen der Parco del Cavallo und das Museo della Sibaritide. Nebenstrecke 2

Weiterhin erreicht man **Corigliano Calabro**, wo noch vieles an die vergangenen Feudalzeiten erinnert. Beherrschend thront das Kastell auf einer Anhöhe, zu deren Füßen das Städtchen liegt. Kurz danach erreicht man die Kreuzung bei der Bahnstation von Rossano. Corigliano Calabro: km 210,8

Von hier aus führt ein Abstecher über die Küstenstraße SS 106 sowie vorbei an mehreren Ferienorten und Stränden bis nach **Cirò Marina** (13 000 Einw.) hinunter. Unweit der Landspitze Punta Alice – ihr Name in der Antike war 'Crimisia Promontorium' – steht ein Tempel aus dem 5. Jh. v. Chr., der Apollo Aleo geweiht war. Nebenstrecke 3 Cirò Marina: km 280

Die ersten engen Kurven der SS 107 führen nach **Rossano** (32 000 Einw.), einer Stadt in prächtiger Lage an einem steilen Berghang mit Blick aufs Meer. Sehr schön sind hier die Kathedrale und die byzantinische Markuskirche. Rossano: km 355,6
Die Straße windet sich anschließend durch die Berge. Man fährt durch Paludi und Cropalati und folgt dann dem Flüßchen Trionto. Man gelangt in die Sila Greca, wie der nördliche Teil der Sila-Berge heißt. Albaner griechisch-orthodoxen Glaubens haben sich hier in der Vergangenheit niedergelassen. Hinter **Longobucco,** einem blühenden Städtchen, das für seine kunstvoll von Hand geknüpften Teppiche bekannt ist, wird die Straße noch deutlich steiler. In eng aufeinanderfolgenden Serpentinen überwindet man auf einer Strecke von 14 Kilometern rund 800 m Höhenunterschied. Auf dem Gipfelpunkt befindet man sich bereits im Bosco Gallopane. Dies ist das schönste Waldgebiet Kalabriens und Teil des Nationalparks 'Sila Grande', wie der zentrale, alpin wirkende Teil des Sila-Gebirges bezeichnet wird. In freier Wildbahn leben hier noch Rot- und Damwild, Wildschweine, Geier, Adler und sogar – dafür ist das Sila-Gebirge besonders bekannt – Wölfe.
Die Route verläuft am hübschen Lago di Cecita entlang, dem größten der zahlreichen Seen des Sila-Gebirges. Man erreicht **Camigliatello Silano,** einen sommers wie winters vielbesuchten Urlaubsort. Man meidet die Schnellstraße, hält sich vielmehr in Richtung Morrone und bleibt auf der gewundenen kleinen Straße, die zum Paß Serra del Fiego (1435 m ü.d.M.) hinaufsteigt. Auf der danach folgenden, landschaftlich sehr reizvollen Paßhöhe von Monte Scuro (1618 m ü.d.M.) folgt man der Beschilderung nach links zum Monte Botte Donato. Nach einer grandiosen Fahrt steigt der Weg bis zum höchsten Gipfel des Sila-Gebirges hinauf, von wo man ein phantastisches Panorama genießen kann.
Bergab geht es anschließend weiter nach **Lorica,** einem Ferien- und Wintersportort am Ufer des Lago Arvo. Die SS 108, auf der man die Fahrt fortsetzt, verläuft am See entlang und steigt anschließend zum Colle d'Ascione (1348 m ü.d.M.) hinauf. Man passiert den winzigen Laghetto di Savuto und biegt nach der Brücke auf das Sträßchen ab, das zum Lago Ampollino führt. An diesem See fährt man entlang bis zur Straßengabelung am Croce di Agnara, wo man links nach San Giovanni in Fiore abzweigt.

Ein Abstecher außergewöhnlicher Art bietet sich hier dem Enduro-Fahrer: Dieser Streckenabschnitt beginnt, nachdem man an der eben erwähnten Gabelung rechts abgebogen ist und zunächst auf asphaltierter Straße den äußersten östlichen Zipfel des Lago Ampollino umfahren hat, an der Kreuzung mit der SS 179. Ein Eselspfad führt zunächst 8 km weit durch bewaldetes Gebiet. Danach sieht man den Fluß Tacina vor sich, kommt dann am Torre Rinosi vorbei und fährt weiter, bis der Weg unmittelbar vor dem Monte Gariglione (1765 m ü.d.M.) endet. Nebenstrecke 4

◀ *Im Sila-Nationalpark*

Hauptroute
(Fortsetzung)
San Giovanni
in Fiore: km 566

Das Städtchen **San Giovanni in Fiore** (20 000 Einw.) ist der bedeutendste Ort des Sila-Gebirges. Die Siedlung ist einstmals um eine Abtei entstanden, die vom 'glücklichen Gioacchino da Fiore' gegründet worden ist. Sie ist heute bekannt für ihr Kunsthandwerk und für die schlichten Trachten, die von den Frauen getragen werden.

Von hier aus geht es in Richtung Cerenzia weiter. Auf dem Weg dorthin passiert man ein Denkmal, das den Brüdern Bandiera gewidmet ist, jenen Freiheitskämpfern des 19. Jh.s, die hier hingerichtet worden sind. Von Cerenzia aus fährt man auf einer schmalen Nebenstraße weiter, die uns zunächst hinab ins Tal des Neto und anschließend wieder hinauf nach **Santa Severina** (3000 Einw.) bringt, das einsam wie eine Mönchsklause, aber sehr malerisch auf einem Felsplateau liegt, umrahmt von einer Naturlandschaft, die eine eigenartige Melancholie ausstrahlt. Bemerkenswerte Bauten sind die Kathedrale und die Festung aus dem 15. Jahrhundert.

Crotone:
km 641,6

Die SS 107 bis überquert die zum Meer hin sanft auslaufenden Hügel. Man erreicht die Ionische Küste bei **Crotone** (60 000 Einw.). Der heutige bedeutende Industriestandort war einstmals eine recht wichtige griechische Siedlung. Hier, im antiken Kroton, befand sich die Schule des berühmten Mathematikers und Philosophen Pythagoras. Das heutige Bild der Stadt wird bestimmt vom mächtigen Kastell, von zahlreichen imposanten herrschaftlichen Palästen und vom Hafen, der schon in der Antike stark genutzt wurde. Die Fahrt entlang der Küste bringt uns dann zur Landspitze Capo Colonna, an der einstmals das dorische Heiligtum der Hera Lacinia gestanden hat, von dem heute allerdings nur noch eine einzige Säule erhalten ist, die vor dem Hintergrund des tiefblauen Meeres markant in den Himmel ragt. Von hier aus weicht die Route wieder etwas ins Landesinnere zurück, nämlich in Richtung der SS 106, die man bei dem Ort **Isola di Capo Rizzuto** erreicht.

Nebenstrecke 5

Durchaus lohnend ist ein kurzer Abstecher ans Meer zum Capo Rizzuto. In den letzten Jahren sind an diesem Küstenabschnitt mit seinen breiten Stränden zahlreiche Hotels und Feriensiedlungen entstanden. Eine weithin

Die aragonesische Festung von Le Castella

Lamezia Terme

sichtbare Landmarke ist der Leuchtturm auf dem Kap. Ein Stück weiter zweigt erneut ein Sträßchen von der Küstenstraße zum Meer ab, das man auf keinen Fall auslassen sollte. Es führt nach **Le Castella**, einem zauberhaften Küstenort, der auch als Badeplatz geschätzt wird. Auf einer kleinen und sandigen Halbinsel, die ins Meer hinausragt, wacht ein Kastell des Hauses Aragon.
Man kehrt auf die SS 106 zurück und fährt parallel zur Küste bis **Cropani Marina** weiter. Kurz hinter dem Ortsausgang biegt die Route ins Hinterland ab, in Richtung **Cropani** und zu den Höhen der Sila Piccola.

Bei Sersale biegt man ab auf ein kleines Bergsträßchen, das über **Petilia Policastro** und **Pagliarelle** zur Försterei am Monte Gariglione führt. Streckenweise geht es über unbefestigte Wege. Durch Buchen- und Tannenwälder kommt man nach Villagio Mancuso und zurück auf die Hauptroute.

Kurz nach **Sersale** biegt die Hauptroute rechts ab nach Buturo. Nach weiteren kurvenreichen 17 Kilometern erreicht man **Villagio Mancuso**, einen modernen Ferienort, der sehr schön in einem Pinienwald liegt. Auf Bergsträßchen, die es durchaus in sich haben, aber auch einiges an Fahrvergnügen bieten, erreicht man **Catanzaro** (100000 Einw.), eine schön gelegene, im wesentlichen von modernen Bauten geprägte Stadt. Man sollte die Via Bellavista und die Via Indipendenza, den Corso Mazzini, entlangfahren und einen Blick in die Altstadt mit dem Dom werfen. Einen Besuch lohnt ferner das Museo Provinciale.
Von Catanzaro aus befährt man die vierspurige 'Superstrada' (SS 280) nach **Sant'Eufemia-Lamezia**. Von diesem bekannten Kurort bewegt man sich auf der SS 18 nordwärts zur Küste des Tyrrhenischen Meeres. Man kommt nach **Amantea** (12000 Einw.), einem alten Städtchen auf einer Anhöhe über dem Meer, das noch von Resten einer mittelalterlichen Stadtmauer umgeben ist. Diese geht in die Kastellmauer über, die zur Feste auf dem Berggipfel hinaufführt. Interessant ist die gotische Klosterkirche S. Bernardino; recht malerisch bietet sich der Lebensmittel- und Kunsthandwerkermarkt dar.

Nebenstrecke 5 (Fortsetzung)

Cropani:
km 725,8

Alternativstrecke: Sersale – Villagio Mancuso

Catanzaro:
km 809,7

Sant'Eufemia-Lamezia:
km 847,2

Tour 39

Hauptroute
(Fortsetzung)
Paola: km 911,9

Es geht weiter nach **Paola** (17 000 Einw.), in dessen Umgebung die Wallfahrtskirche des hl. Franziskus von Paola einen Besuch lohnt. Außerdem
findet man die Ruine eines Turmes, der wohl zu der Zeit errichtet worden
ist, als das Haus Aragon in dieser Gegend den Ton angab. Auch Reste
einer alten Stadtmauer sind noch zu sehen. Anschließend fährt man durch
den an einem Hang erbauten reizvollen Ort **Fuscaldo** und kommt nach
Lido di Guardia Piemontese.

Alternativstrecke:
Guardia Piemon-
tese – Cetraro
(67 km)

Man verläßt kurzzeitig die Küste und fährt hinauf nach **Guardia Piemontese**, einem herrlich wie auf einem Balkon über dem Meer gelegenen kleinen Ort. Gegründet wurde Guardia Piemontese von Waldensern, die aus
dem piemontesischen Chisone-Tal hierher gekommen sind. Von daher
rührt der lokale Dialekt, der eine Mischung aus dem kalabrischen und
einem provençalisch-französisch gefärbten Italienisch ist. Der Weg führt
über San Marco Argentano weiter in das landschaftlich sehr schöne
Gebiet Montagna Magra, das zum Wildschutzgebiet erklärt wurde. Zurück
zur Küste geht es über Fagnano Castello, das von einer mittelalterlichen
Burg beherrscht wird. Man passiert daraufhin die Seen Due Uomini und
Trifoglietta, umfährt auf abschüssiger Strecke den Monte Pistuolo und
erreicht schließlich bei **Cetraro** wieder das Meer.

Diamante:
km 956,8

Der Küstenabschnitt bis zum Start- und Zielpunkt Diamante bietet noch
manch Interessantes. Da sind zum Beispiel herrliche Strände, verschiedene Meeresgrotten und nicht zuletzt das Schloß Belvedere Marittimo,
das auf Festungsbauten der Normannen und Ausbauten des Hauses Aragon zurückgeht.

Praktische Informationen

Fremdenverkehrs-
ämter

CASTROVILLARI: EPT, cs. Calabria 45, Tel. (0981) 2 70 67. – SPEZZANO
ALBANESE: Terme di Spezzano, Tel. (0981) 95 30 96. – ROSSANO: p. Matteotti 2, Tel. (0983) 3 21 37. – CAMIGLIATELLO SILANO: EPT, v. Roma, Tel.
(0984) 97 82 43. – LORICA: v. Nazionale, Tel. (0984) 99 70 69. – CROTONE:
AA, v. Firenze 47, Tel. (0962) 2 31 85. – CATANZARO: EPT, p. Rossini, Tel.
(0961) 4 55 30. – PAOLA: EPT, p. 4 Novembre, Tel. (0982) 55 83. – TERME
LUIGIANE: AA, v.le S. Lucia, Tel. (0982) 9 40 56.

Veranstaltungen

CASTROVILLARI: Carnevale del Pollino, internationales Folklorefestival
(Februar). – ROSSANO: Sagra delle Noci (Nußfest; September). – CAMI-
GLIATELLO SILANO: Coppa Sila (Auto-Rallye; Juni); Sagra del Fungo
(Pilzfest; Oktober). – CROTONE: Feste della Madonna (mit traditioneller
Prozession zum Capo Colonna; Mai); Festival della Cucina Calabrese
(Festival der kalabrischen Küche; Juni). – VILLAGIO MANCUSO: Festival
del Folklore Calabrese (Festival der kalabrischen Folklore; September). –
CATANZARO: Karfreitagsprozession. – PAOLA: Festa di San Francesco
da Paola (Patronatsfest mit Bootsprozession; 4. Mai).

Küche

Aus der Gebirgsregion stammen vor Käsespezialitäten wie 'Caciocavalli',
'Butirri' oder 'Pecorino' (Schafskäse) sowie andere Milchprodukte und
Wurstwaren. Von den vielen Fischgerichten der Küsten ist vor allem 'U
Quadaru', eine typische Fischsuppe, hervorzuheben. Weitere Spezialitäten der Region sind 'Rascatiddi', 'Sagne al Sugo', 'Lagane', 'Capiddi d'An-
gilu', 'Maccheroni alla Pastora', 'Vermicelli con Mollica', 'Aglio e Olio'
(Fadennudeln in Knoblauch und Öl), 'Scume di Patate', 'Murseddu' (Innereien von Schwein oder Kalb), 'Sarde e Scapece', 'Mustica' (winzige Sardellen) oder 'Involtini di Pesce Spada' (Schwertfischröllchen). Zu allem
wird 'Pitta' serviert, ein rundes Fladenbrot, das in dieser Gegend auf her-
kömmliche Weise gebacken wird. Süße Leckereien sind: 'Giurgiulena' (auf
der Grundlage von Sesam und Honig), 'Mustazzoli' und 'Cumpitti' (eine Art
Torrone-Mandelkuchen).

Tour 40: Abenteuer zwischen Fels und Meer

Im Schatten des Aspromonte

Kalabrien   Region

© I.G.D.A. S.p.A · Novara

Der Süden Kalabriens jenseits der Engstelle zwischen dem Golf von Sant'Eufemia und dem Golf von Squillace bildet die 'Stiefelspitze' Italiens. Die herbe und steinige Landschaft wird beherrscht vom mächtigen, urwüchsigen Bergmassiv des Aspromonte (dt. = Rauher Berg). Einige Küstenabschnitte dieses Massivs sind berühmte Badeplätze, andere, vor allem solche am Ionischen Meer, sind noch weitgehend unerschlossen. Man fühlt sich hier eher nach Afrika als nach Griechenland versetzt. Kaum gewinnt man Höhe, tritt man in eine Welt ein, in der die Zeit stehengeblieben zu sein scheint. Jahrtausendealte bäuerliche Armut verschanzt sich hinter einem dumpfen Mißtrauen, das von der Abgeschiedenheit, in der die Menschen hier auch heute noch leben, immer neu genährt wird. Der Naturraum zwischen den Felsenriffs von Tropea, der sagenumwobenen Straße von Messina – man denke nur an Homers "Odyssee" – und der kargen Bergwelt des Aspromonte ist ein einziges Abenteuer zwischen Wasser und Fels.

Landschaftsbild

Streckenmerkmale

Die durchweg lebhafte Strecke läßt keinen Moment Verschnaufpause. Allgemein kann man sagen, daß die Staatsstraße entlang der Küste, insbesondere auf der Seite des Ionischen Meeres, in recht gutem Zustand und problemlos zu befahren ist. Ansonsten aber verlangt die Route – speziell das knifflige Stück über das Aspromonte-Massiv – einiges an fahrerischem Können. Der Fahrbahnzustand ist sehr unterschiedlich, aber auf jeden Fall muß man auf den kleinen Bergstraßen auf alles gefaßt sein. Einige Streckenabschnitte eignen sich – wie in der anschließenden Routenbeschreibung angegeben – nur für geländegängige Maschinen. Den höchstgelegenen Punkt der Strecke erreicht man auf der Nebenstrecke zum Monte Cocuzza (1955 m ü.d.M.) hinauf. Um zum Anfangspunkt zu gelangen, verläßt man die Autobahn A 3 Neapel – Reggio di Calabria an einer der beiden Ausfahrten 'Pizzo Calabro' oder 'Sant'Onofrio – Vibo Valentia'.

Streckenbeschreibung

Pizzo: km 0

Die Route beginnt in **Pizzo** (9000 Einw.), einem bedeutenden Fischerhafen und Badeort, der an sehenswerten Bauten vor allem die barocke Collegiata di San Giorgio und ein Kastell aus dem 15. Jh. aufzuweisen hat. Der Weg am Meer entlang steigt etwas an und führt in eine schmale Küstenebene mit dicht bestandenen Zitrusplantagen. An der Abzweigung von Angitola verläßt man das Meer und fährt auf der SS 110 landeinwärts. Hinter dem See von Angitola geht es recht kurvenreich weiter bergauf nach San Nicola da Crissa.

Serra San
Bruno: km 43,4

Man erreicht **Serra San Bruno** (6500 Einw.) mit seinen schmucken mittelalterlichen Bauten. Der Ort liegt in einer Senke und ist von dichtem Wald umgeben. Das nahe, am Ende einer schönen Allee gelegene Kartäuserkloster (Certosa) lohnt einen Besuch. Allerdings ist der Zutritt nur Männern gestattet. Die Staatsstraße windet sich über eine ganze Serie von Haarnadelkurven bergan und führt weiter durch Nadelwald.

Nebenstrecke 1

An der Kreuzung mit der SS 110 biegt man links zur Eisenhütte von **Ferdinandea** ab, die im Jahre 1870, also nach der nationalen Einigung Italiens, aufgegeben worden ist. In dieser entlegenen Gegend standen früher tatsächlich Hochöfen, in denen im Auftrag der bourbonischen Herrschaft Metall geschmolzen wurde.

Stilo: km 89

Es folgt ein weiteres Stück äußerst kurviger Bergstraße. Hernach ist man in **Stilo** (3000 Einw.). Dieses Dorf wird von einer Burgruine beherrscht. Interesse verdient auch die Cattolica, eine byzantinische Kirche des 10. Jh.s mit ziegelgedeckten Kuppeln. Wenig später erreicht man das Meer, die Straße mündet bei Monasterace Marina in die Küstenstraße SS 106 ein. Etwa 1 km weiter nördlich kann man Überreste der antiken griechischen Stadt Caulonia entdecken.
Sodann fährt man in südlicher Richtung an der Küste des Ionischen Meeres entlang, die nur recht dünn besiedelt ist. Dieser Weg führt uns zunächst durch **Roccella Ionica,** dessen verfallende, von einer mittelalterlichen Burgruine beherrschte Altstadt malerisch auf steilem Fels thront. Weiter

Locri: km 139,7

geht es über Marina di Gioiosa und Siderno nach **Locri** (13 000 Einw.), einem in Hinblick auf die Archäologie interessanten Ort. In der nahegelegenen Ausgrabungszone der antiken griechischen Stadt Epizephyrioi kann man einen ionischen Tempel, einen dorischen Tempel, Überreste der antiken Stadtmauer und ein griechisch-römisches Theater ansehen. Auch das hiesige Museum verdient einen Besuch.
Nun geht es wieder ein Stück weit landeinwärts, nämlich nach **Gerace** (3000 Einw.), das an einem Berghang mit hervorragendem Ausblick auf das Ionische Meer liegt. Das schönste Panorama bietet sich vom Kastell,

Abb. S. 254/255: Begegnung in den kalabrischen Bergen

Am Strand von Scilla

das erhöht auf einem Felsen thront. Zu beachten ist auch die Kathedrale. Man erreicht dann den Mercante-Paß (952 m ü.d.M.), wo man nach links abbiegt und einen Bergkamm erreicht, der die Wasserscheide zwischen dem Ionischen und dem Tyrrhenischen Meer bildet. Von hier oben bietet sich erneut eine herrliche Aussicht. An der Kreuzung mit der SS 112 hält man sich links und gelangt in ein Waldgebiet, das so etwas wie eine letzte Oase vor Erreichen der herben Gebirgslandschaft des Aspromonte ist. Zwischen Scido und Delianuova fährt man durch schöne Olivenhaine. Ein Bergsträßchen windet sich schließlich nach De Leo.

Ein steiler Anstieg führt zum Cippo Garibaldi hinauf, jenem Platz, an dem der große italienische Freiheitskämpfer am 29. Juni 1862 im Gefecht mit

Hauptroute
(Fortsetzung)

Hauptroute
(Fortsetzung)
Gambarie: km 233

savoyischen Truppen verwundet worden ist. Nächster interessanter Ort ist **Gambarie**, ein Ferien- und Wintersportort (Sesselbahn südöstlich auf den Puntone di Scirocco; 1660 m ü.d.M.) mit einmalig schönem Blick auf zwei Meere.

**Alternativstrecke:
Gambarie – Scilla
(24 km)**

Kurz vor Gambarie zweigt ein schmales Sträßchen nach rechts ab und führt über die Hochflächen des Aspromonte nach **Melia,** wo sich die faszinierend schöne Landschaftskulisse der Straße von Messina abzeichnet. Es geht extrem steil bergab. Der Weg führt dann an die Küste hinunter, die man bei Scilla erreicht.

**Alternativstrecke:
Gambarie –
Gallico (34 km)**

Von Gambarie aus bietet sich eine weitere Möglichkeit, direkt an die Westküste hinunterzukommen, wobei man einen überwältigenden Blick hinüber nach Sizilien genießen kann. Der steile, kurvige Abstieg vom Aspromonte verläuft über die SS 184 und endet bei Gallico.

**Alternativstrecke:
Gamberie –
Bagaladi (142 km)**

Diese Fahrt ist nur für Piloten von Enduro-Maschinen empfehlenswert. 3 km nach Gambarie biegt man nach links in Richtung Montalto ab, der als höchster Gipfel des Aspromonte bis 1955 m ü.d.M. aufragt. Das zunächst asphaltierte Sträßchen geht dann in einen unbefestigten schmalen Weg über, der durch absolut wildes und nahezu menschenleeres Gelände führt. Beim Abstieg auf der Ostseite des Montalto kommt man am Ortseingang von San Luca, einem kleinen Bergdorf, wieder auf Asphalt. Bei der Küste schwenkt man nach rechts auf die Küstenstraße SS 106 ein und erreicht nach einiger Zeit den Ort **Brancaleone Marina,** der von dem markanten Torre Sperlongara bewacht wird.
In Bova Marina biegt man ab und steigt erneut in die Berge hinauf. Hinter **Bova** hat man unbefestigte Wegstrecken zu bewältigen. Bei Bagaladi, in Höhe einer Brücke, kommt man wieder auf die SS 183 zurück.

Melito di
Porto Salvo:
km 282,2

Von Gambarie aus fährt man auf einem aussichtsreichen Abschnitt der Staatsstraße stetig bergab und erreicht, an der Küste angekommen, **Melito di Porto Salvo** (9000 Einw.), wo Garibaldi mit seinem "Zug der Tausend", von Sizilien kommend, an Land gegangen ist.

Nebenstrecke 2

Ein hübsches Sträßchen zieht sich von hier hangaufwärts nach **Pentedattilo** (dt. = Fünf-Finger-Fels), einem malerischen, halbverlassenen Bergdorf byzantinischen Ursprungs, das an der Basis eines Felsmassivs liegt, dessen fünf Zacken – ähnlich den Fingern einer ausgestreckten Hand – in den Himmel ragen.

Reggio di
Calabria:
km 322,5

Auf die SS 106 zurückgekehrt, steuert man nunmehr die Großstadt **Reggio di Calabria** (175000 Einw.) an. Dort sind noch die alten griechischen Stadtmauern, die römischen Thermen und ein aragonesisches Kastell zu sehen. Einen Besuch lohnt das Museo Nazionale della Magna Grecia, das sich mit dem griechischen Erbe der Region befaßt. Hier sind die berühmten 'Helden von Riace' ausgestellt. Die beiden Bronzestatuen (5. Jh. v. Chr.) wurden 1972 in der Nähe von Riace im Meer gefunden. Beachtenswert sind ferner die Kathedrale mit ihrer schneeweißen Fassade und der Botanische Garten (Orta Botanico). Von der Uferpromenade Lungomare Matteotti hat man einen schönen Blick auf die Straße von Messina.
Um von Reggio aus nach Scilla zu gelangen, benutze man die Autobahn A 3. **Scilla**, das alte Scylla, liegt sehr malerisch am Fuße eines ins Meer ragenden felsigen Bergausläufers, auf dessen Gipfel das alte Kastell der Ruffo (13. Jh.) und ein Leuchtturm stehen. Der Fels der 'Scylla', die schon in Homers Odyssee als ein brüllendes Seeungeheuer vorkommt, wird zusammen mit der gegenüberliegenden 'Charybdis' von den Dichtern wegen eines hier wechselnde Gezeitenströmungen entstehen, als drohende Gefahr für alle Schiffe geschildert.
Nächster interessanter Ort ist **Bagnara Calabra** (12000 Einw.), ein altes Fischerstädtchen, das für den Schwertfischfang bekannt ist. Danach beginnt ein landschaftlich besonders reizvoller Abschnitt, der auch einiges

an fahrerischem Können verlangt. Die Küstenstraße SS 18 windet sich in engen Kurven auf den 518 m hohen Monte Sant'Elia hinauf. Oben angekommen genießt man einen herrlichen Rundblick. Jetzt geht es hinunter nach **Palmi** (18 000 Einw.), einem hübschen Städtchen, in dem das volkskundliche Museum (Museo di Etnografia e Folclore) sehenswert ist. Anschließend fährt man zügig weiter nach Rosarno. Hier verläßt man die SS 18 und steuert über Nebenstraßen, vorbei an sonnigen Stränden, in Richtung Capo Vaticano.

Schließlich erreicht man **Tropea** (7000 Einw.), ein traumhaft schön auf einem Felsen gelegenes Städtchen. Unbedingt ansehen sollte man sich die kunstgeschichtlich bedeutende frühromanische Kathedrale und die auf einem Felsenriff stehende Kirche Santa Maria dell'Isola. Der malerische und lebhafte alte Ortskern lädt zu einem Spaziergang ein. Weiter geht es auf der SS 522 am Meer entlang nach Briatico.

Von der Kreuzung bei **Porto Salvo** lohnt sich nach Besichtigung der dortigen Burgruine noch ein Abstecher ins Hinterland, und zwar hinauf nach **Vibo Valentia** (32 000 Einw.). Die einmalig schön auf einem Hochplateau über dem Meer gelegene uralte Stadt wird beherrscht von einem mächtigen und doch elegant wirkenden aragonesischen Kastell. Sehenswert sind neben dem Dom und dem archäologischen Museum vor allem die Überreste des antiken Hipponion.
Auf direktem Weg fahren wir von hier nach Pizzo, dem Start- und Zielpunkt dieser Route.

Seitenspalte:
Hauptroute (Fortsetzung)

Palmi: km 370,8

Tropea: km 524,6

Alternativstrecke: Porto Salvo – Pizzo (22 km)

Praktische Informationen

LOCRI: EPT, v. Fiume 1, Tel. (0964) 2 96 00. – GERACE: v. Sottoprefettura, Tel. (0964) 35 60 03. – GAMBARIE: EPT, p. C. Mangeruca, Tel. (0965) 74 30 81. – REGGIO DI CALABRIA: EPT, v. Tripeni 72, Tel. (0965) 9 84 96. – VILLA SAN GIOVANNI: EPT, am Bahnhof, Tel. (0965) 75 11 60. – BAGNARA CALABRA: p. Marconi 3, Tel. (0966) 37 13 19. – PALMI: EPT, v. D. Tripepi 72, Tel. (0966) 2 32 94. – GIOIA TAURO: EPT, A 3, Area di servizio Ovest, Tel. (0966) 5 24 02. – TROPEA: v.le della stazione 10, Tel. (0963) 6 14 75.

Seitenspalte: Fremdenverkehrsämter

PIZZO: Festival del Mare (Meer-Festival; Juli). – SERRA SAN BRUNO: Festival di S. Brunone (Patronatsfest; Pfingstmontag); Festival della Montagna (Bergfest; August). – STILO: Venerdì Santo (Karfreitagsprozession). – REGGIO DI CALABRIA: Salone dell'Arte e dell'Antiquariato (Kunst- und Antiquariatsausstellung; März); Salone Internazionale dell'Artigianato (Internationaler Kunsthandwerkssalon; Juli); Sagra del Folclore (Folklorefestival; September); Fiera delle Attività Agrumarie, delle Essenze e degli Oli (Landwirtschaftsfest; November). – VILLA SAN GIOVANNI: Raduno Internazionale di Gruppi Folcloristici (Internationales Folklore-Treffen; September). – BAGNARA CALABRA: Sagra del Pesce Spada (Schwertfischfest; Juli). – PALMI: Festa di S. Rocco (St.-Rochus-Fest mit Prozession und folkloristischen Darbietungen; 16. August).

Seitenspalte: Veranstaltungen

Die Küche dieser Gegend ist relativ einfach, aber dennoch phantasievoll. Entsprechend der bewegten Topographie werden typische Gerichte des Berglandes und der Küstensäume komponiert. Die wichtigsten Spezialitäten sind 'Pecorino' (Schafskäse), 'Maccheroni alla Pastora' (hausgemachte Makkaroni nach Hirtenart) und 'Suffrittu di Viteddu' (pikante deftige Wurst) auf der einen Seite, sowie der 'Pesce Spada' (Schwertfisch) vom Rost, 'in Salmoriglio', 'alla Marinara' oder mit Tomaten und Petersilie, 'Tonno alla Graticola' (Thunfisch vom Rost), 'Luccio al Mare' (Seehecht) oder auch 'Ovatarica' (Thunfischrogen). Beliebte süße Leckereien sind 'Mostaccioli', 'Torroni' (Mandelgebäck) und 'Miele di Zagare' (Honig von Zitrusblüten).

Seitenspalte: Küche

Tour 41: Im Lande der Zyklopen

Vom Ätna nach Bagheria entlang der Küste

Region
: Sizilien

Landschaftsbild
: Dieser Motorrad-Ausflug führt auf malerischer Strecke an der Küste Siziliens entlang und durch eine Gegend, die nach Feuer und Schwefel riecht. Über der berühmten Riviera Siciliana zwischen Catania und Messina und auch am Küstensaum von Kap Milazzo über Cefalù bis Termini Imerese spürt man die Allgegenwart der tief aus dem Erdinneren heraufdrängenden Urgewalt. Besonders augenscheinlich wird das zum einen auf den Liparischen Inseln, vor allem auf der Insel Vulcano, zum anderen – und ganz besonders imposant – am Ätna, dem größten Vulkan Europas, der 3323 m ü.d.M. aufragt und dessen Basisumfang rund 200 km beträgt. Dieser Koloß erhebt sich, beherrschend und unberechenbar, ständig Rauch aus-

stoßend, im Hinterland der sizilianischen Ostküste. An seinen Hängen gedeihen Wein, Oliven, Orangen und Zitronen wie schicksalsergeben in üppiger Fülle.

Die abwechslungsreich verlaufenden Küstenstraßen sind allgemein in gutem Zustand, allerdings zeitweise sehr stark befahren, besonders im Sommer. Um den Ätna herum fährt man auf recht ordentlichen Nebenstraßen, deren Zustand jedoch schon oft von den Launen des Vulkans und dem Fatalismus der örtlichen Bevölkerung beeinträchtigt worden ist. Am Ätna sowie in den Monti Madonie und in den Monti Nebrodi sind die Straßen sehr kurvenreich, sie bieten aber auch schöne Aussichten. Am höchsten hinauf kommt mit dem Motorrad, wer zur Sapienzia-Hütte (1915 m ü.d.M.; Station der zum Ätna-Krater schwebenden Seilbahn) fährt. Mit geländegängigen Maschinen kann man sogar auf über 3000 m Meereshöhe, also bis fast an den Kraterrand, herankraxeln. Catania, den Ausgangspunkt der Route, erreicht man bequem über die Autobahnen A 18 Messina – Catania bzw. A 19 Palermo – Catania.

Streckenbeschreibung

Catania: km 0

In **Catania** (380 000 Einw.) sollte man unbedingt den Domplatz, das Kastell Ursino und die Via Etnea aufsuchen. Letztere wird gern als 'Salon von Catania' bezeichnet. Ferner beachte man die barocke Via dei Crociferi, das Museo Belliniano, den botanischen Garten und die Kirche S. Nicolo.

Aci Castello: km 9

Man verläßt Catania auf der an der Küste entlangführenden SS 114, über die zunächst **Aci Castello** (14 000 Einw.) erreicht wird. Das Städtchen liegt am Fuß eines Basaltfelsens, auf dem ein Kastell aus normannischer Zeit steht. Anschließend kommt man an den Isole dei Ciclopi vorbei, jenen Basaltfelsen im Meer, die bereits den Ätna ankündigen. Nach der griechischen Mythologie handelt es sich dabei um die Steine, die der geblendete Zyklop dem Schiff des Odysseus hinterherschleuderte. Kurz danach erreicht man **Aci Trezza,** einen modernen Ferienort. Hinter dem Landvorsprung Capo Mulini liegt **Acireale** (50 000 Einw.), der wichtigste Ort an der Küste von Catania. Recht eindrucksvoll bietet sich der Domplatz dar mit seinen barocken Fassaden und den schönen Geländern der Palazzi.

Acireale: km 17

Man verläßt nunmehr die Staatsstraße und fährt auf der kleineren Provinzstraße, die näher am Meer verläuft, weiter. Bei **Giarre** kehren wir für ein kurzes Stück auf die SS 114 zurück. Bei Fiumefreddo di Silicia biegt man wieder nach links ab, um auf der kurvenreichen SS 120 an den ersten Ausläufern des Ätna hinaufzusteigen. Erst ab **Linguaglossa** (6000 Einw.), wo das Museo della Lava (Lavamuseum) zum Besuch einlädt, geht es richtig steil bergauf in Richtung Vulkankrater. Unterwegs kann man schöne Ausblicke auf die Küste von Taormina und den zauberhaften Pinienwald von Linguaglossa genießen. Diese Straße führt bis auf 1425 m Meereshöhe (Rifugio Marenevo). Es gibt einen Weg, der zwar durch die Lavafelder noch höher und ziemlich dicht an den Hauptkrater heranführt, der jedoch nur routinierten Enduro-Piloten zu empfehlen ist.

Zafferana Etnea: km 92

Die Asphaltstraße verläuft hinter dem Rifugio nicht mehr ganz so hoch. Auf der Fahrt über Rinazzo, Milo und **Zafferana Etnea** (6500 Einw.) bietet sich ein atemberaubend schönes Panorama über die von Weinreben, Zitronen- und Orangenbäumen bewachsenen Hänge. Kurze Zeit später folgt ein erneuter Anstieg zum Gipfel des 'Mongibello' (dt. = Berg der Berge), wie der Ätna im Volksmund auch heißt. Höchster Punkt dieser Strecke ist das Rifugio Sapienza (1915 m ü.d.M.) mit der 'Talstation' der Ätna-Seilbahn.

Nebenstrecke 1

Mit einem geländegängigen Motorrad kann man noch weiter bergauf klettern, nämlich auf einem staubigen unbefestigten Weg, der die Lavawüste durchschneidet und recht nahe an den rauchenden Vulkankrater heranführt. Zum Befahren dieses Weges benötigt man jedoch eine Genehmigung der Berg- und Forstbehörde.

Danach fährt man über Serpentinen bergab bis zur Kreuzung beim Monte San Leo. Dort biegt man rechts ab und fährt an bewaldeten Hängen des Vulkans entlang südwestwärts weiter. Die nächste größere Siedlung ist

Adrano: km 148,4

Adrano (33 000 Einw.), wo noch Überreste der antiken Stadtmauer und einer normannischen Befestigung (11. Jh.) erhalten sind. Im Innern des gedrungenen, aber wuchtigen Festungsturmes ist eine archäologische Ausstellung untergebracht. Bemerkenswert ist ferner die Klosterkirche S. Lucia. Auf der SS 284 setzt man die Umkreisung des Ätna fort. Nächster Ort ist **Bronte,** das aufgrund der brutalen Unterdrückung eines Bauernaufstandes während des Risorgimento traurige Berühmtheit erlangt hat. Weiter geht es vorbei an äußerst fruchtbaren Lavahängen nach **Randazzo** (11 000 Einw.), das genau auf der Wasserscheide zwischen den Einzugsgebieten des Simeto und des Alcantara liegt. Die meisten Bauten in Randazzo, darunter auch die sehenswerte Marienkirche, sind aus dunklem Lavagestein errichtet. Im Uhrzeigersinn umkreist man auf der SS 120 den Ätna. Auch hier, an den nördlichen Hängen des Vulkans, bietet sich das bereits vertraute Landschaftsbild mit landwirtschaftlich vielfältig genutzten Lavaböden. An der Kreuzung von Rovittello, 4 km vor Linguaglossa, biegt

Randazzo: km 180,4

man nach **Francavilla di Sicilia** ab. Die Straße ist sehr kurvenreich, bietet aber auch viele schöne Ausblicke. Von Francavilla aus erreicht man über die SS 185 die spektakuläre Schlucht Gole dell'Alcantara. Der Fluß Alcantara zwängt sich durch eine schmale, aber recht tiefe Klamm, die durch Verwerfung der Lavamassen entstanden ist. Immer geradeaus geht es dann zur Halbinsel Naxos, der ältesten griechischen Siedlung auf Sizilien. Man kann Reste antiker Bauten und ein archäologisches Museum besichtigen. Unweit von hier liegt das beliebte Seebad **Giardini-Naxos** (8000 Einwohner). Hauptroute
(Fortsetzung)

Die Perle dieses Küstenabschnittes ist aber zweifellos **Taormina** (10 000 Einw.) in prächtiger Terrassenlage. Das berühmteste und faszinierendste Bauwerk der Stadt ist das Teatro Greco (Griechisches Theater), von dem aus man eine ganz außergewöhnliche Aussicht sowohl auf die kalabrische Küste jenseits der Meerenge, wie auch auf die steile Ostküste Siziliens und rechts davon auf den gewaltigen Ätna hat. Sehenswert sind außerdem der Dom, einige schöne Renaissance-Palazzi und die Burg. Auf der Küstenstraße geht es nordwärts weiter. Man kommt durch **Forza d'Agrò** mit seinem noch intakten mittelalterlichen Ortsbild, durch den gern besuchten Urlaubsort **Sant'Alessio Siculo** (1200 Einw.) und durch **Alì Terme,** das schon in der Antike wegen seiner Mineralquellen bekannt war. Taormina:
km 228,6

Wenig später erreicht man **Messina** (260 000 Einw.), wo der Dom, die Kirche SS. Annunziata und das Regionalmuseum beachtenswert sind. Auf der Weiterfahrt entlang der Küste berührt man die kleine Lagune di Ganzirri, in der Muscheln und andere Meeresfrüchte gezüchtet werden. Schließlich erreicht man den Leuchtturm am Kap Peloro. Messina:
km 275,7

Die SS 113 führt an die Nordküste Siziliens. Man umfährt den weitgeschwungenen Golf von Milazzo und biegt bei der Bahnstation San Filippo nach rechts ab, um nach **Milazzo** (31 000 Einw.) zu gelangen. Die malerische Siedlung besteht aus zwei Teilen, wobei besonders die Oberstadt mit ihrer von den Spaniern im 16. Jh. erbauten Stadtmauer und ihrem mächtigen Kastell sehenswert ist. Man kann auch einen sehr schönen Spazier- Milazzo:
km 334,8

Griechisches Theater in Taormina vor großartiger Kulisse

263

gang zum Kap Milazzo unternehmen, von dem aus man einen prächtigen Blick zurück auf die Küste und die im Hintergrund aufragenden Berge hat.

Von Milazzo aus verkehren Fähren zu den **Äolischen Inseln** (Isole Eolie; Liparische Inseln), einem überaus interessanten Archipel, den man unbedingt besuchen sollte. Er umfaßt vier größere Inseln, auf denen man auch mit dem Motorrad fahren kann.

Die Insel **Vulcano** (7¹/₂ km Straße in Längsrichtung) besteht aus drei Vulkanen, von denen einer erloschen, einer aktiv und der dritte nur gelegentlich aktiv ist. An letztgenanntem lassen sich zahlreiche vulkanische und postvulkanische Erscheinungen studieren: Fumarolen hauchen heiße Schwefeldämpfe und aus einigen Trichtern werden Schlammassen ausgeworfen.
Die Insel **Lipari** (26¹/₂ km Straße) ist das größte Eiland des Archipels. Der malerische Inselhafen ist befestigt und wird von einer Burg bewacht. Besuchen sollte man die prächtige Kathedrale und das reichhaltige Archäologische Museum (Museo Archeologico Eoliano). An der Ostflanke der Insel trifft man auf merkwürdige rötlich gefärbte Felshänge, sog. Rocche Rosse. Diese Färbung ist das Ergebnis von Oxydationsprozessen in einem erstarrten Lavastrom. Auf Lipari hat man ferner die Reste einer antiken griechischen Siedlung freigelegt, die auch in römischer Zeit bewohnt war.

Salina (16¹/₂ km befahrbare Strecke) ist die grünste Insel des Archipels. Hohe zerklüftete Klippen sowie zwei Vulkane prägen das Landschaftsbild. Von der Insel Salina stammt der berühmte süße Dessertwein Malvasia.
Auf **Stromboli** (8 km Küstenstraße) ist der größere Vulkan aktiv. Aus dem Krater raucht und qualmt es ständig. Bisweilen kommt es zu spektakulären Eruptionen. In manchen Nächten ist der Feuerschein weithin sichtbar.

Auf die SS 113 zurückgekehrt, setzt man den Weg entlang der Küste Siziliens fort. Man kommt an dem großen Bergdorf Barcellona Pozzo di Gotto vorbei und gelangt nach **Castroreale Terme,** einem bekannten Kurort. Historisch bemerkenswert sind die Ruinen der antiken Stadt Tyndaris, die im Jahre 396 v. Chr. von Dionysius d.Ä. gegründet worden ist. Herausragende Bauten sind das griechische Theater und die Basilika. Recht kurvig und abwechslungsreich geht es entlang der Küste weiter nach **Capo d'Orlando** (16000 Einw.), einem Badeort mit Resten einer Burg aus dem 14. Jh.; auf einem Bergsporn thront die Wallfahrtskirche Maria Santissima.
Weiter geht es über **Sant'Agata di Militello** (13000 Einw.) bis zur Kreuzung von Santo Stefano di Camastra, wo man links ins Hinterland abbiegt und die Bergzüge Monti Nebrodi und Monti Madonie ansteuert. Bald steigt die Straße kurvenreich an. Bei **Mistretta,** einem noch recht mittelalterlich wirkenden Städtchen mit auffallend niedrigen Häusern befindet man sich bereits 1000 m über dem Meeresspiegel. Die SS 117 zieht sich durch Wälder und über einige Pässe. Unterwegs kann man immer wieder schöne Ausblicke genießen.

Das Städtchen **Nicosia** (15000 Einw.) ist zentraler Ort dieser bergigen Gegend. Es zieht sich über viele Treppen an vier Berghängen hinauf und wird von den Resten einer Normannenburg beherrscht. Sie auf einem felsigen Bergsporn thront. Hier oben steht die Kirche Santa Maria Maggiore. In Nicosia schwenkt man auf die kurvenreiche SS 120 ein, die zunächst nach Sperlinga und dann durch ein abgelegenes, von Wäldern umrahmtes Gebiet nach **Gangi** führt. Anschließend erreicht man die Straßenabzweigung, an der man sich rechts in Richtung **Castelbuono** (10000 Einw.) hält. Das lebhafte Städtchen byzantinischen Ursprungs liegt am Fuße des Pizzo Carbonara. Das Ortsbild wird geprägt von einem imposanten Kastell aus dem 14. Jh. und einigen mittelalterlichen Sakralbauten.

Steil und kurvenreich geht es sodann zur Küste hinunter, die man bei **Cefalù** (14000 Einw.) erreicht, einem der schönsten Orte Siziliens. Bedeutendstes Kulturdenkmal ist die wunderbare Kathedrale aus der Normannenzeit, die an einem jäh ins Meer abfallenden Felsen steht. Von Cefalù aus geht es geradeaus weiter nach Westen.

◀ *Sträßchen in der Nähe des Kap Orlando*

Nicosia

Alternativstrecke:
Campofelice
di Roccella –
Stazione di Cerda
(66 km)

Von Campofelice di Roccella aus bietet sich eine weitere interessante Schleife durchs Hinterland an. Der erste Abschnitt war früher Teil der berühmten Automobilrennstrecke Targa Florio, auf der von 1906 bis 1980 alljährlich großartige Wettbewerbe ausgetragen wurden. Zunächst geht es bergauf nach **Collesano,** dann über den Paß Portella di Mare (582 m ü.d.M.) und weiter nach Scillato. Dort biegt man rechts ab nach **Caltavuturo,** von wo aus die abschüssige SS 120 zurück zur Staatsstraße an der Küste führt.

Termini Imerese:
km 724,1

Nach wenigen Kilometern erreicht man **Termini Imerese** (26 000 Einw.). Hier sollte man sich den Dom ansehen und in den Belvedere-Park gehen, von dem aus sich eine großartige Aussicht bietet.

Nebenstrecke 3

Ein letzter kleiner Abstecher hat das aussichtsreich auf einem Felshang gelegene Städtchen **Caccamo** zum Ziel, das seinen Ursprung in der Antike hat. Der malerische Ort wird beherrscht von einem mächtigen zinnenbesetzten Kastell aus dem 12. Jahrhundert.

Der letzte Teil der Route verläuft zunächst fast schnurgerade zwischen Eisenbahnlinie und Autobahn. In der Nähe von **Santa Flavia** kann man die Ausgrabungen von Solunto besichtigen. Man bleibt auf der Küstenstraße und streift das Kap Zafferano sowie das Kap Mongerbino. Bei letzterem ragt der sogenannte Arco Azzurro (dt. = Blauer Bogen) aus dem Meer, eine Naturbrücke, die in Italien jedes Kind von einer seit vielen Jahren betriebenen Schokoladenwerbung kennt.

Bagheria:
km 773

Schließlich erreicht man **Bagheria** (40 000 Einw.), den Zielpunkt dieser Tour. Hier entstanden im 17. und 18. Jh. Villen des palermitanischen Adels, der abseits von Palermo als dem Sitz der Vizekönige, aber nicht allzu weit entfernt, standesgemäß und in schöner Lage residieren sollte. Etliche Villen sind seitdem mehrfach verändert worden, viele befinden sich in keinem guten Zustand.

Praktische Informationen

CATANIA: EPT, lg. Paisiello 5, Tel. 312124. – ACI TREZZA: v. Provinciale 214, Tel. 636074. – ACIREALE: AA, cs. Umberto 179, Tel. 604521. – GIARDINI-NAXOS: AA, v. Tysandros 76/E, Tel. 51010. – TAORMINA: AA, p. S. Caterina, Tel. 23243. – RANDAZZO: p. Loreto, Tel. 922973. – ADRANO: v. Spimpinato 31, Tel. 681938. – ZAFFERANA ETNEA: v. Garibaldi, Tel. 951207. – LINGUAGLOSSA: p. Annunziata, Tel. 643094. – SANT'ALESSIO SICULO: v. Nazionale, Tel. 751036. – MESSINA: EPT, v. Calabria isolato 301, Tel. 7770731. – MILAZZO: v. F. Crispi, Tel. 92311. – VULCANO: AA, am Hafen, Tel. 9852028. – LIPARI: AA, v. Vittorio Emanuele 239, Tel. 9811580. – STROMBOLI: v. Ficogrande, Tel. 986023. – PATTI: p. Cicerone 1, Tel. 21327. – GIOIOSA MAREA: v. Umberto I 197, Tel. 301211. – CAPO D'ORLANDO: v. Vittorio Veneto 54, Tel. 902471. – SANT'AGATA DI MILITELLO: v. Medici, Tel. 701992. – CASTEL DI TUSA: v. Castello, Tel. 34332. – CASTELBUONO: v. S. Anna 25, Tel. 71162. – CEFALÙ: AA, cs. Ruggero 77, Tel. 21050. – TERMINI IMERESE: v. Garibaldi, Tel. 8142545. – BAGHERIA: cs. Umberto I, Tel. 931653.

Über die Straße von Messina bestehen folgende Fährverbindungen: In kurzen Abständen täglich von Villa San Giovanni nach Messina (Dauer: ca. 15 Min.). Eine tägliche Verbindung besteht zwischen Neapel und Messina sowie zwischen Neapel und Catania. – Die Äolischen Inseln erreicht man per Fähre von Milazzo oder Messina aus.

CATANIA: Fest di S. Agata, Ceri d'Etna (Fest der hl. Agathe mit Kerzenprozession; April); Fiera delle Uve da Tavola e dei Vini dell'Etna (Trauben- und Weinfest; September). – ACI CASTELLO: Folklorefeste mit Trachtenaufführungen (Sommer). – ACIREALE: Carnevale (schönster Karneval Siziliens). – TAORMINA: Carretto Siciliano (Fest des 'sizilianischen Karrens'; Mai). – RANDAZZO: Prozessione della Vara (15. August). – LINGUAGLOSSA: Festa dell'Immacolata (Fest der Unbefleckten Empfängnis; 27. Juli); Festa di San Rocco (St.-Rochus-Fest; August); Festa di Sant'Egidio (Patronatsfest; 1. September). – MESSINA: Prozessione delle Barette (Karfreitagsprozession); Sfilata dei Giganti Mata e Grifone (Vorbeizug der Riesen Mata und Grifone; 14. August); Prozessione della Vara (15. August). – CAPO D'ORLANDO: Bootsprozession entlang der Küste (15. August). – CASTELBUONO: 'Ntaccalora e lu Triunfu di la Manna (ländliches Kostümfest; Mai); l'Arruccata di li Ventimiglia (Erinnerung an eine historische Begebenheit; August). – CEFALÙ: Cantamare Musica in Onda, Festival del Mediterraneo (Musikfestival; Juli). – TERMINI IMERESE: Sagra del Pesce Azzuro ('Fest des blauen Fisches'; Juli).

Die traditionelle sizilianische Küche hat einige unübertreffliche Spezialitäten zu bieten. Dazu gehören 'Pasta con la Norma' (Nudeln mit Tomaten und Auberginen) und 'Pasta con le Seppie' (Pasta mit Tintenfisch) oder 'Pasta con le Alici' (mit Sardellen) bis hin zu einer breiten Palette an Fisch: 'Sarde a Beccafico' (Sardinen), 'Frutti di Mare' (Meeresfrüchte), 'Aragosta' (Languste), 'Braciole Impanate di Pesce Spada' (Schwertfischröllchen), 'Stoccafisso alla Messinese' (Stockfisch nach Messina-Art), 'Bottarga' (Rogen von der Meeräsche), 'Tonno' (Thunfisch) und etliche andere. Daneben findet man eine Reihe recht aufwendiger Spezialitäten wie 'Susu' (Schweinefleischsülze), 'Ulive Farcite' (gefüllte Oliven), 'Crispeddi' mit einer Sardellen- und Quarkfüllung, 'Arancini' (Reiskroketten mit Hühnerkleinfüllung), 'Capretto Ripieno' (gefüllter Ziegenkitzbraten), ganz ausgefallene 'Salsicce' (Würstchen) aus Schweine- und Kaninchenfleisch, 'Bocconcini di Sant'Agata' (Häppchen). Leckere Süßspeisen sind: Mandelgebäck in vielerlei Variationen (Torroni, Torroncini, Torrone gelato usw.). In der Gegend um Taormina und um den Ätna schätzt man 'Pignolata', 'Cotogne Cotte nel Mosto' (eine Art Quittengelee; Rezept aus Nicosia) und 'Ossa di Morto' ('Totenknochen'; Gebäck mit Gewürznelkenaroma).

Tour 42: Vor den Toren Afrikas

Der Südosten Siziliens – Küstensaum und Hybläische Berge

Region   Sizilien

Landschaftsbild   Der Südosten Siziliens scheint jenseits aller Zeitläufe dahinzuschlummern. Besonders an der Küste spürt man die heiße Sonne Afrikas. Das bergige Hinterland bietet sich noch sehr urwüchsig dar. Vom modernen Tourismus ist dieser Raum bisher weitgehend verschont. Dagegen findet man an der Küste zwischen Agrigent und Syrakus zahlreiche Überreste bedeutender antiker griechischer Kolonien, die zu lebhaften Städten herangewachsen sind.

Der über der Landschaft wehende Hauch der Geschichte vermischt sich mit dem Duft der mediterranen Macchie und dem Geruch von Feigen. Im Hinterland der Südostküste liegen beachtliche Kleinodien des sizilianischen Barock versteckt, daneben eindrucksvolle Reste römischer Villen sowie prähistorische Höhlenwohnungen.

Die Straßen sind in der Regel gut befahrbar. Allerdings muß man stets auf Überraschungen gefaßt sein wie unvermittelt auftretende Schlaglöcher und Staub- bzw. Sandablagerungen. Höchster Punkt der Route ist die Stadt Enna (931 m ü.d.M.), zugleich Start und Ziel der Rundfahrt. Ansonsten bewegt man sich zwischen 200 und 300 Metern über dem Meeresspiegel. Enna ist über die Autobahn A 19 Palermo – Catania erreichbar.

Streckenmerkmale

Streckenbeschreibung

Die Stadt **Enna** (28 000 Einw.) befindet sich etwa in der geographischen Mitte Siziliens und ist auf einer hufeisenförmigen Bergterrasse angelegt. Vom höchsten Punkt der Stadt, dem Castello di Lombardia, bietet sich ein großartiger Panorama-Rundblick. Beachtenswert ist der Dom aus dem Jahre 1307, der im Zeitalter des Barock ausgebaut worden ist.

Enna: km 0

Gegenüber der Stadt liegt der recht hübsche Ort Calascibetta auf einem Ausläufer der Monti Erei. Von Enna aus fährt man auf der SS 561 südwärts. Bald erreicht man den kleinen Lago di Pergusa, einen der wenigen natürlichen Seen auf Sizilien, der zwischen bewaldete Hänge eingebettet ist. Man bleibt bis zur Kreuzung mit der SS 117 auf der gut asphaltierten Straße. Dort schwenkt man in Richtung **Piazza Armerina** (21 000 Einwohner). In der Nähe dieser Ortschaft trifft man auf die Reste der antiken Villa Romana del Casale. Um dorthin zu gelangen, biegt man kurz hinter Piazza Armerina nach rechts ab und folgt der Beschilderung nach Barrafranca und Caltanissetta. Berühmt geworden ist die Villa vor allem wegen ihrer außergewöhnlichen Pflastermosaiken, die Szenen aus dem Alltagsleben der 3. bis 5. Jh.s n. Chr. zeigen. Nach dieser Besichtigung hält man sich links in Richtung Mazzarino, dann noch einmal links und kommt so wieder auf die SS 117 zurück, von der man jedoch gleich wieder abbiegt, nämlich nach links auf die SS 124.

Piazza Armerina: km 32,8

Diese Straße führt nach **Caltagirone** (36 000 Einw.), das recht malerisch auf einer Anhöhe der Monti Iblei (Hybläische Berge) liegt. Die Stadt ist Mittelpunkt der sizilianischen Keramikfabrikation. Viele schöne Stücke und eine interessante Ausstellung zur Geschichte der hiesigen Majolika- und Terrakottaherstellung sind im Keramikmuseum zu sehen, das in einem monumentalen Gebäude des 19. Jh.s untergebracht ist. Bei einem Spaziergang durch die Stadt muß man sich unbedingt die berühmte Treppe aus dem 17. Jh. ansehen, die zur Kirche Santa Maria del Monte hinaufführt. Jeder einzelne

Caltagirone: km 115

Acireale

sternò

sterbianco   Catania

IONISCHES

MEER

Lentini

Megara Hyblaea
                    Augusta
Melilli
Sortino   Thapsos
Nekropole
Pantalica
                    Siracusa
Nekropole
Bibinello

o Antica

Noto   Avola

ca-
lental

                Marzameni
Pachino   Grotta Calafarina
lo   Portopalo di Capo Passero
              Rada di
              Portopalo

© I.G.D.A. S.p.A - Novara

Stufenabsatz dieser Treppe ist mit Kacheln eines anderen Musters belegt, deshalb wird sie auch 'Scalinata delle ceramiche' (dt. = Keramiktreppe) genannt.
Nach wenigen Kilometern auf kurvenreicher Straße erreicht man **Grammi-chele,** einen Ort, dessen sechseckige, exakt symmetrische Straßenanlage – gemäß den Idealvorstellungen der Renaissance von einer 'Neuen Stadt' – den Besucher beeindruckt.
Über die SS 124, die sich aussichtsreich durch die Monti Iblei windet, gelangt man als nächstes nach **Palazzolo Acreide** (10000 Einw.), einem der wichtigsten Zentren des sizilianischen Barock. Bemerkenswert sind auch die nahegelegenen Ausgrabungen der antiken Stadt Akrai, die von den Syrakusern im 3. Jh. v. Chr. gegründet worden ist. Man findet dort die Reste eines griechischen Theaters, des Ferali-Tempels und des Aphrodite-Tempels sowie einiger weiterer Kultstätten.
Weiter geht es in Richtung Syrakus (ital. Siracusa). Beim Streckenposten am Monte Grosso biegt man ab und kommt nach **Ferla,** von wo ab die Straße aussichtsreich durch eine Berglandschaft weiterführt. Nach 9 km erblickt man rechts die Nekropole von Pantalica. Die Sikuler haben hier vom 13. bis zum 8. Jh. v. Chr. etwa 5000 Grabstätten angelegt. In frühchristlicher Zeit hat man diese Grabhöhlen teilweise als Wohnplätze und Kapellen benutzt. Von der damaligen Hauptstadt der Sikuler ist lediglich das Anaktoron (Herrschaftssitz) freigelegt.
Über Sortino und Melilli erreicht man die Küste und die Ruinen des antiken **Megara Hyblaea**. Bei den Ausgrabungen sind der Ortskern mit Resten des Mauerrings, die Agorá und einige Wohnungen aus der Griechenzeit freigelegt worden.

Megara Hyblaea:
km 243,6

Verläßt man die Küstenstraße entlang des Golfes von Augusta bei der Halbinsel Magnisi, so kann man dort die Überreste der antiken griechischen Siedlung Thapsos besichtigen.

Nebenstrecke 1

Die Stadt **Syrakus** (Siracusa; 120000 Einw.) fasziniert jeden Besucher. Die Sehenswürdigkeiten konzentrieren sich hauptsächlich auf die Altstadt, die auf der Insel Ortigia angelegt ist und die nur durch eine schmale Landbrücke mit dem Festland verbunden ist, und auf den Bereich der antiken Ausgrabungen. Grandios bietet sich das Theater dar, ein Prunkbau der griechischen Antike. Interessant sind ferner die sog. 'Latomie', in den Fels gegrabene Höhlen, darunter insbesondere das 'Ohr des Dionysos' und die Grotte der Cordari. Weiterhin sollte man sich das Forum, das römische Gymnasium, den Aretusa-Brunnen und das Archäologische Regionalmuseum ansehen. Recht imposant sind auch der Domplatz und das Kastell Maniace. Nach Verlassen der Stadt fährt man ein Stück auf der SS 115 in südlicher Richtung weiter, biegt dann zum Kap Ognina ab, wo sich ein sehr schöner, noch wenig besuchter Strand ausbreitet, und erreicht den Ort Avola, der auf geometrischem Grundriß errichtet ist.
Man biegt auf die erste ins Hinterland abzweigende Straße ab und fährt nach **Noto** 23000 Einw.), einer hübschen Stadt, die nach der Zerstörung durch ein schweres Erdbeben im 18. Jh. wiederaufgebaut worden ist.

Syrakus:
km 274,3

Noto: km 306,4

Ein kleiner Abstecher führt den Interessierten zu den Ruinen Noto Antica, der antiken Vorgängerstadt des heutigen Noto, wo man das Königstor, die Burg und das griechische Gymnasium besichtigen kann.

Nebenstrecke 2

Über eine Nebenstraße steuert man als nächstes den Ort **Pachino** an, der am äußersten südöstlichen Zipfel Siziliens liegt. In der Umgebung der im 18. Jh. auf regelmäßigem Grundriß angelegten Siedlung wird viel Wein erzeugt.

Von Pachino aus verläuft eine Straße nach **Marzamemi,** wo sich eine große Thunfischfangstation befindet. Anschließend fährt man an einem

Nebenstrecke 3

◀ *Caltagirone: die berühmte Kacheltreppe*

Vom Meer umgeben: die Altstadt von Syrakus

Nebenstrecke 3
(Fortsetzung)

besonders schönen Küstenabschnitt weiter, vorbei an antiken Salzgewinnungsanlagen, bis zum Kap Passero, wie die Südspitze Siziliens heißt. Auf halbem Weg dorthin lohnt die Höhle Grotta Calafarina einen Besuch. Danach geht es auf direktem Wege nach Pachino zurück.

Pozzallo:
km 378,8

Jetzt kommt man zu zwei höchst reizvollen Feuchtbiotopen an der Küste, die 'Pantani Cuba' und 'Longarina' heißen. Zahllose Zugvögel machen hier Station. Fast direkt am Strand geht es nach **Pozzallo** und durch weitere kleine Fischerdörfer. Bei der Landspitze Punta del Corvo biegt man rechts ab ins Landesinnere nach Scicli.

**Alternativstrecke:
Punta del Corvo
– Vittoria (52 km)**

Es besteht auch die Möglichkeit, auf der Küstenstraße weiterzufahren, wobei man durch die Ortschaften Donnalucata, **Marina di Ragusa**, ein Fischerdorf, das sich allmählich in ein Seebad mit Unterkunfts- und Unterhaltungsmöglichkeiten sowie einem gepflegten Strand verwandelt, und Scoglitti kommt. Außerdem kann man die wenigen verbliebenen Ruinen der antiken Siedlung Camarina mit ihrer Nekropole besichtigen.
Bei Scoglitti verläßt man die Küste, um bei Vittoria wieder auf die Hauptroute zu stoßen.

Modica:
km 416,6

Über **Scicli**, ein schönes Barockstädtchen, das von einer mächtigen Burgruine beherrscht wird, gelangt man auf aussichtsreicher Straße nach **Modica** (48000 Einw.). Es gibt eine Ober- und eine Unterstadt. Beachtenswert sind das Stadtmuseum und das volkskundlich orientierte Museo Ibleo di Arti e Tradizioni Popolari. Ferner gibt es in der Stadt eine Reihe schöner Gotteshäuser, von denen die die Oberstadt beherrschende Kirche San Giorgio die prächtigste ist. Zu ihrer Höhe führt ein Treppenweg mit 250 Stufen.

Ein sehr interessanter Abstecher führt in die 13 km lange, tief eingeschnittene romantische Schlucht **Cava d'Ispica**, in deren Wände zahllose Höhlen eingetieft sind, vielfach in mehreren Geschossen übereinander. Teilweise bereits in der Steinzeit geschaffen, wurden sie später von den Sikulern als Gräber verwendet; in frühchristlicher Zeit dienten sie als Katakomben, im Mittelalter als Wohnhöhlen.

Von Modica aus geht es weiter nach **Ragusa** (65 000 Einw.), dessen interessantester Stadtteil Ragusa Ibla ist. Hier ist die mittelalterliche und barocke Baustruktur noch sehr gut erhalten. Stadtbildprägend ist die Basilika San Giorgio mit ihrer weiten Freitreppe. Daneben lohnen weitere Kirchen und der Giardino Ibleo eine Besichtigung. Im Garten bietet der Belvedere eine schöne Aussicht auf die Berglandschaft.
Die Route führt kurvenreich weiter nach **Comiso** (28 000 Einw.), wo das Castello dei Naselli und der Diana-Brunnen Beachtung verdienen.
Es folgt die Stadt **Vittoria** (52 000 Einw.), die auf achteckigem Grundriß angelegt ist. Diese Art der Reißbrett-Architektur erfreute sich im 17. Jh. großer Beliebtheit.
Über die SS 115, eine breitere und zügig befahrbare Straße, erreicht man **Gela** (75 000 Einw.), eine Küstenstadt, die heute Standort einer großen Erdölraffinerie ist und zudem als Badeort einen gewissen Ruf hat. Hier bestand schon in der Antike eine dorische Kolonie. Sehr beeindruckend sind die altgriechischen Festungsanlagen in der Ausgrabungszone am Capo Soprano, die wohl im 4. Jh. v. Chr. entstanden sind. Die Mauern wurden aus gigantischen Steinblöcken errichtet und auf der Oberseite mit Zinnen und Wehrgängen versehen. Mehrere Verteidigungstürme lassen die Anlage sehr wehrhaft erscheinen. Im angegliederten Archäologischen Museum kann man sich genauer über die Festungsgeschichte informieren.
Weiter geht es auf der an der Küste entlangführenden Staatsstraße. Unterwegs bieten sich wunderschöne landschaftliche Szenerien dar. Man kommt an der zinnen- und türmchenbekrönten Burg Falconara (13. Jh.) vorbei, die von einer schönen Gartenanlage umgeben ist. Von hier eröffnet sich ein märchenhafter Ausblick auf das Meer.
Noch bis **Licata** (42 000 Einw.) fährt man nahe am Wasser entlang. Dann, nach der Einmündung Torre di Gaffe, weicht die Küstenstraße SS 115 etwas weiter ins Hinterland zurück. Schließlich kommt man nach **Agrigent** (ital. Agrigento; 52 000 Einw.), wo man eine längere Pause einlegen sollte. Am Stadtrand erstreckt sich ein Ruinenfeld der griechischen Antike. Höchst sehenswert ist das 'Tal der Tempel' (Valle dei Templi). Außer den verschiedenen Tempelruinen sind auch das Archäologische Museum und die freigelegten Reste der griechisch-römischen Stadt beachtenswert. Ferner sollte man den Dom, die Kirche Santo Spirito und die Kapelle Santa Maria dei Greci besuchen.
Bei Agrigent knickt die Reiseroute scharf in nordöstlicher Richtung, d.h. landeinwärts, ab. Man durchmißt eine Landschaft, in der seit eh und je Schwefel abgebaut wird. Auf der Fahrt entlang der SS 122 passiert man die Ortschaften Favara, Castrofilippo und **Canicattì**, das von ausgedehnten Rebhängen umgeben ist. Hier gedeihen Trauben, die auch als Tafelobst sehr geschätzt sind.
Weitere Stationen der aussichtsreichen Fahrt durch die Berglandschaft sind Serradifalco, San Cataldo und schließlich **Caltanissetta** (62 000 Einw.). Mittelpunkt ist die Piazza Garibaldi, an der außer dem Neptunbrunnen der Dom (1570 – 1622) mit seiner Zweiturmfassade aufragt. Ferner interessieren hier ein Mineralogisches Museum, die Kirche Sant'Agata (17. Jh.) und die auf einem bizarr anmutenden Felsen thronende Burgruine Pietrarossa.

Hauptroute
(Fortsetzung)

Nebenstrecke 4

Ragusa: km 444,1

Vittoria: 468,7 km

Gela: km 500,9

Agrigent:
km 578,8

Caltanissetta:
km 648,9

Enna: km 670,5   Bis zum Zielpunkt Enna bietet die abwechslungsreich verlaufende Straße noch weitere schöne Ausblicke auf die Berge.

Praktische Informationen

Fremdenverkehrs-
ämter

ENNA: EPT, p. Garibaldi, Tel. (0935) 2 11 84. – CALTANISSETTA: EPT, cs. Vittorio Emanuele 109, Tel. (0934) 2 17 31. – AGRIGENTO: EPT, v.le della Vittoria 255, Tel. (0922) 2 69 22. – LICATA: p. Progresso 10, Tel. (0922) 86 18 44. – GELA: AA, v. G. Navarra Bresmes, Tel. (0933) 91 37 88. – VITTO-RIA: v. Palestro 258. – COMISO: v. Ferreri 7, Tel. (0932) 96 15 86. – RAGUSA: EPT, v. Natalelli, Tel. (0932) 2 14 21. – MODICA: p. P. di Napoli 17, Tel. (0932) 94 16 22. – NOTO: p. 16 Maggio, Tel. (0931) 83 67 44. – SYRAKUS (SIRACUSA): EPT, v. S. Sebastiano 47, Tel. (0931) 67 7 10. – PALAZZOLO ACREIDE: v. D'Albergo 76. – CALTAGIRONE: v. Vittorio Emanuele 37, Tel. (0933) 2 10 91. – PIAZZA ARMERINA: AA, v. Garibaldi 1, Tel. (0935) 8 12 01.

Veranstaltungen

ENNA: Festa Patronale (Patronatsfest; 2. Juli). – CALTANISSETTA: Settimana Santa di Pasqua (Prozessionen am Gründonnerstag und am Karfreitag); Tritone d'Oro (Folklore-Festival), Teatro di Reviviscenza (Theaterfest; September). – AGRIGENTO: Sagra del Mandorlo (Mandelblütenfest), internationales Folklorefest, historischer Umzug (Februar); Festa di S. Calogero (Juli); Settimana Pirandelliana (Pirandelli-Woche; Juli/August); Festa di Persefone (Juli/August); Viva Agrigento (Musik- und Theaterdarbietungen; Juli). – LICATA: Settimana Santa (Passionsprozessionen in der Karwoche); Festa di S. Angelo (Mai); Festa del Mare (Meeresfest; August). – GELA: Rassegna di Musica Mediterranea (Tage der Musik des Mittelmeeres; September). – VITTORIA: Fiera dei Vini (Weinfest; Juli). – RAGUSA: Sagra di S. Giorgio (St.-Georgs-Tag, mit Prozession; 25. April); Festa di Giovanni Battista (Fest zu Ehren Johannes' des Täufers; Ende August). – NOTO: Infiorata (Blumenfest; Mai). – SYRAKUS: Theaterzyklus der klassischen Tragödie und Komödie (Mai und Juni, nur in Jahren mit gerader Jahreszahl); Palio del Mare (Wettkampf auf dem Meer; Juli); Festa di S. Lucia (Patronatsfeste am 1. Mai und am 13. Dezember). – CALTAGIRONE: Biennale della Ceramica Siciliana (Festtage der sizilianischen Keramik; alle zwei Jahre im Oktober); Carnevale Calatino (Karneval mit Umzug); Festa di S. Giacomo (Patronatsfest; August). – PIAZZA ARMERINA: Palio dei Normanni (Ritterspiele in mittelalterlichen Kostümen; 13./14. August).

Küche

Von den charakteristischen Spezialitäten der Region um Enna sollte man insbesondere die 'Pasta 'ncasciata' (Makkaroni mit Fleischsauce, Schweinebauch, gekochtem Ei, Salami, Auberginen oder Erbsen und Käse) versuchen, die 'Salsiccia con Semi di Finocchio' (Wurst mit Fenchelsprossen), die 'Ravioli di Ricotta al Miele' (Ravioli mit Honig-Quark-Füllung) oder 'Capretto' (Ziegenkitzbraten), der auf verschiedene Arten zubereitet wird. Spezialitäten der Gegend um Agrigent sind 'Pasta con le Sarde' (Teigwaren mit Sardinen), 'Pizza Regina', 'Pitaggio' (Erbsen, weiße Bohnen und Artischocken) und 'Mmiscata' (aus Auszugsmehl mit schwarzen Oliven und Schafskäse). Beliebte Süßspeisen sind die berühmte sizilianische 'Cassata', 'Cannoli', 'Mostaccioli' und 'Cuscus Dolce'. In der Ebene von Gela ißt man die Makkaroni gerne mit Auberginen, mit der 'Tinte' des Tintenfischs (Nero di Seppia) und mit Sardinen. Sehr empfehlenswert sind auch 'Mpanata' (Fladen aus Brotteig, gefüllt mit Gemüse, Fleisch und Fisch), 'Pupi di Zucchero' oder 'Pasta di Mandorla' (Mandelteigwaren). Kulinarische Besonderheiten aus Ragusa sind: 'Trippa all'Olivetana' (Kutteln), 'Coniglio alla Licuddiana' (Kaninchen), 'Tacchino Ripieno di Carne' (gefüllter Truthahn) und der Käse 'Caciocavallo'. Außerdem spielt natürlich überall an der Küste der Fisch eine dominierende Rolle, insbesondere 'Pesce Azzurro' (Blauer Fisch), 'Triglia' (Seebarbe), 'Nasello' (Seehecht), 'Sogliole' (Seezunge) und 'Merluzzo' (Kabeljau).

Tour 43: Arabische Einflüsse

Der Westen Siziliens und die Ägadischen Inseln

Sizilien

Region

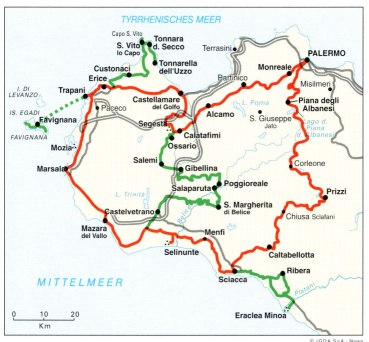

© I.G.D.A. S.p.A - Novara

Das Gold-Orange der Conca d'Oro (dt. = Goldene Schale) ist trüb geworden: Die Küstenebene um die Bucht von Palermo hat durch den sich aus-
breitenden Beton der sizilianischen Hauptstadt mittlerweile leider den
Zauber verloren, der von den Orangenhainen ausgegangen ist. An der
übrigen Westküste dagegen dominiert nach wie vor die Farbe Weiß. Das
Weiß der Salzgewinnungsanlagen und der gekalkten Häuser, die so hell
strahlen wie zum Trocknen aufgehängte Bettlaken, sind aus dem Landschaftsbild nicht wegzudenken. Ein stetiger salziger Wind dreht die Flügel
gewaltiger Mühlen, und es schweben traurig klingende altertümliche
Gesänge in der Luft. Es sind die traditionellen Lieder der in den Thunfischfangstationen arbeitenden Menschen, die heute nur noch für die Touristen
angestimmt werden. Und auf der Fahrt durch die Monti Sicani im Landesinneren stößt man auf versteckte Bergdörfer wie Caltabellotta, Prizzi und
Corleone, die, in sich völlig abgeschlossen wirkend, wie Adlerhorste auf
schier unzugänglichen Berggipfeln erbaut sind.

Landschaftsbild

Entlang der Westküste Siziliens ermöglicht die Geradlinigkeit der Staatsstraßen ein zügiges Vorankommen. Im Landesinneren dagegen, in den
Bergen um Gibellina sowie zwischen Sciacca und Piana degli Albanesi,
verläuft die Route auf extrem kurvigen, teilweise auch schmalen oder

Streckenmerkmale

Tour 43

holprigen Sträßchen. Den höchsten Punkt erreicht man bei Prizzi (966 m
ü.d.M.). Ansonsten bewegt man sich in den Bergen etwa 400 bis 500 Meter
über dem Meeresspiegel. Palermo ist mit Trapani und Mazara auch durch
Autobahnen, die A 29 und die A 29 dir, verbunden.

Streckenbeschreibung

Palermo: km 0

Die sizilianische Hauptstadt **Palermo** (700 000 Einw.) erreicht man im allgemeinen per Fähre. Zwischen dem Hafen und Corso Calatafimi findet
man einige bedeutende Sehenswürdigkeiten: das reichhaltige Archäologische Museum, die Angolo dei Quattro Canti, die prächtige Kirche La Mar-
torana, die grandiose Kathedrale, den festungsartigen Palazzo dei Normanni (9. – 12. Jh.), ferner die Ruine der Kirche San Giovanni degli Eremiti,
die barocke Via Maqueda, die Galleria Regionale, das verspielte ehemalige
normannische Lustschloß 'La Zisa' (arab. 'aziza' = dt. 'schön') und den
üppigen Botanischen Garten. Nachhaltigen Eindruck hinterläßt auch ein
Besuch des 'Vucciniria', jenes überaus malerischen und volkstümlichen
Marktes im Herzen der Altstadt.

Die SS 186 steigt rasch zur Kammlinie der Berge, die Palermo umgeben,
hinauf. Von dort oben bietet sich ein faszinierendes Panorama des Golfes
von Palermo und des Küstenhofes namens 'Conca d'Oro', in den die sizi-

Monreale:
km 10,8

lianische Hauptstadt eingebettet ist. Man erreicht **Monreale** (24 000
Einw.). Der prachtvolle und mit wertvollen Holzschnitzarbeiten sowie
Mosaiken ausgeschmückte Dom ist eines der kunsthistorisch bedeutend-
sten Bauzeugnisse der Normannenzeit.

Alcamo: km 49,8

Nach einer Straßengabelung, an der man sich rechts hält, geht es durch
Hügelland weiter nach Partinico, von wo aus die SS 113 nach **Alcamo**
(42 000 Einw.) weiterführt. Man kreuzt die Autobahn und erreicht eine

Calatafimi:
km 68,4

Bahnstation, an der man in Richtung **Calatafimi** (arab. 'Qalat al Fimi') einschwenkt. Hier gibt es eine Burgruine zu sehen. Außerdem hat der Freiheitskämpfer Giuseppe Garibaldi seine Spuren hinterlassen.

**Alternativstrecke:
Calatafimi –
Campobello di
Mazara (97 km)**

Diese Strecke verläuft ein Stück weit auf der SS 188, jener Straße, auf der
sich schon Garibaldi und seine 'Schar der Tausend' im schicksalsträchti-
gen Jahr 1860 bewegt haben. In **Salemi** (arab. 'salem' = dt. 'Gesundheit'),
einem hübsch gelegenen Ort, verkündete der Freiheitsheld seine berühmte Proklamation, in der er die alleinige Herrschaft über die Insel im
Namen des Königs von Italien für sich beanspruchte. Im Museo del Risorgimento kann man sich genauer über die damaligen Ereignisse informieren. Beachtenswert ist ferner eine mittelalterliche Burg, die zur Zeit des
Stauferkaisers Friedrich II. ausgebaut worden ist.

Weiter geht es ins Valle del Belice, ein Tal, das von dem starken Erdbeben
des Jahres 1968 besonders stark heimgesucht worden ist. Nach Gibellina
Nuova und Santa Ninfa fährt man auf der SS 119 weiter. Auf schmalen
Bergsträßchen passiert man die völlig zerstörten (und einige Kilometer entfernt wiederaufgebauten) Ortschaften Salaparuta und Poggioreale sowie
die teilweise wiederaufgebauten Dörfer **Santa Margherita di Belice** und
Montevago.

Der besonders kurvenreiche und bergige Streckenabschnitt endet in Par-
tanna, von wo aus man nach **Castelvetrano** (32 000 Einw.) weiterfährt.
Nicht weit von hier steht das Kirchlein SS. Trinità di Delia, ein byzantinisch
anmutender Kreuzkuppelbau mit arabischen Einflüssen aus dem 12. Jahrhundert. In Sichtweite erstreckt sich ein See, der ebenfalls den Namen Trinità (Dreifaltigkeit) trägt. Bei Campobello di Mazara erreicht man wieder
die Hauptroute.

Nur wenige Kilometer sind es von Calatafimi bis zu den Bauruinen der griechischen Antike bei **Segesta.** Diese Gegend ist oft recht starken Winden

Vor den Tempelruinen von Selinunt ▶

Tour 43

Hauptroute (Fortsetzung)

ausgesetzt. Bemerkenswert sind vor allem der dorische Säulenhof mit der Bezeichnung 'Il Tempio' (dt. = Tempel; 5. Jh. v. Chr.) sowie das sehr gut in die Landschaft eingefügte Theater aus dem 5. Jh. v. Chr.

Castellammare del Golfo: km 94

Jetzt geht es hinunter an die Küste nach **Castellammare del Golfo** (14 000 Einw.), einem faszinierenden Gewirr aus Häusern und winzigen, verwinkelten Gassen in der Art einer arabischen Kasbah. Auf der SS 187 fährt man westwärts durch Wälder und an Rebhängen vorbei nach **Valderice.**

Nebenstrecke 1

Vor Valderice biegt man auf ein Sträßchen ab, das zum Kap S. Vito führt, der äußersten nordwestlichen Spitze Siziliens. Zunächst kommt man zur Tonnara di Bonagia, einer der wenigen noch bestehenden Thunfischfangstationen auf der Insel. Zwischen Bonagia und Custonaci befindet sich eine verlassene Hofstelle inmitten einer gewaltigen Karsthohlform. An diesen Platz gelangt man eine 30 m hohe Felsspalte, die an einem Berg oberhalb der Straße aufklafft. Hinter Custonaci zweigt man auf eine leicht abschüssige und aussichtsreiche Straße ab, die nach **San Vito lo Capo** führt. Das hübsche Fischerdorf hat sich in den letzten Jahren zum Touristenort gemausert. Es hat einen schönen Badestrand, und das Meer ist hier noch relativ sauber. In der näheren Umgebung kann man einige Grotten (u.a. Cala Macina und Racchio), den mächtigen Turm auf der äußersten Landspitze des Kap San Vito und eine weitere Thunfischfangstation (Tonnara del Secco) besichtigen.

Die Straße endet an der Tonnarella dell'Uzzo bzw. an der Riserva Naturale dello Zingaro. In diesem Naturschutzgebiet trifft man auf eine noch relativ intakte Pflanzen- und Tierwelt. Außerdem gibt es hier einige bezaubernde kleine Buchten und Strände.

Erice: km 225,2

In das Städtchen **Erice** (25 000 Einw.), das auf dem Gipfel des gleichnamigen, 751 m hohen Berges liegt, gelangt man auf einer engen Serpentinenstraße. Das mittelalterliche Stadtbild ist noch intakt. Es gibt eine Stadtmauer, eine Burg und viele hübsche aufgepflasterte Gäßchen. An klaren Tagen reicht der Blick vom Monte Erice bis hinunter an die Küste von Marsala.

Trapani: km 239,2

Nach weiteren 15 km erreicht man die Stadt **Trapani** (72 000 Einw.), die auf einer sichelförmig gebogenen Landzunge erbaut ist. An der Spitze der Halbinsel steht die markante Torre di Ligny, die eine archäologische und ortsgeschichtliche Ausstellung beherbergt. Darüber hinaus beachte man das Santuario dell'Annunziata (Marienwallfahrtsstätte) und das Museo Regionale di Pepoli mit Sammlungen des Grafen Pepoli und einer großartige Bildwerke umfassenden Pinakothek. Sehr reizvoll ist ein Bummel entlang der Uferpromenade und in die Altstadt.

Nebenstrecke 2

Empfehlenswert ist ein Abstecher zur südwestlich vorgelagerten Insel **Favignana** (4500 Bewohner), auf der es ca. 12 km asphaltierte Straßen gibt. Wildromantisch bietet sich die Steilküste mit ihren Grotten dar.

Von Trapani aus verläuft die Hauptstrecke an der Westküste entlang, wobei man an einigen Salzgärten vorbeikommt. Etliche, meist stillgelegte Windmühlen sind die Farbtupfer in einer insgesamt als heiter zu charakterisierenden Landschaft. Nach 18 Kilometern erreicht man den Bootsanleger, von dem aus man zur unmittelbar vor der Küste liegenden kleinen Insel Mozia übersetzen kann. Auf diesem Eiland kann man interessante Funde aus der Zeit der Phönizier und Karthager bestaunen. Bald kommt man

Marsala: km 290,5

nach **Marsala** (80 000 Einw.), das für seinen schweren Wein bekannt ist. Hier hat schon die karthagische und später auch die römische Siedlung Lilybaeum bestanden. Noch heute kann man gelegentlich den Ortsnamen 'Lilibeo' hören. Die Araber benannten die Siedlung später um in 'Marsà Allah' (dt. = Hafen Gottes). Am Capo Lilibeo lädt das Museo Nazionale Lilibeo zu einem Besuch ein. In dem archäologischen Funde aus der Gegend um Marsala und Mózia sowie ein rekonstruiertes punisches Schiff aus dem 3. Jh. v. Chr. ausgestellt sind. Unbedingt besuchen sollte man eine der Weinkellereien, die hier 'Baglio' genannt werden, und in denen man verschiedene Qualitätsstufen des 'Marsala' probieren kann.

Die Ausgrabungen von Eraclea Minoa

Über die Küstenstraße SS 115 gelangt man zügig nach **Mazara del Vallo** (44 000 Einw.), das Stützpunkt einer größeren Fischfangflotte ist. In dem malerisch an der Mündung des Flüßchens Mazaro angelegten Hafen herrscht reger Betrieb. Von den Baudenkmälern der Stadt sei insbesondere auf die Kathedrale verwiesen. Nächste Station ist **Campobello di Mazara**, in dessen Nähe man die antiken Cave di Cusa besichtigen kann, aus denen die Selinunter im 6. und 5. Jh. v. Chr. das Baumaterial für ihre Tempel holten. Wenig später erreicht man die Ausgrabungen der antiken Stadt Selinunt (griech. 'sélinon' = dt. 'Petersilie'), die mit ihren acht Tempeln des 6. und 5. Jh.s v. Chr. und dem nahegelegenen Demeter-Heiligtum eine der größten und bedeutendsten antiken Stätten Siziliens ist.

Hauptroute (Fortsetzung) Mazara del Vallo: km 312,5

Weiter geht es nach **Menfi**, einem typischen Bergstädtchen aus dem 17. Jh., und in die Hafenstadt **Sciacca** (37 000 Einw.), wo die Casa Steripinto, der Dom, das Castello dei Luna und die Schwefelbäder (Terme Selinuntine; an der Stelle der antiken Thermen der Selinunter) beachtenswert sind.

Menfi: km 369,3

Ein interessanter Abstecher führt zunächst nach **Ribera** (20 000 Einw.), dem Zentrum eines größeren Orangenanbaugebietes und über Montallegro zu den Ruinen von **Eraclea Minoa**. Beachtenswert in dem Ausgrabungsfeld ist vor allem das Theater. – Über die Küstenstraße geht es zurück nach Sciacca.

Nebenstrecke 3

Eraclea Minoa: km 428,9

Von Sciacca aus verläuft die Route landeinwärts nach **Caltabellotta**, das in einer grünen, aber dennoch herben Bergregion liegt. Das Städtchen am Fuße eines Burgfelsens gilt als besonders typisch für Sizilien. Es empfiehlt sich, mit dem Motorrad bis zur Kirche S. Salvatore hinaufzufahren. Von hier führt eine Treppe zur Burg hinauf, von der man einen außergewöhnlichen Rundblick genießen kann. Anschließend hält man sich links und fährt bis zu einer Kreuzung, an der man auf die SS 188 abbiegt. Dieser Fahrweg verläuft recht kurvenreich durch die Monti Sicani bis nach Prizzi. Auf der SS 118 gelangt man nach **Corleone** und weiter zur Abzweigung nach

Caltabellotta: km 480,8

Corleone: km 553,6

Tour 43

<table>
<tr><td>Hauptroute
(Fortsetzung)</td><td>Lupotto. Dort beginnt mit dem Bosco della Ficuzza eines der schönsten Waldgebiete Siziliens, das in vergangenen Zeiten Jagdgebiet war. Man steuert **Piana degli Albanesi** (6000 Einw.) an, die größte albanische Kolonie auf der Insel. Die Einheimischen haben sich ihre Sprache, ihre Religion und ihre traditionellen Trachten erhalten.</td></tr>
<tr><td>Palermo: km 614,9</td><td>Danach fährt man an der Ortschaft Altofonte vorbei und kommt wieder in die sizilianische Hauptstadt Palermo zurück.</td></tr>
</table>

Praktische Informationen

<table>
<tr><td>Fremdenverkehrs-
ämter</td><td>PALERMO: EPT, p. Castelnuovo 35, Tel. (091) 583847. – MONREALE: AA, v. Belmonte 43, Tel. (091) 540122. – ALCAMO: p. Ciullo, Tel. (0924) 21144. – CALATAFIMI: p. Municipio 9, Tel. (0924) 51126. – CASTELLAMMARE DEL GOLFO: v. Marconi 133, Tel. (0924) 31221. – SAN VITO LO CAPO: p. Vittorio Emanuele, Tel. (0923) 972253. – ERICE: AA, v. C. A. Pepoli 56, Tel. (0923) 869388. – TRAPANI: EPT, p. Saturno, Tel. (0923) 29000. – FAVIGNANA: p. Matrice 7, Tel. (0923) 921647. – MARSALA: v. Garibaldi 45, Tel. (0923) 958097. – MAZARA DEL VALLO: p. della Repubblica, Tel. (0923) 941695. – CASTELVETRANO: cs. Vittorio Emanuele 102, Tel. (0924) 41015. – SCIACCA: AA, cs. Vittorio Emanuele 84, Tel. (0925) 22744. – RIBERA: cs. Umberto, Tel. (0925) 66966. – PIANA DEGLI ALBANESI: p. Vittorio Emanuele, Tel. (091) 8571043.</td></tr>
<tr><td>Fähren</td><td>Regelmäßig verkehren Autofähren zwischen Palermo, Genua, Neapel und Cagliari. Die Insel Favignana erreicht man per Fähre von Trapani (1 Std.) aus, während von Mózia aus lediglich Personenfähren nach Favignana übersetzen.</td></tr>
<tr><td>Veranstaltungen</td><td>PALERMO: Opera dei Pupi (Kinderoper; das ganze Jahr über); Fiera del Mediterraneo (Dezember). – MONREALE: Festa del 1 Maggio (Fest zum 1. Mai; künstlerische und kulturelle Darbietungen). – CALATAFIMI: Festa Grande ('Großes Fest'; alle fünf Jahre im Mai). – SALEMI und GIBELLINA: Festa di S. Giuseppe, Mostra del Pane (Josefsfest, Brotmarkt). – SEGESTA: Alle zwei Jahre klassische Theaterdarbietungen. – SAN VITO LO CAPO: Settimana Gastronomica (Gastronomische Woche; August). – ERICE: Biennale dei Cortiletti Fioriti (alle zwei Jahre, Juli/August); Zampogna d'Oro ('Goldener Dudelsack'; Dezember). – TRAPANI: Karfreitagsprozession; Luglio Musicale Trapanese (Musikwoche; Juli). – FAVIGNANA: Sagra del Tonno (Thunfischfest; Mai). – MARSALA: Fiera del Vino (Weinfeste im Mai, September und Oktober). – MAZARA DEL VALLO: Sagra di S. Vito (mit historischer Prozession; August). – SCIACCA: Sagra del Mare (Meeresfest; Juni). – RIBERA: L'Incontro (folkloristisch-religiöse Darbietung; April); Fiera Agricola e Artigianale (Landwirtschafts- und Handwerksmesse; April). – PIANA DEGLI ALBANESI: Pasqua Albanese (Osterfeierlichkeiten nach byzantinischem Ritus, Trachtenumzug der Frauen).</td></tr>
<tr><td>Küche</td><td>Herausragend sind die 'Pasta con le Sarde' (Teigwaren mit Sardellen, Sardinen, Zwiebeln, Tomaten u.a.), 'Pasta con la Norma' und 'Spaghetti alla Carrettiera'. In den Städten an der Südküste ist das arabische 'Cous-cous' sehr verbreitet. Beim Fisch sind der Vielfalt und Phantasie kaum Grenzen gesetzt. Besonders zu erwähnen sind: 'Tonno alla Cipollata' (Thunfisch mit Zwiebeln), 'Pesce Spada al Forno' (gebackener Schwertfisch) und 'Polpo alla Marinara Cotto nel Coccio' (Krake aus dem Tontopf). Typisch sind auch: 'Farsumagru' (Fleischroulade mit einer Füllung aus Salami, Eiern, Käse, Kapern, Oliven und Petersilie) sowie 'Caponata' (Pastete mit Auberginen, Tomaten, Kapern, Knoblauch und Käse). Sehr gut sind die Süßspeisen. Dies gilt nicht nur für 'Cassata' (Quarktorte mit kandierten Früchten), sondern auch für 'Pasta di Mandorle' (süße Mandelteigwaren), 'Cannoli di Ricotta' (Quarkröllchen) und viele Eisspezialitäten. Die Weine sind schwer, insbesondere der berühmte 'Marsala'.</td></tr>
</table>

Tour 44: Wo der Maestrale weht

Von der Costa Smeralda bis zum Kap Caccia

Sardinien   Region

© I.G.D.A. S.p.A. - Novara

Seien es die vom Maestrale (franz. 'Mistral') glattgeschliffenen und zum Teil bizarr geformten Felsen, sei es der überall in der Luft schwebende mediterrane Duft, seien es die Fischerdörfer in versteckten kleinen Buchten, sei es der türkisblaue Schimmer des Meeres oder einfach nur das Gefühl, eine Landschaft zu durchfahren, die noch im Gleichgewicht zu sein scheint, eine Landschaft, die sich einem mit jeder Straßenbiegung, mit jeder Ortschaft und mit jedem sich auftuenden Panorama in neuen Facetten erschließt: Dieser Teil Sardiniens ist auf jeden Fall eines der letzten echten Paradiese für den Motorradfahrer.

Landschaftsbild

Das Straßennetz spiegelt insofern die Abgeschiedenheit Sardiniens wider, als es keine Autobahnen gibt, sondern lediglich eine – allerdings gut ausgebaute und in gutem Zustand gehaltene – 'Superstrade' (Schnellstraße). Im Norden Sardiniens, durch den die im folgenden beschriebene Route führt, verbindet diese Verkehrsachse die Städte Sassari und Olbia miteinander. Ansonsten fährt man auf sehr unterschiedlichen Pisten, deren Qualitäten vom schmalen gewundenen Sträßchen bis hin zu bequemen Geraden reichen. Höchster Punkt ist der Monte Limbara in der Nähe von Tempio Pausania, wo man 1359 m ü.d.M. erreicht. Ansonsten bewegt man sich zwischen 50 m und 350 m über dem Meeresspiegel.

Streckenmerkmale

Streckenbeschreibung

Olbia: km 0

Die Stadt **Olbia** (33 000 Einw.) ist der wichtigste Fährhafen Sardiniens. Der Hafen und die Bucht bieten einen reizvollen Anblick. Auf der Straße nach **Golfo Aranci** (2000 Einw.) kommt man am Pozzo Sacro (Heiliger Brunnen) vorbei. Bis zu dem an der Spitze einer Landzunge gelegenen Ort hat man einen herrlichen freien Blick aufs Meer. In Golfo Aranci unterhalten die italienischen Eisenbahnen den einzigen Eisenbahnfähranleger der Insel. Nachdem man die Halbinsel umrundet hat, schwenkt man nach rechts und fährt am wunderschönen Golf von Marinella entlang.

Golfo Aranci: km 19,2

Nebenstrecke 1

Ein Abstecher auf einem kleinen, landschaftlich jedoch besonders reizvollen Sträßchen führt nach **Porto Rotondo,** dem wohl elegantesten Ferienort Sardiniens, der erst in den sechziger Jahren entstanden ist. Erkennbar ist das Bemühen um eine ansprechende mediterrane Architektur.

Porto Cervo: km 59,6

Die Hauptroute verläuft auf der Küstenstraße entlang der höchst idyllischen Costa Smeralda (dt. = 'Smaragdküste') nach **Porto Cervo,** einem der bekanntesten Orte Sardiniens, der inzwischen zum modernen großen Tourismuszentrum herangewachsen ist. Weiter geht es durch ein Gebiet, das über weite Flächen von der für den Mittelmeerraum typischen Macchia bewachsen ist. Dazwischen sieht man noble Villen und Hotels. Der Weg führt an die **Baia Sardinia.**

Arzachena: km 82,1

Von hier geht es über einige felsige Anhöhen kurvenreich hinauf nach **Arzachena** (8500 Einw.), von wo aus man einen sehr reizvollen Blick auf die Landschaft mit ihren recht ungewöhnlichen Erosionsformen genießen kann.

Alternativstrecke: Arzachena – Palau

Von der Ortschaft Mulino di Arzachena aus kann man mit einem geländegängigen Motorrad auch direkt am Golf von Arzachena entlangfahren. Man kommt durch die Ortschaften Cannigione und Isuledda. Schließlich erreicht man die Landspitze Capo d'Orso (dt. = 'Kap des Bären'). Der Name stammt von einem auffallenden Felsen, der durch Winderosion in etwa die Form eines bulligen Vierbeiners erhalten hat. Nicht weit ist es von hier nach Palau, wo man wieder auf die Hauptroute gelangt.

Palau: km 96,1

Von Arzachena aus geht es weiter nach **Palau** (2500 Einw.), von wo aus Fähren zu den vorgelagerten Isole della Maddalena übersetzen.

Nebenstrecke 2

Lohnend ist ein Abstecher zu den beiden größeren Inseln dieses Archipels. Die beiden Eilande sind durch eine Drehbrücke miteinander verbunden. Auf der **Isola della Maddalena** gibt es hübsche Sträßchen und Buchten sowie beliebte Ferienkomplexe. Die **Isola di Caprera** ist als Naturreservat ausgewiesen und besticht durch ihre herbe landschaftliche Schönheit. Auf dieser Insel kann man auch das Wohnhaus und das Grab des Freiheitshelden Giuseppe Garibaldi aufsuchen.

Santa Teresa Gallura: km 143,1

Von Palau aus fährt man auf der SS 133 weiter. An der Kreuzung nach der Brücke über das Flüßchen Liscia biegt man auf die SS 133 bis ab, die nach **Santa Teresa Gallura** (4000 Einw.) führt. Dieser Ort liegt am Beginn einer fjordartigen Bucht. Auf der äußersten Landspitze steht der zylindrische Torre Langosardo wie ein Wachposten an der Straße von Bonifacio. Nördlich gegenüber zeichnet sich das Küstenprofil der Nachbarinsel Korsika ab.

Nebenstrecke 3

Ein etwa 5 km langer, landschaftlich überaus reizvoller Abstecher mit schönem Blick auf die Klippenküste führt von Santa Teresa zum Capo Testa. Die felsige Berghalbinsel hat in etwa die Form eines menschlichen Kopfes, daher der Name 'Testa' (dt. = 'Kopf').

Auf den Klippen des Capo d'Orso ▶

Tour 44

Hauptroute
(Fortsetzung)

Die Hauptroute zieht parallel zur Küste in südwestlicher Richtung weiter. Immer wieder bieten sich überwältigende Ausblicke. Interessant sind die rötlich gefärbten Klippen der Costa Paradiso, ferner die kleine Insel **Isola Rossa** mit den bekannten Felsen, die im Volksmund 'geduckte Indianer' heißen, weil der Wind hier zwei menschenähnliche Profile geschaffen hat. An der Kreuzung der SS 133 mit der SS 134 erkennt man eine weitere von der Natur geschaffene Skulptur, die einem Elefanten unähnlich ist.

Castelsardo:
km 242,6

Das Küstenstädtchen **Castelsardo** (5500 Einw.) liegt, noch von seiner alten Stadtmauer umgeben, sehr reizvoll auf einer hohen Berghalbinsel fast senkrecht über dem Meer. Eine Burg, eine Kathedrale (16. Jh.) und malerische Gäßchen verleihen dem Ort seine eigene Atmosphäre. Von Castelsardo aus fährt man direkt am Meer entlang und berührt den längsten Strand im Nordwesten von Sardinien, der von den Bewohnern der Stadt Sassari stark frequentiert wird.

Porto Torres:
km 276,4

Hinter Platamona Lido mit seinen schönen Pinien und Eukalyptusbäumen gelangt man nach **Porto Torres** (22000 Einw.), einer geschäftigen Industriestadt. Sehenswert sind hier Baureste aus der Römerzeit (Thermen, Aquädukt, Brücke, Nekropole) und die Basilica di San Gavino aus dem 11. Jahrhundert.

**Alternativstrecke:
Porto Torres –
Alghero (140 km)**

Nachdem man die Industriezone von Porto Torres umfahren hat, steuert man nach **Stintino** (700 Einw.), einem charakteristischen Fischerdörfchen mit farbenfrohen Häuserfassaden. Noch 5 km sind es von hier bis zur äußersten Landspitze, dem Capo Falcone mit dem schönen Badestrand Spiaggia di Pelosa. Von hier setzt man zur Insel Asinara über, die einstmals Sträflingsinsel gewesen ist. Nach Stintino zurückgekehrt, führt der Weg nach **Argentiera**, einer verlassenen Bergwerkssiedlung, die einen höchst eigenwilligen Reiz ausstrahlt. Man fährt weiter in Richtung Süden und kommt auf die SS 127, die entlang des Golfes von Porto Conte verläuft. Man erreicht schließlich die Südspitze der Halbinsel, das **Capo Caccia**. Hier stürzen die Felsen fast senkrecht ins Meer.
Unten hat das Meer die sog. 'Grotte di Nettuno' (Neptunsgrotten) ausgewaschen. Man kann diese Höhlen zu Fuß vom oberen Klippenrand über eine aus mehr als 600 Stufen bestehende, in die Felswand gehauene Treppe erreichen. Recht eindrucksvoll sind auch die natürliche Felsenbrücke bei dem Inselchen Foradada und die tief eingeschnittene, fjordähnliche Cala dell'Inferno.
Weiter geht es in Richtung Alghero, wobei sich eine Fahrtunterbrechung beim Nuraghen Palmavera lohnt. Diese berühmten, aus großen Steinblöcken errichteten Türme auf Sardinien sind Bauzeugnisse aus vorgeschichtlicher Zeit.

Sassari:
km 295,4

Die Stadt **Sassari** (120000 Einw.) liegt etwa 10 km vom Meer entfernt auf einem Kalkfelsplateau. Bemerkenswert ist die Altstadt, die deutlich katalanisch geprägt ist. Im Zentrum steht der Dom, an dem vom 13. bis zum 18. Jh. gebaut worden ist. Sehenswert sind auch das Museo Sanna und die Rosello-Quelle.
Man verläßt die Stadt auf der SS 291 und hält sich links in Richtung der Gräberstadt Necropoli di Anghelu Ruiu. Diese umfaßt zahlreiche Höhlen, die bereits in der Steinzeit benutzt worden sind. Die hier gemachten archäologischen Funde gelten als sehr bedeutend.
Die nächste größere Siedlung ist **Alghero** (38000 Einw.). Die teilweise noch von einer türmchenbesetzten Mauer umfaßte Altstadt ist auf einem ins Meer hinausragenden Landvorsprung errichtet. Sehenswerte Bauten sind die Kathedrale, der Kreuzgang des Klosters S. Francesco und der Palazzo Machin. Recht hübsch und lebhaft bietet sich auch der Hafen dar. Ab Alghero ist die Küstenstraße ziemlich schmal und kurvenreich. Dieser felsige, nur spärlich besiedelte Abschnitt der Westküste Sardiniens bietet immer wieder großartige Panoramen. Schließlich kommt man nach **Bosa** (9000 Einw.), das am Fuße eines Berges liegt. Auf dem Gipfel thront sehr imposant das Castello di Serravalle, das die Genueser Dynastie Malaspina im Jahre 1112 erbauen ließ.

Die Hauptroute knickt hier ins Hinterland ab. Man fährt auf der SS 129 in Richtung Nuoro. Gleich hinter **Sindia** mit romanischer Kirche S. Pietro (12. Jh.) taucht der Nuraghe Montecòdes auf. Bei **Macomer** (11 000 Einw.) steht ein besonders eindrucksvoller Nuraghe, der den Namen 'Santa Barbara' trägt. Von diesem Baukomplex ist noch der zentrale Hauptturm erhalten, der auf einer breiten vieleckigen Plattform steht. Danach fährt man ein kurzes Stück in Richtung Bosa zurück und biegt rechts in Richtung Pozzomaggiore bzw. des Nuraghe Peidru ab. An einer nächsten Abzweigung hält man sich rechts und fährt auf **Bonorva** (5000 Einw.) zu. Bevor man dieses Städtchen erreicht, passiert man noch die Nuraghen Scolca und Codes sowie die Tres Nuraghes. Von Bonorva aus geht es auf der Schnellstraße SS 131 'Carlo Felice' ein kleines Stück nordwärts. Unmittelbar bei der ersten Ausfahrt steht der Nuraghe S. Antine, eines der größten und bekanntesten Bauwerke seiner Art auf Sardinien. Weiter geht es nach **Torralba** (1200 Einw.) und über die SS 128 nach **Ozieri** (12 000 Einw.), wo einige schöne Wandmalereien des sardischen Künstlers Aligi Sassu zu besichtigen sind. Die Route biegt nunmehr nach links in Richtung Chilivani ab, wo man auf eines der interessantesten Gotteshäuser der Insel trifft: die Chiesa di San Antioco di Bisarcio, die einsam auf dem Absatz eines Felshanges steht. Über die SS 597 kommt man weiter nach **Oschiri,** wo die SS 392 nach links – in Richtung Tempio Pausania – abzweigt.

Ein Serpentinensträßchen führt hinab nach **Coghinas** am Ufer des gleichnamigen Stausees.

Ein ganzes Stück weiter zweigt ein Sträßchen zum Monte Limbara ab. Auf dem Berg, von dem man eine überwältigende Aussicht genießen kann, stehen eine Kapelle sowie Fernseh- und Radiosendeanlagen. Nachdem man auf die SS 392 zurückgekehrt ist, erreicht man das am Fuße des Monte Limbara gelegene Städtchen **Tempio Pausania** (14 000 Einw.), das mit seinen grauen Steinbauten ein an das 18. Jh. erinnerndes Bild bietet.

Hauptroute (Fortsetzung)
Macomer: km 405

Oschiri: km 496,3

Nebenstrecke 4

Tempio Pausania: km 561,8

Nuraghe Santu Antine bei Torralba

Nebenstrecke 5

Von **Aggius** aus, das sich eindrucksvoll an steile Felshänge schmiegt, lohnt ein kleiner Abstecher in Richtung Trinità d'Angultu. Dabei kommt man durch das außergewöhnliche 'Valle della Luna' (dt. = 'Tal des Mondes'), ein Trockental, in dem gewaltige Felsmassen vulkanischen Ursprungs verstreut sind.

Calangianus:
km 600,2

Von Tempio Pausania verläuft die Route auf der SS 127 weiter. Man kommt nach **Calangianus,** wo die einzige Schule Sardiniens für angehende Korkbe- und -verarbeiter steht.

Olbia: km 636,2

Weiter geht es auf der SS 127, die im weiteren Verlauf einiges an Fahrvergnügen bietet, zur Einmündung in die SS 389. Letztere führt zurück nach Olbia.

Praktische Informationen

Fremdenverkehrs-
ämter

OLBIA: AA, v. C. Piro 1, Tel. (0789) 2 14 53. – ARZACHENA: AA, p. Risorgimento, Tel. (0789) 8 28 48. – PALAU: AA, v. Nazionale, Tel. (0789) 70 95 70. – LA MADDALENA: AA, v. 20 Settembre 24, Tel. (0789) 73 63 21. – SANTA TERESA GALLURA: AA, p. Vittorio Emanuele, Tel. (0789) 75 41 27. – TRINITA D'AGULTU: cs. Vittorio Emanuele 59, Tel. (079) 68 11 41. – SASSARI: EPT, p. Italia 19, Tel. (079) 2 33 7 29. – CASTELSARDO: v. del Bastione 2, Tel. (079) 47 05 85. – ALGHERO. AA, p. di Porta Terra, Tel. (079) 97 90 54. – BOSA: v. Azuni, Tel. (0785) 3 35 80. – TEMPIO PAUSANIA: p. Galura 2, Tel. (079) 63 12 73.

Fähren

Täglich verkehren Eisenbahnfähren zwischen Civitavecchia und Golfo Aranci. Autofähren verkehren zwischen Civitavecchia bzw. Genua und Olbia sowie zwischen Genua und Porto Torres. Weitere Fährverbindungen bestehen zwischen Livorno und Olbia bzw. Porto Torres. Zur Insel Maddalena verkehren Fähren von Palau und Santa Teresa Gallura aus.

Veranstaltungen

OLBIA: Aufführungen sardischer Folkloregruppen auf dem Hauptplatz der Stadt (Juli/August). – GOLFO ARANCI: Festa dell'Assunta (Fest der Jungfrau Maria, mit Bootsprozession auf dem Meer und Fischerfest; 15. August). – COSTA SMERALDA: Rallye Costa Smeralda (ab Porto Cervo; April); Sardinia Cup (Segelwettbewerb; September). – PALAU: Maratona Velica, Sagra del Pesce (Segelmarathon rund um die Inselgruppe Maddalena, Fischfest; August). – SANTA TERESA GALLURA: Sardisches Trachtentreffen (Juli). – CASTELSARDO: Schau der mediterranen Korbflechtkunst und des sardischen Handwerks (September); Estemporanea di Scultura in Legno (Ausstellung für Holzschnitzkunst; Juli). – SASSARI: Schau des sardischen Handwerks (Mai); Cavalcata Sarda ('Sardischer Ritt'; historische Veranstaltung im Mai); Processione dei Candelieri (Lichterprozession; 15. August). – ALGHERO: Settimana Santa (religiöse Zeremonien in katalanischer Sprache während der Karwoche); Sagra del Pescatore (Fischerfest); 'Mondo Sommerso', 'Nettuno d'Oro' (September). – BOSA: Santa Maria del Mare (Bootsprozession; August). – MACOMER: Festa di S. Antonio (drei Festtage im Juni).

Küche

Auch im Bereich der Küche ist die Zweiteilung zwischen Küste und Landesinnerem recht deutlich. An der Küste stehen natürlich der ausgezeichnete Fisch und Meeresfrüchte im Vordergrund, darunter auch Langusten und Tintenfische (Calamari; vorzugsweise gefüllt).
In den Bergen dagegen überwiegen die traditionellen vom Bauern- und Hirtenleben geprägten Elemente. Spezialitäten sind dort 'Mallorreddus' (kleine Gnocchi), Käse und sonstige Milchprodukte (in erster Linie aus Ziegenmilch), 'Cinghiale a Carraxiu' (Wildschwein, in einem Tongefäß mit aromatischen Kräutern gegart), 'Trattaglia' (Innereien am Spieß), 'Puddighinus a Pienu' (gefüllte Küken), 'Pernice sott'Olio' (Rebhuhn) sowie typisch sardische Brotsorten.

Tour 45: Das andere Sardinien

Durch Barbagia und Iglesiente – das Bergmassiv Gennargentu und der südliche Küstenbogen

Sardinien   Region

Landschaftsbild

Die Südhälfte Sardiniens bietet sich äußerst facettenreich dar. Kleinlandschaften unterschiedlichster Prägung grenzen hier aneinander oder überlappen sich sogar. Von den schroffen Höhen des Gennargentu-Massivs innerhalb des Berggebietes Barbagia, wo die Natur fast nur aus Stein besteht, und von wo aus man man einen schönen Blick auf die tiefer gelegenen, dicht bewaldeten Berge hat, gelangt man fast übergangslos in den von zahlreichen Flüssen und Seen geprägten Landstrich Barigadu. Dann

geht es weiter in die Sumpf- und Lagunenzone des Küstenabschnittes von Sinis mit seiner außergewöhnlichen Fauna, zu den ausgedehnten und fruchtbaren Feldern des Campidano, zur etwas abseits gelegenen alten Bergwerksregion Iglesiente, in den Ballungsraum der Inselhauptstadt Cagliari und schließlich an die felsige, schwer zugängliche Ostküste. Landschaftsbild (Fortsetzung)

Es überwiegen kurvenreiche Streckenabschnitte. Allerdings sind einige Etappen auch ziemlich gerade, vor allem das Stück zwischen Oristano und Cagliari, wo man sich fast 100 km weit auf der nahezu schnurgeraden Schnellstraße SS 131 'Carlo Felice' bewegt. Eine einzige Welt von Kurven ist hingegen die Ostküste, wo die Straße stellenweise bis an den Rand senkrecht abfallender Klippen führt. Insgesamt unterscheiden sich die verschiedenen Abschnitte der Route, entsprechend der landschaftlichen Vielfalt, auch hinsichtlich Straßenführung und -zustand erheblich voneinander. Von der kurvigen Holperpiste bis zur bequemen Autobahn kann man alle Qualitätsstufen kennenlernen. Der Startpunkt Nuoro ist vom Fähranleger Olbia aus gut erreichbar. Der höchste Punkt der Route liegt bei Arcu Correboi (1246 m ü.d.M.) an den Hängen des Gennargentu-Massivs. Streckenmerkmale

Streckenbeschreibung

Die Motorradtour beginnt in **Nuoro** (37 000 Einw.), einer aussichtsreich auf einer welligen Hochebene gelegenen Stadt. Sehenswert sind hier der Dom und das Museo della Vita e delle Tradizioni Popolari Sarde (Sardisches Volkskundemuseum). Nuoro: km 0

Entlang des Flusses Cedrino fährt man in südlicher Richtung nach **Orgosolo,** dessen Umgebung in landschaftlicher Hinsicht schon einen Vorgeschmack auf die markante Bergregion Barbagia Ollolai gibt. Rechter Hand kommt man nach **Mamoiada,** einer inmitten von schönen Eichen- und Kastanienwäldern ziemlich einsam gelegenen Siedlung, die von der Land- und Weidewirtschaft geprägt ist. Mamoiada ist bekannt als Karnevalshochburg mit der traditionsreichen Maske 'Mamutones'. Weiter geht es auf der SS 389 bergan nach **Fonni** (1000 m ü.d.M.; 5000 Einw.), der höchstgelegenen Gemeinde Sardiniens, die am Fuß des Gennargentu-Massivs liegt. Orgosolo: km 19,7

Eine Rundfahrt um dieses Bergmassiv lohnt sich sehr. Man hält sich zunächst in Richtung Nostra Signora de su Monte. Wenig später zweigt man ab, um auf den Bruncu Spina, einen der Gipfel des Gennargentu, hinaufzufahren. Weiter geht es durch eine ausgesprochen steinige und sehr karge Landschaft, die recht kurvenreich ist, aber auch sehr schöne Ausblicke in die Ferne bietet. Man passiert die Ortschaften S'Arcu de Tascussi und Desulo, bevor die Straße immer enger wird und nach weiteren 8 km in die SS 295 einmündet. Linker Hand erreicht man **Aritzo** (2000 Einw.), eine für dieses Gebiet sehr typische Ortschaft, die von ausgedehnten Wäldern umgeben ist. Beim Streckenposten Cantoniera Sossatzu bietet sich ein schöner Blick auf den an die Dolomiten erinnernden Bergzacken Texile. Man biegt an dieser Kreuzung nach links ab und folgt dem schmalen Sträßchen, das um den Bergstock herumführt. Weitere Ortschaften am Weg sind Gadoni und **Seulo,** wobei die Flüßchen Flumendosa überquert wird. An der Kreuzung mit der SS 198 hält man sich in Richtung Seui. Mehrfach überquert man eine Bahnlinie, die auf recht spektakulärer Trasse durch die Berge zieht. Auf dem Weg nach **Ussassai** und Gairo bieten sich mehrfach gute Ausblicke. Zurück in Richtung Fonni und Nuoro geht es sodann auf die SS 389. Bald nach der Ortschaft Arzana erscheint der Bergsee Lago del Flumendosa, hinter dem die imposante Spitze des Monte Perda Liana aufragt. Stets auf derselben Straße bleibend, erreicht man schließlich wieder Fonni. Nebenstrecke 1

Fonni: km 288,8

◀ *Am Strand bei Villasimius*

Hauptroute
(Fortsetzung)

Man verläßt Fonni auf der SS 389, durchmißt eine höchst eindrucksvolle Landschaft und überquert den Lago di Cusana auf einer malerischen Brücke. Hinter Ovodda und Tiana, noch vor Tonara, biegt man auf die SS 128 bzw. nach **Sorgono** (2000 Einw.) ab, einem vom Fremdenverkehr geprägten kleinen Ort, in dem zahlreiche Wandmalereien zu bewundern sind. Danach biegt man erneut ab, diesmal auf die SS 388, die in den Landstrich Barigadu führt. Hier fühlt man sich fast wie in den Alpen. Man passiert die Orte Ortueri, Neoneli und **Nughedu.** Danach weitet sich die Landschaft. Wenig später kommt der Lago Omodeo in Sicht, den eine Brücke überspannt. Gleich hinter der Brücke biegt man auf ein Sträßchen ab, das sehr aussichtsreich am immer schmaler werdenden Südufer des Sees entlangführt.

Abbasanta:
km 317,8

Auf Höhe einer zweiten Brücke – bei der Ortschaft Santa Chiara – hält man sich in Richtung **Abbasanta** (2500 Einw.), das auf der gleichnamigen Hochfläche liegt. In der Nähe findet man den Nuraghe Losa, einen der bedeutendsten und besterhaltenen seiner Art auf der ganzen Insel. Es folgt ein kurzes Stück auf der Schnellstraße 'Carlo Felice'. Wenig später biegt man in Richtung **Bonacardo** ab, wo weitere interessante Nuraghen, Piriferta und Atzara, zu bestaunen sind. Weiter geht es über Seneghe und Narbolia. Danach wird die Straße zunehmend geradliniger. Man erreicht schließlich die Sumpfebenen des Küstenabschnittes von Sinis.

Nebenstrecke 2

Interessant ist ein Abstecher zum Strandsee Stagno di Sale Porcus und zum anschließenden Capu Mannu. Man findet hier Naturoasen vor, in denen regelmäßig Flamingos auf ihren jährlichen Zügen zwischen der Camargue und den afrikanischen Küsten Station machen.

San Salvatore:
km 399,8

Kurz vor Erreichen der Ortschaft Riola Sardo biegt man rechts ab und umfährt den ausgedehnten Strandsee Stagno di Cabras, der reich an Fischen und Wasservögeln ist. Man kommt durch eine typische Lagunenlandschaft mit breitem Schilfgürtel. Etappenziel ist **San Salvatore,** ein winziges Fischerdorf, das für Fernsehdreharbeiten in eine hierzulande recht skurril anmutende mexikanische Fazienda mit zahlreichen voll ausgebauten Saloons verwandelt worden ist. An einer Abzweigung nach rechts steht die Kirche S. Giovanni in Sinis, ein mächtiger Bau aus dem 11. Jahrhundert. Auf dem Grat des weit ins Meer hinausragenden Landsporns beeindrucken die karthagisch-phönizischen Ruinen von Tharros.

Oristano:
km 415,5

Es geht weiter nach **Oristano** (30 000 Einw.), einer Stadt, in der Landwirtschaft, Handel und Industrie blühen. Beachtenswert sind der um 1228 erbaute Dom (später mehrfach umgestaltet), ferner die Porta Manna, ein wuchtiger zinnenbesetzter Turm, der zur 1291 erbauten Stadtmauer gehörte, sowie das Antiquarium Arborense, eine Sammlung archäologischer Funde und sardischer Gemälde des 16. Jahrhunderts. Über die Schnellstraße 'Carlo Felice' kommt man nach Sanluri.

Alternativstrecke:
Uras – Sardara
(89 km)

Hinter Uras zweigt eine Straße links nach **Mogoro** ab, das für seine Webteppiche und Gobelins aus Schafwolle bekannt ist. Die Straße mündet dann in die SS 442 ein. Man fährt weiter durch die Ortschaften **Ales,** Escovedu und Senis. An der Abzweigung nach Genoni biegt man ab und bleibt auf dieser Straße bis nach Nuragus, wo die Route nach links abknickt und auf die SS 197 weiterführt.

Man kommt an den Resten zweier weiterer Nuraghen vorbei und erreicht dann **Gesturi.** Mit einer geländegängigen Maschine kann man auf die Hochebene Giara di Gesturi hinauffahren, wo sich eine unberührte und faszinierende Natur darbietet. Hier oben leben noch etliche andernorts bereits selten gewordene Tierarten.

Nächster interessanter Ort ist **Barumini** (1500 Einw.), wo man sich unbedingt den Nuraghen Su Nuraxi, ein eindrucksvolles Bauwerk aus mächtigen Felsblöcken, ansehen sollte. Nach dem Kastell von Las Plassas kommt man nach **Villamar,** in dem einige Wandmalereien und die romanische Kapelle San Pietro (13. Jh.) bemerkenswert sind. Weiter geht es nach **Villanovaforru,** in dessen Nähe die bronzezeitlichen Nuraghen Genna

Maria zu sehen sind. Wenig später geht es über die Schnellstraße 'Carlo Felice' zurück.

Alternativstrecke (Fortsetzung)

Die Siedlung **Sanluri** (8500 Einw.) ist gewissermaßen ein großes bäuerliches Dorf, in dessen Zentrum ein beachtliches Schloß (14. Jh.) mit zinnenbesetzten Ecktürmen auf quadratischem Grundriß steht. Man verläßt die 'Superstrada' und fährt auf der SS 197 über San Gavino Monreale nach **Guspini** (14000 Einw.), das am Rand des fruchtbaren Campidano liegt. Nun geht es den Bergen der Region Iglesiente entgegen. Die Straße wird immer enger und steiler. Dabei sind die Ortschaften Arbus und **Fluminimaggiore** zu passieren.

Sanluri:
km 463,5

Fluminimaggiore:
km 514

Kurz vor Fluminimaggiore biegt man nach rechts in Richtung Küste ab, um sich den sehr schönen Strand von Portixeddu und das alte Bergwerkstädtchen **Buggerru** anzusehen.

Nebenstrecke 3

Nach dem Besuch der römischen Tempelruine von Antas in dem kleinen Ort Sant'Angelo kurvt man auf aussichtsreicher Strecke nach **Iglesias** (31000 Einw.), dem bedeutendsten Ort dieser alten Bergbauregion. In der Stadt sind noch einige mittelalterliche Bauten und Teile der früheren Stadtmauer erhalten, die hangaufwärts bis zum Kastell Salvaterra (14. Jh.) zu verfolgen sind. Beachtenswert sind auch die Kathedrale und das Museo di Mineralogia (Mineralogische Sammlung).
Nun verläßt man die Staatsstraße und steuert **Portoscuso** (6000 Einw.) an, die Ablegestelle für die Fähren nach Carloforte.

Iglesias:
km 563,2

Portoscuso:
km 585,5

Einziger Ort auf der Insel San Pietro ist **Carloforte** (7000 Einw.). Das Eiland selbst ist erst seit 1738 bewohnt, als Karl Emanuel III. eine Gruppe ligurischer Häftlinge aus Tunesien freikaufte und hier ansiedelte. Auf San Pietro befinden sich ein Mangan-Bergwerk, eine Salzgewinnungsanlage und eine Thunfischfabrik. Die Inselstraßen führen zu drei Punkten, nämlich nach La Punta, Capo Sandalo und Caletta.
Eine weitere Fähre bringt uns von Carloforte nach **Calasetta** auf der Nachbarinsel Sant'Antioco. Kennzeichnend sind dort die weißen, einen orientalischen Eindruck vermittelnden Häuschen. Wir fahren von hier nach **Sant'Antioco** (13000 Einw.), dem Hauptort der Insel. Das Ortsbild wird beherrscht von einer Festung aus dem 18. Jh., die auf den Ruinen eines Nuraghen und einer karthagischen Nekropole errichtet worden ist. Hinter Sant'Antioco fährt man über eine schmale Landzunge, die den Stagno di Santa Caterina begrenzt, aufs Festland zurück, wo man die Fahrt entlang der Küste in südlicher Richtung fortsetzt.

**Alternativstrecke:
Portoscuso – San
Giovanni (75 km)**

Die Stadt **Carbonia** (33000 Einw.) ist erst in der Zeit des Faschismus im Stile des Rationalismus der dreißiger Jahre aus dem Boden gestampft worden und ist Zentrum eines Kohleabbaugebietes. Kurz vor Teulada zweigt man in Richtung Küste ab und erreicht die wunderschöne Costa del Sud, einen noch recht urwüchsigen und ökologisch ziemlich intakten Landstreifen. Ein Sträßchen, das fast senkrecht über dem Wasser an der Steilküste entlangführt, vermittelt unvergeßliche Eindrücke. Schließlich kommt man zur Torre di Chia und zu den wenigen Überresten der karthagisch-römischen Siedlung Bithia. Von hier ab wird der Küstensaum flacher. Pinienwälder, gut besuchte Strände und etliche Ortschaften beleben das Landschaftsbild. Hinter **Pula** (6000 Einw.) trifft der Interessierte auf die Ruinen von Nora, jenen berühmten antiken Siedlungsplatz, der nacheinander von den Phöniziern, Karthagern und Römern bewohnt wurde. Die Ausgrabungsstätte liegt auf der Landnase von Capo Pula.

Carbonia:
km 603,5

Auf der SS 195 gelangt man über eine Brücke nach **Cagliari** (225000 Einw.). In der Hauptstadt Sardiniens herrscht eine ganz besondere, geradezu spanisch anmutende Atmosphäre, insbesondere in der Oberstadt. Einen Besuch lohnen die Kathedrale, das Archäologische Nationalmuseum und das römische Amphitheater. Von der Aussichtsterrasse

Cagliari:
km 723,1

Hauptroute
(Fortsetzung)

Bastione San Remy bietet sich ein wundervoller Panorama-Rundblick. Von
Cagliari aus fährt man auf einer schnurgeraden Küstenstraße am Strand
von Quartu entlang, in Sichtweite der beiden Strandseen Stagno Quartu
und Stagno Molentargius. In den beiden Feuchtbiotopen leben noch zahlreiche Wasservögel, die sonst nirgends mehr in Europa zu finden sind.

Villasimius
km 771,7

Während der Fahrt entlang der Südostküste bis nach **Villasimius** (2500
Einw.) bieten sich hübsche Ausblicke aufs Meer. An einigen Stellen gibt es
sehr schöne Badestrände.

Nebenstrecke 4

Auf der langgestreckten kleinen Halbinsel Capo Carbonara kann man bis
zur Torre Santa Caterina an der äußersten Landspitze fahren.

Tortoli:
km 910,4

Das letzte Teilstück dieser Route führt an die Ostküste. Die Straße verläuft
allerdings in einigem Abstand vom Meer im Hinterland. Zwischen **Muravera** (5000 Einw.) und **Tortoli** passiert man die Nuraghen Trunconi, Car-
dedu, Sa Puliga, Su Crastu, Sa Iba Manna und Nurta.

Nebenstrecke 5

Von Tortoli aus sollte man einen kurzen Abstecher nach **Arbatax** (1000
Einw.) unternehmen. Dieser beliebte Badeplatz hat einen guten Hafen und
schöne Strände.

Ab Tortoli fährt man auf aussichtsreicher Strecke dem Bergmassiv Gennargentu entgegen. Die kurvenreiche Strecke bietet echtes Fahrvergnügen. Beim Streckenposten Cantoniera Bidicolai sollte man eine kleine

▼ *Die sardische Küste bei Cala Gonone*

Pause einlegen, um einen Blick in die eindrucksvolle, wild zerklüftete Schlucht Gola su Gorroppu zu werfen. Weiter geht es nach **Dorgali** (8000 Einwohner).

Hauptroute (Fortsetzung) Dorgali: km 983,6

Ein schmaler Serpentinenweg zweigt in der Nähe von Dorgali von der Hauptstraße ab und führt ans Meer nach **Cala Gonone** hinunter. Sehenswert sind die Reste des Nuraghen Arvu und, nach kurzer Fahrt entlang der malerischen Küste, die Grotte Bue Marino, die bis vor kurzem Zufluchtsort der Mönchsrobbe gewesen ist.

Nebenstrecke 6

Auf aussichtsreicher Strecke und über die Höhen des sogenannten Supramonte hinweg kommt man nach Nuoro zurück.

Nuoro: km 1035,7

Praktische Informationen

NUORO: EPT, p. Italia 19, Tel. (0784) 3 00 83. – DORGALI: v. Lamarmora 162, Tel. (0784) 9 62 43. – MURAVERA: AA, v. Europa 22, Tel. (070) 9 93 7 60. – VILLASIMIUS: v. Incani 13, Tel. (070) 79 13 93. – CAGLIARI: EPT, p. Deffenu 9, Tel. (070) 65 48 11. – PULA: cs. Vittorio Emanuele, Tel. (070) 9 2 08 2 24. – SANT'ANTIOCO: p. De Gasperi, Tel. (0781) 8 20 31. – CARLOFORTE: cs. Repubblica 1, Tel. (0781) 85 40 09. – PORTOSCUSO: p. Municipio Vecchio, Tel. (0781) 50 95 04. – GUSPINI: v. Don Minzoni, Tel. (070) 97 00 42. – SANLURI: v. Carlo Felice, Tel. (070) 9 30 7 1 56. – BARUMINI: v. S'Anziana, Tel. (070) 9 36 80 24. – ORISTANO: EPT, v. Cagliari 278, Tel. (0783) 7 41 91.

Fremdenverkehrsämter

NUORO: Sagra del Redentore (Fest des Erlösers; dritter und vierter Sonntag im August). – DORGALI: S'Iscravamentu und S'Incontru (Feierlichkeiten in der Karwoche); Ferragosto (Prozession am 15. August). – CALA GOLONE: Sagra del Pesce (Fischerfest; Mai). – ARBATAX: Festa di Stella Maris (Seesternfest, mit folkloristischen Darbietungen). – BARI SARDO: Via Crucis (Kreuzweg-Prozession am Karfreitag); Sagra de Is Ninneris (Juli). – ARITZO: Sagra delle Castagne e delle Nocciole (Kastanien- und Nußfest; letzter Oktobersonntag). – DESULO: Festa di San Sebastiano (August); Festa di San Basilio (September). – LACONI: Festa di Sant'Ignazio (August). – QUARTU SANT'ELENA: Sagra di Sant'Elena (Patronatsfest mit Trauben-, Backwaren- und Süßigkeitenmarkt; September). – CAGLIARI: Sagra di San Efisio (1. Mai); Nostra Signora di Bonaria (Bootsprozession; Juli); Festa di San Saturnino (Ende Oktober). – ORGOSOLO: Festa dell'Assunta (Mariä Himmelfahrt; 15. August).

Veranstaltungen

Typische sardische Vorspeisen sind die 'Fregula' (auf der Basis von Auszugsmehl und mit Safran zubereitet), 'Su Succa' (verschiedenes Fleisch, das in Sauerrahm gegart wird) und 'Pane Frattau' (Brotsuppe mit Ei). Hervorragend schmeckt das am Spieß gegrillte Fleisch, das von duftenden Kräutern und würzigem Holz ein besonderes Aroma erhält. Manchmal werden diese 'Arrosti allo Spiedo' sogar noch im Freien nach traditioneller Hirtenart zubereitet. Gerühmt wird das Spanferkel, das hier 'Porceddu' genannt wird.
Klassiker unter den sardischen Käsesorten sind der Schafskäse 'Pecorino' in verschiedenen Reifestufen und der Weichkäse 'Fresa'.
Vielseitig und schmackhaft sind die Fischgerichte, z.B. 'Muggine' (Meeräsche), 'Tonno' (Thunfisch), 'Aragosta' (Languste), 'Molluschi' (Weichtiere), 'Trota' (Bachforelle) und 'Anguilla' (Aal).
Als Süßspeisen erfreuen sich großer Beliebtheit: 'Suspiros' (glasierte Mandelkügelchen), 'Pardulas' (Käsegebäck), 'Caschettas' (gefüllt mit Honig, Nüssen und gehackten Mandeln), 'Candelaus' (Mandelteigkügelchen) und 'Parbassinas' (mit Rosinen).
Empfehlenswerte Weine sind der süße 'Malvasia' sowie 'Vernaccia' und 'Cannonau'.

Küche

Register

Register

Bildnachweis